한번에 이해되는

Oracle
SQL & PL/SQL

한번에 이해되는

Oracle

**24가지
미션으로
실무 능력을
키운다!**

SQL &

PL/SQL

김수환 지음

데이터베이스 초급자가 반드시 알아야 할 기본적인 SQL 문을 작성하는 방법
데이터모델링을 통해서 데이터베이스를 효율적으로 설계하기 위한 방법
PL/SQL 프로그래밍을 학습하여 필수 쿼리 명령문을 쉽게 작성하는 방법

INFINITY
BOOKS

머리말

중요한 것은
오라클 SQL문을 작성하는 법을 잘 이해하고,
다양한 미션을 통해
문제 해결 능력을 키우는 것입니다.

인터넷 기술 발전과 함께 오라클은 8i 버전을 출시한 이래로 9i, 10g, 11g 등 다양한 버전을 제공해 왔습니다. 2009년 sun을 인수한 후, 오라클은 최신 버전인 클라우드 기반의 12c까지 출시하여, 데이터베이스 관리 시스템을 이용한 정보 시스템의 개발을 급속하게 발전시키고 있습니다.

그 결과 현재 DBMS가 정보 시스템의 개발에 없어서는 안 될 필수 기술로서 자리 매김하게 되었습니다. 또한 다양한 데이터베이스 제품들 중에서 오라클 데이터베이스는 높은 안정성과 최적의 성능을 보장하기 때문에 현업에서 가장 많이 접하고 사용하는 데이터베이스입니다.

필자는 그동안 많은 기업과 대학 그리고 정보 교육센터에서 데이터베이스와 관련된 실무자들을 교육 및 컨설팅을 통해서 만나 왔습니다. 데이터베이스를 처음 시작하는 예비 개발자나 데이터베이스 관련 실무자들을 대상으로 다년간 강의를 진행하면서 이론과 실습만이 아니라, 학습한 내용을 기반으로 해결할 수 있는 미션들을 제공하여 문제 해결 능력을 키우는 데 탁월한 효과와 성공을 거두었습니다. 이 책을 통해서 그동안의 노하우와 현업에서 바로 사용 가능하기 위한 기본적인 예제와 이해하기 쉬운 설명으로 독자 여러분께 다가서겠습니다.

이 책은 데이터베이스 초급자가 반드시 알아야 할 기본적인 SQL 문법뿐만 아니라 데이터모델링을 통해서 데이터베이스를 효율적으로 설계하기 위한 방법과 오라클 사의 PL/SQL 프로그래밍을 학습하여 필수 쿼리 명령문을 쉽게 작성하는 방법 등을 다루고 있습니다. 각 챕터마다 실무적인 도전미션을 제시하여, 독자들이 스스로 학습한 결과를 가지고 마치 현장에서 실제로 개발하는 것처럼 구체적인 미션을 해결할 수 있도록 유도하였습니다. 실무 개발자들에게는 개발 시 중요한 개념을 정리하고, 실무 능력을 배양할 수 있도록 교두보를 만들기 위해서 집필하였습니다.

특별히 이론과 실습만 다루는 것과 달리 다양하고 재미있는 미션으로 구성되어 있으며, 각 챕터의 마지막에는 도전 퀴즈를 통해서 학습한 결과를 하나씩 정리해보면서 복습할 수 있도록 구성하였습니다.

각 챕터의 미션을 해결하면서 충실히 학습한다면 여러분들은 자신도 모르게 오라클 전문가로 발전할 수 있을 것입니다.

마지막으로 이 책을 완성시킬 수 있도록 도와주신 많은 분들께 감사의 마음을 전합니다. 끝까지 포기하지 않도록 실질적인 도움과 관심을 주신 성윤정 교수님과 인피니티북스 사장님과 직원 여러분께 지면으로 감사의 말씀을 드립니다.

김수환

javabook@naver.com

- 이 책은 오라클 데이터베이스를 처음 시작하는 초급 개발자나 오라클 데이터베이스를 사용하는 데 어려움이 있는 중급 개발자를 위해 저술된 오라클 입문서입니다.

- 대부분의 오라클 저서들이 이론과 실습만을 다루는 것과는 달리 이 책은 독자들이 본격적인 학습에 들어가기 전에 무엇을 어떻게 해결해야 하는지 도전 과제를 쉽게 인지할 수 있도록 각 챕터마다 다양한 미션들로 시작되며, 학습한 후에는 독자가 그 내용을 스스로 점검할 수 있도록 도전 Quiz를 제공하여 성취감을 느낄 수 있도록 구성했습니다.

- 오라클 12c의 새로운 설치 방법과 환경을 소개하며, 데이터베이스의 기본을 실무 중심으로 탄탄하게 익힐 수 있도록 하였으며, 아울러 초급자도 쉽게 익힐 수 있도록 오라클 함수뿐 아니라, 데이터베이스 모델링, PL/SQL에 대한 설명을 제공하여 개발자들이 개발할 때 유용한 방법들을 활용할 수 있도록 도왔습니다.

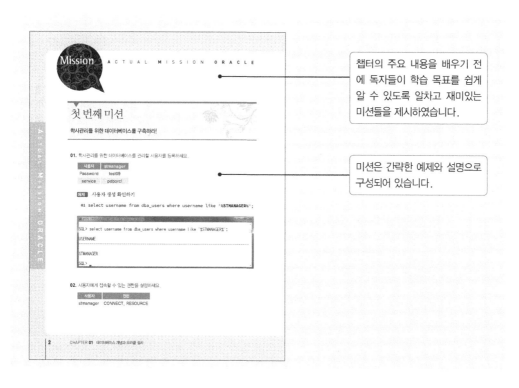

챕터의 주요 내용을 배우기 전에 독자들이 학습 목표를 쉽게 알 수 있도록 알차고 재미있는 미션들을 제시하였습니다.

미션은 간략한 예제와 설명으로 구성되어 있습니다.

각 챕터별 Section에서는 오라클의 기본적이고도 필수적인 이론들을 명확하고 깔끔한 설명으로 제시하였습니다.

실습 예제에서는 독자들이 단계별로 쉽게 따라하며 이해할 수 있도록 상세한 설명과 예제로 구성하였습니다.

전문가 조언에서는 각 실습 예제들 속에 숨어 있는 주요한 개념이나 실수할 수 있는 내용들을 독자들이 한눈에 파악할 수 있도록 요약하여 제시하였습니다.

오라클 개발 툴인 Oracle SQL Developer를 사용하여 실습을 위한 예제 테이블을 구축해 봅시다. Oracle SQL Developer는 데이터베이스 개발자가 코드 및 디버깅 작업을 보다 효과적으로 수행할 수 있도록 하는 데 필요한 모든 것을 지원해 주는 오라클 개발 툴(GUI 인터페이스를 갖춘 워크벤치)입니다. Oracle SQL Developer는 데이터베이스 개발자가 코드 작성에 쏟는 시간과 노력을 줄여줍니다.

이 책에서는 Oracle SQL Developer를 이용해서 오라클을 학습하겠습니다. 오라클 12c부터는 SQL Developer를 기본적으로 지원해 주고 있기 때문에 별도로 다운받아서 설치할 필요가 없습니다.

직접 해보기 오라클 데이터베이스 관리프로그램(SQL Developer)에 접속하여 사용하기

1 [시작 → 모든 프로그램 → Oracle-OraDB12Home1 → 응용 프로그램 개발 → SQL Developer] 메뉴를 선택합니다.

> 직접 해보기는 독자들이 차근차근 따라하면서 실습하는 데 어려움이 없도록 과제 해결의 순서대로 제시하였고, 한 눈에 들어오는 그림들로 이해를 돕고 있습니다.

도전 Quiz

A C T U A L   M I S S I O N   O R A C L E

1. 관계형 데이터베이스에서는 기본 데이터를 저장하기 위한 구조로 (   )을 사용합니다.

2. 테이블은 표처럼 볼 수 있도록 (   )와 (   )으로 구성합니다.

3. 데이터베이스로부터 필요한 데이터를 조화하기 위한 SQL 문은 무엇이라고 합니까?

4. 데이터를 조작하는 INSERT, UPDATE, DELETE 문 등으로 구성되며, 새로운 데이터를 삽입하고, 기존의 데이터를 변경하고 삭제하는 역할을 하는 것을 무엇이라고 합니까?

5. CREATE, ALTER, DROP, RENAME, TRUNCATE 문으로 구성되며, 새로운 테이블을 만들고, 변경하고, 삭제하고, 테이블 명을 바꾸고, 잘라내는 역할을 하는 것을 무엇이라고 합니까?

6. 데이터베이스 접근에 필요한 권한을 GRANT 문을 사용하여 부여하고, REVOKE 문을 사용하여 권한을 회수하는 명령어로 구성된 것을 무엇이라고 합니까?

7. 관계 DB를 처리하기 위해 고안된 언어로, 독자적인 문법을 갖는 DB 표준 언어를 무엇이라고 합니까?

8. SQL 언어를 구현하여 오라클 RDBMS를 관리할 수 있는 오라클 사의 클라이언트 툴 제품명을 무엇이라고 합니까?

9. 부서 테이블에 여러 부서의 정보가 저장되어 있을 때 동일한 정보를 갖는 부서가 존재하더라도 이를 구분할 수 있도록 하기 위해서, 유일무이한 값만을 저장할 수 있도록 하기 위한 제약 조건은 무엇입니까?

  ❶ NOT NULL   ❷ PRIMARY KEY
  ❸ FOREIGN KEY   ❹ UNIQUE

> 챕터의 내용을 모두 배운 독자들에게 도전 Quiz를 제공하여 관련된 문제를 풀어보면서 스스로 복습하고 점검할 수 있도록 하였습니다.

제1장 데이터베이스 개념과 오라클 설치

데이터베이스의 개념과 발전 과정을 살펴보고 데이터베이스 관리 시스템에 대해서 학습합니다. 그리고 관계형 데이터베이스 모델의 개념과 특성에 대해서 학습하며 데이터베이스와 SQL이 무엇이며 어떤 기능을 하는지 살펴보고, 데이터베이스를 실질적으로 사용하기에 앞서 오라클을 설치하는 방법과 샘플로 제공되는 예제 테이블을 살펴봅니다.

제2장 SQL의 기본

SQL의 가장 기본이 되는 SELECT 문과 함께 산술 연산자의 사용법과 NULL의 의미와 컬럼에 별칭을 부여하는 방법 등에 대해서 살펴봅니다.

제3장 오라클 주요 함수

오라클은 데이터를 처리하기 위한 다양한 함수가 제공됩니다. 이러한 함수들은 그 기능에 따라 숫자 처리를 위한 함수, 문자 처리를 위한 함수, 날짜 처리를 위한 함수, 데이터 변환을 위한 함수 등으로 나눌 수 있습니다. 뿐만 아니라, NULL을 다른 값으로 변환하는 NVL 함수과 조건에 맞는 문장을 수행하는 DECODE와 CASE에 대해서 학습합니다.

제4장 그룹 함수

그룹 함수는 전체 데이터를 그룹별로 구분하여 통계적인 결과를 구하기 위해서 자주 사용됩니다. 그룹 함수로는 개수(COUNT), 합계(SUM), 평균(AVG), 최대값(MAX), 최소값(MIN) 등을 구하기 위한 함수들로 구성됩니다. 그룹 함수의 개념과 사용법을 살펴본 후에 데이터를 그룹화하여 출력하기 위해서 GROUP BY 절을 사용해 보고, HAVING 절을 사용하여 그룹별로 조건을 지정하는 방법을 학습합니다.

제5장 데이터베이스 설계

데이터베이스 설계는 오라클에서 가장 중요한 개념입니다. 오라클을 학습하기 위해서 지금까지 사용한 이미 생성해 놓은 테이블이 어떤 단계를 거쳐 생성되었는지 살펴보도록 합니다.

제6장 ERwin을 활용하여 ERD 작성하기

데이터베이스 모델링을 쉽고 빠르게 설계하기 위해서 CASE Tool인 ERwin을 사용하여 설계해 보도록 합시다. CASE(Computer Aided Software Engineering) Tool은 프로그램을 개발하는 데 사용되는 프로그램 자동화 도구인데, 이를 사용하면 보다 모델링을 표현하는 것도 간편할 뿐 아니라 테이블 생성까지도 자동으로 할 수 있는 장점이 있습니다.

제7장 테이블 구조를 생성, 변경 및 제거하는 DDL

테이블을 생성하는 명령문, 테이블의 구조를 변경하는 명령문, 기존 테이블의 존재 자체를 제거하는 명령문, 기존에 사용하던 테이블의 모든 로우를 제거하는 명령문을 학습합니다.

제8장 테이블의 내용을 추가, 수정, 삭제하는 DML과 트랜잭션

새로운 데이터를 테이블에 입력하고 수정하고 삭제하는 명령어를 배웁니다. 그리고 트랜잭션으로 데이터의 일관성을 유지하는 방법을 학습합니다.

제9장 데이터 무결성을 위한 제약조건

데이터를 저장하기 위한 작업에서 반드시 고려해야 하는 데이터 무결성 제약조건에 대한 개념과 이를 위한 문법을 학습합니다.

필수 입력 컬럼을 지정하는 방법, 컬럼이 유일한 값만을 갖도록 하는 방법, 테이블의 모든 데이터가 항상 구분 가능하도록 기본 키를 설정하는 방법, 데이터의 참조가 항상 가능하도록 하는 외래 키를 설정하는 방법을 학습합니다. 이외에도 NOT NULL, UNIQUE, CHECK, DEFAULT 제약조건을 학습합니다.

제10장 조인

각 테이블에서 하나의 컬럼을 사용하여 두 개 이상의 테이블을 연결하는 조인에 대해서 살펴봅니다. 양쪽 테이블의 모든 행에 대해 서로 연결하는 카디시안 곱(Cartesian Product)과 조인 대상 테이블에서 공통 컬럼을 '='(equal) 비교를 통해 같은 값을 가지는 행을 연결하여 결과를 생성하는 EQUI JOIN을 작성해 봅니다. 이외에도 테이블의 행을 같은 테이블 안에 있는 다른 행과 연관시키는 SELF JOIN과 EQUI JOIN에서 양측 컬럼 값 중의 하나가 NULL이지만 조인 결과로 출력할 필요가 있을 경우에 사용하는 OUTER JOIN에 대해서 학습합니다.

제11장 서브 쿼리

서브 쿼리를 학습합니다. 서브 쿼리는 다른 쿼리문에 삽입된 SELECT 문을 말합니다. 서브 쿼리의 종류는 단일 행 서브 쿼리와 다중 행 서브 쿼리로 나뉩니다. 단일 행 서브 쿼리는 결과 값이 하나인 경우를 말하며 사용되는 연산자는 =, !=, 〈, 〈=, 〉, 〉=가 있습니다. 다중 행 서브 쿼리는 결과 값이 여러 개일 경우를 말하며, 사용되는 연산자로는 IN, SOME, ALL, ANY 가 있습니다.

제12장 가상 테이블 뷰

물리적인 테이블에 근거한 논리적인 가상 테이블인 뷰(View) 객체를 생성하고 제거하거나 변경하는 방법에 대해 학습합니다. 기본 테이블의 수에 따라 뷰는 단순 뷰(Simple View)와 복합 뷰(Complex View)로 나뉘는데 이들의 차이점을 살펴보고, 사용자가 생성한 모든 뷰에 대한 정의를 저장하고 있는 USER_VIEWS 데이터 사전을 살펴봅니다. 그리고 뷰를 생성할 때 사용할 수 있는 다양한 옵션에 대해서도 학습합니다.

제13장 시퀀스와 인덱스

데이터베이스에서는 숫자 값이 일정한 규칙에 의해서 연속적으로 자동 증가해야 하는 경우가 있습니다. 은행 업무를 보기 위해서 번호표를 뽑아야 하는데 이러한 번호표는 고객이 뽑아 갈 때마다 1씩 자동으로 증가합니다. 연속적으로 번호를 생성되어야 할 경우 오라클에서는 시퀀스라는 객체를 사용합니다. 자동 번호 발생기 역할을 하는 시퀀스에 대해서 살펴보겠습니다.

그리고 인덱스에 대한 개념도 이해하고 나서 인덱스를 생성하는 방법을 살펴봅시다. 인덱스도 여러 종류가 있는데 이들에 대해서도 살펴보도록 하겠습니다.

제14장 사용자 권한

오라클에서 테이블을 생성하고 테이블에 데이터를 조회, 입력, 수정, 삭제 등을 하기 위해서는 사용자의 계정과 암호가 필요합니다. 지금까지는 오라클 데이터베이스를 설치하면 기본적으로 제공되는 SYS, SYSTEM. tester1 사용자 계정으로 데이터베이스에 접속했습니다. 사용자 계정을 어떻게 생성하는지 살펴보고, 사용자가 데이터 관리를 원활하게 할 수 있도록 권한을 부여하는 방법을 살펴보도록 하겠습니다. 또한 여러 가지 권한을 포함하는 권한의 집합인 롤과 데이터베이스 객체 이름에 대해서 별칭을 줄 수 있는 동의어에 대해서 학습합니다.

제15장 PL/SQL

지금까지는 데이터베이스 내의 데이터를 조작하기 위해서 오라클이 제공해주는 SQL 문을 사용했습니다. SQL의 장점은 쿼리문 하나로 원하는 데이터를 검색 조작할 수 있다는 점입니다. 그런데 SQL 자체는 비절차적 언어이기에 몇 개의 쿼리문 사이에 어떠한 연결 및 절차성이 있어야 하는 경우는 사용할 수 없었습니다. 이 점을 극복하기 위해 오라클 사에서 SQL 언어에 절차적인 프로그래밍 언어를 가미해 만든 것이 PL/SQL입니다. SQL은 ANSI 표준 언어로 어떤 제품군도 사용 가능하지만 PL/SQL은 오라클이 고유하게 제시하는 것으로 다른 제품군에서 사용할 수 없습니다. PL/SQL에 대해서 학습합니다.

제16장 저장 프로시저, 함수, 트리거

자주 사용되는 쿼리문을 모듈화시켜서 필요할 때마다 호출하여 사용하는 저장 프로시저와 함수를 생성하고 고치고 지우는 작업들을 학습합니다.

SQL*Plus에서는 SELECT 문을 수행하고 난 후 반환되는 행의 개수에는 신경을 쓰지 않았습니다. 그런데 15장에서 실습한 예제에서 PL/SQL에서는 한 개의 행만을 반환하는 SELECT 문을 사용했습니다. 한 개 이상의 행을 조회하면 오류가 발생하므로 이를 위해서는 반드시 커서(Cursor)를 사용해야 합니다. 커서에 대한 개념과 커서를 사용하기 위한 방법을 살펴보고 학습합니다.

또한 오라클에서는 어떤 이벤트가 발생하면 자동적으로 방아쇠가 당겨져 총알이 발사되듯이 특정 테이블이 변경되면 이를 이벤트로 다른 테이블이 변경되도록 하기 위해서 사용하는 트리거가 제공됩니다. 오라클에서 트리거를 정의하고 사용하는 방법에 대해서도 학습합니다.

목차

CHAPTER 01 데이터베이스 개념과 오라클 설치   1

CHAPTER 02 SQL의 기본   51

CHAPTER 03 오라클 주요 함수   111

CHAPTER 04 그룹 함수   159

데이터베이스 개념과
오라클 설치

이번 장에서는 데이터베이스의 개념과 발전 과정을 살펴보고 데이터베이스 관리 시스템에 대해서
학습합니다. 그리고 관계형 데이터베이스 모델의 개념과 특성에 대해서도 학습하며 데이터베이스
와 SQL이 무엇이며 어떤 기능을 하는지 알아봅시다. 더불어 데이터베이스를 실질적으로 사용하기
에 앞서 오라클을 설치하는 방법과 샘플로 제공되는 예제 테이블을 살펴보도록 하겠습니다.

도전 미션 -

첫 번째 미션: 학사관리를 위한 데이터베이스를 구축하라!

학습 내용 -

Section **01.** 데이터베이스는 어떻게 등장했을까?

Section **02.** 데이터베이스는 어떤 기술로 발전해 왔을까?

Section **03.** 오라클과 관계형 데이터베이스 관리 시스템

Section **04.** 오라클은 어떤 제품으로 구성되어 있을까?

Section **05.** 오라클을 다운받아 설치하기

Section **06.** SQL에 접속하여 사용자 계정 만들기

Section **07.** Oracle SQL Developer를 설치하고 실습을 위한 예제 테이블 생성하기

ACTUAL MISSION ORACLE

첫 번째 미션

학사관리를 위한 데이터베이스를 구축하라!

01. 학사관리를 위한 데이터베이스를 관리할 사용자를 등록하세요.

사용자	stmanager
Password	test09
service	pdborcl

 사용자 생성 확인하기

```
01 select username from dba_users where username like '%STMANAGER%';
```

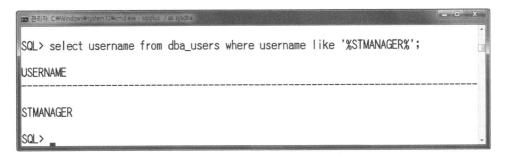

02. 사용자에게 접속할 수 있는 권한을 설정하세요.

사용자	권한
stmanager	CONNECT, RESOURCE

03. 학사관리를 위한 테이블 생성문과 샘플 예제를 추가하는 SQL 문이 저장된 'ACADEMY.sql'파일을 SQL Developer에서 실행시켜 과정(COURSE)과 학생(STUDENT) 정보에 대한 데이터베이스를 구축합니다([힌트] SQL Developer에서 사용자 "stmanager"로 접속하기 위해서 우선 환경설정부터 하세요).

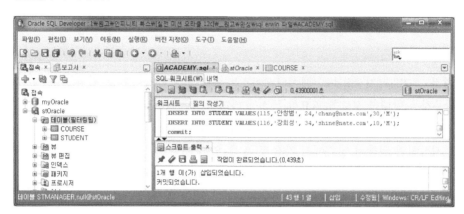

Data(자료) + Base(저장장소) : 데이터베이스는 유형이든, 무형이든 현재 우리가 현실 세계에서 활용하는 방대한 정보를 필요한 목적에 따라서 효과적으로 추출해서 분류하거나 또 다른 새로운 정보로 재사용하기 위해서 자료를 저장하는 자료의 집합입니다. 예전에는 이러한 정보를 저장하기 위해서 영화에서 가끔씩 볼 수 있는 커다란 창고에 각종 문서들을 두루마리로 묶어서 방대한 양으로 저장하고 사람이 라벨을 일일이 찾으면서 관리를 했었습니다. 그 뒤 컴퓨터가 개발이 되고 난 후부터는 커다란 창고 대신에 하드 디스크나 이동식 디스크에 파일로 저장하게 되었습니다.

그러나 데이터가 점점 방대해지고, 다수의 사용자 간의 정보를 공유하게 되면서 데이터를 체계적으로 처리해야 하는 문제들 즉, 데이터의 무결성, 중복 해결, 사용자 간의 자료 공유 등과 같은 문제가 발생했습니다.

이러한 파일 시스템의 문제를 극복하기 위해서 데이터베이스 관리 시스템(DataBase Management System: DBMS)이 개발되었습니다. 1970년대부터 데이터베이스를 관리하기 위한 관리 시스템인 데이터베이스 관리 시스템이 개발되어 컴퓨터에 파일로 저장되어 관리해오던 대량의 데이터를 체계적으로 관리하게 되었습니다.

데이터베이스 관리 시스템은 대량의 데이터를 체계적으로 관리하고 사용자가 원하는 정보를 효과적으로 추출하기 위한 시스템입니다.

일반적으로 우리가 알고 있는 Oracle, MySql, MS SQL Server 등을 말할 때는 데이터베이스라고 하지만, 실제로 DBMS는 데이터의 집합인 데이터베이스를 체계적으로 관리하는 소프트웨어 시스템입니다.

이러한 시스템에 일반 사용자들이 데이터를 저장하거나 이미 저장된 데이터를 효율적으로 추출해내기 위해서는 데이터베이스 시스템에서 해석 가능한 언어를 사용하여 조작하게 되는데 이러한 언어를 데이터베이스 언어, SQL 언어라고 합니다.

02 데이터베이스는 어떤 기술로 발전해 왔을까?

A C T U A L   M I S S I O N   O R A C L E

1절에서는 데이터베이스가 어떻게 등장했는지 왜 필요한지에 대해서 알아보았는데, 이번에는 이러한 데이터베이스가 어떤 기술로 발전해 왔는지 간략하게 소개하겠습니다.

2.1 데이터베이스의 용어를 처음 사용한 1960년대

1963년	데이터베이스라는 용어가 'Development and Management of Computer-Center Data Bases'라는 심포지움에서 처음 사용되었습니다. 최초의 범용 DBMS는 제너럴 일렉트릭(General Electric) 사의 찰스 바크만(Charles Bachman)이란 사람이 'Integrated Data Store'라는 상용 데이터베이스 시스템을 개발하였습니다.
1965년	찰스 바크만이 개발한 상용 데이터베이스 시스템을 기반으로 한 CODASYL(Conference On Data Systems Language)의 하위그룹인 DBTG(Data Base Task Group)에 의해 최초로 표준화된 네트워크 모델이 시도되었습니다. IBM에서 IMS(Information Management System) 상용 데이터베이스 시스템을 개발하였습니다. IMS는 현재 IBM OS의 진화와 System/360 기술의 발달로 인해 많은 발전을 거쳐 왔습니다. 예를 들어, IMS는 Java 프로그래밍 언어, JDBC, XML을 지원하고, 2005년 후반 이후, 웹 서비스를 제공하고 있습니다.

2.2 관계형 데이터 모델이 제시된 1970년대

1970대 초반	IBMS San Jose 연구소에서 Edgar Codd 관계 데이터 모델("A Relational Model of Data for Large Shared Data Banks")을 제안하여 오늘날 대부분의 상용 데이터베이스는 관계형 데이터 모델을 기반으로 개발되어 널리 사용되고 있습니다.
1970년 중반	INGRES, QBE 등 다수의 관계 데이터베이스 관리 시스템이 발표되었고 오라클V1로 최초의 상용 관계형 데이터베이스 시스템이 출시되었습니다. 1980년 초반 IBM DB2의 전신인 SQL/DS가 개발되었습니다.

현재는 오라클 사의 Oracle 12c, MySQL, IBM 사의 DB2, Sysbase, 마이크로소프트 사의 MsSQL Server 등이 있습니다.

오라클과 관계형 데이터베이스 관리 시스템

2절에서 데이터베이스의 발전사를 살펴보면서 이 책에서 학습할 데이터베이스 관리 시스템인 오라클이 관계 데이터베이스 관리 시스템이라고 말하였습니다. 이번 절에서는 오라클과 관계형 데이터베이스의 개념에 대해 살펴보도록 합시다.

3.1 오라클

오라클(Oracle)은 관계형 데이터베이스 관리 시스템(RDBMS)입니다. 현재까지 가장 많은 사용자를 확보하고 있으며, 가장 높은 시장점유율과 가장 높은 신뢰성을 바탕으로 한 데이터베이스 관리 시스템입니다.

또한 오라클은 미국 오라클 사의 데이터베이스 관리 시스템의 소프트웨어 이름이며, 회사를 지칭하는 말이기도 하지만, RDBMS를 지칭하는 말이기도 합니다.

최근에는 JAVA로 유명한 Sun마이크로시스템을 인수해서 클라우드 시장을 점유하기 위해서 오라클 12c 버전을 발표한 상태입니다.

빅 데이터가 대세인 요즘은 수억만 개의 데이터를 분산 처리하는 니즈에 맞물려서 오라클 사는 기존 데이터 아키텍처를 진화, 발전시켜 나가도록 돕는 것과 더불어 고객의 데이터센터에서 오라클 식의 클라우드 서비스를 이용하도록 하는 클라우드 서비스를 개발했습니다. 물론 2013년 이전부터 오라클은 클라우드 시장을 석권하기 위해서 많은 기술적인 테스트와 연구를 해왔으며, 2013년 8월에 Oracle 12c 버전을 출시하면서 클라우드형 데이터베이스에 출사표를 던졌습니다.

> **참고**
>
> Oracle 12c에서 'c'는 Cloud*와 Consolidation을 뜻합니다.

오라클 12c에서 달라진 내용은 다음과 같습니다.

❶ 클라우드 용으로 설계

이 새로운 아키텍처에서는 멀티테넌트 컨테이너 데이터베이스 하나에 플러그 형 데이터베이스 여러 개를 포함시킬 수 있습니다.

❷ 효율적인 통합

Oracle Multitenant는 애플리케이션 변경 없이 다수의 데이터베이스를 멀티테넌트 컨테이너 데이터베이스 하나에 연결함으로써 통합 프로세스를 간소화할 수 있습니다.

❸ 신속한 프로비저닝 및 복제

Oracle Multitenant는 데이터베이스 통합을 간소화할 뿐만 아니라 데이터베이스 프로비저닝과 복제 속도까지 높여줍니다.

❹ 더 빠른 업그레이드 및 패치 적용

Oracle Multitenant를 사용할 경우, 업그레이드와 패치가 멀티테넌트 컨테이너 데이터베이스에만 적용되므로 전체 프로세스가 간소화되어 속도가 향상됩니다.

❺ 다수의 데이터베이스를 하나로 관리

관리자는 데이터베이스 백업을 일일이 수행하는 대신 멀티테넌트 컨테이너 데이터베이스 레벨에서 전체적으로 데이터베이스를 백업하기만 하면 됩니다.

컨테이너DB 안에 존재하는 DB는 플러거블DB(PDB)로 불립니다. CDB는 하드웨어 상의 메모리와 프로세싱을 운영하면서, PDB에 자원을 자동으로 할당해줍니다. PDB가 CDB의 통제 속에서 자원을 공유하는 형태입니다. 일종의 DB 가상화로, OS레벨이 아니라 DB레벨에서 이뤄집니다.

3.2 관계형 데이터베이스 관리 시스템

관계형 데이터베이스는 정보를 저장하기 위한 구조를 만들기 위해 테이블을 이용합니다. 예를 들어, 회사를 운영하기 위한 정보를 저장할 필요가 있다고 합시다. 관계형 데이터베이스에서는 이를 위해서 사원 테이블, 부서 테이블, 급여 테이블 등과 같은 여러 테이블을 생성해야 합니다.

테이블은 2차원 형태의 표처럼 볼 수 있도록 로우(ROW: 행)와 컬럼(COLUMN: 열)으로 구성합니다. 관계형 데이터베이스는 미리 정의된 내용에 따라 테이블들이 구성되는데, 각 테이블은 데이터 종류나 성격에 따라 여러 개의 컬럼이 포함될 수 있습니다.

부서에 대한 정보를 저장하기 위해서는 부서를 구분하기 위해서 부서번호와 부서이름, 그 부서가 어떤 지역에 속하는지 알려주는 지역이름 등의 정보가 필요합니다.

부서에 대한 정보를 저장하기 위한 테이블을 설계할 경우 부서번호, 부서이름, 지역이름 등과 같은 정보가 컬럼으로 구성됩니다.

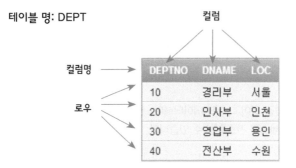

테이블 명: DEPT

컬럼

컬럼명

로우

DEPTNO	DNAME	LOC
10	경리부	서울
20	인사부	인천
30	영업부	용인
40	전산부	수원

위와 같은 전체 구조를 테이블이라고 합니다. 테이블은 다른 테이블과 구분하기 위해서 이름이 필요한데 위 그림은 부서 정보를 저장하는 테이블로서 이름이 DEPT(department의 약자)입니다. 테이블은 2차원 행렬 구조를 가집니다. 로우를 행이라고도 하는데 파일 시스템에서 레코드에 해당되는 것으로서 개별적인 사원 정보나 부서 정보가 바로 로우에 해당됩니다. 로우(ROW: 행)는 서로 구분되는 속성으로 구성되는데, 부서번호(DEPTNO)나 부서이름(DNAME), 지역(LOC) 등과 같은 속성이 바로 컬럼(COLUMN: 열)에 해당됩니다. 위 예로든 DEPT 테이블은 4개의 로우(Row)와 3개의 컬럼(Column)으로 구성된 테이블입니다.

A C T U A L　　M I S S I O N　　O R A C L E

최신 버전인 오라클 12c에서 제공되는 오라클 데이터베이스 소프트웨어의 종류를 학습해 봅시다. 다음 그림은 오라클 데이터베이스 소프트웨어 다운로드 페이지입니다.

4.1 Oracle Database Standard Edition/One

위 화면을 보면 Oracle Database Standard Edition/One이 보이는데 이 버전은 적은 수의 사용자 또는 작은 규모의 DB를 지원합니다. Standard Edition One은 2개 미만의 프로세서 즉, 단일 서버만을 지원하고, Standard Edition은 4개 미만의 프로세서를 지원하며, 전체 기능이 제공되는 데이터베이스입니다. 또한 Oracle Real Application Clusters를 포함하고 있어서 엔터프라이즈급 성능 및 보안 등을 제공하며, 상위 버전인 Enterprise 에디션과 호환 및 확장이 가능하기 때문에 기업들의 초기 투자비용을 절감해주는 버전입니다.

> **참고**
>
> 오라클 시스템 테크놀러지 부문의 후안 로아이자(Juan Loaiza) 부사장은 "이번 벤치마크 결과를 통해 오라클이 윈도우나 리눅스 등 고객들의 운영시스템에 관계없이 저렴한 가격으로 최고의 성능을 제공하는 것을 입증했습니다"라며 "델의 파워엣지 2900 서버에서 운영되는 오라클 데이터베이스 11g 스탠다드 에디션은 오라클이 어떻게 고객에게 최상의 가치와 비용 효율성을 제공하는지를 보여주는 좋은 예"라고 말했습니다.

4.2 Oracle Database Enterprise Edition

Oracle Database Enterprise Edition은 추가적인 기능을 필요로 하는 대규모 DB를 구현하려는 목적으로 사용됩니다. Oracle Standard Edition에 비해 훨씬 많은 플랫폼을 지원하고 특정 목적을 지닌 다양한 옵션뿐만 아니라 고급 관리, 네트워킹, 프로그래밍, 데이터웨어 하우징 기능을 포함하며 클러스터의 프로세서 수에 제한이 없습니다.

특히 Oracle In-Memory Database Cache옵션을 2008년도부터 추가하여 오라클 데이터베이스 내에서 접근 시 역동적인 실시간 데이터 업데이트를 수행할 수 있으며, 데이터베이스 내의 SQL 요구를 신속하게 실행함으로써 통신, 금융 서비스, 국방 등과 같이 성능에 민감한 산업군에 적합한 시스템입니다.

특히 오라클 인메모리 데이터베이스 캐시 옵션은 Oracle Real Application Clusters(오라클 리얼 어플리케이션 클러스터)를 포함한 오라클 데이터베이스 엔터프라이즈 에디션과 호환 및 통합됩니다. 또한 Oracle Enterprise Manager(오라클 엔터프라이즈 매니저), Oracle SQL Developer(오라클 SQL 디벨로퍼) 및 Oracle Application Server(오라클 어플리케이션 서버), Oracle JDeveloper(오라클 J디벨로퍼), Oracle TopLink(오라클 탑링크)와 같은 오라클 퓨전 미들웨어의 컴포넌트를 지원합니다.

> **참고**
>
> 오라클 데이터베이스 제품 마케팅을 담당하고 있는 윌리엄 하디(William Hardie) 부사장은 "오라클 데이터베이스 고객들은 오라클 인메모리 데이터베이스 캐시 옵션을 사용함으로써 실시간 처리속도 증가 및 성능 향상 등의 혜택을 얻을 수 있을 것으로 기대됩니다."면서, "오라클 데이터베이스 내에 통합된 새로운 옵션으로 오라클 데이터베이스 고객들의 개발 시간 단축 및 고객들의 어플리케이션 성능 니즈를 충족시킬 수 있도록 지원할 것"이라고 밝혔습니다.
>
> 출처: 아이티데일리

4.3 Oracle Database Express Edition

이번에 살펴볼 버전은 Oracle Database Express Edition인데 Oracle Database Express Edition은 설치와 관리가 다른 버전에 비해 쉽고 무료로 받아 설치하고 개발할 수 있습니다. 하지만 이 버전은 메모리 사용제한이 1GB이며 데이터베이스의 저장 공간이 최대 11GB의 사용자 데이터만 저장이 가능합니다. 예전 오라클 10g에서 제공되던 Oracle Database Express Edition은 데이터를 저장할 용량이 4GB였던 것에 비하면 용량 제한이 많이 풀린 것입니다.

또 하나의 CPU만을 지원하기 때문에 CPU를 모두 활용하는 확장성은 제거되었으며, 개인

용, 또는 소규모 업무에 사용이 가능한 단일 프로세서의 컴퓨터만을 지원합니다. 즉, 하나의
컴퓨터에는 하나의 XE만 설치하여 실행할 수 있습니다.

A C T U A L   M I S S I O N   O R A C L E

오라클 사이트에서 오라클을 다운받아 설치해 봅시다.

직접 해보기 오라클 다운받기

1 Oracle을 다운로드 받으려면 브라우저에서 다음 주소를 입력하여 오라클 사이트에 접속합니다.

http://www.oracle.com/technetwork/database/enterprise-edition/downloads/index.html

"Accept 라이센스 계약서 승인"을 위해서 "Accept License Agreement"를 선택한 후에 해당 OS에 맞는 것을 선택합니다. 저자는 윈도우 환경이므로 이에 맞는 File1을 선택하였습니다.

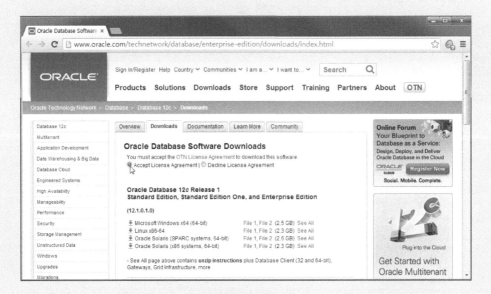

2 파일을 다운 받으려면 사용자 이름과 비밀번호를 입력하여 로그인하여야 합니다. 사용자 이름과 비밀번호가 없으면 회원으로 가입하여 사용자 이름을 발급받은 후 진행해야 합니다.

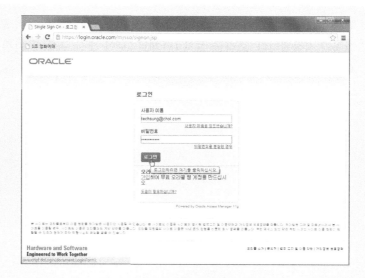

③ 로그인 후에 파일이 다운로드됩니다. File1을 다운로드 받았다면 이어서 File2도 다운로드 받습니다.

오라클 설치하기

① 다운로드 받은 File1, File2 파일의 압축을 풀면 다음과 같이 database 폴더가 생깁니다.

2 압축을 풀어 생긴 database 폴더의 setup.exe 파일을 실행하면 설치 드라이버 로딩 화면이 나타나면서 오라클 설치가 시작됩니다. 오라클 설치 1단계로 [보안 갱신 구성]에 지정합니다. 이 단계에서는 보안 문제에 대한 알림이 필요하다면 이를 통보받을 전자메일을 입력받습니다.

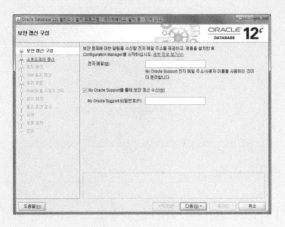

3 보안 문제에 대한 알림이 필요 없다면 전자 메일을 입력하지 않은 채 [다음] 버튼을 클릭하여 설치를 진행합니다. 이럴 경우 다음과 같은 경고 메시지를 출력하는 창이 뜨는데 [예] 버튼을 클릭합니다.

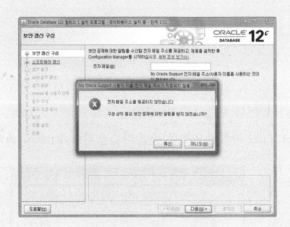

4 다음은 2단계로 [소프트웨어 갱신]을 위한 단계입니다. 업데이트 파일을 함께 지정하여 설치할 수 있습니다. 이전에 설치한 오라클이 없다면 [소프트웨어 갱신 건너뛰기]를 선택한 후 [다음] 버튼을 클릭합니다.

5 다음은 3단계로 [설치 옵션 선택]을 위한 단계입니다. 3가지 설치 옵션 중 새로 설치하는 경우는 '데이터베이스 생성 및 구성'을 선택하고 데이터베이스를 기존 버전에서 업그레이드하는 경우는 '기존 데이터베이스 업그레이드'를 선택하면 되는데 저자는 '데이터베이스 생성 및 구성'을 선택하였습니다.

6 다음은 4단계로 [시스템 클래스]를 위한 단계입니다. 일반 데스크톱에 설치하는 경우 '데스크톱 클래스'를 선택하고 진행합니다.

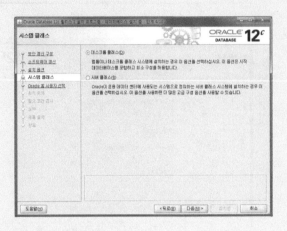

7 다음은 5단계로 [Oracle 홈 사용자 지정]을 위한 단계입니다. 새 Windows 사용자 생성을 선택한 후 사용자 이름과 비밀번호를 지정하여 오라클 서비스를 이용하기 위한 계정을 새로 만들어 줍니다. 사용자 이름은 orcl로, 비밀번호는 "Oracleholic07"로 지정합시다.

오라클은 보안 향상을 위해서 운영체제의 사용자를 따로 생성해서 관리합니다. 유닉스와 같은 서버에서는 이미 오래전부터 오라클 서버관리자 계정을 따로 등록해서 사용했기 때문에, 시스템에서 오라클 관련 프로세스를 제어할 때 내부적으로 사용되기도 합니다.

8 다음은 6단계로 [일반설치 구성]을 위한 단계입니다. 설치 위치를 지정해 주고 관리 비밀번호를

설정합니다. 설치 위치 정보는 중요하므로 반드시 기억해 둡니다. 데이터베이스를 식별하기 위한 유일한 이름이고, 또 이런 독립성으로 인해 여러 오라클 데이터베이스에 동시에 접속하여 사용하는 것이 가능한 것으로 알고 있습니다.

이전 5단계에서 새 Windows 사용자 생성에서 사용자 이름을 orcl로 지정했으면, 자동적으로 전역 데이터베이스 이름이 orcl로 등록됩니다. 이때 전역 데이터베이스 이름이란 오라클 데이터베이스를 식별하기 위한 유일한 이름이며, 데이터베이스에 동시에 접속하여 사용할 때 식별자 이름이기 때문에 실제 너무나도 잘 알고 있는 orcl을 사용하겠습니다. Oracle은 관리 비밀번호가 "Oracleholic07"과 같이 비밀번호는 최소 8자 이상으로 입력하고, 대문자와 소문자, 숫자[0-9]가 각각 한 자 이상씩 포함하도록 권장합니다.

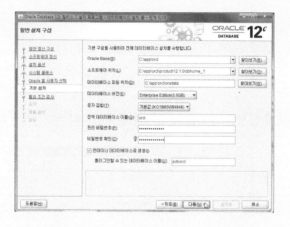

9 7단계에서는 필요 조건 검사를 진행합니다.

⑩ 다음 8단계에서는 설정한 옵션들을 설치하기 전에 요약하여 보여주는 단계로 [응답 파일 저장]으로 응답 파일을 생성해 두면 차후에 편리하게 사용할 수 있습니다.

⑪ 9단계에서는 지금까지 설정한 옵션들로 설치가 진행됩니다.

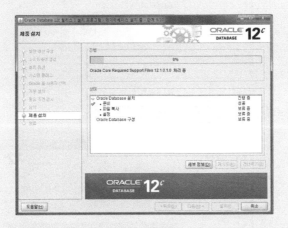

⑫ 데이터베이스 생성이 완료되어 로그 파일로 정보를 보여주는 창이 나타납니다. 중요한 내용이므로 이미지로 캡처하여 보관해 두면 문제가 생겼을 때 이 내용을 보고 해결할 수 있습니다. [비밀번호 관리]를 눌러 사용할 계정의 잠금을 풀고 비밀번호를 지정할 수 있는데, 여기서는 [확인] 버튼을 클릭하여 갱신하지 않고 진행합니다.

🔢 설치가 완료되어 설치 완료 화면이 나타나면 [닫기] 버튼을 클릭합니다.

전문가 조언 | 오라클이 설치되지 않는 경우

(1) 오라클 설치 프로그램이 저장된 폴더 이름이 한글일 경우에는 설치가 안 됩니다. 설치 프로그램을 영문으로 된 폴더로 이동한 후 설치를 진행해야 합니다.

(2) 서버의 사용자 계정이 한글로 되어 있는 경우에는 설치가 안 됩니다. 사용자 계정 역시 영문으로 되어 있어야 합니다. 서버의 계정도 영문이어야 하므로 혹시 한글이면 [제어판 → 사용자 계정]에서 새로운 계정을 발급받은 후, 그 계정으로 로그인한 후 설치해야 합니다.

위에 언급한 사항에 유의해서 설치하시기 바랍니다.

SQL에 접속하여 사용자 계정 만들기

데이터베이스란 데이터를 관리하는 시스템을 말합니다. 이런 데이터들은 물론 물리적인 파일 형태로 저장되어 있지만, 이들 파일을 직접 열어서 데이터를 보는 것이 아닙니다. SQL(Structured Query Language)이란 질의 언어를 통해서 데이터베이스에 저장된 데이터를 조회, 입력, 수정, 삭제하는 등의 조작이나 테이블을 비롯한 다양한 객체(시퀀스, 인덱스 등)를 생성 및 제어하는 역할을 합니다.

데이터베이스 관리 시스템(DBMS)에는 여러 가지가 있다고 소개했는데 이들 DBMS의 SQL문은 약간의 문법적 차이를 제외하고는 대동소이합니다. 따라서 오라클에서 사용하는 문법을 잘 익혀두면 MS-SQL과 같은 DBMS에서도 문제없이 SQL 문을 사용할 수 있습니다.

이러한 SQL 문을 저장하거나 편집하기 위해서 제공되는 것이 SQL*Plus입니다. SQL*Plus는 컬럼이나 데이터의 출력 형식을 설정하거나 환경 설정하는 기능도 제공합니다.

SQL과 SQL*Plus의 개념을 정리하면 다음과 같습니다.

(1) SQL(Structured Query Language)

관계 DB를 처리하기 위해 고안된 언어로, 독자적인 문법을 갖는 DB 표준 언어(ISO에서 지정)로서, 대다수 데이터베이스는 SQL을 사용하여 데이터를 조회, 입력, 수정, 삭제합니다.

(2) SQL*Plus

SQL 명령문을 대화식으로 실행하기 위해서 사용자가 데이터베이스에 입력하고 SQL 문을 처리하고 그 결과를 받을 수 있도록 만든 툴입니다. 컬럼이나 데이터의 출력 형식을 설정하거나 환경 설정하는 기능을 제공합니다.

6.1 SQL

SQL은 사용되는 용도에 따라서 다음과 같이 나눌 수 있습니다. 다음은 이 책에서 SQL 명령어를 유형별로 나누어 놓은 표입니다.

표 1-1 • SQL 명령어의 유형

유형	명령문
DQL:Data Query Language(질의어)	SELECT(데이터 검색 시 사용)
DML:Data Manipulation Language (데이터 조작어)-데이터 변경 시 사용	INSERT(데이터 입력) UPDATE(데이터 수정) DELETE(데이터 삭제)
DDL:Data Definition Language (데이터 정의어)-객체 생성 및 변경 시 사용	CREATE(데이터베이스 생성) ALTER(데이터베이스 변경) DROP(데이터베이스 삭제) RENAME(데이터베이스 객체이름 변경) TRUNCATE(데이터베이스 저장 공간 삭제)
TCL:Transaction Control Language (트랜잭션 처리어)	COMMIT(트랜잭션의 정상적인 종료 처리) ROLLBACK(트랜잭션 취소) SAVEPOINT(트랜잭션 내에 임시 저장점 설정)
DCL:Data Control Language (데이터 제어어)	GRANT(데이터베이스에 대한 일련의 권한 부여) REVOKE(데이터베이스에 대한 일련의 권한 취소)

데이터 정의어(DDL)는 데이터베이스 관리자나 응용 프로그래머가 데이터베이스의 논리적 구조를 정의하기 위한 언어로서 데이터 사전(Data Dictionary)에 저장됩니다. 데이터 조작어(DML)는 데이터베이스에 저장된 데이터를 조작하기 위해 사용하는 언어로서 데이터 검색(Retrieval), 추가(Insert), 삭제(Delete), 갱신(Update) 작업을 수행합니다. 그리고 데이터 제어어(DCL)는 데이터에 대한 접근 권한 부여 등의 데이터베이스 시스템의 트랜잭션을 관리하기 위한 목적으로 사용되는 언어입니다.

오라클을 배운다는 것은 SQL을 배운다고 해도 과언이 아닙니다. SQL 문은 아주 다양한 명령어와 문법구조를 제공하기 때문에 이를 다 언급할 수는 없습니다. 그렇기 때문에 SQL 문을 소개하기 위해서 가장 기초적인 문장들만 간단하게 살펴보도록 합시다.

6.1.1 SELECT

관계형 데이터베이스에서는 데이터가 2차원 구조의 테이블에 저장된다고 하였습니다. SELECT 문은 테이블에 저장된 데이터를 조회하는 데 사용되는 SQL에서 가장 기본적이면서 가장 많이 쓰이는 문장입니다.

다음은 DEPT 테이블의 모든 데이터를 표시하기 위한 SQL입니다.

예
```
01 SELECT * FROM DEPT;
```

6.1.2 DML(Data Manipulation Language)

DML은 데이터를 조작하는 역할을 합니다. 새로운 데이터를 삽입하고, 기존의 데이터를 변경하고 삭제하는 것이 DML에 속합니다. 다음은 DML에서 사용하는 명령어에 대한 설명과 예입니다.

● INSERT: 새로운 데이터를 삽입

부서 테이블에 총무부라는 새로운 부서를 추가하기 위해서 사용하는 명령어입니다.

예
```
01 INSERT INTO DEPT VALUES(50, '총무부', '서울');
```

● UPDATE: 기존의 데이터를 변경

부서 테이블의 총무부의 지역이름을 부산으로 변경하기 위해서 사용하는 명령어입니다.

예
```
01 UPDATE DEPT SET LOC='부산' WHERE DNAME='총무부';
```

● DELETE : 기존의 데이터를 삭제

부서 테이블에서 총무부를 삭제하기 위해서 사용하는 명령어입니다.

예
```
01 DELETE FROM DEPT WHERE DEPTNO=50;
```

6.1.3 TCL(Transaction Control Language)

트랜잭션 관련 문장으로 데이터 조작어에 의해 변경된 내용을 관리합니다. 즉, 데이터를 추가, 변경, 삭제한 내용은 파일에 영구 저장되는 것이 아니기에 사용자의 실수로 잘못 입력한 명령어라면 언제든지 이전 상태로 되돌릴 수 있습니다. 오라클에서는 실수 없이 완벽하게 입력한 명령어라는 것이 확인될 때에만 영구 저장하도록 TCL을 제공해 줍니다. 다음은 TCL에서 사용하는 명령어입니다.

- COMMIT: 변경된 내용을 영구 저장합니다.
- ROLLBACK: 변경되기 이전 상태로 되돌립니다.
- SAVEPOINT: 특정 위치까지를 영구 저장 혹은 이전 상태로 되돌릴 수 있도록 트랜잭션 중에 저장점을 만듭니다.

6.1.4 DDL(Data Definition Language)

DDL은 데이터베이스 객체들을 생성 또는 변경, 제거할 때 사용합니다. 객체란 테이블, 인덱스, 뷰, 트리거 등 SQL 문을 수행하는데 있어서 대상이 됩니다. 객체들 중에서 설명되어진 테이블을 기준으로 DDL의 역할을 살펴보도록 합시다.

● CREATE : 새로운 테이블을 생성

DML은 이미 존재하는 테이블에 대해서 데이터를 조작하는 것이었다면 CREATE는 없었던 테이블을 새롭게 생성하는 것입니다. 다음은 부서번호(DEPTNO), 부서이름(DNAME), 지역이름(LOC)으로 구성된 부서 테이블(DEPT)을 새롭게 생성하기 위해서 사용하는 명령어입니다.

예
```
01 CREATE TABLE DEPT01(
02    DEPTNO NUMBER(4),
03    DNAME VARCHAR2(10),
04    LOC VARCHAR2(9)
05 );
```

위 명령어를 수행하고 나면 존재하지 않았던 DEPT01이란 테이블이 생성됩니다. CREATE TABLE은 새롭게 생성될 테이블의 이름과 함께 그 테이블을 구성하는 컬럼이름과 각 컬럼의 성격을 규정합니다.

● ALTER : 기존의 테이블을 변경

테이블을 이미 하나 생성했는데 테이블을 사용하다 보니 컬럼이 하나 추가되어야 하거나 컬럼의 크기를 변경해야 할 경우 사용하는 명령어입니다. 다음은 부서 테이블(DEPT01)의 부서이름 컬럼(DNAME)의 크기를 30으로 변경한 예입니다.

예
```
01 ALTER TABLE DEPT01
02 MODIFY(DNAME VARCHAR2(30));
```

● RENAME : 테이블의 이름을 변경

DEPT01 테이블의 이름을 DEPT02로 변경하고자 할 때 사용하는 명령어입니다.

예
```
01 RENAME DEPT01 TO DEPT02;
```

● TRUNCATE : 테이블의 모든 내용을 제거

DEPT02 테이블의 모든 내용을 제거하고자 할 때 사용하는 명령어입니다. DEPT02란 테이블은 존재하지만 저장된 내용이 하나도 없게 됩니다.

예
```
01 TRUNCATE TABLE DEPT02;
```

● DROP : 기존의 테이블을 삭제

DEPT02 테이블의 내용은 물론이고 구조 자체를 제거하고자 할 때에는 DROP을 사용합니다.

예
```
01 DROP TABLE DEPT02;
```

DEPT02란 테이블의 존재 자체가 사라집니다.

6.1.5 DCL(Data Control Language)

오라클에서 데이터베이스에 저장된 정보를 사용하기 위해서 가장 먼저 할 일은 오라클에 접속하는 것입니다. 오라클에 접속하기 위해서는 사용자가 계정을 받아야 합니다. 계정은 DBA가 새롭게 생성해야 합니다. 오라클에 접속한 모든 사용자들이 데이터를 동일하게 사용해서는 안 됩니다. DBA에 해당되는 사용자는 권한이 막강해야 하지만, 일반 사용자는 단순히 데이터를 가져다 사용할 수 있도록 하는 등 사용자마다 데이터를 사용할 수 있는 권한이 달라야 합니다. 이렇듯 특정 사용자에게 권한을 부여하거나 제거하기 위해서 사용하는 명령어가 DCL입니다. DCL은 DBA만 사용할 수 있는 명령어입니다.

● GRANT : 사용자에게 특정 권한을 부여

ORAUSER01이란 사용자에게 CREATE SESSION 권한을 부여합니다.

예
```
01 GRANT CREATE SESSION TO ORAUSER01;
```

● REVOKE : 사용자로부터 특정 권한을 제거

ORAUSER01이란 사용자에게 부여했던 CREATE SESSION 권한을 제거합니다.

예
```
01 REVOKE CREATE SESSION FROM ORAUSER01;
```

6.2 오라클에 접속하기

오라클 데이터베이스를 설치하였으면 이를 사용하기 위해서 오라클에 접속을 시도해야 합니다. 데이터베이스 접속을 시도하면 오라클 데이터베이스를 사용할 수 있는 사용자인지를 검증하기 위해서 사용자 계정과 암호를 묻게 됩니다. 오라클을 설치하면 기본적으로 생성되는 계정이 있다고 하였습니다. 제공되는 계정은 시스템 권한을 가진 사용자인 DBA용 계정 (SYS, SYSTEM)과 교육용 계정(HR), 두 가지로 나뉩니다.

데이터베이스 사용자는 오라클 계정(Account)이라는 용어와 같은 의미로 사용됩니다. 오라클을 설치하면 한 개 이상의 데이터베이스 권한을 갖는 디폴트(기본적인) 사용자가 존재합니다. 오라클에서 제공되는 사용자 계정은 다음과 같습니다.

사용자 계정	설명
SYS	오라클 Super 사용자 계정이며, 데이터베이스에서 발생하는 모든 문제들을 처리할 수 있는 권한을 가지고 있다.
SYSTEM	오라클 데이터베이스를 유지보수 관리할 때 사용하는 사용자 계정이며, SYS 사용자와 차이점은 데이터베이스를 생성할 수 있는 권한이 없으며, 불완전 복구를 할 수 없다.
HR	처음 오라클을 사용하는 사용자의 실습을 위해 만들어 놓은 교육용 계정이다.

디폴트 사용자 중에서 SYS와 SYSTEM은 DBA 권한을 가진 사용자로서 다른 모든 사용자에 대한 정보를 조회할 수 있습니다. DBA 권한을 가진 관리자는 사용자를 생성하거나 삭제, 변경하는 등의 시스템 권한을 가지고 있습니다. DBA 관리자인 SYS 혹은 SYSTEM은 오라클을 처음 설치하자마자 디폴트로 생성되고 활성화되어 있는 사용자 계정입니다.

오라클 데이터베이스를 설치하였으면 이를 사용하기 위해서는 SQLPLUS 명령어로 접속을 시도해야 합니다. Command 환경에서 SQL*Plus로 로그인하는 방법을 살펴봅시다.

데이터베이스 접속을 시도하면 오라클 데이터베이스를 사용할 수 있는 사용자인지를 검증하기 위해서 사용자 계정과 암호를 묻게 됩니다.

> **형식**
>
> SQLPLUS 사용자 계정/암호

오라클에 접속하기 위해서는 사용자 계정이 필요합니다. 오라클을 설치하면 기본적으로 제공되는 교육용 사용자 계정인 ❶hr을 사용합니다. hr의 암호는 ❷hr입니다.

> **예**
>
> ```
> 01 sqlplus hr/hr
>          ❶ / ❷
> ```

성공적으로 접속이 끝나면 sql 프롬프트(〈SQL〉)가 나타납니다. 자 이제 다음 과정을 따라하면서 오라클 서버에 접속해 봅시다.

오라클 데이터베이스 관리프로그램에 접속하기

1 [시작] 메뉴에서 cmd를 입력하여 커맨드 창을 엽니다.

2 데이터베이스 관리자인 SYS로 오라클 서버에 접속해 봅시다.

```
sqlplus/as sysdba
```

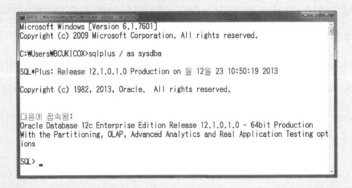

3 오라클 관리자[sqlplus / as sysdba]로 접속하였으면 [show con_name]을 입력한 후 엔터를 쳐서 현재 CDB의 이름을 확인합니다.

```
show con_name
```

④ "로컬" 사용자를 생성하기 위해 PDB를 검색하기 위해서 입력창에 다음과 같이 입력합니다.

```
select con_id, name, open_mode from v$pdbs;
```

PDB PDBORCL를 확인할 수 있습니다. 오라클 12c부터 CDB와 PDB 개념이 생겨났습니다. CDB는 컨테이너 DB입니다. 하나의 CDB 안에 PDB가 플러그처럼 꽂혀 있는 개념이라고 생각할 수 있습니다.

⑤ 다음과 같이 입력하여 세션의 컨테이너를 변경합니다.

```
alter session set container=PDBORCL;
```

⑥ 변경한 후에 다음과 같이 입력해서 현재 컨테이너의 이름을 확인합니다.

```
show con_name
```

6.3 오라클에 사용자 계정을 만들기

데이터베이스에 접속하기 위해서는 사용자를 생성해야 합니다. 다음은 사용자를 생성하기 위한 명령어입니다.

> **형식**
> ```
> create user [사용자아이디]  identified by [비밀번호];
> ```

오라클 사용자 계정(tester1)을 생성합니다. 이 사용자 계정에 본서에서 학습할 데이터베이스를 구축할 것입니다.

예제 tester1 사용자 생성하기

```
01 create user tester1 identified by 1234;
```

아이디와 비밀번호는 **tester1/1234**로 지정하여 사용자를 생성하였습니다.

직접 해보기 사용자 생성하기

1 사용자 계정을 발급받기 위해서는 데이터베이스 관리자인 SYS로 데이터베이스에 접속하여 다음과 같이 입력하여 tester1이라는 사용자를 생성하였습니다.

예제 tester1 사용자 생성하기

```
01 create user tester1 identified by 1234;
```

2 생성된 사용자를 확인하기 위해서 다음과 같이 등록된 사용자의 정보를 가지고 있는 dba_users라는 딕셔너리 테이블을 조회합니다. 참고로 "dba_"로 시작되는 딕셔너리 테이블들은 시스템 관리자의 권한을 가진 사용자만 정보를 열람할 수 있습니다. 지금은 사용자를 추가하기 위해서 sys 계정으로 접속을 했기 때문에 사용자도 추가할 수 있고, 추가된 사용자들의 정보도 조회할 수 있는 것입니다. 생성된 사용자를 확인하기 위해서 다음과 같이 명령어를 입력하고 엔터를 치면 "tester1" 사용자가 검색이 되었음을 확인합니다.

예제 "tester1" 사용자 생성 확인하기

```
01 select username from dba_users where username like '%TESTER%';
```

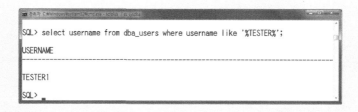

```
SQL> select username from dba_users where username like '%TESTER%';

USERNAME
-----------------------------------------------
TESTER1

SQL>
```

③ 사용자를 성공적으로 생성했다면 이번에는 사용자에게 오라클을 사용하기 위한 역할을 부여합시다. grant란 명령어는 역할을 부여할 때 관리자가 사용하는 명령어입니다.

> **예제** 역할 부여하기

```
01 grant connect, resource to tester1;
```

```
SQL> grant connect, resource to tester1;
권한이 부여되었습니다.

SQL>
```

전문가 조언 | connect 롤과 resource 롤

생성된 사용자에게 권한을 열어 주어야 사용을 할 수가 있습니다. 명령문 창에서 [grant resource, create session, create table, create view to tester1 ;]을 입력해서 세션 권한을 부여합니다.

[connect] 롤은 오라클 데이터베이스에 접속할 수 있는 session 생성 및 테이블을 생성하거나 조회할 수 있는 권한(create session 권한을 포함)입니다.

[resource] 롤은 오라클 데이터베이스의 기본 개체(Table, View 등)를 생성, 변경, 삭제할 수 있는 권한 (create table, create sequence, create trigger 등)입니다.

---

④ 로컬서비스 PDBORCL를 등록하기 위해서 오라클이 설치된 경로에 다음 경로로 하위폴더를 클릭하면서 [오라클이 설치된 경로] "C:\app\orcl\product\12.1.0\dbhome_1\NETWORK\AD-MIN"로 이동을 한 후 폴더 안에 "tnsnames.ora" 파일을 편집기로 열어서 아래의 내용으로 편집합니다. 필자의 경우 "c:/app/myora.."입니다.

tnsnames.ora 파일은 client가 DB server를 찾아갈 때 필요한 것입니다. 이곳에 오라클에 등록되어 있는 "PDBORCL"을 찾아 갈 수 있도록 등록해 두면, 접속할 때 "tester1@pdborcl"의 형태로 오라클 서버에 찾아가서 접속을 할 수 있습니다.

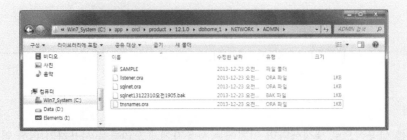

5 "tnsnames.ora" 파일을 편집기로 열어서 아래의 내용을 추가합니다.

```
01 PDBORCL =
02 (DESCRIPTION =
03   (ADDRESS_LIST =
04     (ADDRESS = (PROTOCOL = TCP)(HOST = localhost)(PORT = 1521))
05   )
06   (CONNECT_DATA =
07     (SERVICE_NAME = pdborcl)
08   )
09 )
```

6 "tester1" 사용자로 전환하기 위해서 다음 내용을 입력합니다.

예제 "tester1" 사용자로 전환하기

```
01 conn tester1@pdborcl/1234
```

사용자가 "tester1"로 전환되었는지 다음 내용을 입력하여 확인합니다.

예제 현재 사용자 확인하기

```
01 show user;
```

여기까지 오류 없이 잘 진행되었다면 사용자를 추가하는 작업이 성공적으로 완료되었습니다.

지금까지 사용자를 생성하는 방법에 대해서 알아보았습니다. 다음 절에서는 SQL Developer를 사용하는 방법에 대해서 알아보겠습니다.

Oracle SQL Developer를 설치하고 실습을 위한 예제 테이블 생성하기

A C T U A L   M I S S I O N   O R A C L E

오라클 개발 툴인 Oracle SQL Developer를 사용하여 실습을 위한 예제 테이블을 구축해 봅시다. Oracle SQL Developer는 데이터베이스 개발자가 코드 및 디버깅 작업을 보다 효과적으로 수행할 수 있도록 하는 데 필요한 모든 것을 지원해 주는 오라클 개발 툴(GUI 인터페이스를 갖춘 워크벤치)입니다. Oracle SQL Developer는 데이터베이스 개발자가 코드 작성에 쏟는 시간과 노력을 줄여줍니다.

이 책에서는 Oracle SQL Developer를 이용해서 오라클을 학습하겠습니다. 오라클 12c부터는 SQL Developer를 기본적으로 지원해 주고 있기 때문에 별도로 다운받아서 설치할 필요가 없습니다.

직접 해보기 오라클 데이터베이스 관리프로그램(SQL Developer)에 접속하여 사용하기

1 [시작 → 모든 프로그램 → Oracle−OraDB12Home1 → 응용 프로그램 개발 → SQL Developer] 메뉴를 선택합니다.

② SQL Developer 메뉴를 클릭하면 다음과 같은 창이 뜹니다. [Browse...] 버튼을 선택해서 자바가
설치된 경로에서 java.exe 파일을 선택한 후 [OK] 버튼을 선택해서 설치를 진행합니다.

③ 설치가 완료되면 SQL Developer가 실행됩니다.

④ [파일 → 새로 만들기] 메뉴를 선택하여 [새로 생성] 창에서 [데이터베이스 접속] 항목을 선택한
후 [확인] 버튼을 클릭합니다.

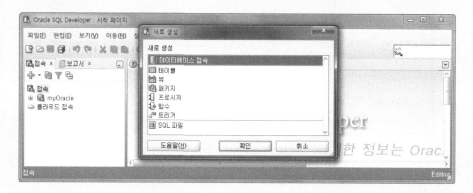

⑤ [새로 만들기] 창에서 사용자 "tester1"로 접속하기 위해서 환경설정을 합시다. [접속 이름]을 편
하게 인식할 수 있는 이름으로 지정합니다. 필자의 경우에는 "myOracle"이라고 입력했습니다. 그

다음은 [사용자 이름] 로컬 사용자 "tester1"를 입력합니다. [비밀번호]는 tester1 사용자의 비밀번호를 입력합니다. 필자의 경우 "1234"란 비밀번호를 입력했습니다. [서비스 이름]을 선택해 "pd-borcl"이라고 입력한 후 [테스트] 버튼을 클릭하면 왼쪽 하단에 "상태:성공"이란 메시지를 확인합니다. 모든 접속이 성공적으로 테스트가 되었다면 [접속] 버튼을 클릭해서 SQL Developer 메인화면으로 이동합니다.

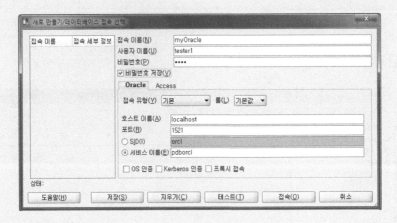

6 접속 성공 시 다음과 같은 화면이 나타납니다. [myOracle] 탭에 [워크시트]는 SQL명령문을 작성하는 작업창입니다.

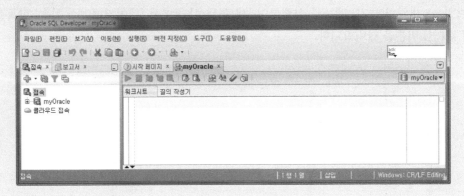

7.1 예제 테이블 살피기

관계형 데이터베이스는 정보 저장을 위해 관계나 2차원 테이블을 이용합니다. 오라클은 관계형 데이터베이스를 기본으로 합니다. 오라클 역시 기본 데이터를 저장하기 위한 구조로 테이블을 사용합니다. 테이블은 표처럼 볼 수 있도록 로우(ROW)와 컬럼(COLUMN)으로 구성합니다.

예를 들어, 사원관리를 위해서 관계형 데이터베이스에 사원정보를 저장해야 하다면 사원의 신상 정보와 사원이 소속된 부서 정보와 급여 정보가 필요합니다. 이들 중 저장되어야 하는 부서 정보를 부서번호와 부서명과 그 부서가 위치한 지역으로 결정했다고 했을 때, 다음은 부서에 대한 정보를 저장하고 있는 테이블의 구조입니다.

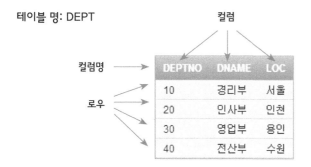

위와 같은 전체 구조를 테이블이라고 합니다. 테이블은 2차원 행렬 구조를 가집니다. 예로 든 부서(DEPT) 테이블은 4개의 부서 정보가 저장되어 있는데 개별적인 부서 정보가 바로 로우(행)에 해당됩니다. 파일 시스템에서 레코드라고도 부릅니다.

부서 정보는 부서번호(DEPTNO)나 부서명(DNAME), 지역(LOC)이라는 서로 구분되는 속성들로 구성되었는데 이러한 속성을 컬럼(열)이라 합니다. 부서 테이블은 4개의 로우와 3개의 컬럼으로 구성되었습니다.

여기서 "경리부", "서울"이라고 표시된 것이 하나의 첫 번째 로우를 표현한 것으로 DNAME(부서명)과 LOC(지역명)은 각각의 컬럼을 언급한 것입니다.

부서 테이블에 이어서 사원 관리를 위해 필요한 사원(EMP) 테이블과 급여(SALGRADE) 테이블을 살펴보면 다음과 같습니다.

EMPNO	ENAME	JOB	MGR	HIREDATE	SAL	COMM	DEPTNO
1001	김사랑	사원	1013	03/01/2007	300	-	20
1002	한예슬	대리	1005	04/02/2007	250	80	30
1003	오지호	과장	1005	02/10/2005	500	100	30
1004	이병헌	부장	1008	09/02/2003	600	-	20
1005	신동협	과장	1005	04/07/2005	450	200	30
1006	장동건	부장	1008	10/09/2003	480	-	30
1007	이문세	부장	1008	01/08/2004	520	-	10
1008	감우성	차장	1003	03/08/2004	500	0	30
1009	안성기	사장	-	10/04/1996	1000	-	20
1010	이병헌	과장	1003	04/07/2005	500	-	10
1011	조향기	사원	1007	03/01/2007	280	-	30
1012	강혜정	사원	1006	08/09/2007	300	-	20
1013	박중훈	부장	1003	10/09/2002	560	-	20
1014	조인성	사원	1006	11/09/2007	250	-	10

GRADE	LOSAL	HISAL
1	700	1200
2	1201	1400
3	1401	2000
4	2001	3000
5	3001	9999

7.2 예제 테이블 구축하기

SQL 구문을 이용해서 테이블을 생성하여 샘플 데이터를 추가할 수 있습니다. 하지만, 우리가 직접 SQL 구문을 입력하기에는 배운 내용이 적어서 아직은 실력이 부족하므로, 이미 데이터베이스 구축을 위해 SQL 구문이 저장된 스크립트 파일인 확장자가 [.sql]인 파일을 오라클에서 실행시켜서 데이터베이스를 구축해 보도록 하겠습니다. 이번 실습을 위해서는 확장자가 [.sql]인 스크립트 파일 EMP_EXAMPLE.sql이 제공됩니다.

확장자가 .sql인 스크립트 파일 이름은 @로 실행할 수 있습니다. 제공되는 sql 파일(EMP_EXAMPLE.sql)에 저장된 SQL 문을 실행하여, 이 책을 학습하기 위한 테이블들(DEPT, EMP, SALGRADE)을 구축해 봅시다.

직접 해보기 샘플 테이블 추가하기

1 sql 파일을 출판사 자료실에서 다운로드 받아 SQL Developer를 실행한 후, 메뉴에서 [파일 → 열기]를 선택해서 클릭하면 열기 창이 뜹니다. 다운로드한 위치에서 "EMP_EXAMPLE.sql" 파일을 선택한 후 열기 버튼을 클릭하면, 자동으로 워크시트에 예제 샘플 데이터가 불러옵니다. SQL Developer 창에서 📄 아이콘을 클릭하면 워크시트에 있는 모든 SQL 명령문이 순서대로 실행됩니다.

2 샘플 테이블 작업이 모두 완료되었다면 왼쪽 [접속]에서 [테이블]을 선택하고 마우스 오른쪽 버튼을 클릭하여 나타난 바로가기 메뉴에서 [새로 고침]을 선택하면 새롭게 추가된 테이블들을 확인할 수 있습니다.

이 책에서 다루어지는 모든 예제들을 위해서 데이터베이스를 구축했습니다. 우리가 다룰 데이터베이스는 모 주식회사의 사원 관리를 위한 데이터베이스입니다. 사원 관리 데이터베이스는 사원 정보와 사원이 소속된 부서 정보를 저장하고 있어야 합니다.

다음은 모 주식회사의 사원 관리를 위해서 사원의 정보와 부서 정보를 저장하기 위한 사원 테이블과 부서 테이블의 데이터 형식과 제약 조건 등을 정리한 표입니다.

표 1-2 • 부서(DEPT) 테이블

컬럼명	데이터 타입	크기	의미	제약 조건
DEPTNO	number	2	부서번호	기본 키
DNAME	varchar2	14	부서명	
LOC	varchar2	13	지역명	

표 1-3 • 사원(EMP) 테이블

컬럼명	데이터 타입	크기	의미	제약 조건
EMPNO	number	4	사원번호	기본 키
ENAME	varchar2	10	사원명	
JOB	varchar2	9	업무명	
MGR	number	4	해당 사원의 상사번호 (EMPNO와 연결됨)	
HIREDATE	date		입사일	
SAL	number	7, 2	급여	
COMM	number	7, 2	커미션	
DEPTNO	number	2	부서번호	외래키(DEPT 테이블의 DEPTNO와 연결됨)

오라클에서 데이터를 저장하는 구조가 테이블이기 때문에 이 테이블의 구조를 명확히 알아야 테이블에 저장된 데이터를 잘 사용할 수 있습니다. 테이블의 구조에 대해 좀 더 자세히 알아보도록 하겠습니다.

다음은 급여 정보를 저장하기 위한 급여 테이블의 데이터 형식을 정리한 표입니다.

표 1-4 • 급여(SALGRADE) 테이블

컬럼명	데이터 타입	크기	의미
GRADE	number		급여 등급
LOSAL	number		급여 하한 값
HISAL	number		급여 상한 값

7.3 데이터 타입

데이터베이스에 저장되는 데이터는 다양한 형식으로 표현됩니다. 사원 테이블의 경우 사원 번호는 숫자 형식이고, 사원명은 문자 형식이며, 입사일은 날짜 형식입니다. 이외에도 다음 과 같은 데이터 타입이 존재합니다.

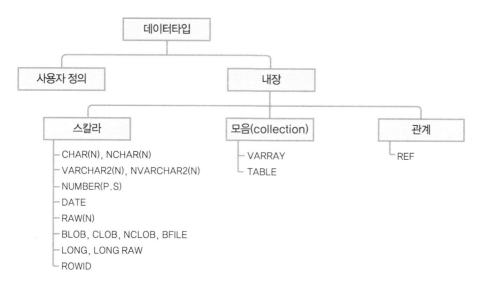

다음은 오라클에서 지원하는 데이터 타입의 종류를 정리한 표입니다.

표 1-5 · 오라클에서 지원하는 데이터 타입의 종류

데이터 타입	의미
CHAR(size)	size 크기의 고정 길이 문자 데이터 타입 최대 크기: 2,000바이트 최소 크기: 1바이트
VARCHAR2(size)	size 크기의 가변 길이 문자 데이터 타입 최대 크기: 4,000바이트 최소 크기: 1바이트
NVARCHAR2(size)	국가별 문자 집합에 따른 size 크기의 문자 또는 바이트의 가변 길이 문자 데이터 타입 최대 크기: 4,000바이트 최소 크기: 1바이트
NUMBER(p,s)	정밀도(p)와 스케일(s)로 표현되는 숫자 데이터 타입 p : 1~38 s : −84~127
DATE	날짜 형식을 저장하기 위한 데이터 타입

ROWID	테이블 내 행의 고유 주소를 가지는 64진수 문자 타입 해당 6바이트(제한된 ROWID) 또는 10바이트(확장된 ROWID)
BLOB	대용량의 바이너리 데이터를 저장하기 위한 데이터 타입 최대 크기: 4GB
CLOB	대용량의 텍스트 데이터를 저장하기 위한 데이터 타입 최대 크기: 4GB
BFILE	대용량의 바이너리 데이터를 파일 형태로 저장하기 위한 데이터 타입 최대 크기: 4GB
TIMESTAMP(n)	DATE 데이터 타입의 확장된 형태 n은 milli second 자릿수로 최대 9자리까지 표현 가능
INTERVAL YEAR TO MONTH	년과 월을 이용하여 기간을 저장
INTERVAL DAY TO SECOND	일, 시, 분, 초를 이용하여 기간을 저장 두 날짜 값의 정확한 차이를 표현하는 데 유용

7.3.1 CHAR 데이터 타입

CHAR은 문자 데이터를 저장하기 위한 데이터 타입으로 고정 길이의 문자열을 저장합니다. 즉, 입력된 자료의 길이와는 상관없이 정해진 길이만큼 저장 영역을 차지합니다. 최소 크기는 1바이트이며 최대 2,000바이트까지 저장이 가능합니다. CHAR 형은 데이터를 입력하지 않으면 NULL이 자동으로 입력되고, 지정된 길이보다 긴 데이터가 입력되면 오류가 발생합니다.

name이란 컬럼을 CHAR(10)으로 데이터 타입을 지정한 후에 'oracle'이란 데이터를 저장하였다면 다음과 같이 지정된 길이보다 짧은 데이터가 입력되었기 때문에 나머지 공간이 공백으로 채워집니다.

name

o	r	a	c	l	e				

그렇기 때문에 우편번호나 주민번호와 같이 길이가 일정하거나 비슷한 경우에 사용하는 것이 좋습니다.

7.3.2 VARCHAR2 데이터 타입

VARCHAR2 역시 문자 데이터를 저장하기 위한 데이터 타입으로 가변적인 길이의 문자열을 저장합니다. name 컬럼을 VARCHAR2(50)이라고 설정하였더라도 'oracle'이란 데이터를 저장한다면 저장할 데이터의 길이에 의해서 저장 공간의 길이가 할당됩니다.

name

```
o r a c l e
```

사람의 이름, 주소처럼 입력될 데이터의 길이의 편차가 심한 데이터의 타입을 CHAR로 지정하면 저장 공간이 낭비되지만 VARCHAR2를 사용한다면 메모리 낭비를 줄일 수 있습니다.

7.3.3 NUMBER 데이터 타입

NUMBER는 10이나 12.3과 같은 수치 데이터를 저장하며, 다음과 같은 형식으로 사용됩니다.

형식
```
NUMBER(precision, scale)
```

precision은 소수점을 포함한 전체 자릿수를 의미하며, scale은 소수점 이하 자릿수를 지정합니다. scale을 생략한 채 precision만 지정하면 소수점 이하는 반올림되어 정수 값만 저장됩니다. precision과 scale을 모두 생략하면 입력한 데이터 값만큼 공간이 할당됩니다.

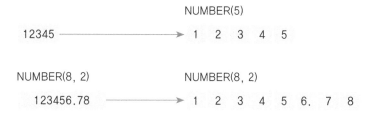

NUMBER(5)와 같이 precision만 지정한 경우에는 정수 형태의 값이 저장되는 반면, NUMBER(8, 2)와 같이 precision과 scale을 모두 지정한 경우에는 실수 형태의 값만 저장됩니다.

7.3.4 날짜 데이터 타입

DATE는 세기, 년, 월, 일, 시간, 분, 초의 날짜 및 시간 데이터를 저장하기 위한 데이터 형입니다. 이렇듯 날짜 타입 안에는 세기, 년, 월, 일, 시, 분, 초, 요일 등 여러 가지 정보가 들어 있지만 별다른 설정이 없으면 년, 월, 일만 출력합니다. 기본 날짜 형식은 "YY/MM/DD" 형식으로 "년/월/일"이 출력됩니다. 2011년 12월 14일은 "11/12/14"가 출력됩니다. 한글판과 영문판의 형식이 다른데 영문판인 경우 형식은 "DD/MON/YY"이며 2011년 12월 14일은 "14/DEC/11"이 출력됩니다.

7.4 데이터 무결성과 제약 조건

제약 조건은 컬럼에 들어가는 값을 제한하여 데이터의 정확성과 일관성을 보장합니다. 예를 들어 고등학생들의 정보를 저장하는 테이블에서 학년을 저장하기 위한 컬럼에는 1, 2, 3 중의 하나의 값만을 저장할 수 있어야 한다는 조건을 만족해야 합니다. 이러한 조건을 만족하는 데이터를 무결하다고 합니다.

무결성(Integrity) 조건을 만족하기 위해서 컬럼에 들어가는 값을 제한하기 위한 표준 방법 중의 하나가 제약 조건으로 NOT NULL, PRIMARY KEY, FOREIGN KEY 등이 이에 해당됩니다.

7.4.1 NOT NULL 제약 조건

NULL은 할당 받지 않은 값, 아직 무엇인지 모르는 값을 의미합니다. 예를 들어 인사과(human resources)가 신설되었는데 어느 지역에 위치하게 될지는 확정되지 않았다면, 부서 테이블의 지역이름(LOC) 컬럼에 정해지지 않은 값을 의미하는 NULL 값을 할당하게 됩니다.

NULL은 0이나, 스페이스(공백 문자)와는 다른 값으로 컬럼에 어떠한 값도 정해지지 않았을 경우 갖게 되는 불확실한 값입니다. 부서의 정보가 불확실하다고 해서 컬럼을 모두 NULL로 저장하게 되면 특정 부서를 검색해 올 수 없게 됩니다. 이러한 문제가 발생되지 않도록 하기 위해서 테이블 내에 반드시 입력해야 하는 필수 입력 컬럼에 NULL 값을 저장하지 못하도록 NOT NULL 제약 조건을 걸어 주어야 합니다. NOT NULL 조건이 지정된 컬럼은 NULL 값이 아닌 확실한 정보가 저장되어야 하기 때문에 필수적으로 데이터가 입력되어야 하는 컬럼이 됩니다.

7.4.2 기본 키 제약 조건

개체 무결성이란 개체가 결점이 없음을 의미합니다. 결점이 없는 무결한 개체가 되려면 데이터베이스에 저장되어 관리될 때 본질적으로 서로 구별될 수 있어야 합니다.

한예슬	과장	300	경리부
이름	**직급**	**급여**	**부서명**
김사랑	사원	300	인사부
한예슬	대리	250	영업부
오지호	과장	500	영업부
이병헌	부장	600	인사부

이름	직급	급여	부서명
김사랑	사원	300	인사부
한예슬	대리	250	영업부
오지호	과장	500	영업부
이병헌	부장	600	인사부
한예슬	과장	300	경리부

이미 테이블 내에 한예슬이란 사원이 존재하는데 한예슬이란 사원을 또 삽입하려고 합니다. 만일 정상적으로 삽입된다면 동일한 이름의 사원이 두 개가 존재하게 됩니다. 이때 '한예슬'이란 사원이 소속된 부서를 물어보게 될 경우 둘 중의 누구를 말하는 것인지 알 수 없게 되는 이상 현상(anomaly)이 발생합니다. 이러한 이상(anomaly) 현상이 일어나지 않도록 하기 위한 방법으로 제공되는 것이 바로 기본 키 제약 조건입니다. 기본 키로 지정한 컬럼은 널(NULL) 값이나 중복된 값을 가질 수 없기 때문에 개체가 무결성을 유지할 수 있게 됩니다.

그러나 같은 직장 내에 동명이인이 얼마든지 존재할 수 있기 때문에 사원이름을 기본 키로 지정하지 못하고, 사원번호라는 컬럼을 추가하여 이를 기본 키로 두면, 같은 이름의 사원이 존재하더라도 사원번호로 언제든지 개체를 구별할 수 있도록 합니다. 이와 같이 실생활에 존재하지 않지만 개체의 무결성을 위해서 컬럼의 값을 의미는 없지만 중복되지 않는 값을 갖도록 하는 것을 인공 키라고 합니다. 인공 키를 사용하지 않더라도 주민등록번호와 같은 컬럼을 기본 키로 지정할 수 있습니다.

한예슬	과장	300	경리부

사원번호	이름	직급	급여	부서명
101	김사랑	사원	300	인사부
102	한예슬	대리	250	영업부
103	오지호	과장	500	영업부
104	이병헌	부장	600	인사부

사원번호	이름	직급	급여	부서명
101	김사랑	사원	300	인사부
102	한예슬	대리	250	영업부
103	오지호	과장	500	영업부
104	이병헌	부장	600	인사부
105	한예슬	과장	300	경리부

7.4.3 외래 키 제약 조건

관계형 데이터베이스는 데이터가 중복되어 저장하는 것을 지양합니다. 다음은 모 회사의 사원이 어느 부서에 소속되어 있는지에 대한 정보를 저장한 테이블입니다.

중복된 데이터

사원번호	이름	직급	급여	부서명	위치
101	김사랑	사원	300	인사부	인천
102	한예슬	대리	250	영업부	용인
103	오지호	과장	500	영업부	용인
104	이병헌	부장	600	인사부	인천

사원의 정보인 사원번호와 이름, 직급, 급여, 그리고 어느 부서에 소속된 사원인지 부서명과 위치 정보를 저장하고 있습니다. 하나의 부서에 여러 사원이 소속될 수 있기 때문에 위 테이블은 중복된 데이터가 저장될 수 있습니다. 이렇게 정보가 중복되어 저장되어 있으면 문제점이 발생할 수 있습니다. 어떤 문제점이 있을 수 있을까요? 가장 쉽게 떠오르는 생각은 저장 공간이 낭비된다는 것입니다. 하지만 이러한 문제점 이외에도 중복되어 저장된 데이터 때문에 테이블에 저장된 데이터를 추가, 수정, 삭제와 같은 조작을 할 때 여러 가지 곤란한 현상이 발생합니다.

이렇게 데이터가 중복되어 저장되는 것을 막기 위해서 정보를 여러 테이블에 나눠서 저장합니다. 정보가 서로 다른 테이블에 나뉘어서 저장되었기 때문에 원하는 정보를 얻기 위해서 여러 테이블을 연결하여 사용해야 합니다. 이를 위해서 특정 테이블의 컬럼이 다른 테이블의 컬럼을 참조하게 됩니다. 다른 테이블의 컬럼 값을 참조하는 테이블을 '자식 테이블'이라고 하고, 다른 테이블에 의해 참조되는 테이블을 '부모 테이블'이라고 합니다. 사원 테이블을 보면 어떤 부서 소속인지를 알려주기 위한 부서번호 컬럼이 존재합니다. 상세한 부서 정보는 사원 테이블에는 없고 부서 테이블에 존재하기 때문에, 사원 테이블의 부서번호와 일치되는 값을 부서 테이블에서 찾아와야만 상세 정보를 알 수 있습니다. 그렇기 때문에 부서 테이블이 부모 테이블이 되고, 사원 테이블이 자식 테이블이 됩니다.

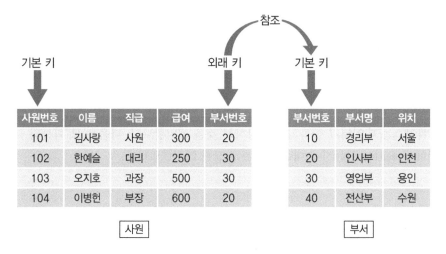

사원 테이블의 부서번호와 일치되는 부서번호가 부서 테이블에 존재하지 않는다면 부서 정보를 얻어올 수 없는 문제가 발생합니다. 그렇기 때문에 사원 테이블에 사원의 정보를 추가, 수정할 때에 입력한 부서번호가 부서 테이블에 존재하는지 살펴본 후에, 추가 또는 수정할 수 있도록 해야 합니다. 이를 위해 사원 테이블의 부서번호가 부서 테이블의 부서번호를 참조하도록 제약을 걸어 둘 때 사용되는 것이 외래 키 제약 조건입니다.

Mission

첫 번째 미션 해결하기

학사관리를 위한 데이터베이스를 구축하라!

01. 학사관리를 위한 데이터베이스를 관리할 사용자를 등록하세요.

1 [시작] 메뉴에서 cmd를 입력하여 커맨드 창을 엽니다.

2 오라클에 접속하기 위해서는 사용자 계정이 필요하다고 하였습니다. 오라클을 설치하게 되면 기본
적으로 생성되는 사용자 계정 중에서 SYSTEM을 사용하고, 패스워드는 설치할 때 지정한 것을 사
용합니다. 이제 다음 과정을 따라하면서 오라클 서버에 접속해 봅시다.

```
01 sqlplus / as sysdba
```

❸ 다음과 같이 입력하여 세션의 컨테이너를 변경합니다.

```
01 alter session set container=PDBORCL;
```

❹ 오라클 사용자 계정(tester1)을 생성합니다.

```
01 create user stmanager identified by test09
02     default tablespace users
03     quota unlimited on users
```

02. 역할 부여하기

```
04 grant connect, resource to stmanager ;
```

03. 학사관리를 위한 데이터베이스 구축하기

❶ SQL Developer가 실행한 후 [파일 → 새로 만들기] 메뉴를 선택하여 [새로 생성] 창에서 [데이터베이스 접속] 항목을 선택한 후 [확인] 버튼을 클릭합니다.

❷ [새로 만들기] 창에서 [접속 이름]을 편하게 인식할 수 있는 이름으로 지정합니다. 필자의 경우에는 "stOracle"이라고 입력했습니다. 그 다음은 [사용자 이름] 로컬 사용자 "stmanager"를 입력합니

다. [비밀번호]는 stmanager 사용자의 비밀번호를 입력합니다. 필자의 경우 "test09"란 비밀번호를 입력했습니다. [서비스 이름]을 선택해 "pdborcl"이라고 입력한 후 [테스트] 버튼을 클릭하면 왼쪽 하단에 "상태:성공"이란 메시지를 확인합니다.

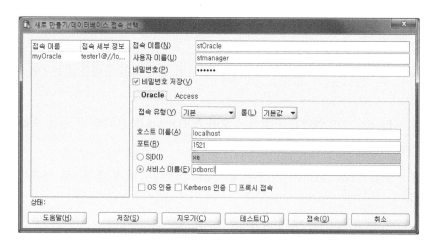

③ 모든 접속이 성공적으로 테스트가 되었다면 [접속] 버튼을 클릭해서 SQL Developer 메인 화면으로 이동합니다. sql 파일을 출판사 자료실에서 다운로드 받아 SQL Developer를 실행한 후, 메뉴에서 [파일 → 열기]를 선택해서 클릭하면 열기 창이 뜹니다. 다운로드한 위치에서 "ACADEMY.sql" 파일을 선택한 후 열기 버튼을 클릭하면 자동으로 워크시트에 예제 샘플 데이터가 불려옵니다. SQL Developer 창에서 📄 아이콘을 클릭하면 워크시트에 있는 모든 SQL 명령문이 순서대로 실행이 됩니다.

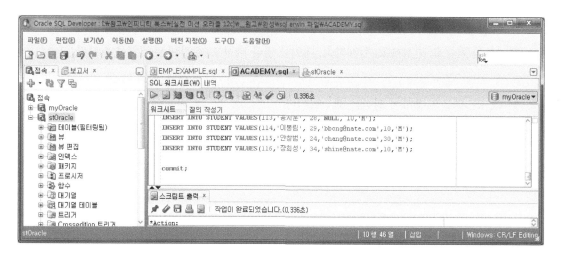

마무리

1. SQL은 관계 DB를 처리하기 위해 고안된 언어로, 독자적인 문법을 갖는 DB 표준 언어입니다.

2. SQL * Plus는 SQL 언어를 구현하여 오라클 RDBMS를 관리할 수 있는 오라클 사의 클라이언트 툴 제품명입니다.

3. SQL * Plus는 command 환경 또는 window 환경에서 특정 계정으로 실행시킬 수 있습니다.

4. 오라클 설치 시 생성되는 계정으로 SYS, SYSTEM, HR이 있습니다.

5. SQL 문은 SELECT, DML, TCL, DDL, DCL로 구성됩니다.

6. SELECT 문은 데이터베이스로부터 필요한 데이터를 가져옵니다.

7. DML 문은 INSERT, UPDATE, DELETE 문 등으로 구성되며, 행을 삽입하고 변경하고 삭제하는 역할을 합니다.

8. 트랜잭션 관련 문장은 DML 문을 사용하여 변화된 데이터베이스의 내용을 COMMIT 문으로 확정시키거나, ROLLBACK 문으로 되돌리는 역할을 합니다.

9. DDL 문은 CREATE, ALTER, DROP, RENAME, TRUNCATE 문으로 구성되며, 새로운 테이블을 만들고, 변경하고, 삭제하고, 테이블 명을 바꾸고, 잘라내는 역할을 합니다.

10. DCL 문은 데이터베이스 접근에 필요한 권한을 GRANT 문을 사용하여 부여하고, REVOKE 문을 사용하여 권한을 회수합니다.

도전 Quiz

1. 관계형 데이터베이스에서는 기본 데이터를 저장하기 위한 구조로 (　　　　)을 사용합니다.

2. 테이블은 표처럼 볼 수 있도록 (　　　)와 (　　　)으로 구성합니다.

3. 데이터베이스로부터 필요한 데이터를 조회하기 위한 SQL 문은 무엇이라고 합니까?

4. 데이터를 조작하는 INSERT, UPDATE, DELETE 문 등으로 구성되며, 새로운 데이터를 삽입하고, 기존의 데이터를 변경하고 삭제하는 역할을 하는 것을 무엇이라고 합니까?

5. CREATE, ALTER, DROP, RENAME, TRUNCATE 문으로 구성되며, 새로운 테이블을 만들고, 변경하고, 삭제하고, 테이블 명을 바꾸고, 잘라내는 역할을 하는 것을 무엇이라고 합니까?

6. 데이터베이스 접근에 필요한 권한을 GRANT 문을 사용하여 부여하고, REVOKE 문을 사용하여 권한을 회수하는 명령어로 구성된 것을 무엇이라고 합니까?

7. 관계 DB를 처리하기 위해 고안된 언어로, 독자적인 문법을 갖는 DB 표준 언어를 무엇이라고 합니까?

8. SQL 언어를 구현하여 오라클 RDBMS를 관리할 수 있는 오라클 사의 클라이언트 툴 제품명을 무엇이라고 합니까?

9. 부서 테이블에 여러 부서의 정보가 저장되어 있을 때 동일한 정보를 갖는 부서가 존재하더라도 이를 구분할 수 있도록 하기 위해서, 유일무이한 값만을 저장할 수 있도록 하기 위한 제약 조건은 무엇입니까?

❶ NOT NULL　　　　　　　　❷ PRIMARY KEY

❸ FOREIGN KEY　　　　　　　❹ UNIQUE

SQL의 기본

이번 장에서는 SQL의 가장 기본이 되는 SELECT 문과 함께 산술 연산자의 사용법과 NULL
의 의미와 컬럼에 별칭을 부여하는 방법 등에 대해서 살펴보도록 하겠습니다.

도전 미션

첫 번째 미션: 테이블 내의 정보 중 특정 컬럼만 조회하라!

두 번째 미션: 특정 조건의 데이터만 조회하여 출력하라!

세 번째 미션: 다양하게 데이터를 조회하여 출력하라!

학습 내용

첫 번째 미션

테이블 내의 정보 중 특정 컬럼만 조회하라!

01. 사원의 이름과 급여와 입사일자만을 출력할 수 있습니다.

ENAME	SAL	HIREDATE
김사랑	300	03/01/2007
한예슬	250	04/02/2007
오지호	500	02/10/2005
이병헌	600	09/02/2003
신동협	450	04/07/2005
장동건	480	10/09/2003
이문세	520	01/08/2004
감우성	500	03/08/2004
안성기	1000	10/04/1996
이병헌	500	04/07/2005
조향기	280	03/01/2007
강혜정	300	08/09/2007
박중훈	560	10/09/2002
조인성	250	11/09/2007

02. 부서번호는 dno로, 부서명은 dname으로 정해져 있으므로 다음과 같은 SQL 문의 결과는 왼쪽 그림과 같이 컬럼 이름에도 역시 dno, dname으로 출력됩니다.

```
01 select deptno, dname
02 from dept;
```

오른쪽 그림과 같이 컬럼 이름이 출력되도록 하기 위해 별칭을 지정하는 SQL 문을 작성해 보시오.

[별칭을 부여하기 전]

DEPTNO	DNAME
10	경리부
20	인사부
30	영업부
40	전산부

[별칭을 부여한 후]

부서번호	부서명
10	경리부
20	인사부
30	영업부
40	전산부

03. 사원 테이블에 존재하는 직급의 종류를 출력하기 위해서 다음과 같은 SQL 문을 수행하면 화면 왼쪽 그림과 같이 중복된 내용이 출력됩니다.

예
```
01 select job
02 from employee
```

오른쪽 그림과 같이 직급이 중복되지 않고 한 번씩 나열되도록 SQL 문을 작성해 보시오.

JOB
사원
대리
과장
부장
과장
부장
부장
차장
사장
과장
사원
사원
부장
사원

JOB
과장
대리
사장
부장
차장
사원

두 번째 미션

특정 조건의 데이터만 조회하여 출력하라!

01. 급여가 300 이하인 사원의 사원번호, 사원 이름, 급여를 출력하시오.

EMPNO	ENAME	SAL
1001	김사랑	300
1002	한예슬	250
1011	조향기	280
1012	강혜정	300
1014	조인성	250

02. 이름이 "오지호"인 사원의 사원번호, 사원명, 급여를 출력하시오.

EMPNO	ENAME	SAL
1003	오지호	500

03. 급여가 250이거나, 300이거나, 500인 사원들의 사원번호와 사원명과 급여를 검색하시오.

 조건   비교 연산자와 OR 논리 연산자를 사용하여 작성해 보고, in 연산자로 한 번 더 작성하시오.

EMPNO	ENAME	SAL
1001	김사랑	300
1002	한예슬	250
1003	오지호	500
1008	감우성	500
1010	이병헌	500
1012	강혜정	300
1014	조인성	250

04. 급여가 250도, 300도, 500도 아닌 사원들을 검색하시오.

조건   비교 연산자와 AND 논리 연산자를 사용하여 작성해 보고, in 연산자로 한 번 더 작성하시오.

EMPNO	ENAME	SAL
1004	이병헌	600
1005	신동협	450
1006	장동건	480
1007	이문세	520
1009	안성기	1000
1011	조향기	280
1013	박중훈	560

세 번째 미션

다양하게 데이터를 조회하여 출력하라!

01. 사원들 중에서 이름이 "김"으로 시작하는 사람과 이름 중에 "기"를 포함하는 사원의 사원번호와 사원이름을 출력하는 쿼리문을 작성해 보시오.

> **조건** LIKE 연산자와 와일드카드를 사용합니다.

EMPNO	ENAME
1001	김사랑
1009	안성기
1011	조향기

02. 상급자가 없는 사원(사장이 되겠지요!)을 검색하기 위한 SQL 문을 작성해 보시오.

EMPNO	ENAME	JOB	MGR	HIREDATE	SAL	COMM	DEPTNO
1009	안성기	사장	-	10/04/1996	1000	-	20

03. 사원 테이블의 자료를 입사일을 기준으로 정렬하여 최근에 입사한 직원을 가장 먼저 출력하는 쿼리문을 작성하시오(사원번호, 사원명, 직급, 입사일 컬럼만 출력).

EMPNO	ENAME	JOB	TO_CHAR(HIREDATE,'YYYY/MM/DD')
1014	조인성	사원	2007/11/09
1012	강혜정	사원	2007/08/09
1002	한예슬	대리	2007/04/02
1011	조향기	사원	2007/03/01
1001	김사랑	사원	2007/03/01
1010	이병헌	과장	2005/04/07
1005	신동협	과장	2005/04/07
1003	오지호	과장	2005/02/10
1008	감우성	차장	2004/03/08
1007	이문세	부장	2004/01/08
1006	장동건	부장	2003/10/09
1004	이병헌	부장	2003/09/02
1013	박중훈	부장	2002/10/09
1009	안성기	사장	1996/10/04

04. 부서 번호가 빠른 사원부터 출력하되, 같은 부서 내의 사원을 출력할 경우 입사한 지 가장 오래된 사원부터 출력되도록 하시오.

DEPTNO	EMPNO	ENAME	JOB	TO_CHAR(HIREDATE,'YYYY/MM/DD')
10	1007	이문세	부장	2004/01/08
10	1010	이병헌	과장	2005/04/07
10	1014	조인성	사원	2007/11/09
20	1009	안성기	사장	1996/10/04
20	1013	박중훈	부장	2002/10/09
20	1004	이병헌	부장	2003/09/02
20	1001	김사랑	사원	2007/03/01
20	1012	강혜정	사원	2007/08/09
30	1006	장동건	부장	2003/10/09
30	1008	감우성	차장	2004/03/08
30	1003	오지호	과장	2005/02/10
30	1005	신동협	과장	2005/04/07
30	1011	조향기	사원	2007/03/01
30	1002	한예슬	대리	2007/04/02

데이터베이스에 관심이 있는 독자라면 SELECT FROM 문장을 본 적이 있을 것입니다. 데이터베이스에서 가장 많이 하는 작업은 데이터를 조회하는 일입니다. SELECT 문이 바로 데이터를 조회하기 위한 SQL 명령어입니다.

오라클을 배운다는 것은 다양한 SQL 명령어를 배운다는 의미입니다. 그중에서도 가장 많이 사용하는 SQL 명령어가 바로 SELECT 문입니다. SELECT 문을 학습하면서 오라클에서 SQL 명령어를 사용하는 방법을 학습하도록 합시다.

다음은 SELECT 문의 기본 형식입니다.

형식
```
SELECT [DISTINCT] {*, column[Alias], . . .}
FROM   table_name;
```

위 기본 형식을 살펴보면 [ ]가 나오는데 생략 가능한 내용을 [ ] 안에 기술합니다. { } 안에 기술한 내용 중에 하나를 선택할 수 있습니다.

SQL 명령어는 하나의 문장으로 구성되어야 하는데, 여러 개의 절이 모여서 문장이 되는 것이고, 이러한 문장들은 반드시 세미콜론(;)으로 마쳐야 합니다.

SELECT 문은 반드시 SELECT와 FROM이라는 2개의 키워드로 구성되어야 합니다. 이 두 개의 키워드를 기준으로 SELECT 절과 FROM 절로 구분됩니다.

SELECT 절은 출력하고자 하는 컬럼 이름을 기술합니다. 특정 컬럼 이름 대신 * 를 기술할 수 있는데, * 는 테이블 내의 모든 컬럼을 출력하고자 할 경우 사용합니다.

FROM 절 다음에는 조회하고자 하는 테이블 이름을 기술합니다. 부서의 정보를 살펴보기 위해서는 부서 테이블명인 DEPT를 기술하고, 사원의 정보를 보고자 한다면 FROM 절에 EMP를 기술합니다.

다음은 부서 테이블의 내용을 살펴보기 위한 쿼리문입니다.

```
SELECT  *
  ❶     ❷
FROM  dept;
  ❸     ❹
```

❶ SELECT는 데이터베이스 내에 저장되어 있는 테이블을 조회하기 위한 명령어입니다.

❷ SELECT 다음에는 보고자 하는 대상의 컬럼 이름을 기술합니다. SELECT 다음에 *를 기술하면 지정된 테이블(❹ dept)의 모든 컬럼을 조회합니다.

❸ FROM 다음에는 보고자 하는 대상의 테이블 이름을 기술합니다.

❹에 dept를 기술하였기에, dept 테이블에 등록된 부서의 정보를 살펴볼 수 있었습니다.

직접 해보기 Oracle SQL Developer에서 쿼리문 실행하기

1 Oracle SQL Developer에서 데이터베이스에 접속한 후에 [파일 → 새로 만들기] 메뉴를 선택합니다.

② [새로 생성] 창에서 [SQL 파일]을 선택한 후 [확인] 버튼을 클릭합니다.

③ 디렉토리 경로를 "C:_work"로 선택한 후 파일 이름을 "ch02.sql"로 입력하여 SQL 파일을 생성합니다.

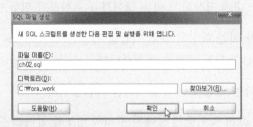

④ 부서 테이블의 내용을 살펴보기 위한 쿼리문을 입력한 후 ▷ 를 클릭하여 실행시킵니다.

예제 부서 정보 출력하기

```
01 select *
02 from  dept;
```

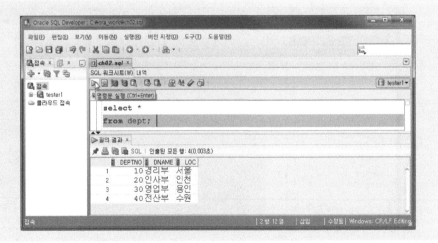

1.1 문장과 절

모든 SQL 문은 문장으로 구성되어 있고, 문장의 끝은 종결문자 세미콜론(;)을 붙입니다. SQL 문은 한 줄에 입력하기보다는 여러 줄에 걸쳐서 입력하는데, 일반적으로 한 줄에 하나의 절을 입력하는 것이 가독성이 높기 때문에 주로 아래 예와 같은 형식으로 입력합니다.

예제 두 개의 절로 구성된 문장 표현 방법으로 한 줄에 하나의 절만 입력하기

```
01 select *
02 from dept;
```

위 문장은 두 절로 구성되었습니다. 첫 번째 줄인 "SELECT *"를 SELECT 절이라고 하고, 두 번째 줄인 "FROM dept"를 FROM 절이라고 합니다. SELECT 절을 입력한 후 엔터키를 입력하여 절을 구분할 수 있습니다. SQL 문은 엔터를 쳐도 명령어가 수행되지 않습니다. 명령어가 수행되도록 하기 위해서는 SQL 문이 끝났음을 알린 후에 엔터를 쳐야 합니다. SQL 문장은 여러 줄에 걸쳐서 작성할 수 있도록 하기 위해서 엔터가 문장이 끝났음을 알리지 못합니다.

오라클에서는 문장의 끝을 알리기 위한 기호로서 세미콜론(;)을 사용합니다. 즉, SQL 문을 수행하기 위해서는 반드시 문장을 모두 입력한 후 세미콜론(;)을 마지막에 입력한 후 엔터를 눌러야 합니다.

절 단위로 줄 바꿈을 하지 않고 한 문장을 한 줄로 구성해도 동일한 결과를 얻을 수 있습니다.

예제 두 개의 절로 구성된 문장 표현 방법으로 한 줄에 하나의 문장 입력하기

```
01 select * from dept;
```

또한 SQL 문에서 사용하는 명령어들은 대문자와 소문자를 구분하지 않는다는 특징이 있습니다.

예제 대문자로 SQL 문 작성하기

```
01 SELECT * FROM DEPT;
```

1.2 특정 데이터만 보기

다음은 사원 테이블의 모든 정보를 출력하기 위한 쿼리문입니다.

예제 사원 테이블의 모든 정보를 출력하기

```
01 SELECT * FROM emp;
```

위 쿼리문의 결과는 테이블 내의 모든 내용을 출력합니다. 모든 내용을 출력할 경우에는 특별히 컬럼 이름을 언급할 필요가 없기 때문에 *와 같은 특수 문자를 SELECT 절에 기술합니다.

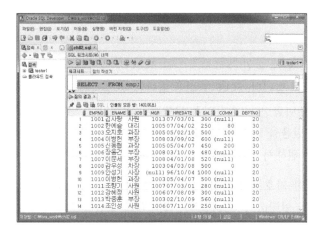

이번에는 특정 데이터를 출력하는 방법을 살펴보도록 하겠습니다. 즉 사원번호와 사원명만을 조회하도록 하겠습니다. 그러기 위해서는 SELECT 절에 출력하고자 하는 컬럼 이름을 콤마(,)로 구분하여 명시해야 하기 때문에, 해당 내용을 저장하고 있는 컬럼 이름을 알아야 합니다. 테이블의 컬럼 이름을 살펴봅시다.

사원번호에 해당되는 컬럼 이름은 empno이고, 사원명에 해당되는 컬럼 이름은 ename입니다.

empno와 ename을 출력하기 위해서는 출력하고자 하는 순서대로 기술하되 컬럼과 컬럼 사이에 콤마를 기술합니다.

예제 emp 테이블에서 empno, ename 컬럼 내용만 출력하기

```
01 SELECT empno, ename
02 FROM emp;
```

왼쪽 화면은 사원 테이블의 전체 컬럼을 출력한 결과입니다. 이중에서 일부만 출력하도록 하기 위해서 SELECT 다음에 출력되기를 원하는 컬럼을 나열하였습니다. 오른쪽 화면은 사원 (emp) 테이블에서 사원 번호, 사원명만을 출력되도록 하는 실행 결과입니다.

[전체 컬럼 출력]								[사원번호, 사원명만 출력]	
SELECT * FROM emp;								SELECT empno, ename FROM emp;	
EMPNO	ENAME	JOB	MGR	HIREDATE	SAL	COMM	DEPTNO	EMPNO	ENAME
1001	김사랑	사원	1013	03/01/2007	300	-	20	1001	김사랑
1002	한예슬	대리	1005	04/02/2007	250	80	30	1002	한예슬
1003	오지호	과장	1005	02/10/2005	500	100	30	1003	오지호
1004	이병헌	부장	1008	09/02/2003	600	-	20	1004	이병헌
1005	신동협	과장	1005	04/07/2005	450	200	30	1005	신동협
1006	장동건	부장	1008	10/09/2003	480	-	30	1006	장동건
1007	이문세	부장	1008	01/08/2004	520	-	10	1007	이문세
1008	감우성	차장	1003	03/08/2004	500	0	30	1008	감우성
1009	안성기	사장	-	10/04/1996	1000	-	20	1009	안성기
1010	이병헌	과장	1003	04/07/2005	500	-	10	1010	이병헌
1011	조향기	사원	1007	03/01/2007	280	-	30	1011	조향기
1012	강혜정	사원	1006	08/09/2007	300	-	20	1012	강혜정
1013	박중훈	부장	1003	10/09/2002	560	-	20	1013	박중훈
1014	조인성	사원	1006	11/09/2007	250	-	10	1014	조인성

1.3 산술 연산자

SQL은 다른 프로그래밍 언어(예를 들면, C)와 같이 산술 연산자를 사용할 수 있습니다.

표 2-1 • 산술 연산자

종류	예
+	`SELECT sal + 100` `FROM emp;`
−	`SELECT sal - 100` `FROM emp;`
*	`SELECT sal * 12` `FROM emp;`
/	`SELECT sal / 2` `FROM emp;`

여러 가지 산술 연산자를 한꺼번에 사용하는 경우, 곱하기나 나누기가 더하기나 빼기보다 연산자 우선순위가 높습니다. 같은 우선순위인 경우에는 왼쪽에서 오른쪽으로 진행하면서 계산됩니다. 연산자 우선순위를 임의로 바꾸려면 ( )를 사용합니다.

급여로 연봉 계산을 해보도록 합시다. 일반적으로 연봉은 급여를 12번 곱한 것이므로, 연봉을 구하기 위해서 산술 연산자를 사용합니다.

예제 연봉 구하기

```
01 SELECT ename, sal, sal*12
02 FROM emp;
```

ENAME	SAL	SAL*12
김사랑	300	3600
한예슬	250	3000
오지호	500	6000
이병헌	600	7200
신동협	450	5400
장동건	480	5760
이문세	520	6240
감우성	500	6000
안성기	1000	12000
이병헌	500	6000
조향기	280	3360
강혜정	300	3600
박중훈	560	6720
조인성	250	3000

1.4 NULL도 데이터이다

오라클에서 NULL은 매우 중요한 데이터입니다. 왜냐하면 오라클에서는 컬럼에 NULL 값이 저장되는 것을 허용하는데, NULL 값을 제대로 이해하지 못한 채 쿼리문을 사용하면, 원하지 않는 결과를 얻을 수 있기 때문입니다.

다음은 NULL에 대한 이해를 돕기 위해서 다양한 NULL의 정의를 살펴본 것입니다.

- 0(zero)도 아니고,
- 빈 공간도 아니다.
- 미확정(해당 사항 없음), 알 수 없는(unknown) 값을 의미한다.
- 어떤 값인지 알 수 없지만 어떤 값이 존재하고 있다.
- ? 혹은 ∞의 의미이므로,
- 연산, 할당, 비교가 불가능하다.

NULL은 ? 혹은 ∞의 의미이기 때문에 연산, 할당, 비교가 불가능합니다.

- 100 + ? = ?
- 100 + ∞ = ∞

다음은 산술 연산자를 이용해서 연봉을 계산하는 쿼리문으로, 앞에서 구했던 예제에서 커미션을 연봉 계산에 추가해 본 것입니다. 커미션의 경우에는 널 값을 가진 행도 있으므로 널 값을 가진 데이터와 산술 연산하면 어떤 결과가 나오는지 확인할 수 있는 좋은 예제입니다.

예제 널 값을 가진 데이터와 산술 연산하기

```
01 SELECT ename, sal, job, sal*12, sal*12+comm,  comm, deptno
02 FROM emp;
```

ENAME	SAL	JOB	SAL*12	SAL*12+COMM	COMM	DEPTNO
김사랑	300	사원	3600	-	-	20
한예슬	250	대리	3000	3080	80	30
오지호	500	과장	6000	6100	100	30
이병헌	600	부장	7200	-	-	20
신동협	450	과장	5400	5600	200	30
장동건	480	부장	5760	-	-	30
이문세	520	부장	6240	-	-	10
감우성	500	차장	6000	6000	0	30
안성기	1000	사장	12000	-	-	20
이병헌	500	과장	6000	-	-	10
조향기	280	사원	3360	-	-	30
강혜정	300	사원	3600	-	-	20
박중훈	560	부장	6720	-	-	20
조인성	250	사원	3000	-	-	10

영업직인 경우 커미션(comm) 컬럼에 값이 저장되어 있으므로 제대로 연봉 계산을 하게 됩니다.

영업직이 아닌 경우에는 커미션에 널 값이 저장되어 있어서 연봉 계산 결과도 널 값으로 구해지는 모순이 발생합니다.

영업직인 경우 무능력하여 받을 커미션(comm)이 없더라도 0으로 저장되어 있으므로 연봉 계산이 제대로 됩니다.

위 쿼리문 결과를 살펴보면 DEPTNO가 30인 사원들은 커미션을 받습니다. 30번 부서는 영업 사원이기 때문에, 영업 실적에 따라 커미션을 받도록 규정되어 있다는 것을 알 수 있습니다. 반면 영업 사원이 아닌 경우, 커미션을 받을 수 있는 자격이 없기에 커미션 컬럼 값에 NULL 값이 저장되어 있는 상태입니다.

DEPTNO	DNAME	LOC
10	경리부	서울
20	인사부	인천
30	영업부	용인
40	전산부	수원

영업 사원들의 커미션을 추가한 연봉 계산 결과를 살펴보면, 연봉 계산이 제대로 구해지는 것을 확인할 수 있습니다. 감우성과 같은 영업 사원은 커미션(comm)이 0입니다. 하지만 연봉은 급여를 12번 곱한 결과로 제대로 구해집니다. 하지만 내근직인 경우에는 커미션이 책정되어 있지 않으므로 널 값을 갖습니다. 이렇게 널이 저장되어 있는 경우에는 연봉 역시 널로 출력됩니다. 이미 설명한 대로 "100 + ∞ = ∞"와 같이 널에는 블랙홀 개념이 있기 때문입니다.

연봉 계산을 위해 사원 테이블에서 급여와 커미션 컬럼을 살펴본 결과, 영업사원이 아닌 사원들의 커미션은 NULL로 지정되어 있으므로, 연봉을 올바르게 계산하기 위해서는 커미션이 NULL인 경우 0으로 변경하여 계산에 참여하도록 해야 합니다.

오라클에서는 NULL을 0 또는 다른 값으로 변환하기 위해서 사용하는 함수로 NVL을 제공합니다. 커미션에 널이 저장되어 있더라도, 널을 다른 값으로 변환하는 NVL 함수를 사용하면 제대로 된 계산 결과를 얻을 수 있습니다.

예제 NVL 함수를 사용하기

```
01 SELECT ename, comm, sal*12+comm,
02        NVL(comm, 0), sal*12+NVL(comm, 0)
03 FROM emp;
```

ENAME	COMM	SAL*12+COMM	NVL(COMM,0)	SAL*12+NVL(COMM,0)
김사랑	-	-	0	3600
한예슬	80	3080	80	3080
오지호	100	6100	100	6100
이병헌	-	-	0	7200
신동협	200	5600	200	5600
장동건	-	-	0	5760
이문세	-	-	0	6240
감우성	0	6000	0	6000
안성기	-	-	0	12000
이병헌	-	-	0	6000
조향기	-	-	0	3360
강혜정	-	-	0	3600
박중훈	-	-	0	6720
조인성	-	-	0	3000

1.5 컬럼 이름에 별칭 지정하기

SQL에서 쿼리문의 결과가 출력될 때, 컬럼 이름이 컬럼에 대한 헤딩(heading)으로 출력됩니다. 연봉을 계산하기 위한 산술 연산을 포함한 쿼리문의 결과를 보면, 컬럼 헤딩에 산술 연산 수식이 그대로 출력되는 것을 확인할 수 있습니다.

예제 산술 연산을 포함한 쿼리문 결과 화면에서 컬럼 헤딩 보기

```
01 SELECT ename, sal*12+NVL(comm, 0)
02 FROM emp;
```

ENAME	SAL*12+NVL(COMM,0)
김사랑	3600
한예슬	3080
오지호	6100
이병헌	7200
신동협	5600
장동건	5760
이문세	6240
감우성	6000
안성기	12000
이병헌	6000
조향기	3360
강혜정	3600
박중훈	6720
조인성	3000

산술 연산 수식 대신 의미 있는 컬럼 제목이 출력되도록 하기 위해서 별칭을 사용해 봅시다.

1.5.1 AS로 컬럼에 별칭 부여하기

다음은 연봉 계산을 위한 산술 연산에 대해서 별칭(ALIAS)을 부여한 예입니다. 컬럼 이름 대신 별칭을 출력하고자 하면, 컬럼을 기술한 바로 뒤에 AS라는 키워드를 쓴 후 별칭을 기술합니다.

예제 AS로 컬럼에 별칭 부여하기

```
01 SELECT ename, sal*12+NVL(comm, 0) as Annsal
02 FROM emp;
```

ENAME	ANNSAL
김사랑	3600
한예슬	3080
오지호	6100
이병헌	7200
신동협	5600
장동건	5760
이문세	6240
감우성	6000
안성기	12000
이병헌	6000
조향기	3360
강혜정	3600
박중훈	6720
조인성	3000

출력 시 컬럼 헤딩에 컬럼 이름 대신 별칭을 사용한 예입니다. 컬럼 이름뿐만 아니라 테이블 이름에도 별칭을 지정할 수 있는데, 이는 조인을 학습하면서 살펴보도록 합시다.

1.5.2 AS 없이 컬럼에 별칭 부여하기

AS 키워드는 생략 가능합니다. 그러므로 다음 쿼리문의 실행 결과는 위 그림과 동일합니다.

예제 AS 없이 컬럼에 별칭 부여하기

```
01 SELECT ename, sal*12+NVL(comm, 0) Annsal
02 FROM emp;
```

영어가 아닌 한글로 별칭을 부여해 봅시다. 오라클에서 한글을 지원하므로, 별칭이 아닌 테이블을 생성할 때 컬럼을 설정하면서 컬럼 이름도 한글로 부여할 수 있습니다.

예제 한글로 별칭을 부여하기

```
01 SELECT ename 사원명, sal*12+NVL(comm, 0) 연봉
02 FROM emp;
```

사원명	연봉
김사랑	3600
한예슬	3080
오지호	6100
이병헌	7200
신동협	5600
장동건	5760
이문세	6240
감우성	6000
안성기	12000
이병헌	6000
조향기	3360
강혜정	3600
박중훈	6720
조인성	3000

1.5.3 큰따옴표 " "로 별칭 부여하기

위 예를 살펴보면 별칭을 부여할 때에는 대소문자를 섞어서 기술하였는데, 출력 결과를 보면 일괄적으로 대문자로 출력된 것을 확인할 수 있습니다. 대소문자를 구별하고 싶으면 " "를

사용합니다. " "를 사용하여 별칭을 부여할 경우에는 별칭에 공백문자나 $, _, # 등 특수 문자를 포함시킬 수 있습니다.

예제 " "로 별칭 부여하기

```
01 SELECT ename, sal*12+NVL(comm, 0)  "A n n s a l"
02 FROM emp;
```

ENAME	Annsal
김사랑	3600
한예슬	3080
오지호	6100
이병헌	7200
신동협	5600
장동건	5760
이문세	6240
감우성	6000
안성기	12000
이병헌	6000
조향기	3360
강혜정	3600
박중훈	6720
조인성	3000

1.6 Concatenation 연산자의 정의와 사용

오라클에서는 여러 개의 컬럼을 연결할 때 사용하기 위해서 Concatenation 연산자를 제공해줍니다. 문장처럼 보이도록 하기 위해서 "||"를 컬럼과 문자열 사이에 기술하여 하나로 연결하여 출력하면 됩니다.

예제 Concatenation 연산자로 여러 개의 컬럼을 연결하기

```
01 SELECT ename || '의 직급은 ' || job || '입니다.' as 직급
02 FROM emp;
```

직급
김사랑의 직급은 사원입니다.
한예슬의 직급은 대리입니다.
오지호의 직급은 과장입니다.
이병헌의 직급은 부장입니다.
신동협의 직급은 과장입니다.
장동건의 직급은 부장입니다.
이문세의 직급은 부장입니다.
감우성의 직급은 차장입니다.
안성기의 직급은 사장입니다.
이병헌의 직급은 과장입니다.
조향기의 직급은 사원입니다.
강혜정의 직급은 사원입니다.
박중훈의 직급은 부장입니다.
조인성의 직급은 사원입니다.

1.7 DISTINCT 키워드

다음은 사원들이 소속되어 있는 부서 번호를 출력하기 위한 예입니다.

예제 사원 테이블에서 부서 번호 출력하기

```
01 SELECT deptno
02 FROM emp;
```

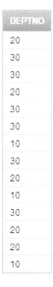

DEPTNO
20
30
30
20
30
30
10
30
20
10
30
20
20
10

사원은 총 14명인데, 같은 부서에 소속된 사원들이 있기에 사원들이 소속되어 있는 부서는 10, 20, 30번 3개의 부서라는 것을 알 수 있습니다.

사원들이 소속되어 있는 부서의 목록을 얻기 위한 목적이라면, 같은 부서의 번호가 중복되어 출력되는 것은 의미가 없습니다. 중복되는 부서 번호를 한 번씩만 출력하기 위해서는 키워드 DISTINCT를 사용합니다.

예제 중복되는 부서 번호를 한 번씩만 출력하기

```
01 SELECT DISTINCT deptno
02 FROM emp;
```

DEPTNO
30
20
10

02 특정 조건의 데이터만 조회하는 WHERE 절

지금까지 학습한 SELECT 문은 사원 테이블의 모든 정보를 출력하기 위해서 SELECT 절 다음에 *를 기술하는 형태와 특정 컬럼만을 출력하기 위해 SELECT 절 다음에 원하는 컬럼을 기술하는 형태로 나뉩니다. 이번에는 SELECT 문에 다음과 같이 WHERE 절을 추가하여 특정 조건을 제시해 봅시다.

예제 급여(sal)가 500 이상인 사원 출력하기

```
01 SELECT *
02 FROM   emp
03 WHERE sal >= 500;
```

EMPNO	ENAME	JOB	MGR	HIREDATE	SAL	COMM	DEPTNO
1003	오지호	과장	1005	02/10/2005	500	100	30
1004	이병헌	부장	1008	09/02/2003	600	-	20
1007	이문세	부장	1008	01/08/2004	520	-	10
1008	감우성	차장	1003	03/08/2004	500	0	30
1009	안성기	사장	-	10/04/1996	1000	-	20
1010	이병헌	과장	1003	04/07/2005	500	-	10
1013	박중훈	부장	1003	10/09/2002	560	-	20

예제에서 급여를 500 이상 받는 사원만 출력하라는 조건을 제시하였으므로, 출력 결과를 보면 조건에 맞는 로우만 찾아 출력되어 로우 개수가 줄어들게 됩니다.

원하는 로우만 얻으려면 다음과 같이 SELECT 문에 로우를 제한하는 조건인 WHERE 절을 추가하여 제시해야 합니다.

형식
```
SELECT * [column1, column2, .. ,columnn]
FROM   table_name
WHERE 조건절;
```

조건절은 다음의 세 부분으로 구성됩니다.

```
              조 건 절
WHERE   sal    >=    500;
        ❶컬럼   ❷연산자   ❸비교대상값
```

조건절의 두 번째 부분에 해당되는 위치에는 다양한 형태의 연산자를 기술할 수 있습니다.
지금부터 WHERE 절과 함께 사용되는 연산자에 대해서 학습하도록 합시다.

2.1 비교 연산자

WHERE 절에 조건을 설정하기 위한 연산자로 =(같다), >(크다), >= (크거나 같다), <(작다),
<=(작거나 같다), <>(같지 않다)와 같은 연산자를 사용할 수 있는데, 이러한 연산자를 비
교 연산자라고 합니다.

표 2-2 · 비교 연산자

연산자	의미	예제
=	같다	SELECT empno, ename, sal FROM emp WHERE sal=500;
〉	보다 크다	SELECT empno, ename, sal FROM emp WHERE sal>500;
〈	보다 작다	SELECT empno, ename, sa l FROM emp WHERE sal<500;
〉=	보다 크거나 같다	SELECT empno, ename, sal FROM emp WHERE sal>=500;
〈=	보다 작거나 같다	SELECT empno, ename, sal FROM emp WHERE sal<=500;
〈〉, !=, ^=	다르다	SELECT empno, ename, sal FROM emp WHERE sal<>500;

"SELECT * FROM emp"와 같이 기술하면 사원 테이블의 모든 데이터를 출력합니다. 다음과

같이 WHERE 절을 추가하면, 조건에 맞는 데이터만 검색하게 됩니다. 다음은 부서번호가 10번인 사원을 출력하는 예제입니다.

예제 10번 부서에 소속된 사원 출력하기

```
01 SELECT *
02 FROM   emp
03 WHERE deptno=10;
```

EMPNO	ENAME	JOB	MGR	HIREDATE	SAL	COMM	DEPTNO
1007	이문세	부장	1008	01/08/2004	520	-	10
1010	이병헌	과장	1003	04/07/2005	500	-	10
1014	조인성	사원	1006	11/09/2007	250	-	10

위와 같이 기술하면 특정 조건에 해당되는 (부서번호가 10번인) 사원에 관한 정보만 출력되기에 로우 개수가 줄어들게 됩니다.

2.1.1 문자 데이터 조회

이전 예제에서 비교 연산자를 사용하기 위해서 다루었던 컬럼들은 수치 형태로 선언되었습니다. 이번에는 급여가 아닌 사원 이름 같은 문자 데이터를 조회해 봅시다.

다음은 이름이 '이문세'인 사원의 사원번호, 사원이름, 급여를 출력하는 예제입니다.

예제 '이문세'를 컬럼으로 간주하고 에러를 발생한 예제

```
01 SELECT *
02 FROM   emp
03 WHERE ename=이문세;
```

❌ ORA-00904: "이문세": invalid identifier

SQL에서 문자열이나 날짜는 반드시 단일 따옴표(single quotation) 안에 표시해야 합니다. 만일 위 예에서와 같이 여러분이 찾는 문자열을 따옴표 없이 기술하면, 오라클은 그 문자열을 컬럼으로 간주하고 에러를 발생시킵니다.

다음은 '이문세'를 단일 따옴표 안에 기술한 예입니다.

예제 이름이 '이문세'인 사원을 출력하기

```
01 SELECT *
02 FROM   emp
03 WHERE ename='이문세';
```

EMPNO	ENAME	JOB	MGR	HIREDATE	SAL	COMM	DEPTNO
1007	이문세	부장	1008	01/08/2004	520	-	10

이번에는 제대로 사원을 검색하는 것을 확인할 수 있습니다. 문자 데이터를 다룰 때는 반드시 단일 따옴표 안에 표시해야 한다는 점에 유의해야 합니다.

2.1.2 날짜 데이터 조회

2005년 1월 1일 이전에 입사한 사원을 조회하려면 어떻게 해야 할까요? 날짜는 문자열과 마찬가지로 단일 따옴표 안에 기술해야 합니다.

다음은 2005년 1월 1일 이전에 입사한 사원을 출력하는 예제입니다.

예제 입사일(HIREDATE)이 2005년 1월 1일 이전인 사원만 출력하기

```
01 SELECT *
02 FROM   emp
03 WHERE hiredate < TO_DATE('2005/01/01', 'YYYY/MM/DD');
```

EMPNO	ENAME	JOB	MGR	HIREDATE	SAL	COMM	DEPTNO
1004	이병헌	부장	1008	09/02/2003	600	-	20
1006	장동건	부장	1008	10/09/2003	480	-	30
1007	이문세	부장	1008	01/08/2004	520	-	10
1008	감우성	차장	1003	03/08/2004	500	0	30
1009	안성기	사장	-	10/04/1996	1000	-	20
1013	박중훈	부장	1003	10/09/2002	560	-	20

2.2 논리 연산자

지금까지는 한 가지 조건만 제시했습니다. 그러나 우리가 검색하고자 쿼리문이 "10번 부서 소속인 사원들 중에서, 직급이 과장인 사원"과 같이 조건이 하나 이상인 경우가 있습니다.

부서번호가 10번인 조건과 직급이 과장인 조건 2가지를 제시해서, 둘 다 만족하는 사원들만

검색해야 합니다. 이렇듯 조건을 여러 개 조합해서 결과를 얻어야 할 경우에는, 조건을 연결해 주는 논리 연산자를 사용합니다.

오라클에서 사용 가능한 논리 연산자는 AND나 OR나 NOT이 있습니다.

표 2-3 • 논리 연산자

연산자	의미
AND	두 가지 조건을 모두 만족해야만 검색할 수 있습니다. SELECT * FROM emp WHERE deptno=10 AND job='과장';
OR	두 가지 조건 중에서 한 가지만 만족하더라도 검색할 수 있습니다. SELECT * FROM emp WHERE deptno=10 OR job='과장';
NOT	조건에 만족하지 못하는 것만 검색합니다. SELECT * FROM emp WHERE NOT deptno=10;

2.2.1 AND 연산자

두 가지 조건을 모두 만족할 경우에만 검색할 수 있도록 하기 위해서는 AND 연산자를 사용합니다. 다음은 AND 연산자가 조건에 따라 어떤 결과가 출력되는지를 나타내는 표입니다. 두 조건이 모두 만족할 경우에만 결과가 참이고, 조건 중 하나라도 만족하지 않으면 결과가 거짓입니다.

표 2-4 • AND 연산자 진리표

조건 1	조건2	&&
참	참	참
참	거짓	거짓
거짓	참	거짓
거짓	거짓	거짓

10번 부서 소속인 사원들 중에서 직급이 과장인 사람을 검색하려고 한다면, 두 가지 조건을 제시해야 합니다.

[조건1] 10번 부서에 소속된 사원 : deptno=10
[조건2] 직급이 과장인 사원 : job='과장'

두 가지 조건을 모두 만족해야 하므로, AND 연산자로 두 조건을 연결해야 합니다.

예제 부서번호가 10이고, 직급이 '과장'인 사원만 출력하기

```
01 SELECT *
02 FROM emp
03 WHERE deptno=10 AND job='과장';
```

EMPNO	ENAME	JOB	MGR	HIREDATE	SAL	COMM	DEPTNO
1010	이병헌	과장	1003	04/07/2005	500	-	10

2.2.2 OR 연산자

두 가지 조건 중에서 한 가지만 만족하더라도 검색할 수 있도록 하기 위해서는, OR 연산자를 사용합니다. 다음은 OR 연산자가 조건에 따라 어떤 결과가 출력되는지를 나타내는 표입니다. OR 연산자는 두 조건에 모두 만족하지 않을 경우는 결과가 거짓이고, 제시한 조건에 한 가지라도 만족하면 결과가 참입니다.

표 2-5 • OR 연산자 진리표

조건 1	조건2	ll
참	참	참
참	거짓	참
거짓	참	참
거짓	거짓	거짓

10번 부서에 소속된 사원이거나 직급이 과장인 사람을 검색하려면, 이번에는 두 가지 조건 중 하나만 만족하면 되기 때문에, 두 조건을 OR로 연결해야 합니다.

예제 부서번호가 10이거나, 직급이 '과장'인 사원만 출력하기

```
01 SELECT *
02 FROM emp
03 WHERE deptno=10 OR job='과장';
```

EMPNO	ENAME	JOB	MGR	HIREDATE	SAL	COMM	DEPTNO
1003	오지호	과장	1005	02/10/2005	500	100	30
1005	신동협	과장	1005	04/07/2005	450	200	30
1007	이문세	부장	1008	01/08/2004	520	-	10
1010	이병헌	과장	1003	04/07/2005	500	-	10
1014	조인성	사원	1006	11/09/2007	250	-	10

위의 결과를 살펴보면 위쪽 2개는 직급이 '과장'이라는 조건에 만족하기에 결과로 나타난 것이고, "이문세"와 "조인성"은 부서번호가 10이라는 조건에 만족하기에 결과로 나타난 것임을 알 수 있습니다. 네 번째 출력되는 이름이 "이병헌"인 사원은 두 가지 조건을 모두 만족하기 때문에 결과로 나타납니다.

정리

동일한 조건에 대해서 AND 연산을 하면 조건에 모두 만족해야 하므로, 로우의 개수가 줄어들게 됩니다. 반면, OR 연산을 사용하면 조건에 맞는 로우의 개수가 늘어나게 됩니다.

2.2.3 NOT 연산자

10번 부서에 소속된 사원만 제외하고, 나머지 사원의 정보를 출력하려면 어떻게 해야 할까요? 이러한 조건을 제시하기 위해서 사용하는 논리 연산자가 바로 NOT입니다. NOT 연산자는 참은 거짓으로, 거짓은 참으로, 즉 반대되는 논리값을 구하는 연산자입니다. 다음은 NOT 연산자가 논리값에 의해서 어떤 결과가 출력되는지를 나타내는 표입니다.

표 2-6 · NOT 연산자 진리표

조건	NOT
참	거짓
거짓	참

다음은 부서번호 10번인 사원을 조회하기 위한 조건입니다.

예제 10번 부서에 소속된 사원 출력하기

```
01 SELECT *
02 FROM  emp
03 WHERE deptno = 10;
```

EMPNO	ENAME	JOB	MGR	HIREDATE	SAL	COMM	DEPTNO
1007	이문세	부장	1008	01/08/2004	520	-	10
1010	이병헌	과장	1003	04/07/2005	500	-	10
1014	조인성	사원	1006	11/09/2007	250	-	10

이 조건 앞에 NOT을 붙이면, 부서번호가 10번이 아닌 사원들만 검색하게 됩니다. 다음은 부서번호가 10번이 아닌 사원의 사원이름, 부서번호, 직급을 출력해 봅시다.

예제 NOT 연산자를 이용하여, 10번 부서에 소속된 사원만 제외하고 출력하기

```
01 SELECT * FROM emp
02 WHERE NOT deptno=10;
```

결과 화면을 보면 조건을 WHERE NOT deptno=10으로 지정했으므로 부서번호가 10이 아닌 자료가 출력됩니다.

EMPNO	ENAME	JOB	MGR	HIREDATE	SAL	COMM	DEPTNO
1001	김사랑	사원	1013	03/01/2007	300	-	20
1002	한예슬	대리	1005	04/02/2007	250	80	30
1003	오지호	과장	1005	02/10/2005	500	100	30
1004	이병헌	부장	1008	09/02/2003	600	-	20
1005	신동협	과장	1005	04/07/2005	450	200	30
1006	장동건	부장	1008	10/09/2003	480	-	30
1008	감우성	차장	1003	03/08/2004	500	0	30
1009	안성기	사장	-	10/04/1996	1000	-	20
1011	조향기	사원	1007	03/01/2007	280	-	30
1012	강혜정	사원	1006	08/09/2007	300	-	20
1013	박중훈	부장	1003	10/09/2002	560	-	20

NOT 연산자를 사용하지 않더라도 "같지 않다"를 의미하는 ◇ 연산자를 이용하여, 다음과 같이 표현해도 동일한 결과를 얻을 수 있습니다.

예제 ◇ 연산자를 이용하여, 10번 부서에 소속된 사원만 제외하고 출력하기

```
01 SELECT *
02 FROM  emp
03 WHERE deptno <> 10;
```

2.2.4 논리 연산자의 다양한 활용

400에서 500 사이의 급여를 받는 사원을 조회해 봅시다.

[조건1] 급여가 400 이상: sal>=400

[조건2] 급여가 500 이하: sal<=500

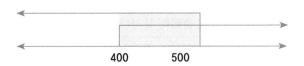

급여가 400 이상이라는 조건과 급여가 500 이하라는 조건에 모두 만족해야만 급여가 400에서 500 사이가 되므로, 다음과 같이 AND 연산자로 두 조건을 연결해야 합니다.

예제 급여가 400에서 500 사이인 사원 출력하기

```
01 SELECT *
02 FROM   emp
03 WHERE sal>=400 AND sal<=500;
```

EMPNO	ENAME	JOB	MGR	HIREDATE	SAL	COMM	DEPTNO
1003	오지호	과장	1005	02/10/2005	500	100	30
1005	신동협	과장	1005	04/07/2005	450	200	30
1006	장동건	부장	1008	10/09/2003	480	-	30
1008	감우성	차장	1003	03/08/2004	500	0	30
1010	이병헌	과장	1003	04/07/2005	500	-	10

이번에는 급여가 400 미만이거나 500 초과인 사원을 검색해 봅시다.

[조건1] 급여가 400 미만: sal<400

[조건2] 급여가 500 초과: sal>500

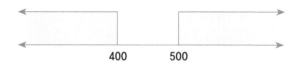

이번에는 급여가 400 미만이라는 조건과 급여가 500 초과라는 조건 중, 한 가지만 만족하면 되기에 OR 연산자로 두 조건을 연결해야 합니다.

예제 급여가 400 미만이거나 500 초과인 사원 출력하기

```
01 SELECT *
02 FROM   emp
03 WHERE sal<400 OR sal>500;
```

EMPNO	ENAME	JOB	MGR	HIREDATE	SAL	COMM	DEPTNO
1001	김사랑	사원	1013	03/01/2007	300	-	20
1002	한예슬	대리	1005	04/02/2007	250	80	30
1004	이병헌	부장	1008	09/02/2003	600	-	20
1007	이문세	부장	1008	01/08/2004	520	-	10
1009	안성기	사장	-	10/04/1996	1000	-	20
1011	조향기	사원	1007	03/01/2007	280	-	30
1012	강혜정	사원	1006	08/09/2007	300	-	20
1013	박중훈	부장	1003	10/09/2002	560	-	20
1014	조인성	사원	1006	11/09/2007	250	-	10

커미션이 80이거나, 100이거나, 200인 사원을 검색해 봅시다.

> **[조건1]** 커미션이 80: comm=80
>
> **[조건2]** 커미션이 100: comm=100
>
> **[조건3]** 커미션이 200: comm=200

위에 언급한 조건 중 하나만 만족하더라도 조회되어야 하므로, 3가지 조건을 OR 연산자로
연결해야 합니다.

예제 커미션이 80이거나, 100이거나, 200인 사원 출력하기

```
01 SELECT *
02 FROM   emp
03 WHERE comm=80 OR comm=100 OR comm=200;
```

EMPNO	ENAME	JOB	MGR	HIREDATE	SAL	COMM	DEPTNO
1002	한예슬	대리	1005	04/02/2007	250	80	30
1003	오지호	과장	1005	02/10/2005	500	100	30
1005	신동협	과장	1005	04/07/2005	450	200	30

2.3 BETWEEN AND 연산자

400에서 500 사이의 급여를 받는 사원과 같이, 특정 범위 내에 속하는 데이터인지를 알아보
기 위해서, 비교 연산자와 논리 연산자를 결합하여 표현할 수 있습니다.

예제 비교 연산자와 논리 연산자를 결합하여, 400에서 500 사이의 급여를 받는 사원 출력하기

```
01 SELECT * FROM emp
02 WHERE sal>=400 AND sal<=500;
```

오라클에서는 특정 범위의 값을 조회하기 위해서, BETWEEN AND 연산자를 사용할 수 있습니다.

형식
```
column_name BETWEEN A AND B
```

다음은 400에서 500 사이의 급여를 받는 사원을 조회하기 위해서, BETWEEN AND 연산자를 사용한 예입니다.

예제 급여가 400에서 500 사이인 사원 출력하기

```
01 SELECT *
02 FROM  emp
03 WHERE sal BETWEEN 400 AND 500;
```

EMPNO	ENAME	JOB	MGR	HIREDATE	SAL	COMM	DEPTNO
1003	오지호	과장	1005	02/10/2005	500	100	30
1005	신동협	과장	1005	04/07/2005	450	200	30
1006	장동건	부장	1008	10/09/2003	480	-	30
1008	감우성	차장	1003	03/08/2004	500	0	30
1010	이병헌	과장	1003	04/07/2005	500	-	10

급여가 400 미만이거나 500 초과인 사원을 검색하기 위해서, 비교 연산자와 OR 연산자로 다음과 같이 표현할 수 있습니다.

예제 비교 연산자와 OR 연산자를 이용하여, 급여가 400 미만이거나 500 초과인 사원 출력하기

```
01 SELECT *
02 FROM  emp
03 WHERE sal<400 OR sal>500;
```

이미 배운 논리 연산자 중에서 NOT 연산자가 있었습니다. NOT 연산자를 BETWEEN AND 연산자 앞에 기술할 수 있기에, 급여가 400 미만이거나 500 초과인 사원을 검색하기 위해서, NOT BETWEEN AND 연산자를 사용하면 다음과 같이 간단하게 조회할 수 있습니다.

예제 NOT BETWEEN AND 연산자를 이용하여, 급여가 400 미만이거나 500 초과인 사원 출력하기

```
01 SELECT *
02 FROM  emp
03 WHERE sal NOT BETWEEN 400 AND 500;
```

EMPNO	ENAME	JOB	MGR	HIREDATE	SAL	COMM	DEPTNO
1001	김사랑	사원	1013	03/01/2007	300	-	20
1002	한예슬	대리	1005	04/02/2007	250	80	30
1004	이병헌	부장	1008	09/02/2003	600	-	20
1007	이문세	부장	1008	01/08/2004	520	-	10
1009	안성기	사장	-	10/04/1996	1000	-	20
1011	조향기	사원	1007	03/01/2007	280	-	30
1012	강혜정	사원	1006	08/09/2007	300	-	20
1013	박중훈	부장	1003	10/09/2002	560	-	20
1014	조인성	사원	1006	11/09/2007	250	-	10

BETWEEN AND 연산자는 숫자뿐만 아니라 문자, 날짜에도 사용할 수 있습니다. 주의할 점은 비교 대상이 되는 값을 단일 따옴표로 둘러싸야 한다는 점입니다.

예제 2003년에 입사한 사원을 출력하기

```
01 SELECT *
02 FROM  emp
03 WHERE hiredate BETWEEN  TO_DATE('2003/01/01', 'YYYY/MM/DD')
04                   AND  TO_DATE('2003/12/31', 'YYYY/MM/DD');
```

EMPNO	ENAME	JOB	MGR	HIREDATE	SAL	COMM	DEPTNO
1004	이병헌	부장	1008	09/02/2003	600	-	20
1006	장동건	부장	1008	10/09/2003	480	-	30

특정 범위의 값을 조회하기 위해서는 비교 연산자와 논리 연산자 AND를 사용할 수도 있지만, BETWEEN AND 연산자를 사용하면 보다 편리하게 자료를 검색할 수 있음을 알 수 있습니다.

2.4 IN 연산자

커미션이 80이거나, 100이거나, 200인 사원을 검색하기 위해서, 다음과 같이 쿼리문을 작성했습니다.

비교 연산자와 논리 연산자를 결합하여, 커미션이 80이거나, 100이거나, 200인 사원
출력하기

```
01 SELECT *
02 FROM emp
03 WHERE comm=80 OR comm=100 OR comm=200;
```

비교 연산자와 논리 연산자 OR를 사용해야 합니다. 위 예제를 보면 OR 연산자로 묶인 비교
연산자 내의 컬럼은 comm으로 동일합니다. 이렇듯 동일한 필드가 여러 개의 값 중에 하나
인 경우인지를 살펴보기 위해서, 비교 연산자와 논리 연산자 OR를 사용하여 복잡하게 쿼리
문을 작성하지 않고, IN 연산자를 사용하여 훨씬 간단하게 표현할 수 있습니다.

형식
```
column_name IN(A, B, C)
```

특정 필드의 값이 A이거나, B이거나, C 중에 어느 하나만 만족하더라도 출력하도록 하는 표
현을 IN 연산자를 사용하여 할 수 있습니다.

이번에는 커미션이 80이거나, 100이거나, 200인 사원을 검색하기 위해서, IN 연산자를 사용
해 봅시다.

예제 IN 연산자를 사용하여, 커미션이 80이거나, 100이거나, 200인 사원 출력하기

```
01 SELECT *
02 FROM emp
03 WHERE comm IN(80, 100, 200);
```

EMPNO	ENAME	JOB	MGR	HIREDATE	SAL	COMM	DEPTNO
1002	한예슬	대리	1005	04/02/2007	250	80	30
1003	오지호	과장	1005	02/10/2005	500	100	30
1005	신동협	과장	1005	04/07/2005	450	200	30

이번에는 comm이 80, 100, 200이 모두 아닌 사원을 검색해 봅시다. <> 연산자를 사용하여
다음과 같이 표현할 수 있습니다.

예제 <> 연산자를 사용하여, 커미션이 80, 100, 200이 모두 아닌 사원 출력하기

```
01 SELECT *
02 FROM emp
03 WHERE comm<>80 AND comm<>100 AND comm<>200;
```

EMPNO	ENAME	JOB	MGR	HIREDATE	SAL	COMM	DEPTNO
1008	감우성	차장	1003	03/08/2004	500	0	30

이미 배운 논리 연산자 중에서 NOT 연산자가 있었습니다. NOT 연산자를 IN 연산자 앞에 기술할 수 있기에 comm이 80, 100, 200이 모두 아닌 사원을 찾을 때, NOT IN 연산자를 사용하면 다음과 같이 간단하게 조회할 수 있습니다.

예제 NOT 연산자를 IN 연산자 앞에 기술하여, 커미션이 80, 100, 200이 모두 아닌 사원 출력하기

```
01 SELECT *
02 FROM emp
03 WHERE comm NOT IN(80, 100, 200);
```

2.5 LIKE 연산자와 와일드카드

이씨 성을 갖는 사람을 찾거나 거주지가 서울인 사람을 찾는 것과 같이, 컬럼에 저장된 데이터의 일부만 일치하더라도 조회가 가능하도록 하기 위해서, 오라클에서는 LIKE 연산자를 제공합니다.

LIKE 연산자는 검색하고자 하는 값을 정확히 모를 경우에도 검색이 가능하도록 하기 위해서, 와일드카드를 써서 원하는 내용을 검색하도록 합니다. 다음은 LIKE 연산자의 형식입니다.

형식
```
column_name LIKE pattern
```

LIKE 다음에는 pattern을 기술해야 하는데, pattern에 다음과 같이 두 가지 와일드카드가 사용됩니다.

표 2-7 • 와일드카드

와일드카드	의미
%	문자가 없거나, 하나 이상의 문자가 어떤 값이 와도 상관없다.
_	하나의 문자가 어떤 값이 와도 상관없다.

이 와일드카드 덕분에 임의의 문자 또는 문자열을 포함한 값을 찾을 수 있습니다.

2.5.1 와일드카드(%) 사용하기

이름이 "이문세"인 사람을 찾을 경우, = 연산자를 사용하여 조건절을 ename = '이문세'로 기술하면 됩니다. 그런데 이씨 성을 가진 사람을 찾으려고 한다면 즉 이름이 이로 시작하는 것은 알지만 그 뒤의 문자는 모를 경우, ename = '이'로 검색하면 될까요?

예제   이씨 성을 가진 사원을 찾기에 실패한 예제

```
01 SELECT *
02 FROM emp
03 WHERE ename = '이';
```

no data found

ename = '이' 표현은 이름이 정확히 이인 사람만을 검색하겠다는 의미이기에, 이름이 이로 시작하는 사원을 검색하지 못합니다.

검색하고자 하는 값을 정확히 모를 경우 즉, 특정 문자가 포함되기만 하고, 그 이전이나 이후에 어떤 문자가 몇 개가 오든지 상관없다는 의미를 표현하기 위해서는, LIKE 연산자와 함께 %를 사용해야 합니다.

예제   이씨 성을 가진 사원 찾기

```
01 SELECT *
02 FROM emp
03 WHERE ename LIKE '이%';
```

EMPNO	ENAME	JOB	MGR	HIREDATE	SAL	COMM	DEPTNO
1004	이병헌	부장	1008	09/02/2003	600	-	20
1007	이문세	부장	1008	01/08/2004	520	-	10
1010	이병헌	과장	1003	04/07/2005	500	-	10

이번에는 이름에 "성"이란 글자가 포함되어 있는 사원을 검색해 봅시다. 문자 "성" 앞뒤에 %를 기술하면 문자열 중간에 "성"이란 문자만 있으면, 앞뒤에 어떤 문자열이 몇 개가 오든 상관없이 찾습니다.

예제   이름에 "성"이 포함되어 있는 사원을 출력하기

```
01 SELECT *
02 FROM  emp
03 WHERE ename LIKE '%성%';
```

EMPNO	ENAME	JOB	MGR	HIREDATE	SAL	COMM	DEPTNO
1008	감우성	차장	1003	03/08/2004	500	0	30
1009	안성기	사장	-	10/04/1996	1000	-	20
1014	조인성	사원	1006	11/09/2007	250	-	10

이번에는 문자열의 앞에 어떤 문자열이 몇 개가 오든 상관없이 "성"으로 끝나는 데이터를 찾아봅시다.

예제   이름이 "성"으로 끝나는 사원을 출력하기

```
01 SELECT *
02 FROM  emp
03 WHERE ename LIKE '%성';
```

EMPNO	ENAME	JOB	MGR	HIREDATE	SAL	COMM	DEPTNO
1008	감우성	차장	1003	03/08/2004	500	0	30
1014	조인성	사원	1006	11/09/2007	250	-	10

2.5.2 와일드카드(_) 사용하기

_ 역시 %와 마찬가지로 어떤 문자가 오든 상관없다는 의미로 사용되는 와일드카드입니다. 차이점은 %는 몇 개의 문자가 오든 상관없지만, _ 는 단 하나의 문자에 대해서만 와일드카드 역할을 합니다. 다음은 이름의 두 번째 글자가 "성"인 사원을 찾는 예제입니다.

예제   이름의 두 번째 글자가 "성"이고, 그 뒤는 무엇이 오든 관계없는 사원 출력하기

```
01 SELECT *
02 FROM  emp
03 WHERE ename LIKE '_성%';
```

EMPNO	ENAME	JOB	MGR	HIREDATE	SAL	COMM	DEPTNO
1009	안성기	사장	-	10/04/1996	1000	-	20

_를 사용하게 되면 조건의 문자 위치와 순서에 유의해야 합니다. 이름 중 두 번째 문자가 "성"인 사람을 검색하려면 _성%, 즉 _가 첫 번째로 올 문자 한 개를 대신해서 사용하고, 두 번째로 오는 문자가 "성", 그리고 그 뒤는 무엇이 오든 상관없게 됩니다. 만약 세 번째 글자가 성인 자료를 검색하려면 __성%처럼 기술해야 합니다.

예제 이름의 세 번째 글자가 "성"이고, 그 뒤는 무엇이 오든 관계없는 사원 출력하기

```
01 SELECT *
02 FROM  emp
03 WHERE ename LIKE '__성%';
```

EMPNO	ENAME	JOB	MGR	HIREDATE	SAL	COMM	DEPTNO
1008	감우성	차장	1003	03/08/2004	500	0	30
1014	조인성	사원	1006	11/09/2007	250	-	10

2.5.3 NOT LIKE 연산자

이름에 "성"을 포함하지 않은 사람만을 검색하려고 할 경우에, NOT LIKE 연산자를 사용합니다.

예제 이름에 "성"을 포함하지 않은 사원 출력하기

```
01 SELECT *
02 FROM emp
03 WHERE ename  NOT LIKE '%성%';
```

EMPNO	ENAME	JOB	MGR	HIREDATE	SAL	COMM	DEPTNO
1001	김사랑	사원	1013	03/01/2007	300	-	20
1002	한예슬	대리	1005	04/02/2007	250	80	30
1003	오지호	과장	1005	02/10/2005	500	100	30
1004	이병헌	부장	1008	09/02/2003	600	-	20
1005	신동협	과장	1005	04/07/2005	450	200	30
1006	장동건	부장	1008	10/09/2003	480	-	30
1007	이문세	부장	1008	01/08/2004	520	-	10
1010	이병헌	과장	1003	04/07/2005	500	-	10
1011	조향기	사원	1007	03/01/2007	280	-	30
1012	강혜정	사원	1006	08/09/2007	300	-	20
1013	박중훈	부장	1003	10/09/2002	560	-	20

2.6 NULL을 위한 연산자

오라클에서는 컬럼에 NULL 값이 저장되는 것을 허용하지만, NULL은 매우 특이한 성격을 가진 데이터이기에 널 값을 제대로 이해하지 못하면 원하는 결과를 얻지 못할 수 있습니다.

NULL은 미확정, 알 수 없는(unknown) 값을 의미한다고 하였습니다. 그래서 간혹 ? 혹은 ∞나 블랙 홀로 표현됩니다. 이런 의미를 갖고 있기에 NULL은 연산, 할당, 비교가 불가능합니다.

사원 테이블의 커미션 컬럼에 널이 저장되어 있으므로, 커미션 컬럼의 성격을 파악하기 위해서, 사원의 이름과 담당 업무와 커미션을 출력해 봅시다.

예제 사원의 이름과 담당 업무와 커미션 출력하기

```
01 SELECT ename, deptno, comm
02 FROM emp;
```

ENAME	DEPTNO	COMM
김사랑	20	-
한예슬	30	80
오지호	30	100
이병헌	20	-
신동협	30	200
장동건	30	-
이문세	10	-
감우성	30	0
안성기	20	-
이병헌	10	-
조향기	30	-
강혜정	20	-
박중훈	20	-
조인성	10	-

위 결과 화면을 살펴보면 30번 부서에 소속된 사원인 경우에만 커미션을 받을 수 있다는 것을 알 수 있습니다. = 연산자로 커미션을 받지 않는 사원을 검색해 봅시다.

예제 커미션이 NULL인 사원을 찾는 데 실패하는 예제

```
01 SELECT *
02 FROM emp
03 WHERE comm=null;
```

NULL 값을 가진 데이터와 비교 연산한 결과는 다음과 같습니다.

no data found

왜냐하면 NULL이 저장되어 있는 경우에는, = 연산자로 판단할 수 없기 때문입니다.

NULL 값은 이러한 문제점을 갖고 있기에, 특정 컬럼에 NOT NULL이라는 조건을 주어서 NULL 값을 저장할 수 없도록 제한을 두기도 하고, NULL 값에 대한 연산을 위해서 특별한 연산자를 제공합니다.

2.6.1 NULL인 값을 찾기 위한 IS NULL

임의의 컬럼이 NULL인지 아닌지를 비교 검색하기 위해서 오라클에서는 IS NULL과 IS NOT NULL 연산자를 제공합니다. 특정 컬럼 값이 NULL 값인지를 비교할 경우에는, 비교 연산자(=)를 사용하지 않고 IS 연산자를 사용합니다. 이는 어떤 컬럼을 NULL 즉, 모르는 값과 같다(=)라는 것은 의미상으로 말이 되지 않기 때문에 = 대신 IS NULL 연산자로 대체하는 것입니다. IS NULL 연산자 역시 조건절에 사용되면 대상 컬럼과 연산자, 비교할 값, 세 부분으로 구성되어야 합니다.

> **형식**
> 대상컬럼 IS (연산자) NULL(비교값)

이번에는 IS NULL 연산자를 사용하여 커미션을 받지 않는 사원을 검색해 봅시다.

예제 커미션이 NULL인 사원 출력하기

```
01 SELECT *
02 FROM emp
03 WHERE comm IS NULL;
```

EMPNO	ENAME	JOB	MGR	HIREDATE	SAL	COMM	DEPTNO
1001	김사랑	사원	1013	03/01/2007	300	-	20
1004	이병헌	부장	1008	09/02/2003	600	-	20
1006	장동건	부장	1008	10/09/2003	480	-	30
1007	이문세	부장	1008	01/08/2004	520	-	10
1009	안성기	사장	-	10/04/1996	1000	-	20
1010	이병헌	과장	1003	04/07/2005	500	-	10
1011	조향기	사원	1007	03/01/2007	280	-	30
1012	강혜정	사원	1006	08/09/2007	300	-	20
1013	박중훈	부장	1003	10/09/2002	560	-	20
1014	조인성	사원	1006	11/09/2007	250	-	10

2.6.2 널이 아닌 값을 찾기 위한 IS NOT NULL 연산자

이번에는 커미션을 받는 사원에 대해 검색해 봅시다. 문장대로 해석하면 커미션(comm) 컬럼이 NULL이 아닌 자료만 추출하면 되므로, IS NOT NULL 연산자를 사용하면 됩니다.

예제 커미션이 NULL이 아닌 사원 출력하기

```
01 SELECT *
02 FROM emp
03 WHERE  comm IS NOT NULL;
```

EMPNO	ENAME	JOB	MGR	HIREDATE	SAL	COMM	DEPTNO
1002	한예슬	대리	1005	04/02/2007	250	80	30
1003	오지호	과장	1005	02/10/2005	500	100	30
1005	신동협	과장	1005	04/07/2005	450	200	30
1008	감우성	차장	1003	03/08/2004	500	0	30

A C T U A L   M I S S I O N   O R A C L E

정렬이란 크기 순서대로 나열하는 것을 의미합니다. 정렬 방식에는 두 가지가 있습니다. 작은 것이 위에 출력되고 아래로 갈수록 큰 값이 출력되도록 하는 오름차순(ascending) 정렬 방식과 큰 값이 위에 출력되고 아래로 갈수록 작은 값이 출력되도록 하는 내림차순(descending) 정렬 방식이 있습니다.

로우를 정렬하기 위해서는 SELECT 문에 ORDER BY 절을 추가해야 합니다.

형식
```
01 SELECT * [column1, column2, .. ,columnn]
02 FROM   table_name
03 WHERE 조건절
04 ORDER BY column_name   sorting
```

ORDER BY 절 다음에는 어떤 컬럼을 기준으로 정렬할 것인지를 결정해야 하기에, 컬럼 이름을 기술해야 합니다. 그 다음에는 오름차순으로 정렬(ASC)할지, 내림차순으로 정렬(DESC)할지, 정렬 방식을 기술해야 합니다.

표 2-8 • ORDER BY 절의 정렬 방식

	ASC(오름차순)	DESC(내림차순)
숫자	작은 값부터 정렬	큰 값부터 정렬
문자	사전 순서로 정렬	사전 반대 순서로 정렬
날짜	빠른 날짜 순서로 정렬	늦은 날짜 순서로 정렬
NULL	가장 마지막에 나온다	가장 먼저 나온다

3.1 오름차순 정렬을 위한 ASC

오름차순 정렬은 작은 값부터 큰 값으로 정렬하는 것을 의미합니다. (예: 1~9, A~Z) 이를 위해서는 ASC를 컬럼 다음에 기술해야 하는데, 만일 생략하게 되면 디폴트 값이 ASC로 지정되어 있기 때문에, 오름차순으로 출력됩니다. 다음은 급여 컬럼을 기준으로 오름차순으로 정렬한 예입니다.

예제 급여를 적게 받는 사원부터 많이 받는 사원 순으로 출력하기

```
01 SELECT *
02 FROM emp
03 ORDER BY sal ASC;
```

EMPNO	ENAME	JOB	MGR	HIREDATE	SAL	COMM	DEPTNO
1002	한예슬	대리	1005	04/02/2007	250	80	30
1014	조인성	사원	1006	11/09/2007	250	-	10
1011	조향기	사원	1007	03/01/2007	280	-	30
1001	김사랑	사원	1013	03/01/2007	300	-	20
1012	강혜정	사원	1006	08/09/2007	300	-	20
1005	신동협	과장	1005	04/07/2005	450	200	30
1006	장동건	부장	1008	10/09/2003	480	-	30
1010	이병헌	과장	1003	04/07/2005	500	-	10
1008	감우성	차장	1003	03/08/2004	500	0	30
1003	오지호	과장	1005	02/10/2005	500	100	30
1007	이문세	부장	1008	01/08/2004	520	-	10
1013	박중훈	부장	1003	10/09/2002	560	-	20
1004	이병헌	부장	1008	09/02/2003	600	-	20
1009	안성기	사장	-	10/04/1996	1000	-	20

정렬 방식을 지정하지 않은 경우에는 디폴트 값인 오름차순으로 정렬합니다. ORDER BY sal ASC에서 ASC를 생략한 채 ORDER BY sal만 기술해도 결과는 같습니다. 즉, 정렬 방식을 생략하면 기본적으로 오름차순으로 정렬합니다.

예제 ASC를 생략한 채 ORDER BY 사용하기

```
01 SELECT *
02 FROM emp
03 ORDER BY sal ;
```

위 예를 살펴보면 ORDER BY 다음에 기준이 되는 컬럼의 이름인 SAL(급여)만 기술하고 정렬 방식을 생략하였습니다. 결과는 오름차순으로 정렬되어 나타납니다. 왜냐하면 정렬 방식을 지정하지 않은 경우에는 디폴트로 오름차순으로 정렬되기 때문입니다.

3.2 내림차순 정렬을 위한 DESC

내림차순 정렬은 큰 값부터 작은 값으로 정렬을 하는 것입니다. (예:9~1, Z~A) 이번에는 급여를 컬럼을 기준으로 내림차순으로 정렬한 예입니다.

예제 급여를 많이 받는 사원부터 적게 받는 사원 순으로 순차적으로 출력하기

```
01 SELECT * FROM emp
02 ORDER BY sal DESC;
```

EMPNO	ENAME	JOB	MGR	HIREDATE	SAL	COMM	DEPTNO
1009	안성기	사장	-	10/04/1996	1000	-	20
1004	이병헌	부장	1008	09/02/2003	600	-	20
1013	박중훈	부장	1003	10/09/2002	560	-	20
1007	이문세	부장	1008	01/08/2004	520	-	10
1008	감우성	차장	1003	03/08/2004	500	0	30
1003	오지호	과장	1005	02/10/2005	500	100	30
1010	이병헌	과장	1003	04/07/2005	500	-	10
1006	장동건	부장	1008	10/09/2003	480	-	30
1005	신동협	과장	1005	04/07/2005	450	200	30
1001	김사랑	사원	1013	03/01/2007	300	-	20
1012	강혜정	사원	1005	08/09/2007	300	-	20
1011	조향기	사원	1007	03/01/2007	280	-	30
1014	조인성	사원	1006	11/09/2007	250	-	10
1002	한예슬	대리	1005	04/02/2007	250	80	30

큰 값이 위에 출력되고 아래로 갈수록 작은 값이 출력되도록 하려면, 내림차순(descending) 으로 정렬해야 하기 때문에, 컬럼 다음에 DESC를 기술해야 합니다.

결과 화면을 보면 급여가 큰 것에서 작은 것으로 내림차순으로 정렬되어 나타남을 확인할 수 있습니다.

크기에 대한 비교는 수치 데이터뿐만 아니라, 문자 데이터나 날짜 데이터에 대해서도 가능합니다. 문자 데이터의 경우 아스키 코드 값으로 저장되므로, 아스키 코드 값을 기준으로 정렬됩니다. 오름차순인 경우에는 A, B, ... Z 순으로 출력되고, 내림차순인 경우에는 Z, Y, ... A 순으로 출력됩니다. 다음은 사원의 이름을 알파벳 순(오름차순)으로 출력하는 예제입니다.

예제 사원의 이름을 기준으로, 사전에 먼저 실린 순서대로 출력하기

```
01 SELECT *
02 FROM emp
03 ORDER BY ename;
```

EMPNO	ENAME	JOB	MGR	HIREDATE	SAL	COMM	DEPTNO
1008	감우성	차장	1003	03/08/2004	500	0	30
1012	강혜정	사원	1006	08/09/2007	300	-	20
1001	김사랑	사원	1013	03/01/2007	300	-	20
1013	박중훈	부장	1003	10/09/2002	560	-	20
1005	신동협	과장	1005	04/07/2005	450	200	30
1009	안성기	사장	-	10/04/1996	1000	-	20
1003	오지호	과장	1005	02/10/2005	500	100	30
1007	이문세	부장	1008	01/08/2004	520	-	10
1010	이병헌	과장	1003	04/07/2005	500	-	10
1004	이병헌	부장	1008	09/02/2003	600	-	20
1006	장동건	부장	1008	10/09/2003	480	-	30
1014	조인성	사원	1006	11/09/2007	250	-	10
1011	조향기	사원	1007	03/01/2007	280	-	30
1002	한예슬	대리	1005	04/02/2007	250	80	30

날짜의 경우에도 오름차순 혹은 내림차순으로 출력할 수 있습니다. 오름차순으로 지정하면 가장 오래된 과거의 시점이 가장 위에 출력되고, 아래로 갈수록 최근 시점이 출력됩니다. 내림차순인 경우에는 최근 시점부터 출력합니다. 다음은 입사일을 기준으로 내림차순으로 정렬한 예제입니다.

예제 가장 최근에 입사한 사람부터 출력하기

```
01 SELECT *
02 FROM emp
03 ORDER BY hiredate DESC;
```

EMPNO	ENAME	JOB	MGR	HIREDATE	SAL	COMM	DEPTNO
1014	조인성	사원	1006	11/09/2007	250	-	10
1012	강혜정	사원	1006	08/09/2007	300	-	20
1002	한예슬	대리	1005	04/02/2007	250	80	30
1011	조향기	사원	1007	03/01/2007	280	-	30
1001	김사랑	사원	1013	03/01/2007	300	-	20
1010	이병헌	과장	1003	04/07/2005	500	-	10
1005	신동협	과장	1005	04/07/2005	450	200	30
1003	오지호	과장	1005	02/10/2005	500	100	30
1008	감우성	차장	1003	03/08/2004	500	0	30
1007	이문세	부장	1008	01/08/2004	520	-	10
1006	장동건	부장	1008	10/09/2003	480	-	30
1004	이병헌	부장	1008	09/02/2003	600	-	20
1013	박중훈	부장	1003	10/09/2002	560	-	20
1009	안성기	사장	-	10/04/1996	1000	-	20

3.3 정렬 방식에 여러 가지 조건을 제시하기

급여를 많이 받는 사람부터 적게 받는 사람 순으로 순차적으로 출력하는 결과 화면을 살펴보면, 동일한 급여를 받는 사람이 존재합니다. 급여가 같은 사람이 존재할 경우, 이름의 철자가 빠른 사람부터 출력되도록 하려면, 정렬 방식을 여러 가지로 지정해야 합니다.

예제 급여를 많이 받는 순으로 출력하되, 급여가 같으면 이름의 철자가 빠른 순으로 출력하기

```
01 SELECT *
02 FROM emp
03 ORDER BY hiredate DESC, ename ASC;
```

EMPNO	ENAME	JOB	MGR	HIREDATE	SAL	COMM	DEPTNO
1014	조인성	사원	1006	11/09/2007	250	-	10
1012	강혜정	사원	1006	08/09/2007	300	-	20
1002	한예슬	대리	1005	04/02/2007	250	80	30
1001	김사랑	사원	1013	03/01/2007	300	-	20
1011	조향기	사원	1007	03/01/2007	280	-	30
1005	신동협	과장	1005	04/07/2005	450	200	30
1010	이병헌	과장	1003	04/07/2005	500	-	10
1003	오지호	과장	1005	02/10/2005	500	100	30
1008	감우성	차장	1003	03/08/2004	500	0	30
1007	이문세	부장	1008	01/08/2004	520	-	10
1006	장동건	부장	1008	10/09/2003	480	-	30
1004	이병헌	부장	1008	09/02/2003	600	-	20
1013	박중훈	부장	1003	10/09/2002	560	-	20
1009	안성기	사장	-	10/04/1996	1000	-	20

집합 연산자는 다음과 같이 여러 건의 데이터가 모여 있는 집합에 대해서 연산을 하는 것입니다.

그룹스타

태연   유리
윤아   효연
티파니   제시카
수영   써니   서현
탑   지드래곤
대성   승리   태양

싱글스타

태연   지드래곤
대성   태양
아이유   백지영
윤종신

테이블을 구성하는 행의 집합에 대해 테이블의 부분 집합을 결과로 반환하는 연산자로서, UNION(합집합), DIFFERENCE(차집합), INTERSECT(교집합)이 있습니다.

UNION(합집합), DIFFERENCE(차집합), INTERSECT(교집합)에서는 입력 테이블과 결과 테이블에서 중복된 레코드가 배제됩니다. UNION ALL(합집합), DIFFERENCE ALL(차집합), INTERSECT ALL(교집합)에서는 입력 테이블과 테이블에 중복된 레코드가 허용됩니다.

집합 연산자의 사용 방법은 다음과 같습니다.

형식

<쿼리1> 집합연산자1 <쿼리2> 집합연산자2 <쿼리N>

집합 연산자를 사용할 때는 쿼리의 컬럼의 개수가 같고, 대응되는 컬럼끼리 데이터 타입이 같아야 합니다.

다음은 집합 연산을 학습하기 위한 샘플 데이터입니다. 제공되는 star.sql 파일을 실행시켜, 생성된 group_star 테이블과 single_star 테이블의 전체 데이터를 조회합시다.

[group_star 테이블의 전체 데이터 조회]

```
SELECT *
FROM group_star;
```

NAME
태연
유리
윤아
효연
티파니
제시카
수영
써니
서현
탑
지드래곤
대성
승리
태양

[single_star 테이블의 전체 데이터 조회]

```
SELECT *
FROM single_star;
```

NAME
태연
지드래곤
대성
태양
아이유
백지영
윤종신

UNION 연산은 수학의 집합 연산에서 합집합을 의미합니다. 두 쿼리의 정보를 합쳐서 보여 줍니다. 두 쿼리 데이터 중 중복된 내용은 제거됩니다.

그룹스타 UNION 싱글스타

예제 그룹 활동과 싱글 활동을 하는 가수 이름 출력하기

```
01 SELECT *
02 FROM group_star
03 UNION
04 SELECT *
```

```
05 FROM single_star
```

NAME
대성
백지영
서현
수영
승리
써니
아이유
유리
윤아
윤종신
제시카
지드래곤
탑
태양
태연
티파니
효연

UNION ALL 연산은 UNION과 같지만 중복된 데이터가 제거되지 않습니다.

예제 그룹 활동과 싱글 활동을 하는 가수 이름을 중복하여 출력하기

```
01 SELECT *
02 FROM group_star
03 UNION ALL
04 SELECT *
05 FROM single_star
```

NAME
태연
유리
윤아
효연
티파니
제시카
수영
써니
서현
탑
지드래곤
대성
승리
태양
태연
지드래곤
대성
태양
아이유
백지영
윤종신

INTERSECT 연산은 수학의 집합 연산에서 교집합을 의미합니다. 즉, 두 개의 테이블에 모두 속하는 행 집합을 결과 집합으로 반환합니다.

예제 그룹 활동과 싱글 활동을 동시에 하는 가수 이름을 출력하기

```
01 SELECT *
02 FROM group_star
```

```
03 INTERSECT
04 SELECT *
05 FROM single_star
```

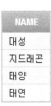

NAME
대성
지드래곤
태양
태연

MINUS 연산은 수학의 집합 연산에서 차집합을 의미합니다. 첫 번째 쿼리의 데이터에서 두 번째 쿼리과 같은 내용을 제거한 내용을 보여줍니다. 즉, 그룹스타 테이블에서 싱글스타 테이블을 MINUS 연산하면, 그룹스타 테이블에 속하지만 싱글스타 테이블에는 속하지 않는 행 집합을 결과 집합으로 반환합니다.

그룹스타 테이블에 속하지만 싱글스타 테이블에는 속하지 않는 행 집합을 결과 집합으로 반환합니다.

예제 그룹 활동만 하는 가수 이름을 출력하기

```
01 SELECT *
02 FROM group_star
03 MINUS
04 SELECT *
05 FROM single_star
```

NAME
서현
수영
승리
써니
유리
윤아
제시카
탑
티파니
효연

싱글스타 테이블에서 그룹스타 테이블을 MINUS 연산하면, 싱글스타 테이블에 속하지만 그룹스타 테이블에는 속하지 않는 행 집합을 결과 집합으로 반환합니다.

싱글스타 테이블에 속하지만 그룹스타 테이블에는 속하지 않는 행 집합을 결과 집합으로 반환합니다.

예제 싱글 활동만 하는 가수 이름을 출력하기

```
01 SELECT *
02 FROM single_star
03 MINUS
04 SELECT *
05 FROM group_star
```

NAME
백지영
아이유
윤종신

첫 번째 미션 해결하기

테이블 내의 정보 중 특정 컬럼만 조회하라!

01. 사원의 이름과 급여와 입사일자만을 출력하기

```
01 select ename, sal, hiredate
02 from emp;
```

02. 컬럼 이름에 별칭을 지정하기

```
01 select deptno 부서번호, dname as 부서명
02 from dept;
```

03. 직급을 중복하지 않고 한 번씩 나열하기

```
01 select distinct job
02 from emp;
```

두 번째 미션 해결하기

특정 조건의 데이터만 조회하여 출력하라!

01. 급여가 300 이하인 사원의 사원번호, 사원 이름, 급여를 출력하기

```
01 select empno, ename, sal
02 from emp
03 where sal<=300;
```

02. 이름이 "오지호"인 사원의 사원번호, 사원명, 급여를 출력하기

```
01 select empno, ename, sal
02 from emp
03 where ename='오지호';
```

03. 급여가 2500이거나, 3000이거나, 500인 사원들의 사원 번호와 사원명과 급여를 검색하기

```
01 select empno, ename, sal
02 from emp
03 where sal=250 or sal=300 or sal=500;
```

```
01 select empno, ename, sal
02 from emp
03 where sal IN (250, 300, 500);
```

04. 급여가 250도, 300도, 500도 아닌 사원들을 검색하기

```
01 select empno, ename, sal
02 from emp
03 where sal <> 250 and sal <> 300 and sal <> 500;
```

```
01 select empno, ename, sal
02 from emp
03 where sal not IN (250, 300, 500);
```

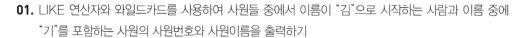

세 번째 미션 해결하기

다양하게 데이터를 조회하여 출력하라!

01. LIKE 연산자와 와일드카드를 사용하여 사원들 중에서 이름이 "김"으로 시작하는 사람과 이름 중에 "기"를 포함하는 사원의 사원번호와 사원이름을 출력하기

```
01 select empno, ename
02 from emp
03 where ename  like '김%'
04 or ename like '%기%';
```

02. 상급자가 없는 사원(사장이 되겠지요!)을 검색하기

```
01 select *
02 from emp
03 where mgr IS NULL;
```

03. 사원 테이블에서 최근 입사한 직원 순으로 사원번호, 사원명, 직급, 입사일 컬럼만 출력하기

```
01 select empno, ename, job, to_char(hiredate, 'YYYY/MM/DD')
02 from emp
03 order by hiredate desc;
```

04. 부서 번호가 빠른 사원부터 출력하되, 같은 부서 내의 사원을 출력할 경우, 입사한 지 가장 오래된 사원부터 출력하기

```
01 select deptno, empno, ename, job, to_char(hiredate, 'YYYY/MM/
   DD')
02 from emp
03 order by deptno asc, hiredate asc;
```

마무리

1. SELECT 문은 데이터베이스로부터 필요한 데이터를 가져오며, SELECT 절과 FROM 절로 구성되어 있습니다.

2. 중복되는 컬럼을 한 번씩만 출력할 수 있도록 하기 위해서 DISTINCT를 사용합니다.

3. 조건절(WHERE)이란 쿼리문에서 검색의 조건을 제시하는 부분으로, 테이블에서 원하는 레코드만 선택하기 위해 사용합니다.

4. 비교 연산자는 특정 두 개의 표현식을 비교하는 데 사용되며, 그 결과 값이 참(TRUE)인 레코드만 쿼리의 영향을 받을 수 있습니다.

5. 비교 연산자의 표현식(expression)에는 컬럼 이름, 변수명, 상수값들이 가능하며, 비교되는 표현식의 데이터 타입은 같거나 내부적으로 호환 가능해야 합니다.

6. 논리 연산자(AND, OR, NOT)는 WHERE 조건문에는 여러 가지 표현식이 올 수 있으며, AND, OR, NOT 같은 논리 연산자를 사용하여 이를 묶어줄 수 있습니다.

7. 하나의 표현식에서 논리 연산자가 여러 개 있을 때는 괄호로 묶여 있는 것이 우선순위가 가장 높고, 그 다음부터는 NOT, AND, OR 순서를 따릅니다.

8. BETWEEN 연산자는 WHERE 문 내에서 특정 범위 안에 드는 데이터만을 제한할 때 사용하며, 주로 비교되는 값이 특정 문자열 범위, 숫자 범위, 기간의 값을 사용하여 이를 묶어줄 수 있습니다.

9. IN 연산자는 특정 리스트 안에 있는 데이터만을 선별할 때 사용합니다.

10. LIKE 연산자는 문자열 타입의 데이터에 대하여 사용할 수 있으며, 와일드카드 문자(wild card character)를 사용할 수 있습니다.

11. NULL 값은 아무런 데이터가 들어가지 않은 상태입니다.

12. 비교 조건에서 NULL 값을 다루기 위해서는 IS NULL, IS NOT NULL 연산자를 사용해야 합니다.

13. NULL 값에 대해서는 =, ◇ 같은 단순한 비교 연산자를 사용할 때는 기본적으로 모든 비교가 거짓(FALSE) 값이 되어 버립니다.

14. 데이터 정렬은 ORDER BY 절에 컬럼 명이 아닌 상대적인 컬럼 번호를 사용할 수 있습니다.

15. 오름차순(ASC) 또는 내림차순(DESC)이 지정되지 않으면 오름차순으로 가정합니다.

도전 Quiz

1. 다음 중 성격이 다른 연산자는?

   ❶ AND   ❷ OR   ❸ LIKE   ❹ NOT

2. 다음은 급여를 400에서 500 사이 받는 사원을 조회하기 위한 표현입니다. 다음 중 ( ) 안에 들어갈 연산자는?

```
01 select * from emp
02 where  salary  (     ) 400 and 500
```

   ❶ IN   ❷ LIKE   ❸ BETWEEN   ❹ OR

3. 두 가지 조건 중에서 한 가지만 만족하더라도 검색할 수 있도록 하기 위해서는 사용하는 연산자는?

   ❶ AND   ❷ OR   ❸ LIKE   ❹ NOT

4. 조건을 제시하여 특정 조건에 맞는 로우만 찾기에, 출력되는 로우 개수가 줄어들게 되도록 하려면 무엇을 사용해야 하는가?

   ❶ order   ❷ where   ❸ top   ❹ like

5. 데이터를 크기순으로 정렬하기 위해서 사용하는 명령어는 무엇인가?

   ❶ order by   ❷ where   ❸ top   ❹ like

6. NULL 값을 = 연산자로 판단할 수 없기 때문에, 반드시 특정 컬럼에 저장된 값이 NULL 값인지를 검사하기 위해서 반드시 사용해야 하는 연산자는 무엇인가?

   ❶ is null   ❷ not like   ❸ in   ❹ between and

7. 사원 테이블의 자료를 사원번호를 기준으로 내림차순으로 정렬하여, 사원번호와 사원명 컬럼을 출력하기 위한 쿼리문을 완성하시오.

```
01 select empno, ename
02 from emp
03 (                        )
```

EMPNO	ENAME
1014	조인성
1013	박중훈
1012	강혜정
1011	조향기
1010	이병헌
1009	안성기
1008	감우성
1007	이문세
1006	장동건
1005	신동협
1004	이병헌
1003	오지호
1002	한예슬
1001	김사랑

8. SELECT 명령문 사용 시, 중복되는 데이터를 제외하고 출력하라는 뜻의 키워드는?

오라클 주요 함수

오라클은 데이터를 처리하기 위해 다양한 함수가 제공됩니다. 이러한 함수들은 그 기능에 따라 숫자 처리를 위한 함수, 문자 처리를 위한 함수, 날짜 처리를 위한 함수, 데이터 변환을 위한 함수 등으로 나눌 수 있습니다. 뿐만 아니라, NULL을 다른 값으로 변환하는 NVL 함수와 조건에 맞는 문장을 수행하는 DECODE와 CASE 함수도 있습니다. 이번 장에서는 오라클의 주요 함수에 대해 학습하겠습니다.

도전 미션 ---

첫 번째 미션: 문자 조작 함수를 사용하여 특정 로우(행)만 조회하라!

두 번째 미션: DECODE 함수를 사용하여 조건에 따라 서로 다른 결과를 구하라!

세 번째 미션: 형 변환 함수를 사용하여 원하는 형태로 출력하라!

학습 내용 ---

ACTUAL MISSION ORACLE

첫 번째 미션

문자 조작 함수를 사용하여 특정 로우(행)만 조회하라!

01. 9월에 입사한 사원을 출력해 보시오.

조건 SUBSTR 함수를 사용한다.

EMPNO	ENAME	JOB	MGR	HIREDATE	SAL	COMM	DEPTNO
1006	장동건	부장	1008	10/09/2003	480	-	30
1012	강혜정	사원	1006	08/09/2007	300	-	20
1013	박중훈	부장	1003	10/09/2002	560	-	20
1014	조인성	사원	1006	11/09/2007	250	-	10

02. 2003년도에 입사한 사원을 알아내기 위한 쿼리문은 다음과 같이 작성할 수 있습니다.

```
SELECT *
FROM emp
WHERE hiredate >= to_date('2003/01/01', 'YYYY/MM/DD')
AND hiredate <= to_date('2003/12/31', 'YYYY/MM/DD')
```

```
SELECT *
FROM emp
WHERE hiredate BETWEEN to_date('2003/01/01', 'YYYY/MM/DD')
                   AND to_date('2003/12/31', 'YYYY/MM/DD')
```

EMPNO	ENAME	JOB	MGR	HIREDATE	SAL	COMM	DEPTNO
1006	장동건	부장	1008	10/09/2003	480	-	30
1012	강혜정	사원	1006	08/09/2007	300	-	20
1013	박중훈	부장	1003	10/09/2002	560	-	20
1014	조인성	사원	1006	11/09/2007	250	-	10

이러한 방법 말고 지금 막 학습한 SUBSTR 함수를 이용하여, 2003년도에 입사한 사원을 검색해 보도록 하세요.

03. 다음은 이름이 "기"로 끝나는 사원을 검색해 보도록 합시다. 이 역시 앞장에서 배웠던 LIKE 연산자를 이용하여 다음과 같이 표현할 수 있습니다.

```sql
SELECT *
FROM emp
WHERE ename LIKE '%기';
```

EMPNO	ENAME	JOB	MGR	HIREDATE	SAL	COMM	DEPTNO
1009	안성기	사장	-	10/04/1996	1000	-	20
1011	조향기	사원	1007	03/01/2007	280	-	30

이러한 방법 말고 지금 막 학습한 SUBSTR 함수를 이용하여, ename 컬럼의 마지막 문자 한 개만 추출해서 이름이 E로 끝나는 사원을 검색해 보도록 하세요.

힌트   시작 위치를 −1로 주고, 추출할 문자 개수를 1로 주면 됩니다.

04. 이번에는 이름의 두 번째 글자에 "동"이 있는 사원을 검색해 봅시다.

EMPNO	ENAME
1005	신동협
1006	장동건

이런 문제가 주어지면, 일반적으로 LIKE 연산자와 _ 와일드카드를 사용해서, 다음과 같이 구할 것입니다.

예
```sql
SELECT empno, ename
FROM emp
WHERE ename LIKE '_동%';
```

이름의 두 번째 글자에 "동"이 있는 사원을 검색하기 위해서, 와일드카드 _ 와 LIKE 연산자를 사용하여 위와 같이 표현할 수 있지만, INSTR 함수를 사용하여 작성해 보도록 합시다.

두 번째 미션

DECODE 함수를 사용하여 조건에 따라 서로 다른 결과를 구하라!

01. 직급에 따라 급여를 인상하도록 합시다. 직급이 '부장'인 사원은 5%, '과장'인 사원은 10%, '대리'
인 사원은 15%, '사원'인 사원은 20% 인상합시다.

EMPNO	ENAME	JOB	SAL	UP SAL
1001	김사랑	사원	300	360
1002	한예슬	대리	250	287.5
1003	오지호	과장	500	550
1004	이병헌	부장	600	630
1005	신동협	과장	450	495
1006	장동건	부장	480	504
1007	이문세	부장	520	546
1008	감우성	차장	500	500
1009	안성기	사장	1000	1000
1010	이병헌	과장	500	550
1011	조향기	사원	280	336
1012	강혜정	사원	300	360
1013	박중훈	부장	560	588
1014	조인성	사원	250	300

세 번째 미션

형 변환 함수를 사용하여 원하는 형태로 출력하라!

01. 입사일을 연도는 2자리(YY), 월은 숫자(MON)로 표시하고, 요일은 약어(DY)로 지정하여 출력하시오.

HIREDATE	TO_CHAR(HIREDATE,'YY/MON/DDDY')
03/01/2007	07/MAR/01 THU
04/02/2007	07/APR/02 MON
02/10/2005	05/FEB/10 THU
09/02/2003	03/SEP/02 TUE
04/07/2005	05/APR/07 THU
10/09/2003	03/OCT/09 THU
01/08/2004	04/JAN/08 THU
03/08/2004	04/MAR/08 MON
10/04/1996	96/OCT/04 FRI
04/07/2005	05/APR/07 THU
03/01/2007	07/MAR/01 THU
08/09/2007	07/AUG/09 THU
10/09/2002	02/OCT/09 WED
11/09/2007	07/NOV/09 FRI

오라클에서는 데이터를 처리하기 위한 용도로 다양한 함수를 제공합니다. 이들 함수들을 기능에 따라 나누어 보겠습니다. 또한 함수를 학습하기 전에, 한 행으로 결과를 출력하기 위한 테이블인 DUAL에 대한 개념도 정리해 보겠습니다.

오라클에서 산술 연산이 가능하다고 하였으므로, 오라클에서 1일이 몇 분이지 환산해 보도록 합시다. 1일은 24시간이고, 1시간은 60분이므로, 24와 60을 곱하면 하루가 몇 분인지 알 수 있게 됩니다.

하지만 SQL 프롬프트에 이 산술식을 입력하면 오류가 발생합니다.

예제 1일이 몇 분이지 환산하기

```
01 24*60
```

```
ORA-00900: invalid SQL statement
```

오라클에서 산술 연산을 하기 위해서는 SELECT 절에 컬럼 이름 대신 산술 연산식을 기술하면 됩니다. 하지만 한 가지 주의할 점은 SELECT 문은 FROM 절을 생략할 수 없다는 점입니다.

1일이 몇 분이지 환산하기 위해서는 굳이 테이블이 없는데도 불구하고, FROM 절 다음에 테이블을 생략할 수 없기에, emp 테이블을 기술하게 되면, 산술 연산 결과가 14번 중복되어 나타납니다. 결과는 한 번만 출력되면 되는데도 말입니다.

예제 emp 테이블로 1일이 몇 분이지 환산하기

```
01 SELECT 24*60
02 FROM emp;
```

24*60
1440
1440
1440
1440
1440
1440
1440
1440
1440
1440
1440
1440
1440
1440

지금부터 설명할 DUAL 테이블은 바로 산술 연산의 결과를 한 줄로 얻기 위해서, 오라클에서 제공해 주는 테이블입니다.

이번에는 1일이 몇 분인지 환산하기 위한 SELECT 문의 FROM 절에 DUAL 테이블을 사용해 봅시다.

예제 DUAL 테이블로 1일이 몇 분인지 환산하기

```
01 SELECT 24*60
02 FROM DUAL;
```

24*60
1440

emp 테이블 대신 DUAL 테이블을 FROM 절 다음에 기술하였더니, 산술 연산 결과가 한 번만 출력됩니다.

DUAL 테이블의 사용 용도를 살펴보았으므로, 이제 DUAL 테이블의 개념을 이해하기로 합시다.

DUAL 테이블은 유격 훈련에서 "애인 이름을 부르고 뛰어 내리십시오." 하는 조교의 말에 애인이 없으면서도 "영희야" 하고 뛰어 내리는 김일병이 부른 가짜 애인 영희와 같이, FROM 절

에 기술할 테이블이 없는 경우에만 사용하는 그야말로 DUMMY한 테이블입니다.

DUAL 테이블의 구조를 살펴보면, DUAL 테이블은 DUMMY라는 단 하나의 컬럼으로 구성되어 있습니다. 이 컬럼의 최대 길이는 1입니다. DUMMY 컬럼에는 과연 어떤 값이 저장되어 있는 것일까요?

예제 DUAL 테이블 조회하기

```
01 SELECT *
02 FROM DUAL;
```

DUAL 테이블은 DUMMY라는 단 하나의 컬럼에 X라는 단 하나의 로우만을 저장하고 있으나, 이 값은 아무런 의미가 없습니다. 쿼리문의 수행 결과가 하나의 로우로 출력되도록 하기 위해서 단 하나의 로우를 구성하고 있을 뿐입니다.

DUAL 테이블이 사용된 적절한 예를 살펴보기 위해서, 현재 날짜를 얻는 쿼리문을 작성해 보 겠습니다.

오라클에서는 시스템의 현재 날짜를 얻기 위한 함수로 SYSDATE를 제공해 줍니다. SYSDATE 함수 역시 현재 날짜가 한 번만 출력되면 되므로, SELECT 문으로 검색할 때 FROM 절에 DUAL 테이블을 사용해야 합니다.

예제 현재 날짜 조회하기

```
01 SELECT SYSDATE
02 FROM DUAL;
```

TO_CHAR(SYSDATE,'YYYY/MM/DD')
2013/02/20

A C T U A L　　M I S S I O N　　O R A C L E

숫자 함수는 숫자 데이터를 처리하기 위한 함수로서, 오라클에서는 다음과 같은 숫자 함수를
제공합니다.

표 3-2 • 숫자 함수

구 분	설 명
ABS	절대값을 구한다.
COS	COSINE 값을 반환한다.
EXP	e(2.71828183…)의 n승을 반환한다.
FLOOR	소수점 아래를 잘라낸다.(버림)
LOG	LOG 값을 반환한다.
POWER	POWER(m, n) m의 n승을 반환한다.
SIGN	SIGN (n) n〈0이면 −1, n=0이면 0, n〉0이면 1을 반환한다.
SIN	SINE 값을 반환한다.
TAN	TANGENT 값을 반환한다.
ROUND	특정 자릿수에서 반올림한다.
TRUNC	특정 자릿수에서 잘라낸다. (버림)
MOD	입력 받은 수를 나눈 나머지 값을 반환한다.

2.1 절대값을 구하는 ABS 함수

ABS 함수는 절대값을 구합니다. 절대값은 방향은 없고 크기만 있는 것으로서, 주어진 데이터
가 음수일 경우 양수로 표현합니다.

예제　−10에 대한 절대값을 구하기

```
01 SELECT -10, ABS(-10)
02 FROM DUAL;
```

-10	ABS(-10)
-10	10

2.2 소수점 아래를 버리는 FLOOR 함수

FLOOR 함수는 소수점 아래를 버립니다. 34.5678을 FLOOR 함수에 적용하면 34가 구해집니다.

예제 소수점 아래를 버리기

```
01 SELECT 34.5678, FLOOR(34.5678)
02 FROM DUAL;
```

34.5678	FLOOR(34.5678)
34.5678	34

2.3 특정 자릿수에서 반올림하는 ROUND 함수

34.5678을 반올림하면 35입니다. 이와 같이 반올림한 결과를 구하기 위한 함수로, 오라클에서는 ROUND가 제공됩니다.

예제 소수점 이하 반올림하기

```
01 SELECT 34.5678, ROUND(34.5678)
02 FROM DUAL;
```

34.5678	ROUND(34.5678)
34.5678	35

ROUND 함수는 지정한 자릿수에서 반올림을 할 수 있도록 자릿수를 지정할 수 있습니다.

형식

```
ROUND(대상, 자릿수)
```

ROUND 함수의 두 번째 인자 값이 2이면, 소수점 이하 세 번째 자리에서 반올림하여 소수점 이하 두 번째 자리까지 표시합니다.

예제 소수점 이하 두 번째 자리에서 반올림하기

```
01 SELECT 34.5678, ROUND(34.5678, 2)
02 FROM DUAL;
```

ROUND(34.5678, 2)의 결과는 34.57이 됩니다.

34.5678	ROUND(34.5678,2)
34.5678	34.57

자릿수에 음수를 지정할 수 있는데 이럴 경우 소수점 이하가 아니라 반대쪽인 일 단위, 십 단위, 백 단위 순으로 거슬러 올라가게 되며, 인자 값이 양수일 때와는 달리 해당 자리에서 반올림이 어나게 됩니다.

예제 일의 자리에서 반올림하기

```
01 SELECT 34.5678, ROUND(34.5678, -1)
02 FROM DUAL;
```

ROUND(34.5678, -1)의 결과는 30이 됩니다.

34.5678	ROUND(34.5678,-1)
34.5678	30

2.4 특정 자릿수에서 잘라내는 TRUNC 함수

TRUNC 함수는 지정한 자릿수 이하를 버린 결과를 구해 주는 함수입니다. TRUNC 함수의 두 번째 인자 값이 2이면, 소수점 이하 세 번째 자리에서 버림 연산을 하여, 소수점 이하 두 번째 자리까지 표시합니다. 두 번째 인자 값이 0인 경우에는, 소수점 자리에서 버림 연산을 하고, -1인 경우는 일의 자리에서 버림 연산을 합니다. 두 번째 인자가 주어지지 않은 경우 0으로 간주 되어 소수점 자리에서 버림 연산을 수행합니다.

예제 특정 자릿수에서 잘라내기

```
01 SELECT TRUNC(34.5678, 2), TRUNC(34.5678, -1),
02        TRUNC(34.5678)
03 FROM DUAL;
```

TRUNC(34.5678,2)	TRUNC(34.5678,-1)	TRUNC(34.5678)
34.56	30	34

2.5 나머지를 구하는 MOD 함수

MOD 함수는 나누기 연산을 한 후에, 구한 몫이 아닌 나머지를 결과로 되돌려주는 함수입니다.

예제 나눈 나머지 구하기

```
01 SELECT MOD (27, 2), MOD (27, 5), MOD (27, 7)
02 FROM DUAL;
```

MOD(27,2)	MOD(27,5)	MOD(27,7)
1	2	6

03 문자 처리 함수

문자 처리 함수는 문자형의 값을 조작하여 변환된 문자 값을 반환하는 함수로서, 대소문자
간의 변환을 위한 함수와 문자열을 정교하게 조작하는 함수로 나뉩니다.

3.1 대소문자 변환함수

UPPER 함수는 입력한 문자값을 대문자로 변환하는 함수입니다. LOWER 함수는 문자열을 모
두 소문자로 변경하고, INITCAP 함수는 문자열의 이니셜만 대문자로 변경합니다.

표 3-2 ◦ 대소문자 변환함수

구 분	설 명
UPPER	대문자로 변환한다.
LOWER	소문자로 변환한다.
INITCAP	첫 글자만 대문자로, 나머지 글자는 소문자로 변환한다.

예제 대소문자 변환함수 사용하기

```
01 SELECT 'Welcome to Oracle',
02    UPPER('Welcome to Oracle'),
03    LOWER('Welcome to Oracle'),
04    INITCAP('WELCOME TO ORACLE')
05 FROM DUAL;
```

'WELCOMETOORACLE'	UPPER('WELCOMETOORACLE')	LOWER('WELCOMETOORACLE')	INITCAP('WELCOMETOORACLE')
Welcome to Oracle	WELCOME TO ORACLE	welcome to oracle	Welcome To Oracle

3.2 문자 길이를 구하는 함수

문자 길이를 반환하는 함수의 종류는 다음과 같습니다.

표 3-3 · 문자 길이를 구하는 함수

구 분	설 명
LENGTH	문자의 길이를 반환한다(한글 1Byte).
LENGTHB	문자의 길이를 반환한다(한글 2Byte).

LENGTH 함수는 컬럼에 저장된 데이터 값이 몇 개의 문자로 구성되었는지 길이를 알려주는 함수입니다.

예제　영문자와 한글의 길이를 구하기

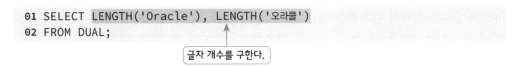

```
01 SELECT LENGTH('Oracle'), LENGTH('오라클')
02 FROM DUAL;
```

글자 개수를 구한다.

LENGTH('ORACLE')	LENGTH('오라클')
6	3

이번에 살펴볼 LENGTHB 함수는 바이트 수를 알려주는 함수입니다. LENGTH 함수와 어떤 차이가 있는지 살펴봅시다.

예제　영문자와 한글의 바이트 수 구하기

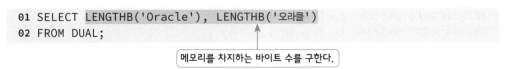

```
01 SELECT LENGTHB('Oracle'), LENGTHB('오라클')
02 FROM DUAL;
```

메모리를 차지하는 바이트 수를 구한다.

LENGTHB('ORACLE')	LENGTHB('오라클')
6	9

한글 한 자는 3바이트를 차지합니다. 그렇기 때문에 수행 결과를 보면 한글 세 자로 구성된 '오라클'의 LENGTHB 함수의 결과는 9가 됩니다.

3.3 문자 조작 함수

문자 조작 함수의 종류는 다음과 같습니다.

표 3-4 · 문자 조작 함수

구분	설명
CONCAT	문자의 값을 연결한다.
SUBSTR	문자를 잘라 추출한다(한글 1Byte).
SUBSTRB	문자를 잘라 추출한다(한글 2Byte).
INSTR	특정 문자의 위치 값을 반환한다(한글 1Byte).
INSTRB	특정 문자의 위치 값을 반환한다(한글 2Byte).
LPAD, RPAD	입력 받은 문자열과 기호를 정렬하여 특정 길이의 문자열로 반환한다.

3.3.1 문자열 일부만 추출하는 SUBSTR 함수

SUBSTR과 SUBSTRB 함수는 대상 문자열이나 컬럼의 자료에서 시작 위치부터 선택 개수만큼의 문자를 추출합니다. SUBSTRB 함수도 같은 형식이지만, 명시된 개수만큼의 문자가 아닌 바이트 수를 잘라낸다는 점에서만 차이가 나타납니다.

형식

SUBSTR(대상, 시작위치, 추출할 개수)

예제 4부터 시작해서 문자 3개를 추출하기

```
01 SELECT SUBSTR('Welcome to Oracle', 4, 3)
02 FROM DUAL;
```

대상 문자열의 4번째부터 3글자('com')를 추출한다.

SUBSTR('WELCOMETOORACLE',4,3)
com

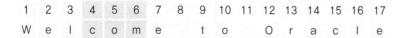

시작 위치 인자 값을 음수 값으로 줄 수 있는데, 이때는 문자열의 앞쪽이 아닌 뒤쪽에서부터 세어서 시작 위치를 잡습니다.

예제 문자열의 뒤쪽 4번째부터 3글자 추출하기

```
01 SELECT SUBSTR('Welcome to Oracle', -4, 3)
02 FROM DUAL;
```

SUBSTR('WELCOMETOORACLE',-4,3)
acl

3.3.2 바이트 수를 기준으로 문자열 일부만 추출하는 SUBSTRB 함수

SUBSTRB 함수는 문자열을 추출하기 위해서 문자를 셀 때 문자의 개수가 아닌 그 문자가 메모리에 저장되는 바이트 수를 셉니다. 영문자 한 글자는 메모리에 1바이트로 저장되기 때문에 SUBSTR 함수와 SUBSTRB 함수 어떤 함수를 사용하여도 결과가 동일합니다.

예제 영문자의 문자 수와 바이트 수 구하기

```
01 SELECT SUBSTR('Welcome To Oracle', 3, 4),
02     SUBSTRB('Welcome To Oracle', 3, 4)
03 FROM DUAL;
```

SUBSTR('WELCOMETOORACLE',3,4)	SUBSTRB('WELCOMETOORACLE',3,4)
lcom	lcom

하지만 한글 한 글자는 3바이트를 차지하기 때문에, SUBSTR 함수와 SUBSTRB 함수의 결과가 달라집니다.

예제 한글의 문자 수와 바이트 수 구하기

```
01 SELECT SUBSTR('웰컴투오라클', 4, 3),  SUBSTRB('웰컴투오라클', 4, 3)
02 FROM DUAL;
```

SUBSTR('웰컴투오라클',4,3)	SUBSTRB('웰컴투오라클',4,3)
오라클	컴

SUBSTR 함수는 한글 한 글자를 1바이트로 봅니다.

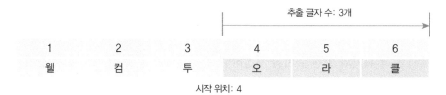

SUBSTRB 함수는 한글 한 글자를 3바이트로 봅니다.

3.3.3 특정 문자의 위치를 구하는 INSTR 함수

INSTR 함수는 대상 문자열이나 컬럼에서 특정 문자가 나타나는 위치를 알려줍니다. 문자열 'Welcome to Oracle'에 'O'가 저장된 위치가 얼마인지 알고 싶을 때에는, INSTR 함수를 사용하여 다음과 같이 쿼리문을 작성할 수 있습니다.

예제 문자열 'WELCOME TO ORACLE'에 'O'의 위치 찾기

```
01 SELECT INSTR('WELCOME TO ORACLE', 'O')
02 FROM DUAL;
```

INSTR 함수의 사용 예를 먼저 살펴봤지만, 이 함수의 기본 형식은 다음과 같습니다.

형식
```
INSTR(대상, 찾을 글자, 시작 위치, 몇_번째_발견)
```

구문에서 보듯이 앞선 예제에서는 '시작 위치'와 '몇 번째 발견'을 생략한 채 사용한 것으로 이들 값을 생략하면 모두 1로 간주되므로, 시작 위치도 1이고 첫 번째 발견된 위치를 반환합니다.

예제 영문자에서 시작 위치와 발견 위치를 지정하여, 문자열에서 문자 한 개의 위치 찾기

```
01 SELECT INSTR('WELCOME TO ORACLE', 'O', 6, 2)
02 FROM DUAL;
```

대상 문자열의 6번째부터 두 번째로 발견되는 'O'의 위치를 구합니다.

INSTR('WELCOMETOORACLE','O',6,2)
12

이번 예제에서는 세 번째 전달인자에 6을 주었기에, 시작 위치가 6이고 두 번째 발견된 위치를 반환합니다.

3.3.4 바이트 수를 기준으로 문자의 위치를 구하는 INSTRB 함수

INSTRB 함수 역시 SUBSTRB 함수에서와 마찬가지로 문자의 위치를 알아내기 위한 기준으로 바이트합니다. 영문자는 한 글자가 1바이트이므로 INSTR 함수와 INSTRB 함수의 결과가 동일합니다. 그러므로 한 글자가 3바이트인 한글 상수로 예를 들어보도록 합시다.

예제 한글에서 시작 위치와 발견 위치를 지정하여 문자열에서 문자 한 개의 위치 찾기

```
01 SELECT INSTR('데이터베이스', '이', 4, 1), INSTRB('데이터베이스', '이', 4, 1)
02 FROM DUAL;
```

INSTR('데이터베이스','이',3,1)	INSTRB('데이터베이스','이',3,1)
5	4

INSTR 함수는 한글 한 글자를 1바이트로 봅니다.

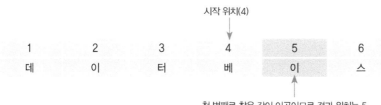

시작 위치(4)

1	2	3	4	5	6
데	이	터	베	이	스

첫 번째로 찾은 값이 이곳이므로 결과 위치는 5

INSTRB 함수는 한글 한 글자를 3바이트로 봅니다.

시작 위치(4)

1,2,3	4,5,6	7,8,9	10,11,12	13,14,15	16,17,18
데	이	터	베	이	스

첫 번째로 찾은 값이 이곳이므로 결과 위치는 5

3.3.5 특정 기호로 채우는 LPAD/RPAD 함수

LPAD(LEFT PADDING) 함수는 컬럼이나 대상 문자열을 명시된 자릿수에서 오른쪽에 나타내고, 남은 왼쪽 자리를 특정 기호로 채웁니다.

예제 왼쪽에 특정 기호로 채우기

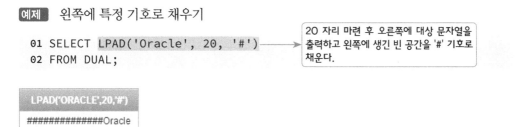

```
01 SELECT LPAD('Oracle', 20, '#')
02 FROM DUAL;
```

20 자리 마련 후 오른쪽에 대상 문자열을 출력하고 왼쪽에 생긴 빈 공간을 '#' 기호로 채운다.

LPAD('ORACLE',20,'#')
##############Oracle

RPAD(RIGHT PADDING) 함수는 반대로 컬럼이나 대상 문자열을 명시된 자릿수에서 왼쪽에 나타내고, 남은 오른쪽 자리를 특정 기호로 채웁니다.

예제 오른쪽에 특정 기호로 채우기

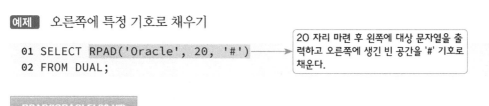

```
01 SELECT RPAD('Oracle', 20, '#')
02 FROM DUAL;
```

20 자리 마련 후 왼쪽에 대상 문자열을 출력하고 오른쪽에 생긴 빈 공간을 '#' 기호로 채운다.

RPAD('ORACLE',20,'#')
Oracle##############

오라클을 사용하다 보면 숫자, 문자, 날짜의 데이터 형을 다른 데이터 형으로 변환해야 하는 경우가 생깁니다. 이럴 때 사용하는 함수가 형 변환 함수입니다. 변환 함수는 데이터 형을 변환시키고자 할 때 사용하는데, 형 변환 함수로는 TO_CHAR, TO_DATE, TO_NUMBER가 있습니다.

표 3-5 • 형 변환 함수

구 분	설 명
TO_CHAR	날짜형 혹은 숫자형을 문자형으로 변환한다.
TO_DATE	문자형을 날짜형으로 변환한다.
TO_NUMBER	문자형을 숫자형으로 변환한다.

문자 데이터를 숫자 데이터로 변환하기 위해서 사용하는 함수가 TO_NUMBER이고, 숫자 데이터를 문자 데이터로 변환하기 위해서 사용하는 함수는 TO_CHAR입니다. 또한 문자 데이터를 날짜 데이터로 변환할 수 있는데 이때 사용하는 함수가 TO_DATE이고, 날짜 데이터를 문자 데이터로 변환하는 함수가 TO_CHAR입니다. 이들 함수의 관계를 그림으로 나타내면 다음과 같습니다.

```
              ← TO_NUMBER              ← TO_CHAR
  Number                    Character                  Date
              TO_CHAR →                TO_Date →
```

4.1 문자형으로 변환하는 TO_CHAR 함수

TO_CHAR 함수는 날짜나 숫자를 문자로 변환하기 위해서 사용합니다.

4.1.1 날짜형을 문자형으로 변환하기

DATE 형태의 데이터를 지정한 양식에 의해 VARCHAR2 형의 문자로 변환합니다.

형식
```
TO_CHAR (날짜 데이터, '출력형시')
```

데이터 형을 변환할 때 출력 형식을 지정할 수 있습니다. 다음은 날짜 출력 형식의 종류를 나열한 표입니다.

표 3-6 • 형 변환 함수의 날짜 출력 형식

종류	의미
YYYY	년도 표현(4자리)
YY	년도 표현(2자리)
MM	월을 숫자로 표현
MON	월을 알파벳으로 표현
DAY	요일 표현
DY	요일을 약어로 표현

예제 현재 날짜를 기본 형식과 다른 형태로 출력하기

```
01 SELECT SYSDATE, TO_CHAR(SYSDATE, 'YYYY-MM-DD')
02 FROM DUAL;
```

SYSDATE	TO_CHAR(SYSDATE,'YYYY-MM-DD')
02/20/2013	2013-02-20

예제 사원들의 입사일을 출력하되 요일까지 함께 출력하기

```
01 SELECT hiredate, TO_CHAR (hiredate, 'YYYY/MM/DD DAY')
02 FROM emp;
```

위 예는 년도를 4자리(YYYY)로 출력하고, 월은 숫자(MM)로 표시하고, 요일은 DAY로 지정하여 출력합니다.

HIREDATE	TO_CHAR(HIREDATE,'YYYY/MM/DDDAY')
03/01/2007	2007/03/01 THURSDAY
04/02/2007	2007/04/02 MONDAY
02/10/2005	2005/02/10 THURSDAY
09/02/2003	2003/09/02 TUESDAY
04/07/2005	2005/04/07 THURSDAY
10/09/2003	2003/10/09 THURSDAY
01/08/2004	2004/01/08 THURSDAY
03/08/2004	2004/03/08 MONDAY
10/04/1996	1996/10/04 FRIDAY
04/07/2005	2005/04/07 THURSDAY
03/01/2007	2007/03/01 THURSDAY
08/09/2007	2007/08/09 THURSDAY
10/09/2002	2002/10/09 WEDNESDAY
11/09/2007	2007/11/09 FRIDAY

다음은 시간 출력 형식의 종류를 나열한 표입니다.

표 3-7 · 형 변환 함수의 시간 출력 형식

종류	의미
AM 또는 PM	오전(AM), 오후(PM) 시각 표시
HH 또는 HH12	시간(1~12)
HH24	24시간으로 표현(0~23)
MI	분 표현
SS	초 표현

예제 현재 날짜와 시간을 출력하기

```
01 SELECT TO_CHAR(SYSDATE, 'YYYY/MM/DD, AM HH:MI:SS')
02 FROM DUAL;
```

TO_CHAR(SYSDATE,'YYYY/MM/DD,AMHH:MI:SS')
2013/02/20, PM 08:29:50

4.1.2 숫자형을 문자형으로 변환하기

다음 표는 숫자 출력 형식을 나열한 표입니다.

표 3-8 · 형 변환 함수의 숫자 출력 형식

구분	설명
0	자릿수를 나타내며 자릿수가 맞지 않을 경우 0으로 채운다.
9	자릿수를 나타내며 자릿수가 맞지 않아도 채우지 않는다.
L	각 지역별 통화 기호를 앞에 표시한다.
.	소수점
,	천 단위 자리 구분

1230000이란 숫자를 문자 형태로 출력하는 예입니다. 만일 각 지역별 통화 기호를 앞에 붙이고, 천 단위마다 콤마를 붙여서 출력(예 : $1,230,000)하려면 어떻게 해야 할까요? 위 표를 참조하여 다음과 같이 표현해야 합니다.

예제 통화 기호를 붙여 출력하기

```
01 SELECT TO_CHAR(1230000), TO_CHAR(1230000, 'L999,999,999')
02 FROM DUAL;
```

TO_CHAR(1230000)	TO_CHAR(1230000,'L999,999,999')
1230000	$1,230,000

9는 자릿수를 나타내며 자릿수가 맞지 않으면 채우지 않습니다. 하지만 0은 자릿수를 나타내며 자릿수가 맞지 않을 경우 0으로 채웁니다.

예제　빈 여백을 0으로 채우기

```
01 SELECT TO_CHAR (123456, '000000000'),
02        TO_CHAR (123456, '999,999,999')
03 FROM DUAL;
```

TO_CHAR(123456,'000000000')	TO_CHAR(123456,'999,999,999')
000123456	123,456

4.2 날짜형으로 변환하는 TO_DATE 함수

날짜형으로 변환하기에 앞서 날짜형에 대해서 살펴보도록 합시다. 날짜형은 세기, 년도, 월, 일, 시간, 분, 초와 같이 날짜와 시간에 대한 정보를 저장합니다. 오라클에서 기본 날짜 형식은 'MM/DD/YY' 형식으로 '월/일/년' 예를 들면 '03/02/13' 식으로 나타냅니다.

만일 년도를 4자리로 출력하려면 'YYYY/MM/DD' 형식으로 지정합니다. TO_DATE 함수는 문자열을 날짜형으로 변환합니다.

형식
```
TO_DATE('문자', 'format')
```

날짜형으로 변환하는 TO_DATE 함수가 사용되는 적절한 예를 살펴보기 위해서, 2007년 4월 2일에 입사한 사원을 검색하기 위해서, 검색 조건으로 날짜형이 아닌 수치 데이터인 20070402를 제시합니다.

예제　2007년 4월 2일에 입사한 사원을 검색하기 위해서, 수치 데이터를 제시하여 오류가 발생한 예

```
01 SELECT ename, hiredate
02 FROM emp
03 WHERE hiredate=20070402;
```

 ORA-00932: inconsistent datatypes: expected DATE got NUMBER

결과 화면을 보면 오류가 발생함을 알 수 있습니다. hiredate 컬럼의 데이터 형은 DATE이기 때문에 WHERE 절에 20070402와 같이 숫자형으로 기술하게 되면, 데이터 형이 일치하지 않아서 오류가 발생합니다.

오류가 발생하지 않도록 하려면, 비교하는 두 데이터의 자료 형태를 맞추어 주어야 합니다. TO_DATE 함수를 사용해서 숫자 형태인 20070402를 날짜형으로 변환합시다. 이때 두 번째 인자는 출력할 형식을 지정해 주어야 합니다.

예제 2007년 4월 2일에 입사한 사원을 검색하기 위해서, 수치 데이터 제시하기

```
01 SELECT ename, hiredate
02 FROM emp
03 WHERE hiredate=TO_DATE(20070402,'YYYYMMDD')
```

ENAME	HIREDATE
한예슬	04/02/2007

다음은 올해 며칠이 지났는지 현재 날짜에서 올해 1월 1일을 뺀 결과를 출력하는 예제입니다.

예제 올해 며칠이 지났는지 알아보기 위해 문자 데이터를 제시하여 오류가 발생하는 예

```
01 SELECT SYSDATE-'2013/01/01'
02 FROM DUAL;
```

 ORA-01722: invalid number

역시 데이터 형이 일치하지 않아서 오류가 발생합니다. 올바른 결과를 얻으려면 다음과 같이 TO_DATE 함수를 사용하여 데이터 형을 일치시켜야 합니다.

예제 올해 며칠이 지났는지 알아보기

```
01 SELECT TRUNC(SYSDATE-TO_DATE('2013/01/01', 'YYYY/MM/DD'))
02 FROM DUAL;
```

TRUNC(SYSDATE-TO_DATE('2013/01/01','YYYY/MM/DD'))
50

4.3 숫자형으로 변환하는 TO_NUMBER 함수

TO_NUMBER 함수는 특정 데이터를 숫자형으로 변환해 주는 함수입니다.

다음과 같이 '20,000'과 '10,000'의 차이를 알아보기 위해서 빼기를 해 봅시다.

예제 수치 형태의 문자 값의 차를 구하려다 오류가 발생하는 예

```
01 SELECT '20,000' - '10,000'
02 FROM DUAL;
```

ORA-01722: invalid number

'10,000'과 '20,000'은 문자형이기 때문에, 산술 연산(빼기: -)을 수행하지 못하고 오류가 발생합니다.

산술 연산을 하려면 문자형을 숫자형으로 변환한 후에 실행해야 합니다.

예제 수치 형태의 문자 값의 차 알아보기

```
01 SELECT TO_NUMBER('20,000', '99,999')
02          - TO_NUMBER('10,000', '99,999')
03 FROM DUAL;
```

TO_NUMBER('20,000','99,999')-TO_NUMBER('10,000','99,999')
10000

날짜 함수는 DATE(날짜)형에 사용하는 함수이며 결과 값으로 날짜 또는 기간을 얻습니다. 기간은 주로 일 단위로 계산되지만, 월 단위로 계산되는 경우도 있습니다.

표 3-9 • 날짜 함수

구 분	설 명
SYSDATE	시스템에 저장된 현재 날짜를 반환한다.
MONTHS_BETWEEN	두 날짜 사이가 몇 개월인지를 반환한다.
ADD_MONTHS	특정 날짜에 개월 수를 더한다.
NEXT_DAY	특정 날짜에서 최초로 도래하는 인자로 받은 요일의 날짜를 반환한다.
LAST_DAY	해당 달의 마지막 날짜를 반환한다.
ROUND	인자로 받은 날짜를 특정 기준으로 반올림한다.
TRUNC	인자로 받은 날짜를 특정 기준으로 버린다.

5.1 현재 날짜를 반환하는 SYSDATE 함수

SYSDATE 함수는 시스템에 저장된 현재 날짜를 반환하는 함수입니다. 다음은 시스템에서 현재 날짜를 얻어 와서 출력하는 예제입니다.

예제 현재 날짜 알아보기

```
01 SELECT to_char(SYSDATE, 'YYYY/MM/DD')
02 FROM DUAL;
```

TO_CHAR(SYSDATE,'YYYY/MM/DD')
2013/02/20

날짜형 데이터에도 더하기나 빼기와 같은 연산을 할 수 있습니다.

날짜형 데이터에 숫자를 더하면(날짜+숫자), 그 날짜로부터 그 기간만큼 지난 날짜를 계산합니다. 날짜형 데이터에 숫자를 빼면(날짜-숫자), 그 날짜로부터 그 기간만큼 이전 날짜를 구합니다.

날짜와 날짜(날짜−날짜)를 빼면, 두 날짜 사이의 기간을 계산합니다.

| SYSDATE +1 | 내일 날짜를 구한다 |
| SYSDATE −1 | 어제 날짜를 구한다 |

예제 현재 날짜를 기준으로 어제와 내일 날짜 계산하기

```
01 SELECT to_char(SYSDATE-1, 'YYYY/MM/DD') 어제,
02        to_char(SYSDATE, 'YYYY/MM/DD') 오늘,
03        to_char(SYSDATE+1, 'YYYY/MM/DD') 내일
04 FROM DUAL;
```

어제	오늘	내일
2013/02/19	2013/02/20	2013/02/21

5.2 특정 조건을 기준으로 반올림하는 ROUND 함수

ROUND 함수는 숫자를 반올림하는 함수로 학습하였습니다. 하지만, 이 함수에 포맷 모델을 지정하면 숫자 이외의 날짜에 대해서도 반올림을 할 수 있습니다.

형식
ROUND (*date, format*)

표 3-10 • ROUND 함수의 포맷 모델

포맷 모델	단위
CC, SCC	4자리 연도의 끝 두 글자를 기준으로 반올림
SYYY, YYYY, YEAR SYEAR, YYY, YY, Y	년(7월 1일부터 반올림)
DDD, D, J	일을 기준으로 반올림
HH, HH12, HH24	시를 기준으로 반올림
Q	한 분기의 두 번째 달의 16일을 기준으로 반올림
MONTH, MON, MM, RM	월(16일을 기준으로 반올림)
DAY,DY,D	한 주가 시작되는 날짜를 기준으로 반올림
MI	분을 기준으로 반올림

ROUND 함수의 포맷 모델로 MONTH를 지정하였기에, 특정 날짜(DATE)를 달(MONTH)을 기준으로 반올림한 날짜를 구합니다.

일을 기준으로 16일보다 적으면 이번 달 1일을, 크면 다음 달 1일을 구합니다. 6월 9일을 반올림하면 6월 1일이 되고, 11월 17일을 반올림하면 12월 1일이 됩니다. 또한 1월 23일을 반올림하면 2월 1일이 됩니다.

5.3 특정 기준으로 버리는 TRUNC 함수

TRUNC 함수 역시 숫자를 잘라내는 것뿐만 아니라 날짜를 잘라낼 수 있습니다. ROUND 함수와 마찬가지로 포맷 형식을 주어 다양한 기준으로 날짜를 잘라낼 수 있습니다.

> **형식**
> ```
> TRUNC (date, format)
> ```

특정 날짜(DATE)를 달(MONTH)을 기준으로 버림한 날짜를 구하기 위해서는 다음과 같이 표현합니다.

예제 특정 날짜(DATE)를 달(MONTH)을 기준으로 버리기

```
01 SELECT  to_char(hiredate, 'YYYY/MM/DD') 입사일,
02         to_char(TRUNC(hiredate, 'MONTH'), 'YYYY/MM/DD') 입사일
03 FROM emp;
```

위 예는 입사일을 달을 기준으로 절삭한 예제입니다.

입사일	입사일
2007/03/01	2007/03/01
2007/04/02	2007/04/01
2005/02/10	2005/02/01
2003/09/02	2003/09/01
2005/04/07	2005/04/01
2003/10/09	2003/10/01
2004/01/08	2004/01/01
2004/03/08	2004/03/01
1996/10/04	1996/10/01
2005/04/07	2005/04/01
2007/03/01	2007/03/01
2007/08/09	2007/08/01
2002/10/09	2002/10/01
2007/11/09	2007/11/01

5.4 두 날짜 사이의 간격을 구하는 MONTHS_BETWEEN 함수

MONTHS_BETWEEN 함수는 날짜와 날짜 사이의 개월 수를 구하는 함수입니다.

형식
```
MONTHS_BETWEEN (date1, date2)
```

다음은 각 사원들이 근무한 개월 수를 구하는 예제입니다. 근무 개월 수가 소수점 이하까지 구해지지 않도록 TRUNC 함수를 사용하여 소수점 이하를 절삭했습니다.

예제 날짜 사이의 개월 수 구하기

```
01 SELECT ename, SYSDATE 오늘, to_char(hiredate, 'YYYY/MM/DD')  입사일,
02        TRUNC(MONTHS_BETWEEN (SYSDATE, hiredate)) 근무달수
03 FROM emp;
```

ENAME	오늘	입사일	근무달수
김사랑	02/20/2013	2007/03/01	71
한예슬	02/20/2013	2007/04/02	70
오지호	02/20/2013	2005/02/10	96
이병헌	02/20/2013	2003/09/02	113
신동협	02/20/2013	2005/04/07	94
장동건	02/20/2013	2003/10/09	112
이문세	02/20/2013	2004/01/08	109
감우성	02/20/2013	2004/03/08	107
안성기	02/20/2013	1996/10/04	196
이병헌	02/20/2013	2005/04/07	94
조향기	02/20/2013	2007/03/01	71
강혜정	02/20/2013	2007/08/09	66
박중훈	02/20/2013	2002/10/09	124
조인성	02/20/2013	2007/11/09	63

5.5 개월 수를 더하는 ADD_MONTHS 함수

ADD_MONTHS 함수는 특정 개월 수를 더한 날짜를 구하는 함수입니다.

형식
```
ADD_MONTHS (date, number)
```

입사 날짜에 6개월을 추가하기

```
01 SELECT ename, to_char(hiredate, 'YYYY/MM/DD')  입사일,
02                to_char(ADD_MONTHS(hiredate, 6),'YYYY/MM/DD') "입사
                  6개월 후"
03 FROM emp;
```

ENAME	입사일	입사 6개월 후
김사랑	2007/03/01	2007/09/01
한예슬	2007/04/02	2007/10/02
오지호	2005/02/10	2005/08/10
이병헌	2003/09/02	2004/03/02
신동협	2005/04/07	2005/10/07
장동건	2003/10/09	2004/04/09
이문세	2004/01/08	2004/07/08
감우성	2004/03/08	2004/09/08
안성기	1996/10/04	1997/04/04
이병헌	2005/04/07	2005/10/07
조향기	2007/03/01	2007/09/01
강혜정	2007/08/09	2008/02/09
박중훈	2002/10/09	2003/04/09
조인성	2007/11/09	2008/05/09

5.6 해당 요일의 가장 가까운 날짜를 반환하는 NEXT_DAY 함수

NEXT_DAY 함수는 해당 날짜를 기준으로 최초로 도래하는 요일에 해당되는 날짜를 반환하는
함수입니다.

형식
```
NEXT_DAY (date, 요일)
```

기본 형식에서 두 번째 인자 값은 SUNDAY, MONDAY, TUESDAY... 등으로 나타낼 수 있습
니다.

문자 대신 요일을 숫자로도 표현할 수 있는데, 일요일은 7, 월요일은 1, 화요일은 2, ...와 같이
1~7까지만 입력할 수 있습니다. 숫자를 사용하면 보다 간편하게 표현할 수 있습니다.

예제 오늘을 기준으로 최초로 도래하는 수요일은 언제인지 알아보기

```
01 SELECT to_char(SYSDATE, 'YYYY/MM/DD') 오늘,
02        to_char(NEXT_DAY(SYSDATE, 'WEDESDAY'), 'YYYY/MM/DD') 수요일
03 FROM DUAL;
```

오늘	수요일
2013/02/20	2013/02/27

5.7 해당 달의 마지막 날짜를 반환하는 LAST_DAY 함수

LAST_DAY 함수는 해당 날짜가 속한 달의 마지막 날짜를 반환하는 함수입니다. 대부분의 경우 마지막 날이 정해져 있지만, 2월인 경우 마지막 날이 28인 경우와 29인 경우로 달라질 수 있으므로, 이때 사용하면 효율적입니다.

예제 입사한 달의 마지막 날을 구하기

```
01 SELECT ename, to_char(hiredate, 'YYYY/MM/DD')  입사일,
02               to_char(LAST_DAY(hiredate), 'YYYY/MM/DD')  "마지막 날짜"
03 FROM emp;
```

ENAME	입사일	마지막 날짜
김사랑	2007/03/01	2007/03/31
한예슬	2007/04/02	2007/04/30
오지호	2005/02/10	2005/02/28
이병헌	2003/09/02	2003/09/30
신동협	2005/04/07	2005/04/30
장동건	2003/10/09	2003/10/31
이문세	2004/01/08	2004/01/31
감우성	2004/03/08	2004/03/31
안성기	1996/10/04	1996/10/31
이병헌	2005/04/07	2005/04/30
조향기	2007/03/01	2007/03/31
강혜정	2007/08/09	2007/08/31
박중훈	2002/10/09	2002/10/31
조인성	2007/11/09	2007/11/30

A C T U A L   M I S S I O N   O R A C L E

NVL 함수는 NULL을 0 또는 다른 값으로 변환하기 위해서 사용하는 함수입니다. 이미 한 번 학습하였지만, 개념이 어렵기 때문에 복습하도록 합시다.

형식

```
NVL(expr1, expr2)
```

NULL을 실제 값으로 변환하기 위해서 사용하며, 데이터의 유형은 숫자, 날짜, 문자입니다. expr1에는 NULL을 포함하는 컬럼 또는 표현식을, expr2에는 NULL을 대체하는 값을 기술해야 하며, expr1과 expr2는 반드시 데이터 타입이 일치해야 합니다.

예제 수치 데이터를 사용한 NVL 함수

```
NVL(comm, 0)
```

comm 컬럼에 NULL이 저장되어 있으면, 이 컬럼 값을 '0'으로 변환합니다.

예제 날짜 데이터를 사용한 NVL 함수

```
NVL(hiredate, to_date('2014/5/10', 'YYYY/MM/DD')
```

hiredate 컬럼에 NULL이 저장되어 있으면, 이 컬럼 값을 '2014년 5월 10일'로 변환합니다.

예제 문자 데이터를 사용한 NVL 함수

```
NVL(job, '매니저')
```

job 컬럼에 NULL이 저장되어 있으면, 이 컬럼 값을 '매니저'로 변환합니다.

연봉 계산을 위해 사원 테이블에서 급여와 커미션 컬럼을 살펴보면, 커미션에 NULL이 저장된 사원이 있음을 확인할 수 있습니다.

예제 커미션에 NULL이 저장된 사원이 있음을 확인하기

```
01 SELECT ename, sal, comm, deptno
02 FROM emp
03 ORDER BY deptno;
```

ENAME	SAL	COMM	DEPTNO
이문세	520	-	10
이병헌	500	-	10
조인성	250	-	10
이병헌	600	-	20
안성기	1000	-	20
박중훈	560	-	20
김사랑	300	-	20
강혜정	300	-	20
오지호	500	100	30
한예슬	250	80	30
감우성	500	0	30
조항기	280	-	30
장동건	480	-	30
신동협	450	200	30

NULL 값을 갖는 컬럼을 산술 연산에 사용하게 되면, 결과가 NULL 값으로 구해지기 때문에, 커미션이 NULL인 로우는 연봉 역시 NULL로 출력됩니다.

그러므로 연봉을 올바르게 계산하기 위해서는, 커미션이 NULL인 경우 0으로 변경하여 계산에 참여하도록 해야 합니다.

예제 연봉을 올바르게 계산하여 부서별로 출력하기

```
01 SELECT ename, sal, comm, sal*12+comm,
02       deptno, NVL(comm, 0), sal*12+NVL(comm, 0)
03 FROM emp
04 ORDER BY deptno;
```

ENAME	SAL	COMM	SAL*12+COMM	DEPTNO	NVL(COMM,0)	SAL*12+NVL(COMM,0)
이문세	520	-	-	10	0	6240
이병헌	500	-	-	10	0	6000
조인성	250	-	-	10	0	3000
이병헌	600	-	-	20	0	7200
안성기	1000	-	-	20	0	12000
박중훈	560	-	-	20	0	6720
김사랑	300	-	-	20	0	3600
강혜정	300	-	-	20	0	3600
오지호	500	100	6100	30	100	6100
한예슬	250	80	3080	30	80	3080
감우성	500	0	6000	30	0	6000
조항기	280	-	-	30	0	3360
장동건	480	-	-	30	0	5760
신동형	450	200	5600	30	200	5600

NVL2 함수는 expr1을 검사하여 그 결과가 NULL이 아니면 expr2를 반환하고, NULL이면 expr3을 반환합니다.

> **형식**

```
NVL2(expr1, expr2, expr3)
```

예제 NVL2로 NULL 값 처리하기

```
01 SELECT  ename, sal, comm,
02         NVL2(comm,  sal*12+comm,  sal*12)
03 FROM emp
04 ORDER BY deptno;
```

ENAME	SAL	COMM	NVL2(COMM,SAL*12+COMM,SAL*12)
이문세	520	-	6240
이병헌	500	-	6000
조인성	250	-	3000
이병헌	600	-	7200
안성기	1000	-	12000
박중훈	560	-	6720
김사랑	300	-	3600
강혜정	300	-	3600
오지호	500	100	6100
한예슬	250	80	3080
감우성	500	0	6000
조항기	280	-	3360
장동건	480	-	5760
신동형	450	200	5600

comm 컬럼 값이 NULL이 아니면 연봉 계산에 comm 컬럼을 더하고, NULL이면 급여 컬럼에 12를 곱하는 연산만을 하도록 하여, NULL 값을 연산에 참여하지 못하게 하였습니다 .

NULLIF 함수는 두 표현식을 비교하여 동일한 경우에는 NULL을 반환하고, 동일하지 않으면 첫 번째 표현식을 반환합니다.

> **형식**
> ```
> NULLIF(expr1, expr2)
> ```

예제 NULLIF로 NULL 값 처리하기

```
01 SELECT NULLIF('A', 'A'), NULLIF('A', 'B')
02 FROM dual;
```

NULLIF('A','A')	NULLIF('A','B')
-	A

NULLIF('A', 'A')는 두 표현값이 동일하기에 NULL을 반환하고, NULLIF('A', 'B')는 동일하지 않으므로 'A'를 반환합니다.

COALESCE 함수는 인수 중에서 NULL이 아닌 첫 번째 인수를 반환하는 함수입니다.

> **형식**
> ```
> COALESCE(expr-1, expr-2, … ,expr-n)
> ```

expr-1이 NULL이 아니면 expr-1을 반환합니다. expr-1이 NULL이고, expr-2가 NULL이 아니면, expr-2를 반환합니다. expr-1부터 expr-n-1까지의 값이 NULL이고, expr-n이 NULL이 아니면, expr-n을 반환합니다.

사원 테이블에서 커미션이 NULL이 아니면 커미션을 출력하고, 커미션이 NULL이고 급여가 NULL이 아니면 급여를 출력합니다. 만일 커미션과 급여가 모두 NULL이면 0을 출력합니다.

예제 COALESCE로 NULL 값 처리하기

```
01 SELECT ename, sal, comm,
02        COALESCE(comm,  sal, 0)
03 FROM emp
04 ORDER BY deptno;
```

ENAME	SAL	COMM	COALESCE(COMM,SAL,0)
이문세	520	-	520
이병헌	500	-	500
조인성	250	-	250
이병헌	600	-	600
안성기	1000	-	1000
박중훈	560	-	560
김사랑	300	-	300
강혜정	300	-	300
오지호	500	100	100
한예슬	250	80	80
감우성	500	0	0
조향기	280	-	280
장동건	480	-	480
신동협	450	200	200

A C T U A L   M I S S I O N   O R A C L E

DECODE 함수는 프로그램 언어에서 가장 많이 사용되는 switch case 문과 같은 기능을 갖습니다. 즉, 여러 가지 경우에 대해서 선택할 수 있도록 합니다. 다음은 DECODE 함수의 기본 형식입니다.

형식

```
01 DECODE (표현식, 조건1, 결과1,
02              조건2, 결과2,
03              조건3, 결과3,
04              기본결과n
05         )
```

DECODE 함수로 부서번호에 대해서 부서이름을 지정하는 예제를 작성하기 전에, 부서번호와 부서명이 어떤 관계인지를 설명하기 위한 순서도를 살펴봅시다.

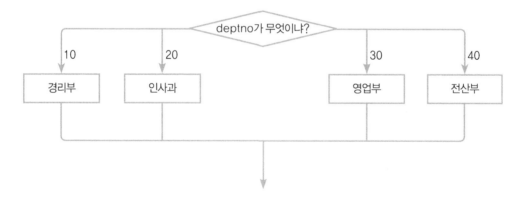

deptno가 10이라면 경리부, 20이라면 인사과, 30이라면 영업부, 40이라면 전산부입니다.

위 순서도에서 제시한 대로 부서번호로 부서이름을 설정하는 예를 손쉽게 작성하려면 DECODE 함수를 사용합니다. 다음 예제에 제시된 쿼리문을 보면, 출력 결과 화면의 헤딩 부분에 함수 대신 별칭을 표시하여 깔끔하게 출력되도록 하기 위해서, DECODE 함수를 호출한 후에 AS를 기술하여 DNAME이라는 별칭을 지정하였습니다.

예제 부서명 구하기

```
01 SELECT ename, deptno, DECODE(deptno,  10, '경리부',
02                                       20, '인사과',
03                                       30, '영업부',
04                                       40, '전산부' ) AS DNAME
05 FROM emp;
```

ENAME	DEPTNO	DNAME
김사랑	20	인사과
한예슬	30	영업부
오지호	30	영업부
이병헌	20	인사과
신동협	30	영업부
장동건	30	영업부
이문세	10	경리부
감우성	30	영업부
안성기	20	인사과
이병헌	10	경리부
조향기	30	영업부
강혜정	20	인사과
박중훈	20	인사과
조인성	10	경리부

DECODE 함수의 첫 번째 인자에 기술한 컬럼인 부서번호(deptno)에 일치하는 값(20)을 만나면, 해당되는 값('인사과')을 DECODE 함수의 결과 값으로 되돌려줍니다.

조건에 따라 서로 다른 처리가 가능한 CASE 함수

A C T U A L   M I S S I O N   O R A C L E

CASE 함수 역시 여러 가지 경우에 대해서 하나를 선택하는 함수입니다. DECODE 함수와 차이점이 있다면 DECODE 함수는 조건이 일치(= 비교 연산자)하는 경우에 대해서만 적용되는 반면, CASE 함수는 다양한 비교 연산자를 이용하여 조건을 제시할 수 있으므로, 범위를 지정할 수도 있습니다. CASE 함수는 프로그램 언어의 if else if else와 유사한 구조를 갖습니다.

형식

```
CASE WHEN 조건1 THEN 결과1
     WHEN 조건2 THEN 결과2
     WHEN 조건3 THEN 결과3
     ELSE 결과n
END
```

부서번호에 해당되는 부서명을 구하는 예제를 이번에는 CASE 함수를 사용하여 작성해 봅시다. 출력 결과 화면의 헤딩 부분에 함수가 그대로 출력되어, 화면이 지저분해지는 것을 막기 위해서, END 뒤의 별칭 DNAME을 지정해줍니다.

예제 부서명 구하기

```
01 SELECT ename, deptno,
02    CASE WHEN deptno=10 THEN '경리부'
03         WHEN deptno=20 THEN '인사과'
04         WHEN deptno=30 THEN '영업부'
05         WHEN deptno=40 THEN '전산부'
06    END AS DNAME
07 FROM emp;
```

ENAME	DEPTNO	DNAME
김사랑	20	인사과
한예슬	30	영업부
오지호	30	영업부
이병헌	20	인사과
신동협	30	영업부
장동건	30	영업부
이문세	10	경리부
감우성	30	영업부
안성기	20	인사과
이병헌	10	경리부
조향기	30	영업부
강혜정	20	인사과
박중훈	20	인사과
조인성	10	경리부

첫 번째 미션 해결하기

문자 조작 함수를 사용하여 특정 로우(행)만 조회하라!

01. SUBSTR 함수를 사용하여 9월에 입사한 사원을 출력하기

```
01 SELECT *
02 FROM emp
03 WHERE SUBSTR(hiredate, 4, 2)='09';
```

02. SUBSTR 함수를 이용하여 2003년도에 입사한 사원을 검색하기

```
01 SELECT *
02 FROM emp
03 WHERE SUBSTR(hiredate, 1, 2)='03';
```

03. SUBSTR 함수를 이용하여 "기"로 끝나는 사원을 검색하기

```
01 SELECT *
02 FROM emp
03 WHERE SUBSTR(ename, -1, 1)='기';
```

04. 이름의 두 번째 글자에 "동"이 있는 사원을 검색하기

```
01 SELECT empno, ename
02 FROM emp
03 WHERE INSTR(ename, '동', 2, 1)=2;
```

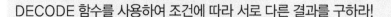

두 번째 미션 해결하기

DECODE 함수를 사용하여 조건에 따라 서로 다른 결과를 구하라!

01. 직급에 따라 직급이 '부장'인 사원은 5%, '과장'인 사원은 10%, '대리'인 사원은 15%, '사원'인 사원은 20% 급여 인상하기

```
01 SELECT empno, ename, job, sal,
02        DECODE(job, '부장', sal*1.05,
03                    '과장', sal*1.10,
04                    '대리', sal*1.15,
05                    '사원', sal*1.20,
06                    sal) Upsal
07 FROM emp;
```

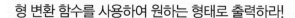

세 번째 미션 해결하기

형 변환 함수를 사용하여 원하는 형태로 출력하라!

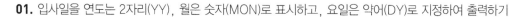

01. 입사일을 연도는 2자리(YY), 월은 숫자(MON)로 표시하고, 요일은 약어(DY)로 지정하여 출력하기

```
01 SELECT  hiredate,
02         TO_CHAR (hiredate, 'YY/MON/DD DY')
03 FROM emp;
```

마무리

1. SQL 함수의 구분

    – 문자 함수: 문자열을 다른 형태로 변환하여 나타낸다.

    – 숫자 함수: 숫자 값을 다른 형태로 변환하여 나타낸다.

    – 날짜 함수: 날짜 값을 다른 형태로 변환하여 나타낸다.

    – 변환 함수: 문자, 날짜, 숫자 값을 서로 다른 타입의 값으로 변환하여 나타낸다.

2. 문자 함수

    – LOWER: 소문자로 변환한다.

    – UPPER: 대문자로 변환한다.

    – INITCAP: 첫 글자만 대문자로, 나머지 글자는 소문자로 변환한다.(단어 별)

    – CONCAT: 문자의 값을 연결한다.

    – SUBSTR: 문자를 잘라 추출한다.

    – LENGTH: 문자의 길이를 반환한다.

    – INSTR: 특정 문자의 위치 값을 반환한다.

    – LPAD, RPAD: 입력 받은 문자열과 기호를 정렬하여 특정 길이의 문자열로 반환한다.

3. 숫자 함수

    – ABS: 절대값을 반환한다.

    – ROUND: 특정 자릿수에서 반올림한다.

    – TRUNC: 특정 자릿수에서 잘라낸다.(버림)

    – MOD: 입력받은 수를 나눈 나머지 값을 반환한다.

4. 날짜 함수

- MONTHS_BETWEEN: 두 날짜 사이가 몇 개월인지를 반환한다.

- ADD_MONTHS: 특정 날짜에 개월 수를 더한다.

- NEXT_DAY: 특정 날짜에서 인자로 받은 요일의 가장 가까운 날짜를 반환한다.

- LAST_DAY: 해당 달의 마지막 날짜를 반환한다.

- ROUND: 인자로 받은 날짜를 특정 기준으로 반올림한다.

- TRUNC: 인자로 받은 날짜를 특정 기준으로 버린다.

5. 변환 함수

- TO_CHAR: 날짜형 혹은 숫자형을 문자형으로 변환한다.

- TO_DATE: 문자형을 날짜형으로 변환한다.

- TO_NUMBER: 문자형을 숫자형으로 변환한다.

6. 일반 함수

- NVL: 첫 번째 인자로 받은 값이 NULL과 같으면 두 번째 인자 값으로 변경한다.

- DECODE: 첫 번째 인자로 받은 값을 조건에 맞춰 변경한다.

- CASE: 조건에 따라 처리가 달라진다.

도전 Quiz

1. 사원번호가 홀수인 사람들을 검색해 보십시오.

   힌트 홀수는 2로 나누어 나머지가 1인 수를 의미합니다.

   ```
   01 SELECT *
   02 FROM emp
   03 WHERE
   ```

EMPNO	ENAME	JOB	MGR	HIREDATE	SAL	COMM	DEPTNO
1001	김사랑	사원	1013	03/01/2007	300	-	20
1003	오지호	과장	1005	02/10/2005	500	100	30
1005	신동협	과장	1005	04/07/2005	450	200	30
1007	이문세	부장	1008	01/08/2004	520	-	10
1009	안성기	사장	-	10/04/1996	1000	-	20
1011	조향기	사원	1007	03/01/2007	280	-	30
1013	박중훈	부장	1003	10/09/2002	560	-	20

2. 사원들의 입사일에 대해서 년도, 월, 일을 개별적으로 출력하려면 어떻게 해야 할까요?

   힌트 SUBSTR 함수를 이용해서 입사일을 저장하고 있는 hiredate 컬럼에서 첫 글자부터 2개를 추출하면 됩니다. 입사한 달만 출력하려면 hiredate 컬럼에서 네 번째 글자부터 2개를 추출하면 됩니다.

   ```
   01 SELECT hiredate, ❶_____ 년도,
   02                  ❷_____ 월,
   03                  ❸_____ 일
   04 FROM emp;
   ```

HIREDATE	년도	월	일
03/01/2007	2007	01	03
04/02/2007	2007	02	04
02/10/2005	2005	10	02
09/02/2003	2003	02	09
04/07/2005	2005	07	04
10/09/2003	2003	09	10
01/08/2004	2004	08	01
03/08/2004	2004	08	03
10/04/1996	1996	04	10
04/07/2005	2005	07	04
03/01/2007	2007	01	03
08/09/2007	2007	09	08
10/09/2002	2002	09	10
11/09/2007	2007	09	11

3. 날짜에서 날짜를 **빼는** 연산도 사용할 수 있는데, 이는 현실에서 많이 사용되는 연산입니다. 예를 들면 나는 태어나서 얼마나 살았는지, 애인과 만난 지 며칠이 흘렀는지 등을 날짜−날짜 연산으로 구할 수 있습니다. 이때 주의할 점은 현재에 가까운 날짜가 앞에 와야 하며, 뒤에 올 경우 음수 값이 출력됩니다. 각 사원들의 현재까지의 근무일수를 구해봅시다.

힌트 　근무일수란 입사한 날로부터 오늘이 며칠이 흘렀는가를 알아내는 것입니다(소수점 이하는 반올림하세요).

```
01 SELECT _____근무일수
02 FROM emp;
```

근무일수
2184
2152
2933
3460
2877
3423
3332
3272
5984
2877
2184
2023
3788
1931

4. 모든 사원은 자신의 상급자(대리)가 있다. 하지만 emp 테이블에 유일하게 상급자가 없는 로우가 있는데, 그 사원의 mgr 칼럼 값이 NULL이다. 상급자가 없는 사원만 출력하되, mgr 칼럼 값 NULL 대신 CEO로 출력해 봅시다.

```
01 SELECT empno, ename, ❶_____(TO_CHAR(mgr, '9999'), 'C E O') as
   "직속 상관"
02 FROM emp
03 WHERE mgr ❷_____;
```

EMPNO	ENAME	직속 상관
1009	안성기	C E O

5. (   ) Table은 Oracle에 의해 자동으로 생성되는 테이블이며, VARCHAR2(1)로 정의된 DUMMY라는 컬럼을 가지고 있다. 사용자가 계산이나 함수 등을 실행하고자 하는 경우에 유용합니다.

6. 오늘을 기준으로 100일 후의 날짜를 출력하시오.

7. 오늘이 속한 달의 마지막 날을 출력하는 SQL 문을 작성하시오.

8. NVL2(COMM, SAL+COMM, SAL)의 의미는?

9. (   ) 함수는 DECODE 함수의 기능을 확장한 함수, DECODE 함수는 표현식 또는 칼럼 값이 '=' 비교를 통해 조건과 일치하는 경우에만 다른 값으로 대치할 수 있지만, (   ) 함수에서는 산술 연산, 관계 연산, 논리 연산과 같은 다양한 비교가 가능하고, 또한 WHEN 절에서 표현식을 다양하게 정의할 수 있습니다.

10. 현재 시점의 날짜 값을 자동적으로 입력하는 함수는 ?

04 그룹 함수

그룹 함수는 전체 데이터를 그룹별로 구분하여 통계적인 결과를 구하기 위해서 자주 사용됩니다. 그룹 함수로는 개수(COUNT), 합계(SUM), 평균(AVG), 최대값(MAX), 최소값(MIN) 등을 구하기 위한 함수 등이 있습니다. 이번 장에서는 그룹 함수의 개념과 사용법을 살펴본 후에 데이터를 그룹화하여 출력하기 위해서 GROUP BY 절을 사용해보고, HAVING 절을 사용하여 그룹별로 조건을 지정하는 방법을 학습하겠습니다.

○ **도전 미션** --

첫 번째 미션: 그룹 함수를 사용하여 통계 데이터를 구하라!

○ **학습 내용** --

Section 01. 그룹 함수

Section 02. 데이터 그룹: GROUP BY 절

Section 03. 그룹 결과 제한: HAVING 절

ACTUAL MISSION ORACLE

첫 번째 미션

그룹 함수를 사용하여 통계 데이터를 구하라!

01. 모든 사원의 급여 최고액, 최저액, 총액 및 평균 급여를 출력하시오. 컬럼의 별칭은 결과 화면과 동일하게 지정하고, 평균에 대해서는 정수로 반올림하시오.

Maximum	Minimum	Sum	Average
1000	250	6490	464

02. 각 담당 업무 유형별로 급여 최고액, 최저액, 총액 및 평균액을 출력하시오. 컬럼의 별칭은 결과 화면과 동일하게 지정하고, 평균에 대해서는 정수로 반올림하시오.

Job	Maximum	Minimum	Sum	Average
과장	500	450	1450	483
대리	250	250	250	250
사장	1000	1000	1000	1000
부장	600	480	2160	540
차장	500	500	500	500
사원	300	250	1130	283

03. count(*) 함수를 이용하여, 담당 업무별 사원수를 출력하시오.

JOB	COUNT(*)
과장	3
대리	1
사장	1
부장	4
차장	1
사원	4

04. 과장의 수를 나열하시오.

COUNT(MGR)
13

05. 급여 최고액, 급여 최저액의 차액을 출력하시오. 컬럼의 별칭은 결과 화면과 동일하게 지정하시오.

DIFFERENCE
750

06. 직급별 사원의 최저 급여를 출력하시오. 최저 급여가 500 미만인 그룹은 제외시키고, 결과를 급여에 대한 내림차순으로 정렬하여 출력하시오.

JOB	MIN(SAL)
사장	1000
차장	500

07. 각 부서에 대해 부서번호, 사원수, 부서 내의 모든 사원의 평균 급여를 출력하시오. 컬럼의 별칭은 결과 화면과 동일하게 지정하고, 평균 급여는 소수점 둘째 자리로 반올림하시오.

DEPTNO	Number Of People	Sal
10	3	423.33
20	5	552
30	6	410

08. 각 부서에 대해 부서번호 이름, 지역명, 사원수, 부서 내의 모든 사원의 평균 급여를 출력하시오. 컬럼의 별칭은 결과 화면과 동일하게 지정하고, 평균 급여는 정수로 소수점 둘째 자리로 반올림하시오.

Dname	Location	Number Of People	Sal
영업부	용인	6	410
인사부	인천	5	552
경리부	서울	3	423

이번 장에서는 그룹 함수를 배워봅니다. 3장에서 배운 함수와 달리 그룹 함수는 특별히 그룹이란 이름이 붙어 있습니다. 그 이유는 뭘까요? 3장에서 배운 함수들은 만일 14개의 로우가 있는 테이블에 적용했을 경우 14개의 결과 값이 산출됩니다.

예제 사원의 급여를 출력하되, 단일 행 함수 ROUND로 천 단위에서 반올림하기

```
01 SELECT deptno, ROUND(sal, 3)
02 FROM emp;
```

DEPTNO	ROUND(SAL,3)
20	300
30	250
30	500
20	600
30	450
30	480
10	520
30	500
20	1000
10	500
30	280
20	300
20	560
10	250

위 결과를 보면 각 행에 대해서 함수가 적용되기 때문에, 출력 결과가 함수를 적용하기 전과 동일하게 14개의 로우로 구해집니다. 이러한 함수를 단일 행 함수라고 하며, 단일 행 함수는 각 행에 대해서 함수의 결과가 구해지기 때문에, 결과가 여러 개의 로우로 구해집니다.

예제 그룹 함수를 이용해서 사원의 총 급여를 구하기

```
01 SELECT SUM(sal)
02 FROM emp;
```

SUM(SAL)
6490

그룹 함수의 결과는 사원이 총 14명임에도 불구하고, 결과는 하나의 행으로 나옵니다.

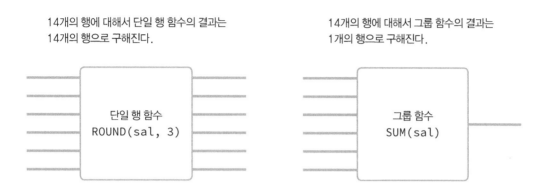

14개의 행에 대해서 단일 행 함수의 결과는
14개의 행으로 구해진다.

14개의 행에 대해서 그룹 함수의 결과는
1개의 행으로 구해진다.

단일 행 함수
ROUND(sal, 3)

그룹 함수
SUM(sal)

그룹 함수는 하나 이상의 행을 그룹으로 묶어 연산하여, 총합, 평균 등 하나의 결과로 나타납니다. 다음은 그룹 함수의 종류를 정리한 표입니다.

표 4-1 • 그룹 함수의 종류

구 분	설 명
SUM	그룹의 누적 합계를 반환합니다.
AVG	그룹의 평균을 반환합니다.
COUNT	그룹의 총 개수를 반환합니다.
MAX	그룹의 최대값을 반환합니다.
MIN	그룹의 최소값을 반환합니다.
STDDEV	그룹의 표준편차를 반환합니다.
VARIANCE	그룹의 분산을 반환합니다.

숫자 데이터를 저장하는 컬럼에 대해 SUM, AVG, MIN, MAX 함수를 사용할 수 있습니다. 다음은 모든 사원에 대해 급여의 총액, 평균액, 최고액, 최소액을 출력하는 예입니다.

예제 사원들의 급여 총액, 급여 평균, 최대 급여, 최소 급여 출력하기

```
01 SELECT SUM(sal) as "급여 총액",
02        ROUND(AVG(sal)) as "급여평균",
03        MAX(sal) as "최대급여",
04        MIN(sal) as "최소급여"
```

```
05 FROM emp;
```

급여총액	급여평균	최대급여	최소급여
6490	464	1000	250

그룹 함수 중 MIN, MAX 함수는 숫자 데이터 이외에 다른 모든 데이터 유형에 사용할 수 있습니다. 다음은 최근에 입사한 사원과 가장 오래전에 입사한 사원의 입사일을 출력하는 예입니다.

예제 최근에 입사한 사원과 가장 오래전에 입사한 사원의 입사일을 출력하기

```
01 SELECT to_date(MAX(hiredate), 'YY/MM/DD'),
02        to_date(MIN(hiredate), 'YY/MM/DD')
03 FROM emp;
```

TO_DATE(MAX(HIREDATE),'YY/MM/DD')	TO_DATE(MIN(HIREDATE),'YY/MM/DD')
07/11/09	96/10/04

1.1 그룹 함수와 NULL 값

다음은 사원들의 커미션 총액을 출력하는 예입니다.

예제 사원들의 커미션 총액 출력하기

```
01 SELECT SUM(comm) as "커미션 총액"
02 FROM emp;
```

커미션 총액
380

사원 테이블을 살펴보면 커미션 컬럼에 NULL 값이 저장된 사원이 존재합니다. NULL은 블랙 홀이므로, NULL을 저장한 컬럼과 연산한 결과도 NULL이라고 하였습니다. 그러나 커미션의 총합을 구해도 NULL 값으로 출력되지 않습니다. 왜냐하면 그룹 함수는 다른 연산자와는 달리, 해당 컬럼 값이 NULL인 것을 제외하고 계산하기 때문입니다.

1.2 그룹 함수와 단순 컬럼

급여 중 최대 급여는 다음과 같이 구해집니다.

예제 최대 급여 구하기

```
01 SELECT MAX(sal)
02 FROM emp;
```

MAX(SAL)
1000

결과는 1000이라는 한 개의 값이 산출됩니다. 만일 최대 급여를 받는 사원의 이름도 함께 출력하고자 한다면 어떻게 해야 할까요? 위 쿼리문의 SELECT 절에 ENAME 컬럼만 추가하면 될까요? 아래와 같이 사원의 이름도 함께 출력해 봅니다.

예제 최대 급여와 최대 급여를 받는 사원의 이름 출력하기

```
01 SELECT ename, MAX(sal)
02 FROM emp;
```

 ORA-00937: 단일 그룹의 그룹 함수가 아닙니다

예제 문장을 실행시키면 에러가 발생합니다. 왜 그럴까요? 그룹 함수의 결과 값은 한 개의 로우가 산출된다고 했습니다. 그런데 직원의 이름은 현재 14개의 로우가 산출됩니다.

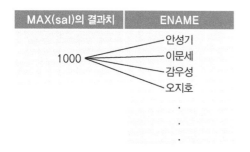

에러가 발생하는 이유는 위의 그림처럼 그룹 함수의 결과 값은 하나인데 비해, 그룹 함수를 적용하지 않은 단순 컬럼의 로우 개수는 14개로, 각각 산출되는 로우가 달라 둘을 매치시킬 수가 없기 때문입니다. 즉 1000이라는 값을 안성기에 붙일 수도 없고, 이문세나 감우성 등과 같이 여러 개 중에서 어떤 사원에게 붙여야 할지 갈피를 잡을 수 없기 때문입니다.

이렇듯 SELECT 문에 그룹 함수를 사용하는 경우, 그룹 함수를 적용하지 않은 단순 컬럼은 올수 없다는 사실을 명심해야 합니다. 최대 급여를 받는 사원의 이름을 출력하려면, 서브 쿼리 문을 배워야 합니다.

예제 커미션을 받은 사원의 수를 구하기

```
01 SELECT COUNT(comm) as "커미션 받는 사원의 수"
02 FROM emp;
```

커미션 받는 사원의 수
4

COUNT 함수는 NULL 값에 대해서는 개수를 세지 않습니다.

만일 COUNT 함수에 COUNT(*)처럼 *를 적용하면, 테이블 전체의 로우 수를 구하게 됩니다.

예제 전체 사원의 수와 커미션을 받는 사원의 수를 구하기

```
01 SELECT COUNT(*) as "전체 사원의 수",
02         COUNT(comm) as "커미션 받는 사원 수"
03 FROM emp
```

전체 사원의 수	커미션 받는 사원 수
14	4

설명
```
01 COUNT(*)는 테이블의 전체 로우(행) 개수를 구합니다.
02 COUNT(comm)는 comm 컬럼에서 NULL이 아닌 로우(행) 개수를 구합니다.
```

예제 직위의 개수 구하기

```
01 SELECT COUNT(job) as "업무수"
02 FROM emp
```

업무수
14

총 14건이 산출되었음을 살핀 후, 다시 다음과 같은 질의를 합니다.

예제 직위의 종류 출력하기

```
01 SELECT job FROM emp
02 ORDER BY job
```

JOB
과장
과장
과장
대리
부장
부장
부장
부장
사원
사원
사원
사원
사장
차장

위의 결과도 똑같이 14건이 산출됨을 알 수 있습니다. 그런데 결과를 살펴보니 직위가 과장, 대리, 부장, 사원, 사장, 차장 등 같은 내용이 중복이 되어 있고, COUNT 함수는 그 중복된 로우를 카운팅했음을 알 수 있습니다.

직위의 종류가 몇 개인지 즉, 중복되지 않은 직위의 개수를 카운트해 봅시다. 이때 중복되는 행을 제거하는 키워드 DISTINCT를 써서 다음과 같이 질의합니다.

예제 직위 종류의 개수를 출력하기

```
01 SELECT COUNT(distinct job) as [업무수]
02 FROM emp
```

업무수
6

위의 결과 값은 중복되지 않은 직위의 개수인 6이 구해집니다.

A C T U A L   M I S S I O N   O R A C L E

그룹 함수는 테이블에 아무리 행이 많아도 단 한 개의 결과 값만을 산출한다고 했습니다. 그러나 경우에 따라서는 직원들 중, 가장 급여를 많이 받는 한 명의 사원만을 구하는 것이 아니라, 부서별로 최대 급여를 받는 사원들을 구하고 싶을 경우가 있습니다. 이렇게 특정 컬럼을 기준으로 컬럼별로 최대값과 같은 통계 데이터를 알고 싶을 경우에는 어떻게 해야 할까요?

이렇게 특정 컬럼을 기준으로 그룹 함수를 사용해야 할 경우, 어떤 컬럼 값을 기준으로 그룹 함수를 적용해 줄지를 결정해 주어야 하는데, 이때 사용하는 것이 GROUP BY 절입니다.

형식

```
SELECT 컬럼명, 그룹 함수
FROM  테이블명
WHERE 조건 (연산자)
GROUP BY 컬럼명;
```

합계, 평균, 최대값, 최소값 등을 어떤 컬럼을 기준으로 그룹화할 것인지, GROUP BY 절 뒤에 해당 컬럼 이름을 기술하면 됩니다. GROUP BY 절을 사용할 때 주의할 점은 GROUP BY 절 다음에는 컬럼의 별칭을 사용할 수 없고, 반드시 컬럼 이름을 기술해야 한다는 점입니다.

예제 사원 테이블을 부서번호로 그룹 짓기

```
01 SELECT deptno
02 FROM emp
03 GROUP BY deptno;
```

DEPTNO
30
20
10

사원 테이블을 부서번호로 그룹을 짓기 위해서, GROUP BY 절 다음에 부서번호(deptno)를 기술하였습니다. 위 결과를 보면 사원들이 3개(10번, 20번, 30번) 중의 하나에 소속되어 있음을 알 수 있습니다.

사원 테이블에서 부서별로 급여 평균을 구하려면, 우선 전체 사원을 소속 부서별로 그룹화해야 합니다. 다음은 소속 부서별 급여 평균을 구하는 예제입니다.

예제 소속 부서별 급여 평균 구하기

```
01 SELECT AVG(sal) as "급여 평균"
02 FROM emp
03 GROUP BY deptno;
```

급여 평균
410
552
423.333333333333333333333333333333333333

직원 전체의 급여 평균이 아닌 각각의 부서별 급여 평균을 구했습니다. 현재 직원들이 속한 부서는 10번, 20번, 30번 단 세 곳이므로 10번, 20번, 30번 부서별로 평균이 산출된 것입니다. 하지만 이러한 결과로는 의미 있는 정보가 산출된 것이라고 할 수 없습니다. 왜냐하면 결과 값은 분명 3개이지만, 각 급여는 어느 부서의 급여 평균인지에 대한 정보가 없기 때문에, 의미 있는 정보라 하기에는 좀 모자랍니다. 각 급여 평균이 어떤 부서 것인지를 구분하기 위해서, 아래와 같이 부서번호인 deptno 컬럼 이름을 SELECT 절에 함께 기술해야 합니다.

예제 소속 부서별 급여 평균을 부서번호와 함께 출력하기

```
01 SELECT deptno as "부서번호", AVG(sal) as "급여 평균"
02 FROM emp
03 GROUP BY deptno;
```

부서 번호	급여 평균
30	410
20	552
10	423.333333333333333333333333333333333333

그룹 함수를 사용할 때 SELECT 절에 단순 컬럼을 사용할 수 없지만, GROUP BY 절 뒤에 기술한 컬럼은 SELECT 절에 기술할 수 있습니다. 그 이유는 GROUP BY를 사용하는 경우는 컬럼과 그룹 함수의 결과 값을 매칭할 수 있기 때문입니다.

급여 평균은 각 부서별로 각각 3개의 로우가 산출되고, 부서번호 역시 부서번호별로 그룹지어 보면 10, 20, 30 단 3개의 로우가 산출됩니다. 그러면 아래와 10번 부서번호는 10번의 평균값과, 20번 부서와 20번의 평균, 그리고 30번 부서와 30번의 평균을 매치시켜 값을 산출할 수 있기 때문에, SELECT 절에 GROUP BY 절 뒤에 기술한 컬럼은 기술할 수 있습니다. 기술해야만 정보로서의 의미가 있습니다.

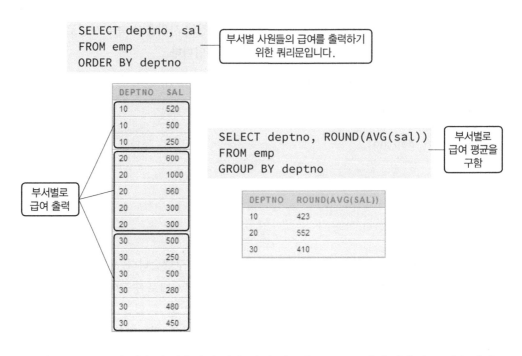

하지만 GROUP BY 절 다음에 기술하지 않은 컬럼 이름을 SELECT 절에 사용하는 것은 불가능합니다.

예제 GROUP BY 절에 명시하지 않은 컬럼을 SELECT 절에 잘못 사용한 예제

```
01 SELECT deptno, ename, AVG(sal)
02 FROM emp
03 GROUP BY deptno;
```

 ORA-00979: GROUP BY 표현식이 아닙니다.

소속 부서별로 급여 총액과 급여 평균을 구해봅시다. 사원 테이블에서 부서별로 급여 총액과 급여 평균을 구하려면, 우선 전체 사원을 소속 부서별로 그룹화해야 합니다. 이럴 경우 사용하는 절이 GROUP BY 절입니다. GROUP BY 다음에 그룹화할 기준이 되는 컬럼 이름인 부서번호(deptno)를 기술합니다. 다음은 소속 부서별 급여 총액과 급여 평균을 구하는 예제입니다.

예제 소속 부서별 급여 총액과 급여 평균 구하기

```
01 SELECT deptno, SUM(sal) as "급여 총액", AVG(sal) as "급여 평균"
02 FROM emp
03 GROUP BY deptno;
```

DEPTNO	급여 총액	급여 평균
30	2460	410
20	2760	552
10	1270	423.3333333333333333333333333333333333

이전 예제에서 그룹 함수를 사용할 때 단순 컬럼과 함께 사용하지 못한다고 하였습니다. 사용할 수 없었던 이유는 그룹 함수의 결과 값과 단순 컬럼을 매칭하는 것이 불가능하기 때문입니다. 하지만 위의 예제를 살펴보면 deptno란 컬럼을 GROUP BY에 사용하여, 부서별로 그룹 함수의 결과 값을 구했기에 에러가 발생하지 않는 것입니다.

예제 소속 부서별 최대 급여와 최소 급여 구하기

```
01 SELECT deptno, MAX(sal) "최대 급여", MIN(sal) "최소 급여"
02 FROM emp
03 GROUP BY deptno;
```

DEPTNO	최대 급여	최소 급여
10	520	250
20	1000	300
30	500	250

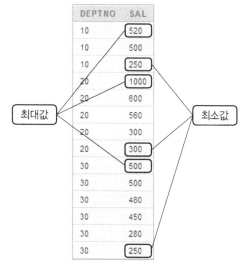

```
SELECT deptno, MAX(sal) "최대 급여",
       MIN(sal) "최소 급여"
FROM emp
GROUP BY deptno
ORDER BY deptno;
```

DEPTNO	최대 급여	최소 급여
10	520	250
20	1000	300
30	500	250

다음은 각 부서에 소속된 사원수와 각 부서별로 커미션을 받는 사원수를 계산하는 예제입니다.

예제 부서별로 사원수와 커미션을 받는 사원수 구하기

```
01 SELECT deptno, COUNT(*) "부서별 사원수", COUNT(comm) "커미션 받는 사원수"
02 FROM emp
03 GROUP BY deptno
```

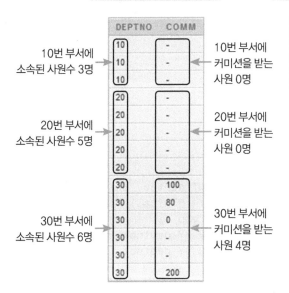

03 그룹 결과 제한 : HAVING 절

SELECT 절에 조건을 사용하여 결과를 제한할 때는 WHERE 절을 사용하지만, 그룹의 결과를 제한할 때는 HAVING 절을 사용합니다.

예를 들면 부서별로 그룹을 지은 후(GROUP BY), 그룹 지어진 부서별 급여 평균이 500 이상인(HAVING) 부서번호와 부서별 급여 평균을 출력하는 경우입니다.

`예제` 부서별 급여 평균이 500 이상인 부서번호와 급여 평균 구하기

```
01 SELECT deptno, AVG(sal)
02 FROM emp
03 GROUP BY deptno
04 HAVING AVG(sal) >= 500
```

부서별로 급여 평균을 구함 $\longrightarrow$ 급여 평균이 500 이상인 부서만 출력

DEPTNO	ROUND(AVG(SAL))
10	423
20	552
30	410

DEPTNO	AVG(SAL)
20	552

WHERE 절은 테이블에서 데이터를 가져올 때, 그 테이블에서 특정 조건에 부합하는 자료만 검색하고자 할 때 사용하는 절이고, HAVING 절은 그룹 함수를 사용할 때 그룹 함수를 적용해서 나온 결과 값 중에서, 원하는 조건에 부합하는 자료만 산출하고 싶을 때 사용한다는 점을 기억합시다. 더 단순히 WHERE 절에서 조건에 사용되는 컬럼은 단순 컬럼이고, HAVING 절에서는 그룹 함수를 적용한 컬럼이 조건으로 온다고 생각하면 쉽습니다.

위에서 살펴본 예는 부서별로 그룹을 지은 후(GROUP BY), 그룹 지어진 부서별 급여 총액이 500 이상인(HAVING) 부서번호와 부서별 급여 총액을 출력하는 경우입니다. 다음 예에서는 MAX() 함수를 HAVING 절에 사용한 예입니다.

`예제` 최대 급여가 500을 초과하는 부서에 대해서 최대 급여와 최소 급여 구하기

```
01 SELECT deptno, MAX(sal) "최대 급여", MIN(sal) "최소 급여"
02 FROM emp
```

```
03  GROUP BY deptno
04  HAVING  MAX(sal) > 500;
```

부서별로 최대, 최소 급여를 구함 ⟶ 최대 급여가 500을 초과하는 부서만 출력

DEPTNO	최대 급여	최소급여
10	520	250
20	1000	300
30	500	250

DEPTNO	최대 급여	최소급여
20	1000	300
10	520	250

다음은 급여 총액이 1000을 넘는 직급에 대해서 직급과 급여 총액을 표시하되 직급이 사원인 사람은 제외시킨 후 급여 총액에 따라 정렬하는 예입니다.

예제 사원을 제외하고 급여 총액이 1000 이상인 직급별 급여 총액 구하기

```
01  SELECT job, COUNT(*), SUM(sal)
02  FROM emp
03  WHERE job NOT LIKE '%사원%'
04  GROUP BY job
05  HAVING SUM(sal) >= 1000
06  ORDER BY SUM(sal);
```

JOB	COUNT(*)	SUM(SAL)
사장	1	1000
과장	3	1450
부장	4	2160

그룹 함수는 두 번까지 중첩해서 사용할 수 있습니다. 다음은 급여 평균 중 최고 급여를 산출하는 예입니다.

예제 최고 급여 출력하기

```
01  SELECT MAX(AVG(sal))
02  FROM emp
03  GROUP BY deptno;
```

MAX(AVG(SAL))
552

첫 번째 미션 해결하기

그룹 함수를 사용하여 통계 데이터를 구하라!

01. 급여 최고액, 최저액, 총액 및 평균 급여 출력하기

```
01 select max(sal) as "Maximum",
02        min(sal) as "Minimum",
03        sum(sal) as "Sum",
04        round(avg(sal)) as "Average"
05 from emp;
```

02. 담당 업무 유형별로 급여 최고액, 최저액, 총액 및 평균 급여 출력하기

```
01 select job as "Job",
02        max(sal) as "Maximum",
03        min(sal) as "Minimum",
04        sum(sal) as "Sum",
05        round(avg(sal)) as "Average"
06 from emp
07 group by job;
```

03. 담당 업무 별 사원수를 출력하기

```
01 select job, count(*)
02 from emp
03 group by job;
```

04. 과장의 수 출력하기

```
01 select count(*)
02 from emp
03 where job='과장'
```

05. 급여 최고액, 급여 최저액의 차액 출력하기

```
01 select max(sal)-min(sal) as difference
02 from emp;
```

06. 직급별 사원의 최저 급여 출력하기

```
01 select job, min(sal)
02 from emp
03 group by job
04 having not min(sal) < 500
05 order by min(sal) desc;
```

07. 부서별 사원수, 평균 급여 출력하기

```
01 select deptno,
02        count(*) as "Number of People",
03        round(avg(sal), 2) as "sal"
04 from emp
05 group by deptno
06 order by deptno asc;
```

08. 부서번호 이름, 지역명, 사원수, 부서 내의 모든 사원의 평균 급여 출력하기

```
01 select decode(deptno, 10, '경리부',
02                        20, '인사부',
03                        30, '영업부',
04                        40, '전산부') as "dname",
05        decode(deptno, 10, '서울',
06                        20, '인천',
07                        30, '용인',
08                        40, '수원') as "Location",
09        count(*) as "Number of People",
10        round(avg(sal)) as "sal"
11 from emp
12 group by deptno;
```

마무리

1. COUNT(*) 함수를 제외한 모든 그룹 함수들은 NULL 값을 무시합니다.

2. 그룹 함수의 파라미터 앞에 붙는 DISTINCT 연산자는 함수에서 내부적으로 연산을 할 때 중복된 값을 제외하기 위해서 사용되므로, MIN, MAX 함수에서는 당연히 값이 하나만 나오므로 DISTINCT라는 것이 의미가 없습니다.

3. GROUP BY 문 다음에는 데이터를 구분 짓기 위한 표현식으로 해당 테이블의 컬럼명이나 변수 값 등이 올 수 있습니다.

4. HAVING 문의 사용은 WHERE 문과 유사합니다. 단 HAVING 문 다음에는 SELECT에서 사용한 컬럼과 그룹 함수를 사용한 컬럼에 대해서만 조건을 줄 수 있습니다.

도전 Quiz

1. 특정 컬럼을 기준으로 테이블에 존재하는 행들을 그룹별로 구분하기 위해서 사용하는 절은 무엇인가?

   ❶ having　　　❷ rollup　　　❸ group by　　　❹ cube

2. group by 절에 특정 조건을 기술하기 위해서 사용하는 절은 무엇인가?

   ❶ having　　　❷ rollup　　　❸ group by　　　❹ cube

3. 다음 설명 중 틀린 것은?

   ❶ NULL 값과의 수식 연산은 모두 NULL입니다.

   ❷ WHERE 절에서 NULL 값과 비교 연산을 하면 모두 부정의 값이 됩니다.

   ❸ 그룹 함수 중 SUM()을 제외한 모든 함수가 NULL 값을 무시합니다.

   ❹ WHERE 절에서 특정 컬럼 값이 NULL이면 참이라는 결과를 얻기 위해서 사용하는 연산자는 IS NULL입니다.

4. 다음 SQL 문에서 ( ) 안에 들어갈 내용으로 맞는 것은?

```
select deptno, avg(sal)
from emp
group by deptno
(        ) avg(sal) >= 500;
```

   ❶ having　　　❷ rollup　　　❸ order by　　　❹ cube

5. 다음 중 DISTINCT가 필요 없는 함수는?

   ❶ max　　　❷ avg　　　❸ sum　　　❹ count

6. 프로그램 언어의 if else if else와 유사한 구조를 갖는 함수로서, 여러 가지 경우에 대해서 하나를 선택하는 함수는?

   ❶ CASE　　　❷ PIVOT　　　❸ ROW_NUMBER　　　❹ DENSE_RANK

7. 30번 부서에 소속된 사원 중에서, 커미션을 받는 사원의 수를 구하기 위한 SQL 문을 완성하시오.

```
select ❶(                              )
from emp
where ❷(                              )
```

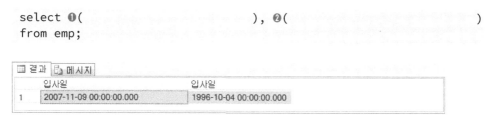

8. 가장 최근에 입사한 사원의 입사일과 입사한 지 가장 오래된 사원의 입사일을 출력하기 위한 SQL 문을 완성하시오.

```
select ❶(                    ), ❷(                              )
from emp;
```

9. 부서별로 각각의 급여 합계를 구하되, 결과 중에서 합계가 300 초과인 사람들만 구하기 위한 SQL 문을 완성하시오.

```
select job, ❶(                    )
from employee
❷(                    )
❸(                    )
```

	job	(열 이름 없음)
1	과장	1450
2	부장	2160
3	사원	1130
4	사장	1000
5	차장	500

05

데이터베이스 설계

4장까지 학습하면서 테이블과 컬럼을 이해했다면 이번 장에서는 지금까지 사용한 이미 생성해 놓은 테이블이 어떤 단계를 거쳐 생성되었는지 살펴보도록 합시다.

도전 미션 -

첫 번째 미션: 영화 예매 사이트로 데이터베이스를 설계하라!

학습 내용 -

첫 번째 미션

영화 예매 사이트로 데이터베이스를 설계하라!

영화 예매 사이트에 대한 요구 사항 정의입니다. 이 내용으로 엔티티 정의서, 엔티티 관계도 (E-R 모델), 테이블 명세서를 작성하시오.

01. 엔티티와 속성을 추출한다.

1단계: 요구 사항 정의에서 명사에 밑줄을 그어서 표시한다.

> 영화 예매 사이트는 회원제로 관리되고 있으나 비회원인 경우에도 예매가 가능하다. 회원 가입을 위해서는 이름, 주민번호, 전화번호, 이메일, 회원 아이디, 비밀번호와 같은 기본적인 정보를 입력해야 한다. 여러 지점에 있는 극장에 대해서 영화를 예매할 수 있다. 예매가 순조롭게 이루어지려면 각 극장 지점명과 위치가 관리되어야 한다. 극장은 여러 개의 상영관이 있으며 각각의 상영관에서는 여러 종류의 영화가 상영된다. 영화표에는 해당 상영관의 좌석이 정해져서 기록되어 있다. 영화표를 예매할 때 고객들은 원하는 좌석을 지정할 수 있으며 예매 일자와 예매 수량이 기록된다. 결재방법은 카드 결재나 계좌이체 방법이 있다. 영화표를 예매할 때 회원의 경우에 한해서 포인트 점수가 적립된다. 예매한 영화표는 취소가 가능하고 취소한 경우에 환불을 해준다. 취소 방법은 부분 취소와 전체 취소 두 가지 방법이 있다.

2단계: 엔티티 정의서에 기록한다.

엔티티명	포함 속성

02. ERD를 그린다.

03. 오라클에 해당하는 데이터 형식을 추가한 테이블 명세서를 작성한다.

테이블명		Table 기술서			작성일		Page
System					작성자		
테이블 설명							
No	Attribute	Data Type	NN	Ky	Default	Description	
1							
2							
3							
4							
5							
6							

지금까지 학습한 테이블은 현실 세계에서 일어나고 있는 업무를 전산화하기 위해서 구축해 놓은 데이터베이스입니다. 이러한 데이터베이스는 설계 단계를 거쳐 구축되었습니다.

데이터베이스 설계란 현실 세계의 업무적인 프로세서를 물리적으로 데이터베이스화하기 위한 과정으로, 실체와 관계를 중심으로 체계적으로 표현하고 문서화하여, 현실 세계를 컴퓨터가 처리할 수 있는 데이터로 변환합니다.

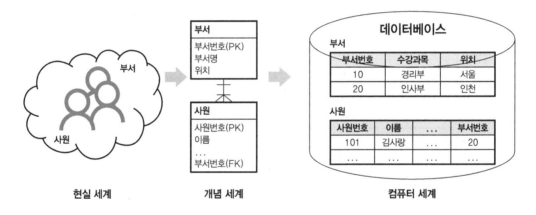

현실 세계에서 일어나는 사건들을 전산화하기 위해서 현실 세계의 특정 부분을 데이터베이스로 구축해야 하는데, 현실 세계는 너무 복잡하기 때문에 현실 세계를 그대로 반영하지는 못하고, 현실 세계를 개념화(단순화)하여 가시적으로 표현해야 합니다.

데이터베이스 설계 단계는 사용자의 요구 조건에 따라 데이터베이스를 구축해 내는 과정을 의미하며, 다음과 같이 5개의 단계로 나뉩니다.

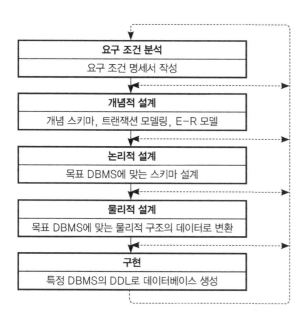

그림 5-1 • 데이터베이스 설계 단계

1) 요구 조건 분석

사용자가 원하는 데이터베이스의 용도를 파악하는 단계입니다.

2) 개념적 설계

사용자의 요구사항을 이해하기 쉬운 형식으로 간단히 기술하는 단계입니다.

3) 논리적 설계

개념적 설계에서 만들어진 구조를 목적 데이터베이스에 맞도록 스키마를 설계하는 단계입니다. 이 단계에서 트랜잭션 인터페이스를 설계하고 정규화 과정을 거칩니다.

4) 물리적 설계

논리적 설계의 산출물을 이용해서, DBMS에서 관리되는 데이터베이스의 물리적인 구조와 접근 방법 등을 설계하는 단계입니다.

5) 구현

논리적 설계에 이어 물리적 설계가 끝나면, 데이터베이스 구현 단계가 시작됩니다. 이 단계에서는 목적 DBMS의 DDL로 기술된 명령어를 실행하여 데이터베이스를 생성합니다.

이러한 데이터베이스 설계는 반드시 한 방향으로 순차적으로 진행되는 것은 아닙니다. 중간 설계 단계 과정에서 설계의 변경이 불가피하다고 판단되는 경우에는 앞 단계로 되돌아가서 설계를 변경해야 합니다. 훌륭한 데이터베이스 설계는 시간의 흐름에 따른 데이터의 모든 측면을 나타내고, 데이터 항목의 중복을 최소화해야 합니다. 또한 데이터베이스에 대한 효율적인 접근을 제공하고, 데이터베이스의 무결성을 제공하고, 깔끔하고 일관성이 있고 이해하기 쉬워야 합니다.

02 요구 조건 분석

A C T U A L   M I S S I O N   O R A C L E

요구 조건 분석 단계는 고객이 무엇을 원하는지 정확하게 분석하기 위해서 요구 사항들을 모으고, 시스템 개발의 목표와 방향성을 기준으로 해당 업무에 대해 철저히 분석합니다. 더불어 현재 시스템의 운영상태 등을 분석하고, 사용자들의 요구사항에 대한 분석까지 포함하는 단계입니다.

요구 조건 분석은 데이터베이스 시스템 구축의 목표를 확립하는 단계이기에, 시스템 개발의 성패를 좌우하는 중요한 단계입니다.

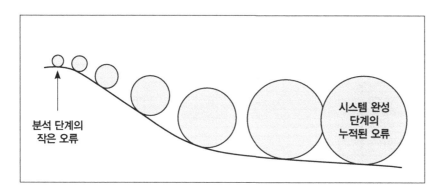

전체 프로젝트에 대한 목표나 비전도 중요하지만, 궁극적인 산출물에 대한 내용을 기준으로 본다면, 업무 분석이 정보 시스템의 구축 단계에서 가장 중요한 단계라고 할 수 있습니다. 분석 단계에서의 사소한 오해가 눈덩이처럼 불어나서 치명적인 결과를 초래할 수 있기 때문입니다.

우선 업무를 제대로 분석하기 위해서는 무엇보다도 관련 분야에 대한 기본적인 지식과 상식을 가지고 있어야 합니다. 예를 들어 회계에 대한 기본적인 지식이 없는 상태에서, 회계 업무와 관련된 업무를 분석하거나 요구사항을 적용할 수는 없을 것입니다. 대차 대조표가 무엇인지, 그리고 순익은 무엇이고, 또한 연말정산과 관련한 내용은 어떻게 접근하고 처리해야 하는지를 알고 있어야만 합니다. 그래야만 제대로 된 업무 분석을 할 수 있습니다.

업무를 분석할 때에는 구체적인 결과물(데이터베이스 스키마)에 대해서는 염두해 둘 필요가 없습니다. 데이터베이스 스키마 설계는 데이터베이스 모델링 단계 중 논리적 데이터 모델링 단계에서 진행될 내용이므로, 업무 분석 단계에서는 기본적인 업무에 대한 지식을 바탕으로 차근차근 업무 자체와 업무 프로세스 파악에 초점을 두고 분석해야만 합니다.

전체 업무 내용과 업무 흐름에 대한 내용을 정리하였다면, 이제는 좀 더 구체적인 방법을 이용해서 업무를 분석해야 하는데, 그중에서 가장 중요하게 사용되는 방법은 바로 문서를 이용해서 분석하는 방법입니다. 문서에는 그 회사에서 현재 사용하고 있는 업무와 관련한 내용들이 모두 포함되어 있고, 특히나 데이터로 관리되어야 하는 항목들이 체계적으로 정리되어 있기 때문에, 요구 분석을 위해서는 문서를 많이 활용합니다.

업무를 파악하기 위해서 필요한 주요 문서들은 업무 매뉴얼, 업무상 기록하는 장부, 거래에서 주고받는 전표, 입출력 처리 화면 혹은 PC에서 Excel과 같은 스프레드시트로 관리되는 자료 등입니다.

해당 업무를 보다 명확히 이해하고 담당자들의 요구사항을 파악하기 위해서는 인터뷰나 설문 조사 등을 시행합니다.

설문 조사는 자유롭게 의견을 적어내도록 하는 방식과 주어진 질문에 대해서 답을 하는 방식으로 구분되며, 인터뷰는 요구 사항 수집을 위해 가장 흔히 사용되는 방법입니다.

업무 담당자와의 인터뷰를 통해서 요구 조건을 분석할 수 있으며, 그 절차는 다음과 같습니다.

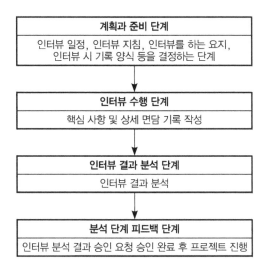

업무와 관련한 궁금한 점이나 세부적인 프로세스에 관련한 내용들은 담당자와의 인터뷰를 통해서 분석해 나갈 수 있으며, 이 단계에서 사용자들의 요구사항에 대한 분석을 할 수 있습니다. 담당자와의 인터뷰 시에 가장 중요하게 생각해야 할 점이라고 한다면 바로 원활한 의사소통을 들 수 있습니다.

요구 조건을 분석하고 나면, 이 내용을 다음과 같이 글로 표현한 요구 사항 정의서가 결과물로 얻어져야 합니다.

❶ 회사에는 다수의 사원들이 재직하고 있으며, 사원들은 각자 부서에 소속되어 근무한다.
❷ 각 사원에 대해서 사원 번호(고유 번호), 사원명, 직책, 급여를 명시해야 하며, 입사 일은 년, 월, 일로 세분하여 나타낸다.
❸ 각 사원은 한 부서에만 속하며, 각 부서에 대해서 부서번호(고유 번호), 부서명, 부서가 위치한 지역을 나타낸다.

A C T U A L   M I S S I O N   O R A C L E

요구 조건 분석 단계가 끝나면, 현실 업무에 대한 자료 수집 및 정리 작업이 어느 정도 끝난 것이고, 그러면 본격적으로 모델링 단계로 넘어 갑니다. 제일 먼저 진행되는 모델링은 개념적 설계(conceptual design) 단계입니다. 개념적 설계 단계에서는 요구 조건 분석 단계에서 나온 요구 사항 정의서로 ERD(Entity-Relationship-Diagram)와 그림-새로 같은 객체 데이터 모델(conceptual data model) 즉, DBMS에 독립적이고 고차원적인 표현 기법으로 기술합니다.

개념적 설계 단계는 현실 세계를 데이터의 관점에서 파악하여 ERD로 표현하는 단계라고 정리할 수 있습니다. 현실 세계를 관찰, 분석하여 개념적 모델(ERD)을 만드는 과정인 개념적 설계를 데이터 모델링이라고도 합니다. 현실 세계를 관찰하여 컴퓨터로 관리해야 할 정보, 혹은 데이터를 찾는 것이 데이터 모델링 과정이며, 데이터 모델링의 산출물인 ERD는 현실 세계를 데이터 관점에서 관찰한 결과입니다. 데이터 모델링은 DBMS 제품의 종류와 무관하게 진행됩니다.

ERD라는 수단을 통하여 모델링 과정에 대해서 개발자와 분석자가 의사소통을 하기 때문에, 원활한 의사소통을 위해서는, 모델링 결과를 표현한 ERD가 현실 세계를 제대로 반영하고 있어야 합니다.

3.1 엔티티, 관계, 속성

개념적 모델링을 하기 위해서는 엔티티, 관계, 속성에 대한 이해가 필요합니다. 다음은 엔티티, 관계, 속성을 보다 쉽게 이해하기 위해서 풀어서 설명한 내용입니다.

데이터 모델링을 정보화 시스템(전산화)을 구축하기 위해 어떤 데이터가 존재하는지 또는 업무가 필요로 하는 정보는 무엇인지를 분석하는 과정으로 본다면, 데이터 모델링 과정에서 다음 3가지를 얻어낼 수 있습니다.

업무가 관여하는 어떤 것에 해당하는 것인 엔티티(Entity), 어떤 것이 가지는 성격에 해당하는 속성(Attribute), 업무가 관여하는 어떤 것 간의 관계(Relation)는 다음과 같이 정리할 수 있습니다.

엔티티는 데이터베이스에 자료로 표현하려는 것으로, 사람이 생각하는 개념이나 정보 단위입니다. 이는 현실 세계의 대상체로 유형, 무형의 정보로서 서로 연관된 몇 개의 속성으로 구성됩니다. 파일 시스템의 레코드에 대응하는 것으로, 어떤 정보를 제공하는 역할을 수행합니다. 독립적으로 존재하거나 그 자체로서도 구별이 가능합니다.

예
부서 엔티티, 사원 엔티티

속성은 데이터의 가장 작은 논리적 단위로서, 하나의 엔티티는 한 개 이상의 속성으로 구성되며, 각 속성은 엔티티의 특성, 상태 등을 기술합니다. 파일 구조상의 데이터 항목 또는 데이터 필드에 해당하며, 엔티티를 구성하는 항목입니다.

예
부서 엔티티의 속성 : 부서번호, 부서명, 위치
사원 엔티티의 속성 : 사원번호, 이름, 주소, 소속부서

관계는 엔티티와 엔티티 혹은 엔티티와 속성 간의 연관성을 가리키며, 일반적으로 동사형으로 표현됩니다.

예
사원이 부서에 소속되어 있습니다.

개념적 데이터 모델링은 현실 세계에 존재하는 엔티티를 인간이 이해할 수 있는 정보 구조(Information Structure)로 표현하는 과정으로, 정보 모델링(Information Modeling)이라고도 합니다. 엔티티 타입(entity type)과 이들 간의 관계(relationship type)를 이용해 현실 세계를 개념적으로 표현한 것으로서, 개념적 데이터 모델의 가장 대표적인 적인 것으로는 1976년 Peter Chen에 의해 제안된 **개체 관계 모델**(E-R, Entity-Relationship Model)이 있습니다.

개념적 데이터 모델링의 목적은 어떤 정보가 필요하며, 어떤 데이터를 데이터베이스에 담아야 하는지 등을 나타내기 위해, 실세계의 정보 구조의 모형을 변환하여 업무를 일반화시키는 단계로서, 현실 세계를 추상화하는 과정으로 업무적인 관점에서 접근하고 분석하는 단계입니다.

개체 관계 모델은 특정 DBMS를 고려하지 않고, 데이터를 속성으로 구성된 엔티티와 이들 간의 관계로 묘사합니다. 엔티티와 이들 간의 관계를 알기 쉽게 미리 약속된 도형을 사용하여, 일목요연하게 표현하기 위해서, **ERD**(Entity Relationship Diagram)를 사용합니다. 다음은 ERD의 예입니다.

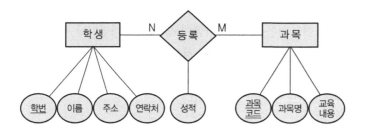

E-R 다이어그램에서 표기법은 다음과 같습니다.

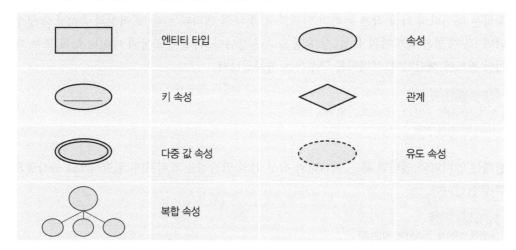

3.2 엔티티와 엔티티 타입

엔티티(entity)와 엔티티 타입(entity type)은 혼용해서 사용하는 경우가 있는데, 이들 용어에 대한 정확한 개념을 확립해 보도록 합시다.

엔티티 타입은 정보가 저장될 수 있는 사람, 장소, 사물, 사건 등과 같이 독립적으로 존재하면서 고유하게 식별이 가능한 실세계의 엔티티입니다. 엔티티 타입은 사원처럼 실체가 있는 것도 있지만, 생각이나 개념과 같이 추상적인 것도 있습니다. 엔티티 타입은 동일한 속성들을 가진 엔티티들의 틀이라고 할 수 있습니다. 엔티티들은 엔티티 타입으로 분류됩니다.

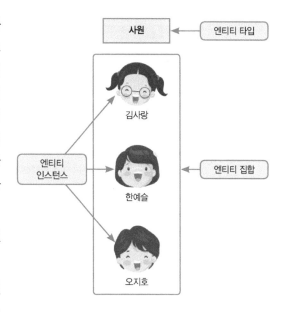

엔티티의 집합은 동일한 속성들을 가진 엔티티들의 모임이라고 할 수 있습니다.

엔티티는 엔티티 타입에 속하는 하나의 인스턴스로서, 엔티티 타입을 구성하는 원소

이기에 **엔티티 인스턴스**라고도 합니다. 엔티티 집합은 한 엔티티 타입에 대한 엔티티 인스턴스들의 집합입니다.

엔티티에 대해 정의를 내린다면, 현실 세계에서 다른 모든 것들과 구분되는 유형, 무형의 것을 엔티티라 하며, 업무 수행을 위해서 알아야 될 대상이 되는 유형, 무형의 것을 엔티티로 정의합니다.

각 엔티티는 속성(attribute)으로 알려진 특성들로 정의되며, E-R 다이어그램에서 엔티티 타입은 직사각형으로 표시합니다.

부서	사원

3.3 속성

속성(attribute set)은 정보의 요소로서 관리되는 항목으로, 엔티티의 성질, 분류, 수량, 상태, 특성 등을 구체적으로 나타내는 세부 항목입니다.

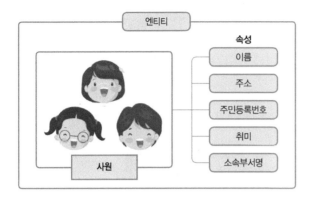

속성값(attribute value)은 엔티티의 특성이나 상태가 현실화된 값입니다.

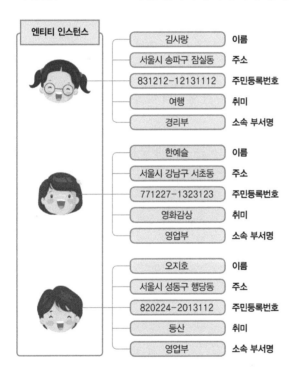

ERD에서 속성은 엔티티 집합을 나타내는 직사각형에 실선으로 연결된 타원형으로 표현됩니다.

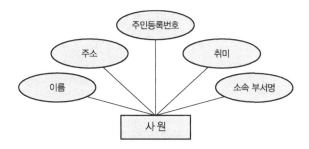

속성(attribute)의 유형은 다음과 같이 4가지로 나눕니다.

정리
단순 속성과 복합 속성
단일 값 속성과 다중 값 속성
유도 속성과 저장 속성
널(null) 속성

1) 단순 속성과 복합 속성

단순 속성(simple attribute)은 더 이상 작은 구성원소로 분해할 수 없는 속성이고, 복합 속성(composite attribute)은 몇 개의 기본적인 단순 속성으로 분해할 수 있는 속성입니다.

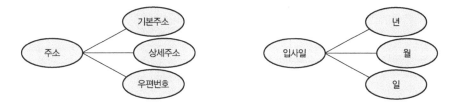

예를 들어 사원 엔티티의 주소 속성은 기본주소, 상세주소, 우편번호로 다시 세분화할 수 있는데, 이를 복합 속성이라고 합니다. 복합 속성의 또 다른 예로는 입사일이나 생년월일을 들 수 있는데, 입사일이나 생년월일 역시 년, 월, 일로 세분화할 수 있습니다.

2) 단일 값 속성과 다중 값 속성

단일 값 속성(single-valued attribute)은 각 엔티티에 대해 하나의 값만 갖는 것을 말합니다. 엔티티의 속성 중 주민등록번호, 또는 학번과 같이 반드시 하나의 값만 존재하는 속성을 단일 값 속성이라고 합니다.

다중 값 속성(multi-valued attribute)은 한 엔티티에 대해서 여러 개의 값을 갖는 것으로서 취미 속성을 예로 들 수 있습니다. 이름은 한 개만 갖지만, 취미는 두 개 이상 가질 수 있기 때문에 다중 값 속성이 됩니다. ERD에서 다중 값 속성은 이중선으로 표시합니다.

다중 값 속성의 또 다른 예로는 연락처를 들 수 있는데, 연락처에는 집 전화번호, 핸드폰 번호, 회사 전화번호와 같이 여러 개의 값을 저장할 수 있기 때문입니다.

3) 유도 속성과 저장 속성

유도 속성(derived attribute)은 속성의 값이 다른 속성이나 엔티티가 가지고 있는 값으로부터 유도되어 결정되는 경우를 말합니다. **저장 속성(stored attribute)**은 유도 속성을 생성하는 데 사용된 속성을 말합니다. ERD에서 유도 속성은 점선으로 표시합니다.

유도 속성의 예로는 나이 속성을 들 수 있습니다. 생년월일은 현재 날짜에서 생년월일을 빼면 구할 수 있기 때문입니다. 이때 생년월일은 저장 속성이 됩니다.

4) 널(null) 속성

널 속성(null attribute)은 널 값(null value)을 갖는 속성입니다. 널 값은 어떤 엔티티 인스턴스가 어느 특정 속성에 대한 값을 갖고 있지 않을 때, 이를 명시적으로 표시하기 위해 사용합니다.

널(null) 값은 그 속성 값이 그 엔티티에 "해당하지 않는(not applicable)" 경우, 그 속성 값을 "알 수 없는(unknown)" 경우, 그 값이 존재하지만 값이 "누락(missing)"인 경우, 그 값이 존재하고 있는지조차 알 수 없어 "모르는(not known)" 경우에 사용합니다.

3.4 요구 사항 정의서에서 엔티티 도출

개념적 데이터 모델링에서의 핵심은 엔티티를 도출하는 일입니다. 왜냐하면 엔티티로부터 속성, 식별자, 관계가 정의될 수 있기 때문입니다. 이렇게 도출된 엔티티와 속성, 식별자, 관계를 정의하여 그 결과를 ERD로 표현합니다.

엔티티란 업무의 관심 대상이 되는 정보를 갖고 있거나, 그에 대한 정보를 관리할 필요가 있는 유형, 무형의 사물(엔티티)을 말합니다. 여기서 중요한 단어는 '정보'인데, ERD의 핵심 개념인 엔티티는 관리해야 할 정보를 가지고 있는 현실 세계의 어떤 사물을 의미합니다.

분석/설계 단계에서 다양한 방법을 통해 자료를 수집하였다면, 이 자료에서 엔티티를 찾아내야 합니다. 엔티티를 찾아내는 정해진 공식은 없습니다. 우선 요구 조건 분석 단계에서 나온 요구 사항 정의서에서 명사를 찾아 표시합니다. 이렇게 표시한 명사들을 엔티티와 속성으로 분류합니다.

모 주식회사 사원 관리 시스템 업무에 대한 엔티티를 도출해 보도록 합시다.

요구 사항 정의서에서 명사를 찾아 밑줄을 긋거나, 사각형 혹은 원으로 표시합니다.

❶ 회사에는 다수의 사원들이 재직하고 있으며 사원들은 각자 부서에 소속되어 근무합니다.
❷ 각 사원에 대해서 사원 번호(고유 번호), 사원명, 직책, 급여, 입사 일은 년, 월, 일로 세분하여 나타낸다.
❸ 각 사원은 한 부서에만 속하며 각 부서에 대해서 부서 번호(고유 번호), 부서명, 부서가 위치한 지역을 나타낸다.

1. 요구 사항 정의서에서 명사를 찾아 표시합니다.

회사, 사원, 사원 번호, 사원명, 직책, 급여, 입사 일, 년, 월, 일, 부서, 부서 번호, 부서명, 위치, 지역

2. 도출된 명사 중에서 중복된 명사(위치, 지역)는 하나만 도출하고, 개념이 명확하지 않거나 광범위한 명사(회사)는 제거합니다. 동의어 역시 하나로 통일시킵니다. 특정 업무가 진행되는 과정을 나타내는 단어는 제거합니다. 속성을 따로 분류합니다.

엔티티명	포함 속성
사원	사원 번호, 사원명, 직책, 급여, 입사 일
부서	부서 번호, 부서명, 위치

해설

사원은 사원 관리 시스템이 구축된다면 사원에 대한 정보를 당연히 관리해야 할 것이기에 엔티티에 해당한다. 그리고 사원 정보에는 사원 번호(고유 번호), 이름, 직책, 급여, 입사 일 등이 포함되어, 하나 이상의 속성들로 이루어지기에 엔티티의 자격을 갖는다. 부서 역시 사원이 소속될 부서에 대한 정보가 관리되어야 하기에 엔티티의 자격을 갖는다.

요구 사항 정의서 및 장부/전표, 의뢰자와의 면담으로부터 엔티티를 도출하게 되면, 다음은 엔티티의 식별자, 엔티티 간의 관계(모델링 도구에서 관계가 맺어지면 자동으로 외래 키가 지정된다), 속성들을 찾아냅니다.

하지만 다음과 같이 직관적인 방법으로 엔티티를 찾을 수도 있습니다. 특정 업무 영역에 대해 대개 한두 가지의 핵심 엔티티가 있습니다. 예를 들면 다음과 같습니다.

예

비디오 대여점 업무 : 회원, 비디오, 대여
병원관리 : 환자, 의사, 질병, 병실, ...
수강신청 : 교수, 학생, 과목, 강의실, ...

이렇게 핵심 엔티티를 찾아내고, 앞에서 설명한 절차대로 나머지 엔티티들을 찾아가면, 보다 쉽게 엔티티를 도출할 수 있습니다.

3.5 주 식별자

엔티티를 구성할 때 중요한 제약 중의 하나가 그 엔티티 집합 내에서 각 엔티티들이 서로 상이한 값만을 갖는 속성이 있어야 한다는 것입니다. 이러한 속성을 주 식별자라고 합니다. 이 값은 각 엔티티 인스턴스를 유일하게 식별하는 데 사용합니다.

주 식별자가 필요한 예를 들면 "한예슬"이란 사원의 주소가 필요한데, "한예슬"이란 이름을 갖고 있는 사원이 2명이라면, 둘 중에 어느 사원을 원하는 것인지 알 수 없습니다.

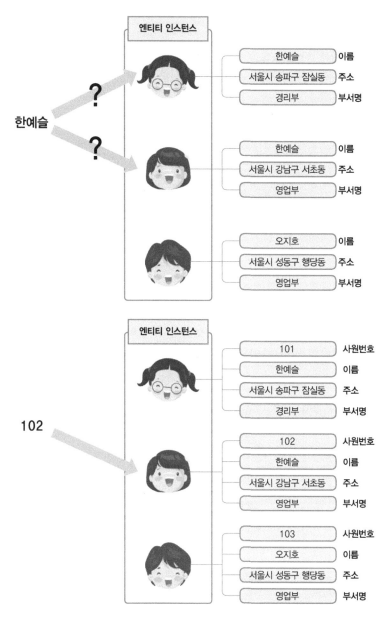

이렇게 사원 엔티티 인스턴스에 동명이인이 존재할 경우, 이를 구분하기 위한 방법이 강구되어야 하는데, 그것이 바로 주 식별자가 되는 것입니다. 일반적으로 회사에 입사하게 되면 부여되는 사원번호와 같이, 절대 중복된 값을 갖지 않는 속성을 주 식별자로 지정합니다.

주 식별자는 엔티티의 속성 중에서 해당 엔티티를 다른 엔티티와 구별할 수 있도록 하는 속성이며, ERD에서 식별자는 속성에 밑줄을 그어서 표현합니다.

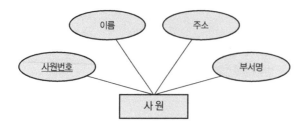

주 식별자는 엔티티에 소속된 인스턴스들을 구분하는 기준이 되는 속성으로, 데이터베이스에서는 데이터를 구분하는 유일 속성인 기본 키에 해당합니다. 하나의 속성일 수도 있고, 여러 속성일 수도 있습니다. 주 식별자는 현재까지 찾아낸 속성일 수도 있고, 새로 만들 수도 있습니다.

3.6 관계

관계는 엔티티-관계 모델에서 엔티티 사이의 연관성을 표현하는 개념으로, 두 개의 엔티티 타입 사이의 업무적인 연관성을 논리적으로 표현한 것입니다. 이러한 관계를 정의할 때 동사구로 관계를 정의합니다. 엔티티 집합(타입)들 사이의 대응(correspondence), 즉 사상(mapping)을 의미합니다.

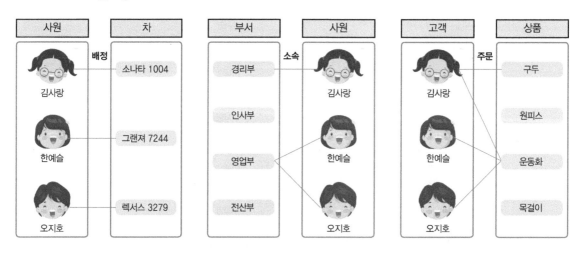

관계란 두 엔티티 타입 사이의 관계를 의미합니다. 업무의 흐름을 제대로 파악해야만 관계를 도출할 수 있습니다. 요구 사항 정의서에 기술된 내용을 중심으로, 업무 분석을 통해 관계를 설정합시다.

두 엔티티 사이에는 일반적으로 부모, 자식 관계가 존재하기에, 이를 기준으로 관계를 정의하면 보다 쉽게 관계 설정을 할 수 있습니다.

부서와 사원 엔티티에서 부모, 자식 관계에 있는 엔티티들을 찾아볼 수 있습니다. 다음은 '한예슬' 사원이 '영업부'에 소속되어 있음을 보여줍니다.

ERD에서 엔티티들 사이의 관계는 마름모를 사용하여 표현한 후, 그 관계에 연관된 엔티티에 선으로 연결하여 표시합니다.

1) 관계의 유형

관계의 유형은 관계에 참여하는 하나의 엔티티에 대해 다른 엔티티가 몇 개 참여하는지를 나타내는 것을 말하며, 카디날리티(Cardinality: 관계의 대응 엔티티 수)라고도 합니다.

카디날리티는 하나의 관계에 실제로 참여할 수 있는 인스턴스의 수를 의미하며, 표현 방법으로는 일대일(1:1), 일대다(1:N), 다대다(N:M)가 있습니다.

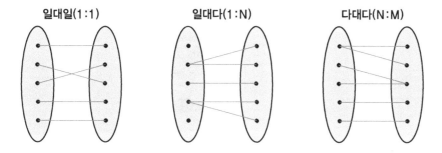

하나의 부서에 1명 이상의 사원이 소속되어 있다면 카디날리티는 1:N으로 표현할 수 있고, 고객이 한 개 이상의 상품을 주문할 수 있고 상품을 한 명 이상의 고객이 주문한다면, 카디날리티는 N:M으로 표현할 수 있습니다.

① 일대일$^{One\ To\ One}$ 관계(1:1)

A 회사는 사원이 입사하게 되면 차를 한 대씩 준다. 사원에게 준 차는 오로지 해당 사원만 사용하게 된다면 이를 1:1 관계라고 합니다.

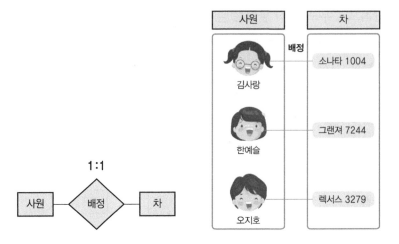

일대일 관계의 또 다른 예로는 신랑과 신부 사이의 결혼 관계를 들 수 있습니다. 한 명의 신랑이 한 명의 신부와 결혼 관계를 맺기 때문입니다.

② **일대다**One To Many **관계(1:N)**

사원은 하나의 부서에만 소속되고, 하나의 부서에 여러 명의 사원이 소속되어 있다면, 카디날리티는 1:N으로 표현할 수 있습니다.

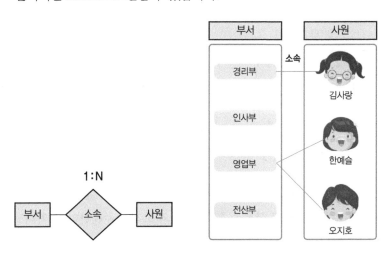

일대다 관계의 또 다른 예로는 어머니와 자식 사이의 모자 관계를 들 수 있습니다. 한 어머니는 여러 자식을 가질 수 있는 반면에 개개의 자식들은 유일하게 한 명의 어머니와만 관계를 맺고 있기 때문에 모자 관계는 일대다 관계입니다.

③ 다대다^{Many To Many} 관계(N:M)

고객이 한 개 이상의 상품을 주문할 수 있고, 상품이 한 명 이상의 고객에 의해 주문된다면, 카디날리티는 N:M으로 표현할 수 있습니다.

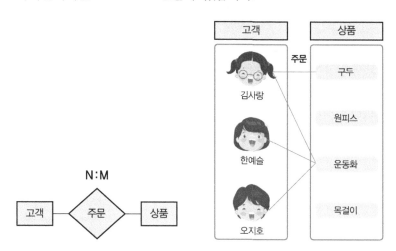

다대다 관계의 또 다른 예로는 신학기가 되어서 대학생이 수강할 과목을 신청하는 경우입니다. 한 명의 학생은 여러 과목을 수강 신청할 수 있고, 한 개의 과목이 개설되면 여러 명의 학생이 수업을 듣게 되기 때문에 다대다 관계입니다.

2) 카디날리티 비율의 최소값과 최대값

카디날리티 비율에 최소값과 최대값을 표시하여, 관계의 유형을 좀 더 명확하게 나타낼 수 있습니다. ER 다이어그램에서 최소값과 최대값은 관계와 엔티티 타입을 연결하는 실선 위에 (min, max) 형태로 표기합니다.

어떤 관계에 참여하는 각 엔티티 타입에 대하여, min은 이 엔티티 타입 내의 각 엔티티는 적어도 min번 관계에 참여함을 의미합니다. max는 이 엔티티 타입 내의 각 엔티티는 최대한 max번 관계에 참여함을 의미합니다. min=0은 어떤 엔티티가 반드시 관계에 참여해야 할 필요는 없음을 의미합니다. max=*는 어떤 엔티티가 관계에 임의의 수만큼 참여할 수 있음을 의미합니다.

표 5-1 ᐧ 카디널리티 유형

(min1, max1)	(min2, max2)	관계
(0, 1)	(0, 1)	1:1
(0, *)	(0, 1)	1:N
(0, *)	(0, *)	N:M

어느 신용카드 회사에서 고객과 고객이 발급 받은 신용카드 간의 관계는 일반적으로 일대일 관계입니다. ERD에 최소값과 최대값을 모두 표시하여 신용카드 간의 카드 발급 관계를 보다 자세히 표현할 수 있습니다.

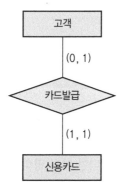

신용카드를 발급받지 않은 고객은 존재할 수 있으나, 고객이 없는 신용카드는 발급될 수 없으며, 한 사람의 고객에게는 반드시 하나의 신용카드만 발급됨을 나타냅니다.

이번 절에서는 개념 데이터 모델링에서 작성된 ER 다이어그램으로 논리적 설계를 하는 과정을 학습하도록 합니다. 개념적 설계에서 ER 모델은 DBMS를 고려하지 않지만 논리적 데이터 모델은 그렇기 때문에 DBMS를 고려하며, 논리적 데이터 모델은 데이터베이스 관리 시스템의 종류에 따라 관계 데이터 모델(relational data model), 네트워크 데이터 모델(network data model), 계층 데이터 모델(hierarchical data model)이 있습니다. 이 책에서는 논리적 데이터 모델 중에서 가장 많이 사용되고 있는 모델인 관계 데이터 모델에 초점을 맞추어서 논리적 설계를 살펴보도록 하겠습니다.

개념적 설계에서 ER 모델을 사용하여 개념적 스키마를 생성하였으면 논리적 설계 단계에서는 위 그림처럼 ER 스키마를 관계 데이터 모델의 릴레이션으로 사상해야 합니다. ER 스키마에는 엔티티 타입과 관계가 존재하지만, 관계 데이터 모델에는 엔티티 타입과 관계를 구분하지 않고, 릴레이션들만 존재하기 때문입니다. 또한 개념적 설계 결과로 도출된 ERD는 1:N, 1:1의 관계뿐만 아니라, N:M의 관계와 다중 값 속성까지도 허용합니다. 하지만 우리가 구현하고자 하는 관계형 데이터베이스는 N:M 관계도 허용하지 않고, 하나의 속성에 오직 하나의 값만을 허용하기 때문에, 이 부분을 만족하도록 모델링을 재조정해야 합니다.

ERD라는 수단을 통하여 모델링 과정에 대해서 현업과 분석자, 개발자와 분석자가 의사소통을 하기 때문에, 원활한 의사소통을 위해서는 모델링 결과를 표현한 ERD가 현실 세계를 제대로 반영하고 있어야 하기에, CASE 도구로 작성합니다.

CASE(Computer Aided Software Engineering) 도구는 프로그램을 개발하는 데 사용되는, 프로그램 자동화 도구입니다. 일반적인 프로그램 툴과의 차이점은 CASE 도구는 개발 방법론에 입각한 프로그래밍 자동화 도구라는 점입니다.

ERD를 표현하는 CASE 도구로는 System Architect, Power Designer, Designer/2000, ERwin 등이 있습니다. CASE 도구에 따라서 표기법은 다르지만 그 의미는 유사합니다. CASE 도구에서 가장 보편적으로 사용하는 표현 방법은 Crow Foot(까마귀 발) 방식입니다. 본서에서 사용할 CASE 도구인 ERwin에서도 크게 두 가지 표기법을 지원하는데 하나는 IE(Information Engineering) 방식이고 다른 하나는 Idef1x(Integration DEFinition for Information Modeling) 방식입니다. IE 표기 방식은 정보 공학 표기 방식으로, 우리가 일반적으로 모델링을 할 때 가장 많이 사용하는 유형이며, Idef1x 방식은 미 국방성에서 프로젝트 표준안으로 개발한 표기 방식입니다. 본서에서는 일반적으로 널리 사용되는 IE 표기 방식을 이용하여, 모델링을 사용하도록 하겠습니다.

ERD는 엔티티, 속성, 관계의 3가지 구성 요소를 가집니다. 이들 구성 요소가 정보 공학(IE) 표기 방식에서 어떻게 표현되는지 살펴봅시다. 각 사원은 하나의 부서에만 속하고, 하나의 부서에는 한 명 이상의 사원이 소속된다는 것을 의미합니다.

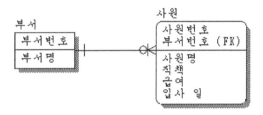

다음은 엔티티의 표현법입니다. 엔티티는 엔티티 명을 입력하는 영역, 기본 키를 입력하는 영역, 일반 속성을 입력하는 영역, 이렇게 세 영역으로 구성됩니다.

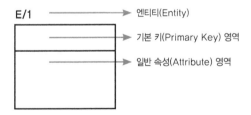

두 엔티티 간의 업무적인 연관성을 나타내는 관계는 엔티티 사이의 실선으로 나타냅니다. 일대일(1:1), 일대다(1:N)로 나뉘는 관계 기수의 표현 방식과 관계에 참여하는 방법은 엔티티가 항상 참여하는지, 아니면 참여할 수도 있고 참여하지 않을 수도 있는지 여부에 따라서 필수 참여와 선택 참여로 나뉘는데 이들에 대한 표현방식을 살펴봅시다.

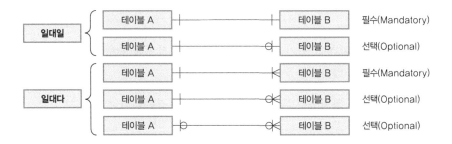

A 회사는 사원이 입사하면 차를 한 대씩 줍니다. 사원에게 준 차는 오로지 해당 사원만 사용하게 된다면 이를 1:1로 표현합니다. 사원들 중에 차를 배당받지 않을 수도 있을 경우에는 차 엔티티에 선택 참여를 표시합니다. 반면 차는 반드시 사원에게 배당되어야 한다면, 따로 표시하지 않습니다. 그러면 필수 참여로 인식합니다.

사원은 하나의 부서에만 소속되고, 하나의 부서에 여러 명의 사원이 소속되어 있다면, 카디날리티는 1:N으로 표현합니다. 사원은 반드시 한 부서에 소속되어야 하기에 '필수'로, 사원 없이도 부서가 존재할 수 있기에 부서 쪽 참여도는 '선택'입니다.

고객이 한 개 이상의 상품을 주문할 수 있고, 상품이 한 명 이상의 고객에 의해 주문된다면, 카디날리티는 N:M으로 표현됩니다.

4.1 외래 식별자의 정의

외래 식별자는 관계와 밀접한 관련이 있기에, 관계를 올바르게 정의했다면, 외래 식별자는 거의 기계적으로 정의할 수 있습니다.

외래 식별자를 거의 기계적으로 정의하는 두 가지 방법은 다음과 같습니다.

> **정의**
> ❶ 관계가 있는 두 엔티티를 부모, 자식으로 구분합니다.
> ❷ 부모 엔티티의 주 식별자 속성을 자식이 가지고 있는지 확인(없으면 추가)합니다.

❶ 관계가 있는 두 엔티티를 부모, 자식으로 구분합니다.

　두 엔티티 중 정보를 먼저 생성하여 가지고 있는 쪽이 부모 엔티티, 부모 엔티티의 정보를 가져다 사용하는 쪽이 자식 엔티티입니다.

❷ 부모 엔티티의 주 식별자 속성을 자식이 가지고 있는지 확인(없으면 추가)합니다.

　부모 엔티티의 주 식별자 속성이 자식 엔티티에도 공통적으로 존재한다면, 자식 엔티티에 있는 공통 속성이 외래 식별자가 됩니다. 만일 부모 엔티티의 주 식별자 속성이 자식 엔티티에 존재하지 않는다면 자식 엔티티에 속성을 추가하여 외래 식별자로 지정하면 됩니다.

관계에 대해 카디날리티와 참여도를 표시해 봅시다. 카디날리티는 일반적으로 부모 엔티티:자식 엔티티가 1:N으로 나타납니다. 참여도를 먼저 살펴보면, 사원은 반드시 부서에 소속되어야 한다면, 사원 엔티티의 부서 엔티티 관계에 대한 참여도는 '필수'가 됩니다. 반대로 부서에는 사원이 배치될 수도 있고, 사원 없이도 먼저 부서가 승인된다면, 사원이 배치되지 않은 부서가 존재할 수 있으므로 부서 쪽 참여도는 '선택'입니다.

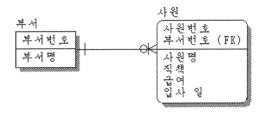

관계는 두 엔티티 간의 업무적인 연관성을 말하며, 식별 관계, 비식별 관계로 나뉩니다. 식별 관계는 부모 테이블의 기본 키가 자식 테이블의 기본 키 혹은 후보 키 그룹의 구성원으로 전이되는 관계를 말합니다.

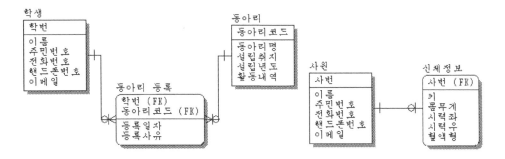

비식별 관계는 부모 테이블의 기본 키가 자식 테이블의 일반 컬럼으로 전이되는 관계를 말합니다.

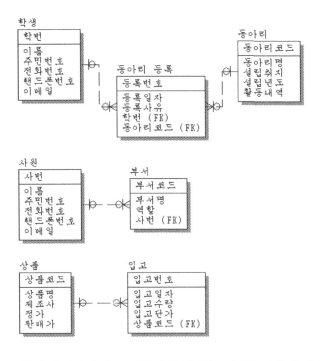

부서 엔티티와 사원 엔티티에 일대다 관계를 비식별 관계로 설정하도록 합시다. 일대다로 관계를 설정하는 데 있어서 가장 중요한 것은 부모 엔티티와 자식 엔티티를 결정하는 것입니다. 소속 관계에 있어서는 부서가 부모 엔티티가 되고, 사원이 자식 엔티티가 됩니다. 왜냐하면 부서가 먼저 존재해야만 그 부서에 사원이 소속될 수 있기 때문입니다. 이미 언급한 바 있지만, 먼저 존재해야 하는 엔티티가 부모 엔티티이고, 이 부모 엔티티를 자식 엔티티가 참조하게 됩니다. 그렇기에 사원(자식) 엔티티에 외래 키를 설정하되, 부서(부모) 엔티티의 기본키를 참조하도록 해야 합니다.

4.2 ER 스키마를 관계 모델의 릴레이션으로 사상

논리적 설계 단계에서는 ER 스키마를 관계 데이터 모델의 릴레이션들로 사상합니다. ER 스키마에는 엔티티 타입과 관계가 존재하지만, 관계 데이터베이스에는 엔티티 타입과 관계를 구분하지 않고 릴레이션들만 있습니다. 릴레이션으로 사상할 대상이 ER 스키마에서 엔티티 타입인지 또는 관계인지, 속성이 단일 값 속성인지 또는 다중 값 속성인지 등에 따라 사상하는 방법이 달라집니다.

1) 엔티티 타입과 단일 값 속성

ER 스키마의 각 엔티티 타입 E에 대해 하나의 릴레이션 R을 생성합니다. E에 있던 단순 속성들을 릴레이션 R에 모두 포함시킵니다. E에서 복합 속성은 그 복합 속성을 구성하는 단순 속성들만 릴레이션 R에 포함시킵니다. E의 기본 키가 릴레이션 R의 기본 키가 됩니다.

[ERD]

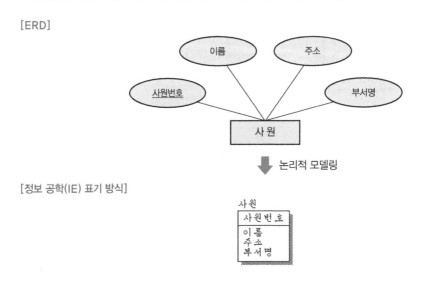

[정보 공학(IE) 표기 방식]

2) 다중 값 속성

다중 값 속성은 해당 엔티티의 기본 키와 다중 값 속성을 합하여 복합 속성을 만들고, 그 복합 속성을 기본 키로 하는 별도의 테이블을 생성합니다. 각 다중 값 속성에 대하여 릴레이션을 새롭게 생성합니다. 새롭게 생성된 릴레이션에 다중 값 속성에 해당하는 속성을 포함시키고, 다중 값 속성을 속성으로 갖는 엔티티 타입이나, 관계에 해당하는 릴레이션의 기본 키를 신규 릴레이션에 외래 키로 포함시킵니다. 신규 릴레이션의 기본 키는 다중 값 속성과 외래 키를 조합합니다. 다음은 하나의 부서가 여러 곳에 위치해 있다는 전제 하에서 설계한 ERD 입니다.

[ERD]

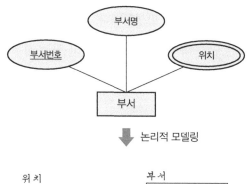

⬇ 논리적 모델링

[정보 공학(IE) 표기 방식]

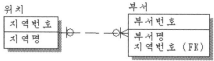

3) 1:1 관계

ER 스키마의 각 1:1 관계에서는 엔티티를 하나의 테이블로 설계합니다.

[ERD]

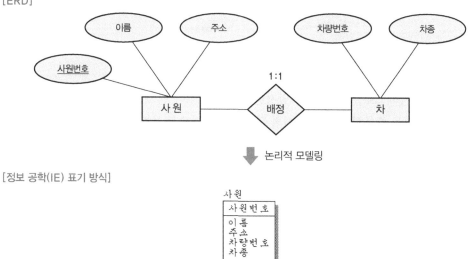

4) 1:N 관계

1:N 관계 R에 대하여, N측의 참여 엔티티 타입에 대응되는 릴레이션 S를 찾습니다. 관계 R 에 참여하는 1측의 엔티티 타입에 대응되는 릴레이션 T의 기본 키를 릴레이션 S에 외래 키로 포함시킵니다.

N측의 릴레이션 S의 기본 키를 1측의 릴레이션 T에 외래 키로 포함시키면, 속성에 값들의 집합이 들어가거나 정보의 중복이 많이 발생합니다.

관계 R이 가지고 있는 모든 단순 속성(복합 속성을 갖고 있는 경우에는 복합 속성을 구성하는 단순 속성)들을 S에 해당하는 릴레이션에 포함시킵니다.

[ERD]

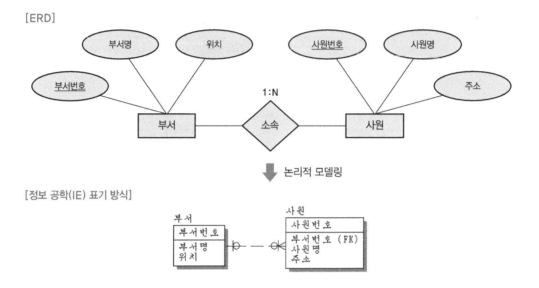

논리적 모델링

[정보 공학(IE) 표기 방식]

5) N:M 관계

N:M 관계는 논리적으로는 존재할 수 있지만, 물리적으로는 존재할 수 없는 관계입니다. 다음은 회원이 상품을 주문하게 되었을 때의 관계를 논리적으로 표현한 것입니다.

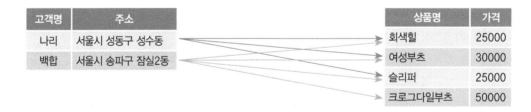

데이터베이스에 회원이 상품을 주문한 내용을 그대로 저장할 경우에는 다음과 같이 중복되는 데이터가 발생됩니다.

고객명	주소	상품명	가격	수량	주문일
나리	서울시 성동구 성수동	회색힐	25000	2	2010-11-1
나리	서울시 성동구 성수동	여성부츠	30000	5	2010-11-5
나리	서울시 성동구 성수동	슬리퍼	25000	3	2010-11-5
백합	서울시 성동구 성수동	슬리퍼	25000	1	2010-11-5
백합	서울시 송파구 잠실2동	여성부츠	30000	1	2010-11-7
백합	서울시 송파구 잠실2동	크로그다일부츠	50000	2	2010-11-8
백합	서울시 송파구 잠실2동	회색힐	25000	2	2010-11-6

이들 내용이 그대로 테이블에 저장될까요? 그렇지 않습니다. 위 내용을 보면 데이터가 중복되어 저장되고, 이렇게 중복된 데이터가 저장될 경우에는 여러 가지 이상 현상이 발생하게 되는데, 이 때문에 정보가 중복되어 저장되지 않도록 해야 합니다.

N:M 관계는 개념적 설계 단계에서는 허용을 하지만, 논리적 설계 단계에서는 허용이 되지 않는 관계이기 때문에, 논리적 설계 단계에서 가장 먼저 해야 할 일은 N:M 관계를 해소하는 일입니다. N:M 관계를 해소하기 위해서는, 관계를 엔티티 타입으로 새롭게 생성합니다. 엔티티 타입의 관계를 도출하다 보면 상호 간의 관계가 1:N으로 표현됩니다.

[ERD]

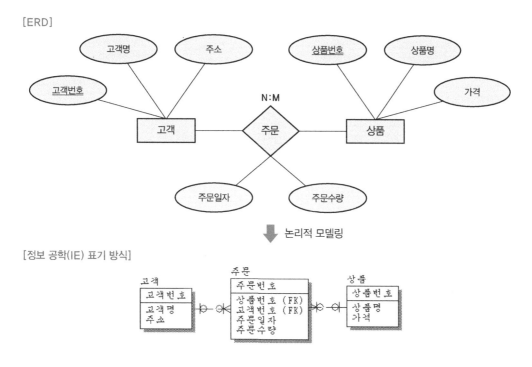

논리적 모델링

[정보 공학(IE) 표기 방식]

고객이 한 개 이상의 상품을 주문할 수 있고, 상품이 한 명 이상의 고객에 의해 주문된다면, 카디날리티는 N:M으로 표현됩니다.

대부분의 경우에는 논리적 모델링에서 N:M 관계를 풀어서 교차 실체(행의 실체)를 정의해서 해소합니다. 고객과 상품 엔티티 간에 정의될 수 있는 프로세스는 주문이므로, 주문이라는 교차 실체를 정의하여 N:M 관계를 해소합니다.

교차 엔티티 타입인 주문 엔티티에 대해서 주 식별자를 주문번호로 따로 설정하였고, 고객과 상품과의 관계를 유지하기 위해서 고객번호와 상품번호를 외래 식별자로 설정했습니다.

N:M 관계를 해소한 결과를 보면, 상품 입장에서는 한 개의 상품을 여러 명의 고객이 주문할 수 있기 때문에 (상품)1:N(주문) 관계로 표현됩니다. 반대로 고객 입장에서 상품을 보면, 고객 한 명이 상품 여러 개를 주문할 수 있기 때문에 (고객)1:N(주문) 관계로 표현된다고 해석됩니다.

물리적 설계의 목적은 개발에 사용할 데이터베이스를 선정하여, 특정 데이터베이스로 구현
될 수 있도록 구체적으로 설계하는 것입니다. 산출물은 테이블 기술서입니다.

물리적 데이터베이스의 기본적인 내용은 논리적 설계의 산출물인 ERD의 요소들을 관계형
데이터베이스의 요소들로 전환하는 것입니다.

논리적 설계 (데이터 모델링)		물리적 설계		데이터베이스
엔티티 (entity)	⟶	테이블 (table)	⟶	테이블
속성 (attribute)	⟶	컬럼 (column)	⟶	컬럼
주 식별자 (primary identifier)	⟶	기본 키 (primary key)	⟶	기본 키
외래 식별자 (foreign identifier)	⟶	외래 키 (foreign key)	⟶	외래 키
관계(relationship)	⟶	관계(relationship)		
관계의 카디널리티	⟶	관계의 카디널리티	⟶	–
관계의 참여도	⟶	관계의 참여도	⟶	–

엔티티를 테이블로 전환합니다. 속성은 컬럼으로 전환합니다. 컬럼명을 결정할 때 용어 사전
을 이용할 수 있습니다. 컬럼의 성격에 맞게 데이터 타입을 결정해야 하며, 데이터 길이도 확
정해야 합니다. 주 식별자는 기본 키로, 외래 식별자는 외래 키로 전환합니다.

5.1 용어 사전(data dictionary) 정의

용어 사전(data dictionary)이란, 논리적 데이터베이스 설계나 물리적 데이터베이스 설계 시
사용되는 용어들의 의미를 정의해 놓은 문서를 말합니다. 용어는 엔티티(테이블) 이름, 속성
(컬럼) 이름을 의미하기에 용어 사전은 엔티티, 속성의 이름의 의미를 설명해 놓은 사전을 의
미합니다.

용어 사전을 정의하는 이유는 동일한 의미의 용어를 설계자들이 서로 다르게 사용하여 발생
되는 혼란을 방지하고, 논리 설계 단계에서 한글로 작성한 엔티티, 속성 이름을 물리적 설계
단계에서 영어 이름으로 바꿀 때, 통일성을 기하기 위해서입니다. 엔티티 명이나 속성 명의
명명 표준을 정의하기 위한 방안으로 자료사전을 작성합니다.

용어 사전의 정의 방법은 다음과 같습니다.

❶ 엔티티 이름과 속성 이름들을 모아 리스트를 만듭니다.

속성명	엔티티명
사원번호	사원
사원이름	사원
주소	사원
주민등록번호	사원
취미번호	사원
소속부서번호	사원
입사일	사원
담당업무	사원
직속상관	사원
급여	사원
부서번호	부서
부서이름	부서
위치	부서
취미번호	취미
취미이름	취미

❷ 엔티티 이름이나 속성 이름이 여러 단어를 포함할 경우, 분리합니다.

속성명	1	2	3	엔티티명
사원번호		사원	번호	사원
사원이름		사원	이름	사원
주소			주소	사원
주민등록번호		주민등록	번호	사원
취미			취미	사원
소속부서번호		소속부서	번호	사원
입사일			입사일	사원
담당업무			담당업무	사원
직속상관			직속상관	사원
급여			급여	사원
부서번호		부서	번호	부서
부서이름		부서	이름	부서
위치			위치	부서
취미번호		취미	번호	취미
취미이름		취미	이름	취미

❸ 마지막 단어를 기준으로 정렬합니다.

속성명	1	2	3	엔티티명
급여			급여	사원
입사날짜		입사	날짜	사원
담당업무			담당업무	사원
사원번호		사원	번호	사원
부서번호		부서	번호	부서
소속부서번호		소속부서	번호	사원
주민등록번호		주민등록	번호	사원
취미번호		취미	번호	취미
사원이름		사원	이름	사원
부서이름		부서	이름	부서
취미이름		취미	이름	취미
위치			위치	부서
직속상관			직속상관	사원
주소			주소	사원

❹ 각 단어에 대해 영어 단어를 붙이고, 용어의 의미를 설명합니다.

논리명	물리명	약어	설명
급여	salary		사원의 급여
담당업무	job		담당업무
번호	number	no	번호
부서	department	dept	부서
사원	employee	emp	사원
주민등록	register	reg	사원의 주민등록번호
이름	name		이름
입사	hire		회사에 입사
날짜	date		날짜
위치	location	loc	부서가 위치한 곳
직속상관	manager		직속상관의 사원번호
주소	address	addr	사원이 거주하는 주소
취미	hobby		사원의 취미

용어에 대해 영어 이름을 붙이는 규칙은 다음과 같습니다.

여러 단어로 구성된 용어에 대해 정의해 보도록 합시다. "이메일 수신 거부"를 위한 용어에 대해서 이름을 붙이기 위해서, 우선 이 단어를 영어로 바꾸어 보면 'email receive deny'가 됩니다. 이를 언더바(_)로 이어서 'email_receive_deny'와 같이 기술합니다. 자주 쓰이는데 영어 단어가 긴 경우에는 약어를 정의하여 'email_rcv_deny'와 같이 사용합니다.

5.2 테이블 기술서

테이블 기술서는 개별 테이블에 대한 보다 자세한 문서화 수단이 됩니다. 모델링 도구에 테이블에 대한 정보가 저장되어 있지만, 테이블 하나하나에 대한 출력된 문서가 필요합니다.

테이블 기술서에는 하나의 테이블에 대한 모든 정보가 상세히 기술되어 있어서, 데이터베이스를 기반으로 응용 프로그램을 작성하는 개발자나 유지보수 담당자에게 매우 유용합니다.

테이블명	EMPLOYEE		Table 기술서		작성일	2014/07/07	Page
System	**CreBiz**				작성자	**성윤정**	1/1
테이블 설명	입사한 사원들의 정보를 관리한다						
No	Attribute	Data Type	NN	Ky	Default	Description	
1	emp_no	number(4)	Y	PK		사원번호	
2	emp_name	varchar(20)	Y			사원이름	
3	salary	number(16)			0	급여	
4	hire_date	date			sysdate	입사날짜	
5	job	varchar(20)				담당업무	
6	reg_no	varchar(13)				주민등록번호	
7	dept_no	number(2)		FK		부서번호	
8							
9							
10							
비고							

논리적 설계에 이어서 물리적 데이터베이스 설계가 끝나면, 데이터베이스를 구현할 준비가 완료되었습니다. 이제 데이터베이스를 구축하는 방법은 다음 장 DLL을 학습한 후에 살펴봅시다.

첫 번째 미션 해결하기

영화 예매 사이트로 데이터베이스를 설계하라!

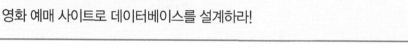

01. 엔티티와 속성을 추출한다.

영화 예매 사이트는 회원제로 관리되고 있으나 비회원인 경우에도 예매가 가능하다. 회원 가입을 위해서는 이름, 주민번호, 전화번호. 이메일, 회원아이디, 비밀번호와 같은 기본적인 정보를 입력해야한다. 여러 지점에 있는 극장에 대해서 영화를 예매할 수 있다. 예매가 순조롭게 이루어지려면 각 극장 지점명과 위치가 관리되어야 하다. 극장은 여러 개의 상영관이 있으며 각각의 상영관에서는 여러종류의 영화가 상영된다. 영화표에는 해당 상영관의 좌석이 정해져서 기록되어 있다. 영화표를 예매할 때 고객들은 원하는 좌석을 지정할 수 있으며 예매일자와 예매 수량이 기록된다. 결제방법은 카드결재나 계좌이체 방법이 있다. 영화표를 예매할 때 회원의 경우에 한해서 포인트 점수가 적립된다. 예매한 영화표는 취소가 가능하고 취소한 경우에 환불을 해준다. 취소 방법은 부분 취소와 전체 취소 두가지 방법이 있다.

엔티티명	포함 속성
극장	극장번호, 극장지점, 위치
상영관	상영관번호, 상영관명, 좌석수, **극장번호**
좌석	좌석번호, 행, 열, 자석배정유무, **상영관번호**
영화	영화번호, 영화제목, 감독, 주연배우
상영일정	상영일정번호, **영화번호**, **상영관번호**, 상영일자, 상영시간, 분류, 요금
영화표	영화표번호, **좌석번호**, **상영일정번호**
회원	회원번호, 이름, 주민번호, 전화번호. 이메일. 회원아이디, 비밀번호, 포인트
환불	환불번호, 환불금액, 취소방법(부분:1, 전체:2)
예매	예매번호, 예매일자, 예매수량, 예매금액, 결재방법(카드결재:1, 계좌이체:2, 현금결재:3), **영화표번호**, **회원번호**, **환불번호**

02. ERD를 그린다.

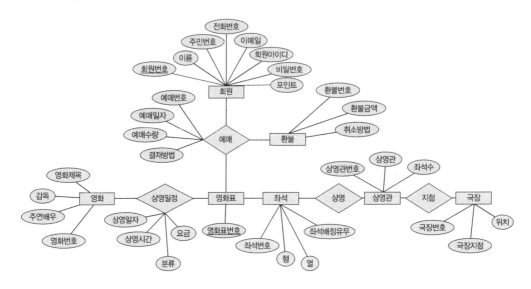

03. 테이블 명세서

테이블명	theater		Table 기술서		작성일	2014/04/08	Page
System	magicmovie				작성자	홍길동	1／9
테이블 설명		극장 정보를 관리한다					

No	Attribute	Data Type	NN	Ky	Default	Description
1	theater_no	number(8)		PK		극장번호
2	theater_branch	varchar(20)				극장지점
3	theater_position	varchar(20)				위치

테이블명	screen		Table 기술서		작성일	2014/04/08	Page
System	magicmovie				작성자	홍길동	2／9
테이블 설명		상영관의 정보를 관리한다					

No	Attribute	Data Type	NN	Ky	Default	Description
1	screen_no	number(8)		PK		상영관번호
2	screen_name	varchar(20)				상영관명
3	seat_amount	number(10)				좌석수
4	theater_no	number(8)		FK		극장번호 (theater 테이블의 PK)

테이블명	seat		Table 기술서			작성일	2014/04/08	Page
System	magicmovie					작성자	홍길동	3/9
테이블 설명		좌석 정보를 관리한다						

No	Attribute	Data Type	NN	Ky	Default	Description
1	seat_no	number(8)		PK		좌석번호
2	row	number(6)				행
3	column	number(6)				열
4	assign_yn	varchar(1)				자석배정유무
5	screen_no	number(8)		FK		상영관번호 (screen 테이블의 PK)

테이블명	movie		Table 기술서			작성일	2014/04/08	Page
System	magicmovie					작성자	홍길동	4/9
테이블 설명		영화 정보를 관리한다						

No	Attribute	Data Type	NN	Ky	Default	Description
1	movie_no	number(8)		PK		영화번호
2	movie_title	varchar(100)				영화제목
3	director	varchar(20)				감독
4	actor	varchar(20)				주연배우

테이블명	schedule		Table 기술서			작성일	2014/04/08	Page
System	magicmovie					작성자	홍길동	5/9
테이블 설명		상영일정 정보를 관리한다						

No	Attribute	Data Type	NN	Ky	Default	Description
1	schedule_no	number(8)		PK		상영일정번호
2	schedule_date	date				상영일자
3	schedule_time	date				상영시간
4	category	varchar(20)				분류
5	charge	number(16)				요금
6	movie_no	number(8)				영화번호 (movie 테이블의 PK)
7	screen_no	number(8)		FK		상영관번호 (screen 테이블의 PK)

테이블명	ticket	Table 기술서			작성일	2014/04/08	Page
System	magicmovie				작성자	홍길동	6/9

테이블 설명		영화표 정보를 관리한다				

No	Attribute	Data Type	NN	Ky	Default	Description
1	ticket_no	number(8)		PK		영화표번호
2	seat_no	number(8)				좌석번호 (seat 테이블의 PK)
3	schedule_no	number(8)		FK		상영일정번호 (schedule 테이블의 PK)

테이블명	member	Table 기술서			작성일	2014/04/08	Page
System	magicmovie				작성자	홍길동	7/9

테이블 설명		회원 정보를 관리한다				

No	Attribute	Data Type	NN	Ky	Default	Description
1	member_no	number(8)		PK		회원번호
2	member_name	varchar(20)				이름
3	reg_no	varchar(8)				주민번호
4	tel_no	varchar(11)				전화번호
5	email	varchar(50)				이메일
6	id	varchar(50)				회원아이디
7	pwd	varchar(50)				비밀번호
8	point	number(4)				포인트

테이블명	refund	Table 기술서			작성일	2014/04/08	Page
System	magicmovie				작성자	홍길동	8/9

테이블 설명		환불 정보를 관리한다				

No	Attribute	Data Type	NN	Ky	Default	Description
1	refund_no	number(8)		PK		환불번호
2	refund_charge	number(16)				환불금액
3	cancel_method	varchar(20)				취소방법

테이블명	reserve		Table 기술서			작성일	2014/04/08	Page
System	magicmovie					작성자	홍길동	9／9

테이블 설명		예매 정보를 관리한다					
No	Attribute	Data Type	NN	Ky	Default	Description	
1	reserve_no	number(8)		PK		예매번호	
2	reserved_date	date				예매일자	
3	reserve_quantity	number(10)				예매수량	
4	reserve_charge	number(16)				예매금액	
5	approval_method	varchar(20)				결재방법	
6	movie_no	number(8)		FK		영화표번호 (movie 테이블의 PK)	
7	member_no	number(8)		FK		회원번호 (member 테이블의 PK)	
8	refund_no	number(8)		FK		환불번호 (refund 테이블의 PK)	

마무리

1. 데이터베이스 설계 순서는 다음과 같습니다.

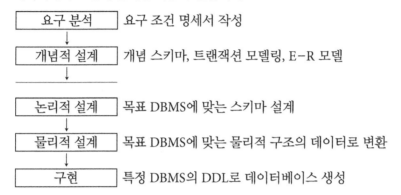

요구 분석 — 요구 조건 명세서 작성

개념적 설계 — 개념 스키마, 트랜잭션 모델링, E-R 모델

논리적 설계 — 목표 DBMS에 맞는 스키마 설계

물리적 설계 — 목표 DBMS에 맞는 물리적 구조의 데이터로 변환

구현 — 특정 DBMS의 DDL로 데이터베이스 생성

2. 데이터 모델은 다음과 같이 정의할 수 있습니다.

- 현실 세계의 정보들을 컴퓨터에 표현하기 위해서 단순화, 추상화하여 체계적으로 표현한 개념적 모형입니다.

- 현실 세계를 데이터베이스에 표현하는 중간 과정, 즉 데이터베이스 설계 과정에서 데이터의 구조를 표현하기 위해 사용되는 도구입니다.

- 데이터의 구조(Schema)를 논리적으로 묘사하기 위해 사용되는 지능적 도구입니다.

3. 데이터 모델의 종류는 개념적 데이터 모델과 논리적 데이터 모델로 나뉩니다.

개념적 데이터 모델

- 속성들로 기술된 개체 타입과 이 개체 타입들 간의 관계를 이용하여, 현실 세계를 표현하는 방법입니다.

- 종류로는 E-R 모델이 있습니다.

논리적 데이터 모델

- 필드로 기술된 데이터 타입과 이 데이터 타입들 간의 관계를 이용하여, 현실 세계를 표현하는 방법입니다.

- 단순히 데이터 모델이라고 하면, 논리적 데이터 모델을 의미합니다.

- 논리적 데이터베이스 모델은 데이터 간의 관계를 어떻게 표현하느냐에 따라, 관계 모델, 계층 모델, 네트워크 모델로 구분합니다.

4. 데이터 모델의 구성 요소는 엔티티, 애트리뷰트, 관계 3가지로 구성됩니다.

개체(Entity)

- 데이터베이스에 표현하려는 것으로, 사람이 생각하는 개념이나 정보단위 같은 현실 세계의 대상체이자, 유형, 무형의 정보로서 서로 연관된 몇 개의 속성으로 구성됩니다.

- 파일 시스템의 레코드에 대응하는 것으로, 어떤 정보를 제공하는 역할을 수행합니다.

- 독립적으로 존재하거나 그 자체로도 구별이 가능합니다.

속성(Attribute)

- 데이터의 가장 작은 논리적 단위로서, 파일 구조상의 데이터 항목 또는 데이터 필드에 해당합니다.

- Entity를 구성하는 항목입니다.

관계(Relationship)

- Entity 간의 관계 또는 Attribute 간의 관계입니다.

5. 개체-관계(Entity-Relationship) 모델

개념적 데이터 모델의 가장 대표적인 것으로, 1976년 Peter Chen에 의해 제안되었습니다.

- 개체 타입(entity type)과 이들 간의 관계 타입(relationship type)을 이용해 현실 세계를 개념적으로 표현합니다.

- 데이터를 개체(Entity), 관계(Relationship), 속성(Attribute)으로 묘사합니다.

- 특정 DBMS를 고려한 것은 아닙니다.

6. E-R 다이어그램

기호	기호이름	의미
	사각형	개체(Entity)
	다이아몬드	관계(Relationship)
	타원	속성(Attribute)
	밑줄 타원	기본 키 속성
	복수 타원	복합 속성 (예) 성명은 성과 이름으로 구성
	관계	1:1, 1:n, n:m 등의 개체 관계에 대해 선 위에 대응수 기술
	선	개체타입과 속성을 연결

도전 Quiz

1. 1976년 Peter Chen이 제안한 것으로, 엔티티(entity)와 이들 간의 관계(relationship)를 이용해 현실 세계를 개념적으로 표현한 방법은 무엇인가?

❶ 계층형 데이터 모델　　　　　　❷ E-R 모델

❸ 관계형 데이터 모델　　　　　　❹ 네트워크형 데이터 모델

2. E-R 모델데 대한 설명으로 옳지 않은 것은?

❶ 데이터를 엔티티, 관계, 속성으로 묘사한다.

❷ E-R 모델에서 관계는 속성들에 대한 관계를 표현한다.

❸ E-R 모델에서 속성은 엔티티를 묘사하는 데 사용될 수 있는 특성을 의미한다.

❹ E-R 모델에서 엔티티는 실세계에서 개념적 또는 물리적으로 존재하는 실제 내용을 의미한다.

3. E-R 다이어그램에서 타원형은 무엇을 나타내는가?

❶ 개체　　　　　❷ 관계　　　　　❸ 링크　　　　　❹ 속성

4. 개체-관계(E-R) 모델에 대한 설명으로 잘못된 것은?

❶ 개체와 개체 관계를 도식화한다.

❷ 개체 집합을 사각형으로 표시한다.

❸ 관계를 다이아몬드로 표시한다.

❹ 일대일(1:1), 일대다(1:N) 관계 유형만 표현할 수 있다.

5. 관계는 두 엔티티 간의 업무적인 연관성을 의미하는데, 부모 테이블의 기본 키가 자식 테이블의 기본 키 혹은 후보 키 그룹의 구성원으로 전이되는 것을 무엇이라고 하는가?

❶ 식별 관계　　　❷ 비식별 관계　　　❸ 부모 관계　　　❹ 종속 관계

6. ERD의 구성 요소에 대한 표현이 잘못 짝지어진 것은?

❶ 엔티티 집합 – 직사각형   ❷ 관계 집합 – 마름모꼴

❸ 속성 – 원   ❹ 링크 – 화살표

7. 개체–관계 다이어그램에서 엔티티를 표시하는 것은?

❶   ❷   ❸   ❹ _____

06 ERwin을 활용하여
ERD 작성하기

지금까지 설명한 모델링을 CASE Tool인 ERwin을 사용하여 설계해 보도록 합시다. CASE (Computer Aided Software Engineering) Tool은 프로그램을 개발하는 데 사용되는 프로그램 자동화 도구입니다. 이를 사용하면 모델링을 표현하는 것도 보다 간편할 뿐 아니라, 테이블 생성까지도 자동으로 할 수 있다는 장점이 있습니다.

도전 미션 --

첫 번째 미션: ERwin으로 ERD를 완성하라!

학습 내용 --

Section 01. ERwin 시작하기

Section 02. 엔티티 타입 간 관계 설정

Section 03. ERwin을 활용하여 물리적 모델링하기

첫 번째 미션

ERwin으로 ERD를 완성하라!

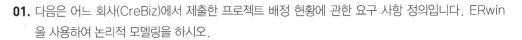

01. 다음은 어느 회사(CreBiz)에서 제출한 프로젝트 배정 현황에 관한 요구 사항 정의입니다. ERwin 을 사용하여 논리적 모델링을 하시오.

> 사원은 하나 또는 그 이상의 프로젝트에 배정될 수 있으며, 프로젝트에 배정되지 않은 사원도 있 다. 하지만 각 프로젝트에 직원은 한 명 이상 반드시 배정되어야 한다. 직원은 이름, 호봉, 특 기, 생년월일을 속성으로 가지며, 프로젝트는 프로젝트 번호, 프로젝트 내역, 시작일, 예상 완 료일에 대한 정보가 기록되어야 한다. 단, 정보 기록 시 직원은 하나 이상의 특기를 기록할 수 있다.

ERD는 다음과 같다.

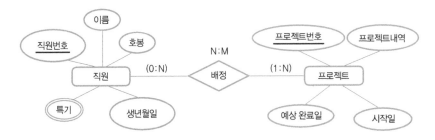

02. 다음은 테이블 명세서입니다. ERwin을 사용하여 물리적 모델링을 하시오

테이블명	employee		**Table 기술서**		작성일	2014/03/06	Page
System	**CreBiz**				작성자	**홍길동**	1/4
테이블 설명		직원들의 정보를 관리한다					
No	Attribute	Data Type	NN	Ky	Default	Description	
1	emp_no	number(4)	Y	PK		직원번호	
2	emp_name	varchar(20)	Y			이름	
3	salary	number(6)				호봉	
4	birthday	date				생년월일	

테이블명	specialty		**Table 기술서**		작성일	2014/03/06	Page
System	**CreBiz**				작성자	**홍길동**	2/4
테이블 설명		직원들의 특기를 관리한다					
No	Attribute	Data Type	NN	Ky	Default	Description	
1	emp_no	number(4)	Y	PK, FK		직원번호(employee 테이블의 PK)	
2	specialty	varchar(20)	Y	PK		특기	

테이블명	project		**Table 기술서**		작성일	2014/03/06	Page
System	**CreBiz**				작성자	**홍길동**	3/4
테이블 설명		프로젝트 정보를 관리한다					
No	Attribute	Data Type	NN	Ky	Default	Description	
1	pro_no	number(4)	Y	PK		프로젝트번호	
2	pro_content	varchar(100)	Y			프로젝트 내역	
3	start_date	date				시작일	
4	finish_date	date				예상 완료일	

테이블명	assign		**Table 기술서**		작성일	2014/03/06	Page
System	**CreBiz**				작성자	**홍길동**	4/4
테이블 설명		직원들이 어떤 프로젝트를 진행하고 있는지를 관리한다					
No	Attribute	Data Type	NN	Ky	Default	Description	
1	emp_no	number(4)	Y	PK, FK		직원번호(employee 테이블의 PK)	
2	pro_no	number(4)	Y	PK, FK		프로젝트번호(project 테이블의 PK)	

01 ERwin 시작하기

A C T U A L   M I S S I O N   O R A C L E

데이터 모델링을 지원하는 CASE Tool인 ERwin의 사용 방법과 기능을 살펴보고 이를 이용하여 논리적 모델링, 물리적 모델링을 거쳐 스키마 생성까지 해보도록 합시다.

직접 해보기   ERwin 시작하기

1 [시작 → 프로그램 → Computer Associates → AllFusion → ERwin Data Modeler → ERwin]을 선택하여 ERwin을 실행합니다.

2 [Computer Associates ERwin] 창에서 [Create a new model]을 체크한 후 [OK] 버튼을 클릭합니다.

③ [Create Model] 대화 상자가 나타나면 New Model Type을 'Logical/Physical'로 선택하고, Target Database로는 원하는 DBMS(오라클)을 선택하고 [OK] 버튼을 클릭합니다.

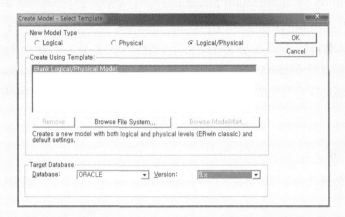

④ 메인 화면은 다음과 같이 구성되어 있습니다.

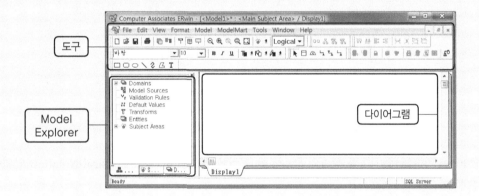

1.1 ERwin 표기 방식

ERwin 표기 방식은 Indeflx와 IE 2가지 표기 방식이 지원됩니다. Indeflx(Integration DEFinition for Information Modeling)은 미 국방성에서 프로젝트 표준안으로 개발한 표기 방식이고 IE(Information Engineering)는 정보공학 표기 방식입니다. 일명 까마귀발 표기법 이라고 불리는 IE 표기 방식이 우리가 일반적으로 모델링을 할 때 가장 많이 사용하는 유형 입니다. 본서에서도 모델링 표기법으로 IE를 사용하기로 합니다. ERwin을 설치하면 기본적 으로 Indeflx 방식으로 설정되어있으므로 이를 IE 표기 방식으로 변경해 봅시다.

직접 해보기 ERwin 표기 방식 변경하기

1 ERwin 초기 화면의 메뉴에서 [Model → Model Properties..] 메뉴를 선택합니다.

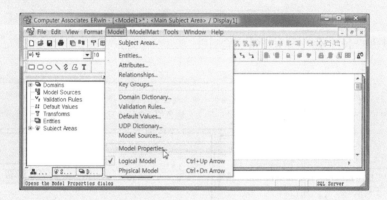

2 [Model Properties] 대화 상자의 [Notation] 탭에 있는 Logical과 Physical Notation 영역에서 IE 옵션 버튼을 클릭합니다.

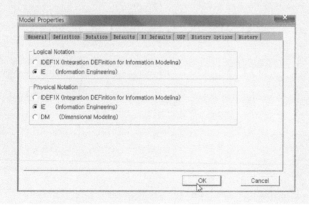

표기 방식을 Indeflx 방식에서 IE 방식으로 바꾸어 설정하면 ERwin Toolbox의 모습이 아래 그림처럼 바뀌게 됩니다.

ERwin Toolbox는 엔티티를 생성하고 관계를 정의하는 데 사용하는 도구 모음입니다.

1.2 Logical 영역과 Physical 영역

ERwin은 개념적 데이터 모델링을 제외한 논리적/물리적 데이터 모델링 지원합니다. ERwin 은 관계형 데이터 모델링 CASE Tool이기 때문에 관계형 데이터베이스 이론에 입각해서 스키마를 설계하는 논리적 모델링과 물리적 모델링을 지원합니다.

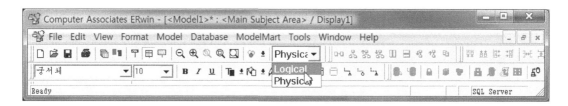

1.2.1 논리적 모델링

ERwin에서 논리적(Logical) 데이터 모델링을 하도록 합시다.

▌엔티티

논리적 모델에서 엔티티(Entity)는 데이터베이스에서 테이블로 나타납니다. ERwin에서 엔티티를 생성해봅시다.

1 엔티티를 생성하기 위해서는 ERwin Toolbox의 Entity(日) 버튼을 선택한 뒤 다이어그램 영역을 클릭하면 새롭게 엔티티가 만들어집니다.

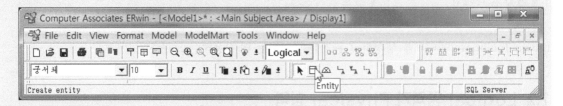

2 혹은 모델 탐색기에서 'Entities'를 선택한 후 마우스 오른쪽 버튼을 누르면 바로 가기 메뉴가 나타납니다. 여기서 [New] 메뉴를 선택하면 화면 오른쪽 다이어그램 화면에 엔티티가 생성됩니다. 엔티티는 엔티티 명을 입력하는 영역, 기본 키를 입력하는 영역, 일반 애트리뷰트를 입력하는 영역 이렇게 세 영역으로 구성됩니다.

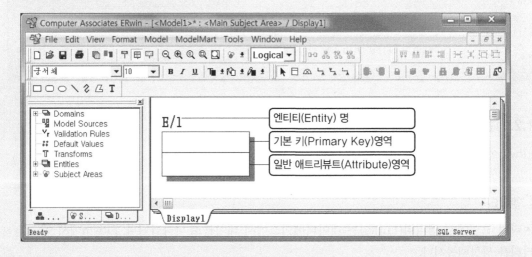

3 엔티티 명을 입력하는 영역, 기본 키를 입력하는 영역, 일반 애트리뷰트를 입력하는 영역 사이를 이동하기 위해서는 엔티티를 선택한 후에 탭 키를 눌러서 이동합니다. 우선 엔티티를 추가한 후 엔티티 명을 "부서"로 입력한 후에 탭 키를 누르면 기본 키 영역으로 이동됩니다. 기본 키로 "부서 번호"를 입력한 후에 다시 탭 키를 누르면 일반 애트리뷰트 영역으로 이동합니다. "부서명"을 입력한 후에 엔터 키를 치면 새로운 애트리뷰트를 기술할 공간이 만들어지므로 여기에 "지역명"을 입력합니다. 같은 방법으로 "사원" 엔티티도 설계해 봅시다. 두 엔티티를 생성했다면 이를 '사원 관리모델링'이란 파일명으로 저장합니다.

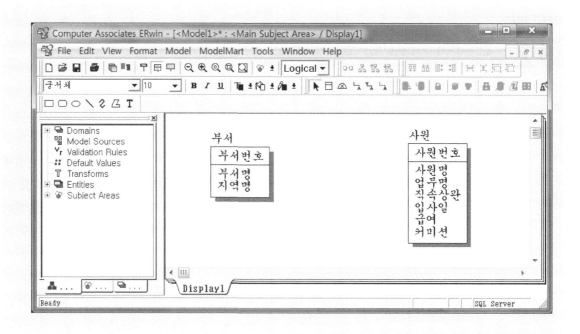

관계는 두 엔티티 간의 업무적인 연관성을 말하며, 식별 관계, 비식별 관계로 나뉩니다. 식별 관계는 부모 테이블의 기본 키가 자식 테이블의 기본 키 혹은 후보 키 그룹의 구성원으로 전이되는 것이고, 비식별 관계는 부모 테이블의 기본 키가 자식 테이블의 일반 컬럼으로 전이되는 것입니다. 식별 관계와 비식별 관계를 정의하기 위해서는 ERwin Toolbox의 버튼을 이용합니다.

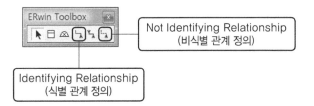

부서 엔티티와 사원 엔티티에 일대다 관계를 비식별 관계로 설정하도록 합시다. 일대다로 관계를 설정하는 데 있어서 가장 중요한 것은 부모 엔티티와 자식 엔티티를 결정하는 것입니다. 소속 관계에 있어서는 부서가 부모 엔티티가 되고 사원이 자식 엔티티가 됩니다. 왜냐하면 부서가 먼저 존재해야만 그 부서에 사원이 소속될 수 있기 때문입니다. 이미 언급한 바 있지만, 먼저 존재해야 하는 엔티티가 부모 엔티티이고 이 부모 엔티티를 자식 엔티티가 참조하게 됩니다. 그렇기에 사원(자식) 엔티티에 외래 키를 설정하되 부서(부모) 엔티티의 기본 키를 참조하도록 해야 합니다. ERwin에서는 일대다 관계로 설정하되 부모 테이블과 자식 테이블만 정확하게 알려주면 외래 키 설정을 따로 하지 않아도 자동으로 외래 키가 설정됩니다. 자, 이제 부서 엔티티와 사원 엔티티 사이에 일대다 관계를 설정해 보도록 합시다.

ERwin Toolbox에서 부모 키를 참조하는 외래 키가 일반 컬럼이 되도록 하기 위해서 비식별 관계를 선택합니다. 그런 다음 부모(부서) 테이블을 먼저 선택한 뒤에 자식(사원) 테이블을 선택합니다. 순서가 중요하므로 반드시 부모 테이블이 먼저 선택되어야 하는 것을 명심해야 합니다.

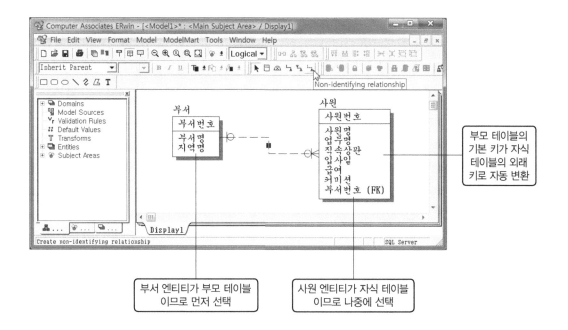

부서 엔티티가 부모 테이블
이므로 먼저 선택

사원 엔티티가 자식 테이블
이므로 나중에 선택

다대다 관계 생성

1 다음과 같이 '고객'과 '상품' 엔티티를 작성한 후에 다대다 관계선을 선택합니다. 다대다 관계에 있
는 엔티티들은 부모와 자식의 관계가 아니므로 ERwin Toolbox에서 순서에 상관없이 두 엔티티
를 선택합니다.

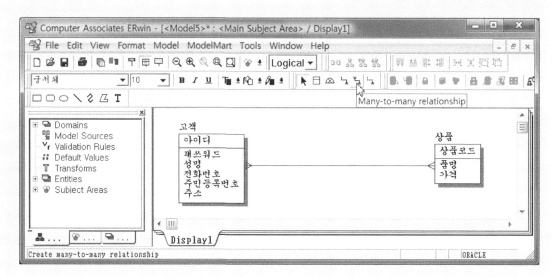

2 ERwin Toolbar의 관계선을 이용하여 다대다 관계를 논리적으로 표현할 수 있지만 물리적으로는 존재할 수 없습니다. 그러므로 물리적 모델링 단계로 이어지기 위해서는 다대다 관계를 없애고 관계를 위한 엔티티를 생성해야 합니다. 관계 엔티티를 생성하기 위해서는 두 엔티티의 다대다 관계선에서 마우스 오른쪽 버튼을 누른 후 팝업 메뉴에서 'Create Association Entity' 메뉴를 선택합니다.

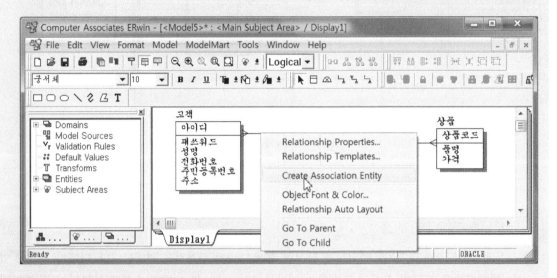

다대다 관계선을 관계 엔티티로 변경

물리적 모델링을 고려해서 다대다 관계선을 관계 엔티티로 변경하려면 두 엔티티의 다대다 관계선에서 마우스 오른쪽 버튼을 누른 후 팝업 메뉴에서 'Create Association Entity' 메뉴를 선택합니다.

3 마법사가 나타납니다.

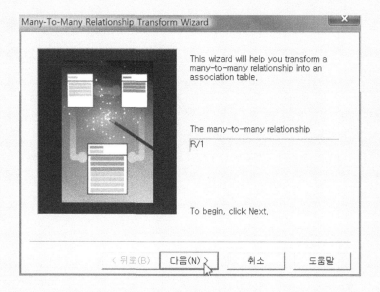

4 다음 버튼을 누르면 새롭게 추가될 관계 엔티티에 대한 이름을 정의하는 대화 상자가 나옵니다.
여기서 Entity Name에 "주문"을 입력한 후 [다음] 버튼을 선택합니다.

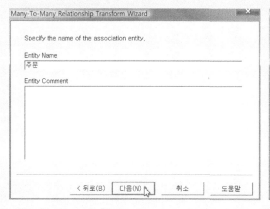 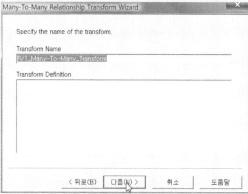

⑤ 현재 작업에 대한 정보가 나오면 마침 버튼을 누르고 작업을 완료합니다.

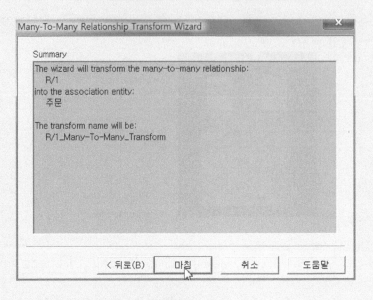

⑥ 다대다 관계에 의한 엔티티가 생성된 것을 확인할 수 있습니다.

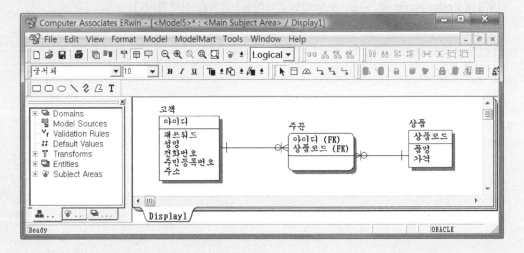

⑦ 관계에 의해 생성된 엔티티는 외래 키로 식별 기능을 하도록 기본 키 영역에 들어와 있는데 외래 키를 일반 컬럼으로 사용하려면 관계선을 선택한 후 마우스 오른쪽 버튼을 클릭하여 바로 가기 메뉴의 [Relationship Properties..] 메뉴를 선택합니다.

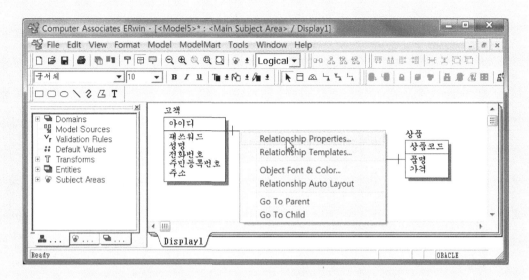

⑧ [Relationships] 대화 상자에서 'Non-Identifying' 옵션을 선택합니다.

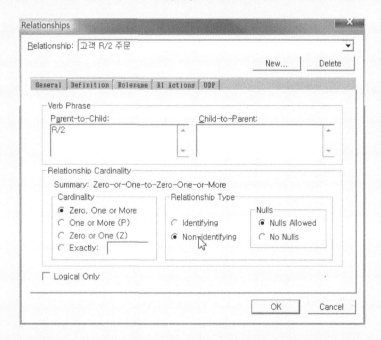

⑨ 이번에는 "주문"과 "상품" 사이의 관계 선을 선택한 후 마우스 오른쪽 버튼을 클릭하여 나타난 바로 가기 메뉴에서 [Relationship Properties..] 메뉴를 선택합니다.

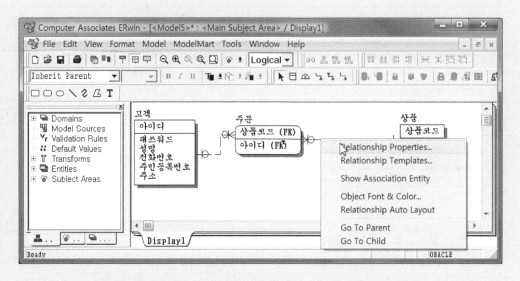

⑩ [Relationships] 대화 상자에서 'Non-Indentifying' 옵션을 선택합니다.

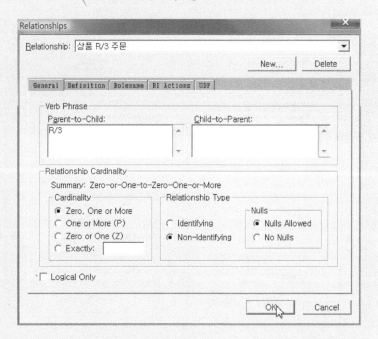

11 외래 키가 일반 속성으로 빠져나왔습니다.

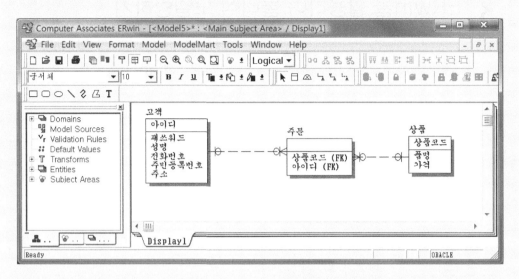

12 이제 기본 키를 추가하고 나머지 속성들도 추가하도록 합시다.

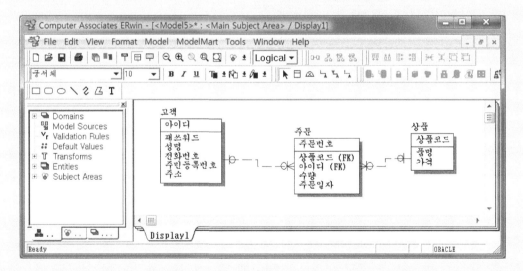

ERwin에서 논리적(Logical) 데이터 모델링에서 물리적(Physical) 데이터 모델링을 전환하여 물리적(Logical) 데이터 모델링 작업을 하도록 하겠습니다.

다음은 고객, 상품, 주문 테이블에 대한 물리적 데이터 모델링을 위한 명세표입니다.

물리적 데이터 모델링을 위한 명세표

<Entity : 고객   테이블 명 : customer>

NO	애트리뷰트	컬럼명	자료형	크기	NULL 허용	키	디폴트값	비고
1	아이디	id	varchar2	20	N	PK		
2	패쓰워드	pwd	varchar2	20	N		'0'	
3	성명	name	varchar2	20	N		'0'	
4	전화번호	phone	varchar2	11				
5	주민등록번호	register	varchar2	13				
6	주소	address	varchar2	100				

물리적 데이터 모델링을 위한 명세표

<Entity : 상품   테이블 명 : products>

NO	속성명	컬럼명	자료형	크기	NULL 허용	키	디폴트값	비고
1	상품코드	pcode	varchar2	20	N			
2	품명	pname	varchar2	100			'0'	
3	가격	price	varchar2	10			'0'	

물리적 데이터 모델링을 위한 명세표

<Entity : 주문   테이블 명 : orders>

NO	속성명	컬럼명	자료형	크기	NULL 허용	키	디폴트값	비고
1	주문번호	oseq	number	6	N	PK		
2	수량	quantity	number	10			'0'	
3	주문일자	indate	date				SYSDATE	
4	주문자아이디	id	varchar2	20		FK		customer(id)
5	상품 코드	pcode	varchar2	20		FK		products(pcode)

1 메뉴에서 [Model → Model Properties..] 메뉴를 선택합니다. [Model Properties] 대화 상자의 [Defaults] 탭에서 Default Logical Datatype: 란에서 VARCHAR(20)을 지정하고 Default Physical Datatype: 란에서 VARCHAR(20)을 지정합니다.

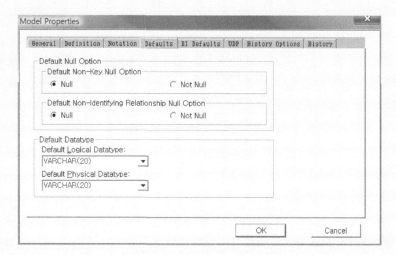

2 ERwin Toolbox의 오른쪽 콤보박스에서 Physical을 선택하면 물리적 모델링으로 전환됩니다.

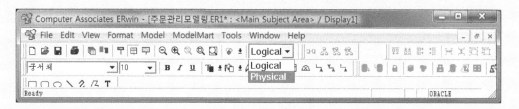

3 ERwin을 처음 시작할 때 데이터베이스를 선택하지 않고 지나쳤다면 [Database]−[Choose Database...] 메뉴를 선택합니다.

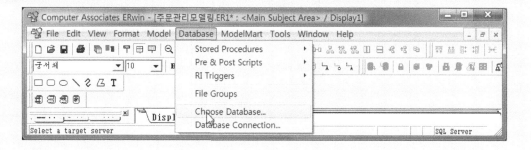

4 데이터베이스의 종류와 버전과 Default Datatype을 선택합니다. 여기에서 사용하는 ERwin은 Oracle 최신 버전으로 9.x를 지원하기 때문에 10.x가 아닌 9.x를 선택합니다.

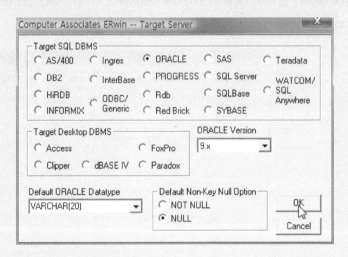

5 논리적 모델링에서 물리적 모델링으로 전환할 경우 ERwin에서는 용어가 엔티티(Entity)에서 테이블(Table)로 바뀌며, 애트리뷰트(Attribute) 또한 컬럼(Column)으로 바뀌게 됩니다. Logical 모델링에서 Physical 모델링으로 전환하면 기본적으로 다음 그림과 같이 컬럼의 Data Type과 Size가 함께 나타납니다.

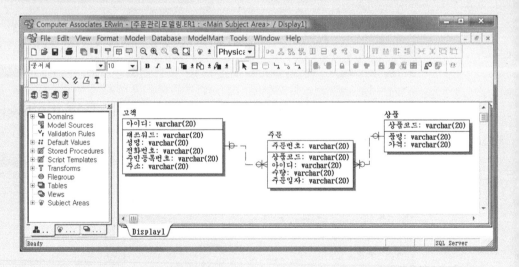

1 모든 컬럼에는 Data Type과 Size가 기본적으로 정의되어 있는데 각 컬럼에 입력될 데이터에 따라 적절하게 변경해 주어야 합니다. 컬럼의 Data Type과 Size를 정의할 테이블을 선택한 뒤 마우스 오른쪽 버튼을 누르면 바로 가기 메뉴가 나타납니다. 여기서 [Columns...] 메뉴를 선택합니다.

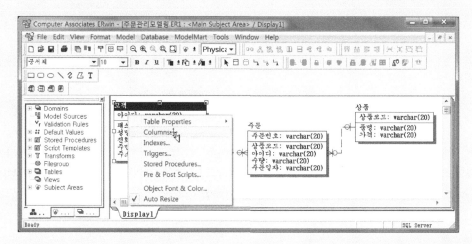

2 다음과 같이 Columns 대화 상자가 나타나면 Table: 옆에 (...) 버튼을 클릭합니다. [Oracle Tables] 대화 상자가 나타나면 Name:에 "customer"라고 입력합니다.

3 [Column] 목록 상자에서 [아이디]를 선택한 후 [Rename...] 버튼을 클릭합니다. Column: 입력란에 "id"를 입력하여 컬럼 이름을 지정합니다.

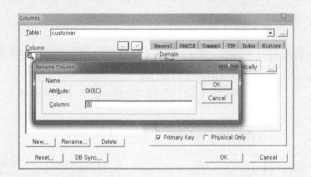

4 컬럼 이름이 결정되었으면 화면 오른쪽의 [ORACLE] 탭을 선택한 후에 ORACLE Datatype에서 VARCHAR2()을 선택한 후 () 사이에 "20"을 입력합니다.

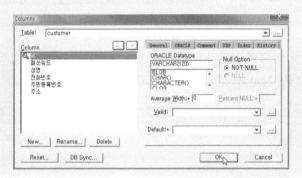

5 나머지 테이블에 대해서도 다음과 같이 컬럼이름과 자료형을 변경합니다.

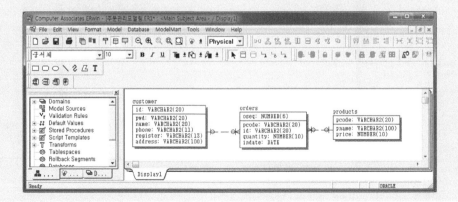

첫 번째 미션 해결하기

ERwin으로 ERD를 완성하라!

01. 논리적 모델링하기

1 [시작 → 프로그램 → Computer Associates → AllFusion → ERwin Data Modeler → ERwin]을 선택하여 ERwin을 실행합니다.

2 [Computer Associates ERwin] 창에서 [Create a new model]을 체크한 후 [OK] 버튼을 클릭합니다.

3 [Create Model] 대화 상자가 나타나면 New Model Type을 'Logical/Physical'로 선택하고, Target Database로는 원하는 DBMS(Oracle)을 선택하고 [OK] 버튼을 클릭합니다.

4 ERwin Toolbox의 Entity 버튼을 클릭합니다.

5 그런 후에 다이어그램 영역을 클릭하면 세 영역으로 엔티티가 만들어집니다. 엔티티는 엔티티 명을 입력하는 영역, 기본 키를 입력하는 영역, 일반 애트리뷰트를 입력하는 영역 이렇게 세 영역으로 구성됩니다. 엔티티 명을 입력하는 영역, 기본 키를 입력하는 영역, 일반 애트리뷰트를 입력하는 영역 사이를 이동하기 위해서는 엔티티를 선택한 후에 탭 키를 눌러서 이동하여 다음과 같이 논리적 모델링을 합니다.

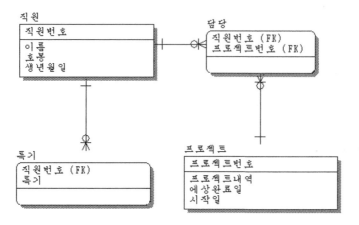

02. ERwin Toolbox의 오른쪽 콤보박스에서 Physical을 선택하면 물리적 모델링으로 전환하여 다음과 같이 물리적 모델링합니다.

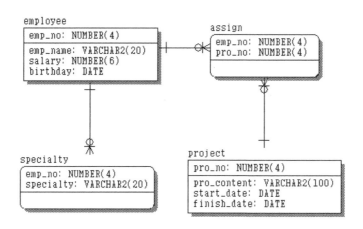

마무리

1. ERwin 사용하기

데이터 모델링을 지원하는 CASE Tool 중에서 ERwin이 있습니다.

2. ERwin 표기 방식

Indeflx(numberegration DEFinition for Information Modeling)
미 국방성에서 프로젝트 표준안으로 개발한 표기 방식
IE(Information Engineering) : 정보공학 표기 방식
일명 까마귀발 표기법으로 일반적으로 가장 많이 사용되는 유형임

3. 논리적 모델링

사원(자식) 엔티티에 외래키를 설정하되 부서(부모) 엔티티의 기본키를 참조하도록 해야 합니다.
ERwin에서는 일대다 관계 설정을 하되 부모 테이블과 자식 테이블만 정확하게 알려주면 외래키 설정을 따로 하지 않아도 자동으로 외래키가 설정됩니다.

4. 다대다 관계 생성

물리적 모델링을 고려해서 다대다 관계선을 관계 엔티티로 변경하려면 두 엔티티의 다대다 관계선에서 마우스 오른쪽 버튼을 누른 후 팝업 메뉴에서 'Create Association Entity' 메뉴를 선택합니다.

5. 물리적 모델링

논리적 모델링에서 물리적 모델링으로 전환할 경우 ERwin에서는 용어가 엔티티(Entity) → 테이블(Table) 속성(Attribute) → 컬럼(Column)으로 바뀌게 됩니다.

6. 데이터베이스 스키마 생성

데이터베이스 스키마 생성이란 물리적 데이터 모델링 단계를 거쳐 정의한 데이터베이스의 스키마 내용을 실제 데이터베이스 객체로 만들어질 수 있도록 하는 과정입니다.

ERwin으로 스키마를 생성하면 실제 데이터베이스 객체를 생성할 수 있습니다.

도전 Quiz

1. ERwin에 대한 설명으로 옳지 않은 것은?

   ❶ ERwin을 사용하여 논리적 모델링을 설계할 수 있습니다.

   ❷ ERwin을 사용하여 물리적 모델링을 설계할 수 있습니다.

   ❸ ERwin은 스키마를 생성할 수 있습니다.

   ❹ ERwin은 모델링을 표현하는 것만 가능할 뿐 테이블을 생성하지는 못합니다.

2. ERD 표기 방식 중 정보공학 표기 방식으로 일명 까마귀발 표기법이라고 불리는 표기 방식은 무엇인가?

   ❶ Indeflx(Integration DEFinition for Information Modeling)

   ❷ IE(Information Engineering)

   ❸ CHEN

   ❹ PLAN−DB

테이블 구조를 생성, 변경 및 제거하는 DDL

이번 장에서는 테이블을 생성하는 명령문, 테이블의 구조를 변경하는 명령문, 기존 테이블의 존재 자체를 제거하는 명령문, 기존에 사용하던 테이블의 모든 로우를 제거하는 명령문을 학습합니다.

○ **도전 미션** --

첫 번째 미션: 테이블을 생성하라!

○ **학습 내용** --

첫 번째 미션

테이블을 생성하라!

01. 다음 표에 명시된 대로 dept_mission 테이블을 생성하시오.

컬럼명	데이터 타입	크기
DNO	number	2
DNAME	varchar2	14
LOC	varchar2	13

dept01 테이블이 생성되었는지 확인하기 위해서 desc[ribe] 명령어를 실행하여 다음과 같은 결과를 얻으면 성공입니다.

```
01 desc dept_mission
```

```
이름      널 유형
-----  -  -----------
DNO       NUMBER(2)
DNAME     VARCHAR2(14)
LOC       VARCHAR2(13)
```

02. 다음 표에 명시된 대로 emp_mission 테이블을 생성하시오.

컬럼명	데이터 타입	크기
ENO	number	4
ENAME	varchar2	10
DNO	number	2

테이블이 생성되었는지 확인하기 위해서 desc[ribe] 명령어를 실행하여 다음과 같은 결과를 얻으

면 성공입니다.

```
01 desc emp_mission
```

```
이름     널 유형
----- - ------------
ENO      NUMBER(4)
ENAME    VARCHAR2(10)
DNO      NUMBER(2)
```

03. 긴 이름을 저장할 수 있도록 emp_mission 테이블을 수정하시오.

컬럼명	데이터 타입	크기
ENO	number	4
ENAME	varchar2	25
DNO	number	2

테이블이 수정되었는지 확인하기 위해서 desc[ribe] 명령어를 실행하여 다음과 같은 결과를 얻으면 성공입니다.

```
01 desc emp_mission
```

```
이름     널 유형
----- - ------------
ENO      NUMBER(4)
ENAME    VARCHAR2(25)
DNO      NUMBER(2)
```

04. emp_mission 테이블을 제거하시오.

테이블이 제거되었는지 확인하기 위해서 desc[ribe] 명령어를 실행하여 다음과 같은 결과를 얻으면 성공입니다.

```
01 desc emp_mission
```

```
ERROR:
------------------------------
오류: EMP_MISSION 객체가 존재하지 않습니다.
```

05. dept_mission 테이블에서 DNAME 컬럼을 제거하시오.

테이블이 수정되었는지 확인하기 위해서 desc[ribe] 명령어를 실행하여 다음과 같은 결과를 얻으면 성공입니다.

```
01 desc dept_mission
```

```
이름  널 유형
--- - -----------
DNO     NUMBER(2)
LOC     VARCHAR2(13)
```

06. dept_mission 테이블에서 LOC 컬럼을 UNUSED로 표시하시오.

테이블이 수정되었는지 확인하기 위해서 desc[ribe] 명령어를 실행하여 다음과 같은 결과를 얻으면 성공입니다.

```
01 desc dept_mission
```

```
이름  널 유형
--- - ---------
DNO     NUMBER(2)
```

07. dept_mission 테이블에서 UNUSED 컬럼을 제거하시오.

08. dept_mission을 department란 이름으로 변경하시오.

이름이 변경되었기 때문에 이전 테이블명으로는 테이블의 구조를 확인할 수 없습니다.

```
01 desc dept_mission
```

```
ERROR:
-------------------------------
오류: DEPT_MISSION 객체가 존재하지 않습니다.
```

변경된 테이블명으로 구조를 확인할 수 있습니다.

```
01 desc department
```

```
이름  널 유형
--- - ---------
DNO     NUMBER(2)
```

01 테이블 구조를 만드는 CREATE TABLE 문

오라클에서는 DDL(데이터 정의어)을 제공합니다. DDL은 테이블의 구조 자체를 생성, 수정, 제거하도록 하는 명령문 집합입니다. CREATE TABLE 문을 사용하여 데이터를 저장할 테이블을 생성합니다. 이 명령문 하나로 테이블에 대한 구조를 정의하고, 데이터를 저장하기 위한 공간을 할당합니다.

테이블을 생성하기 위해서는 테이블명을 정의하고 테이블을 구성하는 컬럼의 데이터 타입과 무결성 제약 조건을 정의해야 합니다. 테이블명 및 컬럼명을 정의하기 위한 규칙은 다음과 같습니다.

```
문자(A-Z, a-z)로 시작해야 하며 30자 이내로 작성합니다.
문자(A-Z, a-z), 숫자(0-9), 특수문자(_,$,#)만 사용 가능합니다.
대소문자 구별이 없습니다. 소문자로 저장하려면 작은따옴표로 묶어 주어야 합니다.
동일 사용자가 소유한 다른 객체의 이름과 중복되지 않아야 합니다.
```

테이블을 생성하기 위한 기본 형식은 다음과 같습니다.

형식
```
CREATE TABLE [schema.] table
(column datatype [DEFAULT expression][column_constraint clause][,…]);
```

schema는 소유자의 이름으로 데이터베이스 사용자 계정과 같은 의미이고, table은 생성하고자 하는 테이블명이며, column은 테이블에 포함되는 컬럼명입니다. datatype은 컬럼에 대한 데이터 타입과 길이를 지정하고, DEFAULT expression은 데이터 입력 시 값이 생략된 경우에 입력되는 기본 값입니다. column_constraint_clause은 컬럼에 대해 정의되는 무결성 제약 조건입니다.

예제 사원 정보를 저장하기 위한 테이블 생성하기

```
01 create table emp01(
02     empno number(4),
03     ename varchar2(14),
```

```
04      sal  number(7, 3)
05 );
```

테이블이 생성되었는지 확인합시다. 테이블이 생성되었는지 확인하기 위해서 desc[ribe] 명령어를 실행하면 다음과 같은 결과를 얻을 수 있습니다.

```
01 desc emp01
```

```
이름    널 유형
----- - -----------
EMPNO   NUMBER(4)
ENAME   VARCHAR2(14)
SAL     NUMBER(7,3)
```

02 테이블 구조를 변경하는 ALTER TABLE 문

A C T U A L   M I S S I O N   O R A C L E

테이블을 생성하면서 컬럼을 빠뜨렸거나, 컬럼의 타입이나 길이를 변경하거나, 컬럼을 제거해야 할 상황이 발생하여 테이블의 구조를 변경해야 할 경우에 ALTER TABLE 문을 사용합니다.

ALTER TABLE 문을 사용하여 컬럼을 추가, 수정 또는 삭제할 수 있습니다.

2.1 컬럼 추가

ALTER TABLE … ADD 명령문을 사용하여 새로운 컬럼을 추가하며, 추가되는 컬럼에도 기본 값을 지정할 수 있습니다.

형식
```
ALTER TABLE table_name
ADD       [column_name data_type DEFAULT expr]
          [, column_name data_type] …);
```

예제 사원 테이블에 날짜 타입을 가지는 birth 컬럼 추가하기

```
01 alter table emp01
02 add(birth date);
```

기존 테이블의 구조가 변경되었는지 확인해 봅시다.

```
01 desc emp01
```

```
이름      널 유형
-----  - -----------
EMPNO    NUMBER(4)
ENAME    VARCHAR2(14)
SAL      NUMBER(7,3)
BIRTH    DATE
```

2.2 컬럼 변경

ALTER TABLE … MODIFY 명령문을 이용하여 테이블에서 컬럼의 타입, 크기, 기본 값을
변경할 수 있습니다.

```
ALTER TABLE table_name
MODIFY  [column_name data_type DEFAULT expr]
        [, column_name data_type] …);
```

기존 컬럼에 데이터가 없는 경우에는 컬럼 타입이나 크기 변경이 자유롭지만, 기존 데이터가
존재하는 경우에 타입 변경은 CHAR와 VARCHAR2만 허용하고 변경한 컬럼의 크기가 저장
된 데이터의 크기보다 같거나 클 경우에만 변경할 수 있습니다. 숫자 타입은 폭 혹은 전체 자
릿수를 늘릴 수 있습니다. 기본 값의 변경은 변경 후에 입력되는 데이터부터 적용됩니다.

예제 사원 이름 컬럼 크기 변경하기

```
01 alter table emp01
02 modify ename varchar2(30);
```

기존 테이블의 구조가 변경되었는지 확인해 봅시다.

```
01 desc emp01
```

```
이름     널 유형
----- - -----------
EMPNO    NUMBER(4)
ENAME    VARCHAR2(30)
SAL      NUMBER(7,3)
BIRTH    DATE
```

2.3 컬럼 제거

ALTER TABLE …DROP COLUMN 명령문을 사용하여, 테이블 내의 특정 컬럼과 컬럼의
데이터를 제거할 수 있습니다. 2개 이상의 컬럼이 존재하는 테이블에서만 삭제할 수 있으며,
한 번에 하나의 컬럼만 삭제할 수 있습니다. 삭제된 컬럼은 복구할 수 없습니다.

```
ALTER TABLE table_name
DROP COLUMN column_name;
```

예제 사원 테이블에서 이름 컬럼 제거하기

```
01 alter table emp01
02 drop column ename;
```

기존 테이블의 구조가 변경되었는지 확인해 봅시다.

```
01 desc emp01
```

```
이름      널 유형
----- - -----------
EMPNO    NUMBER(4)
SAL      NUMBER(7,3)
BIRTH    DATE
```

2.4 SET UNUSED

SET UNUSED는 시스템의 요구가 적을 때 컬럼을 제거할 수 있도록 하나 이상의 컬럼을 UNUSED로 표시합니다. 실제로 테이블에서 해당 컬럼이 제거되지는 않습니다. 그렇기 때문에 실제 DROP 명령을 실행하는 데 걸리는 시간보다 응답 시간이 빨라집니다. UNUSED로 표시된 컬럼은 데이터가 존재하는 경우에도 삭제된 것으로 처리되기 때문에, SELECT 절로 액세스가 불가능합니다. 또한 DESCRIBE 문으로도 표시되지 않습니다.

예제 사원 테이블에서 사원번호 제거하기

```
01 alter table emp01
02 set unused (empno);
```

기존 테이블의 구조가 변경되었는지 확인해 봅시다.

```
01 desc emp01
```

```
이름      널 유형
----- - -----------
SAL      NUMBER(7,3)
BIRTH    DATE
```

DROP UNUSED COLUMNS는 테이블에서 현재 UNUSED로 표시된 모든 컬럼을 제거합니다.

예제 사원 테이블에서 사원번호 제거하기

```
01 alter table emp01
02 drop unused columns;
```

테이블을 포함한 객체의 이름을 변경하는 DDL 명령문으로 RENAME 문을 제공합니다.

> **형식**
>
> ```
> ALTER TABLE table_name
> ```

old_name은 기존 객체의 이름이고, new_name은 변경할 새 객체의 이름입니다.

예제 테이블명 변경하기

```
01 rename emp01 to emp02;
```

이름이 변경되었기 때문에 이전 테이블명으로는 테이블의 구조를 확인할 수 없습니다.

```
01 desc emp01
```

```
ERROR:
-----------------------
오류: EMP01 객체가 존재하지 않습니다.
```

변경된 테이블명으로 구조를 확인할 수 있습니다.

```
01 desc emp02
```

```
이름     널 유형
----- - -----------
SAL      NUMBER(7,3)
BIRTH    DATE
```

SECTION 04

테이블 구조를 제거하는 DROP TABLE 문과 모든 데이터를 제거하는 TRUNCATE TABLE 문

A C T U A L   M I S S I O N   O R A C L E

DROP TABLE 명령문을 사용하여 기존 테이블과 데이터를 모두 제거합니다. 삭제할 테이블의 기본 키나 고유 키를 다른 테이블에서 참조하고 있는 경우에는 삭제가 불가능합니다. 그렇기 때문에 참조하는 테이블(자식 테이블)을 먼저 제거해야 합니다.

예제 테이블 제거하기

```
01 drop table emp02;
```

테이블이 제거되었기 때문에 테이블의 구조를 확인할 수 없습니다.

```
01 desc emp02
```

```
ERROR:
-----------------------
오류: EMP02 객체가 존재하지 않습니다.
```

데이터 딕셔너리는 사용자와 데이터베이스 자원을 효율적으로 관리하기 위한 다양한 정보를 저장하는 시스템 테이블의 집합입니다. 오라클 서버는 데이터베이스의 이름이나 생성 시각, 사용자 권한 및 데이터의 변경 사항을 반영하기 위해 지속적으로 수정 및 관리하고 있습니다.

데이터 딕셔너리는 사용자가 테이블을 생성하거나, 사용자를 변경하는 등의 작업을 할 때, 데이터베이스 서버에 의해 자동으로 갱신되는 테이블로, 사용자는 데이터 딕셔너리의 내용을 직접 수정하거나 삭제할 수 없고, 사용자가 이해할 수 있는 데이터를 산출해 줄 수 있도록 하기 위해서, 읽기 전용 뷰 형태로 정보를 제공합니다.

데이터 딕셔너리는 크게 세 가지로 나뉩니다.

접두어	의미
USER_	자신의 계정이 소유한 객체 등에 관한 정보 조회
ALL_	자신 계정 소유 또는 권한을 부여 받은 객체 등에 관한 정보 조회
DBA_	데이터베이스 관리자만 접근 가능한 객체 등의 정보 조회

5.1 USER_ 데이터 딕셔너리

접두어로 USER가 붙은 데이터 딕셔너리는 사용자와 가장 밀접하게 관련된 뷰로서, 자신이 생성한 테이블, 인덱스, 뷰, 동의어 등의 객체나 해당 사용자에게 부여된 권한 정보를 제공합니다.

예제 user_tables로 사용자가 소유한 테이블에 대한 정보 조회하기

```
01 select table_name  from user_tables;
```

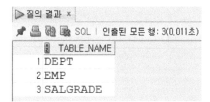

오라클에서 다루는 객체로는 시퀀스, 인덱스, 뷰 등이 있습니다. 또한 이러한 객체 정보를 조회할 수 있도록 다음과 같은 데이터 딕셔너리를 제공합니다.

USER_SEQUENCES는 사용자가 소유한 시퀀스의 정보를 조회할 수 있는 데이터 딕셔너리이고, USER_INDEXES는 사용자가 소유한 인덱스 정보를 조회할 수 있는 데이터 딕셔너리입니다. USER_VIEWS는 사용자가 소유한 뷰 정보를 조회할 수 있는 데이터 딕셔너리입니다. 이렇듯 데이터 딕셔너리는 USER_ 뒤에 원하는 객체 등을 기술해 주면 되고, 뒤에 기술되는 명칭은 일반적으로 'S'가 붙은 복수 타입이라는 것에 주의합시다.

5.2 ALL_ 데이터 딕셔너리

접두어로 ALL이 붙은 데이터베이스는 전체 사용자와 관련된 뷰로서, 사용자가 접근할 수 있는 모든 객체에 대한 정보를 조회할 수 있습니다. 조회 중인 객체가 누구의 소유인지를 확인하도록 하기 위해서 OWNER 컬럼을 제공합니다.

all_tables로 자신이 소유한 혹은 권한을 부여받은 테이블에 대한 정보를 조회해 봅시다.

예제 all_tables로 테이블에 대한 정보 조회하기

```
01 select owner, table_name from all_tables;
```

▶질의 결과 ×

📌 🖫 🐷 🐷 SQL | 인출된 모든 행: 58(0,133초)

	OWNER	TABLE_NAME
1	SYS	DUAL
2	SYS	SYSTEM_PRIVILEGE_MAP
3	SYS	TABLE_PRIVILEGE_MAP
4	SYS	STMT_AUDIT_OPTION_MAP
5	SYS	AUDIT_ACTIONS
6	SYSTEM	DEF$_TEMP$LOB
7	SYSTEM	HELP
8	CTXSYS	DR$OBJECT_ATTRIBUTE
9	CTXSYS	DR$POLICY_TAB
10	CTXSYS	DR$NUMBER_SEQUENCE
11	MDSYS	OGIS_SPATIAL_REFERENCE_SYSTEMS
12	MDSYS	OGIS_GEOMETRY_COLUMNS

5.3 DBA_ 데이터 딕셔너리

접두어로 DBA가 붙은 데이터 딕셔너리는 시스템 관리와 관련된 뷰입니다. DBA나 시스템 권한을 가진 사용자만 접근할 수 있습니다. 현재 접속한 사용자가 HR이라면, DBA_로 시작

하는 데이터 딕셔너리를 조회할 권한이 없기 때문에 DBA 권한을 가진 SYSTEM 계정으로 접속해야 합니다.

예제 dba_tables로 테이블에 대한 정보 조회하기

```
01 select owner, table_name from dba_tables;
```

	OWNER	TABLE_NAME
1	SYS	CON$
2	SYS	UNDO$
3	SYS	CDEF$
4	SYS	CCOL$
5	SYS	PROXY_ROLE_DATA$
6	SYS	FILE$
7	SYS	FET$
8	SYS	TS$
9	SYS	PROXY_DATA$
10	SYS	SEG$

기존에 사용하던 테이블의 모든 로우를 제거하기 위한 명령어로 TRUNCATE가 제공됩니다.

형식
```
TRUNCATE table_name
```

TRUNCATE 명령어로 기존에 사용하던 테이블의 모든 로우를 제거해 봅시다. 우선 테이블 emp 테이블을 복제하여 emp02 테이블을 만듭시다.

```
01 create table emp02
02 as
03 select * from emp;
```

생성된 emp02에 저장된 데이터를 확인해 보도록 합시다.

```
01 select * from emp02;
```

EMPNO	ENAME	JOB	MGR	HIREDATE	SAL	COMM	DEPTNO
7369	SMITH	CLERK	7902	1980-12-17 오전 12:00:00	800		20
7499	ALLEN	SALESMAN	7698	1981-02-20 오전 12:00:00	1600	300	30
7521	WARD	SALESMAN	7698	1981-02-22 오전 12:00:00	1250	500	30
7566	JONES	MANAGER	7839	1981-04-02 오전 12:00:00	2975		20
7654	MARTIN	SALESMAN	7698	1981-09-28 오전 12:00:00	1250	1400	30
7698	BLAKE	MANAGER	7839	1981-05-01 오전 12:00:00	2850		30
7782	CLARK	MANAGER	7839	1981-06-09 오전 12:00:00	2450		10
7788	SCOTT	ANALYST	7566	1987-07-13 오전 12:00:00	3000		20
7839	KING	PRESIDENT		1981-11-17 오전 12:00:00	5000		10
7844	TURNER	SALESMAN	7698	1981-09-08 오전 12:00:00	1500	0	30
7876	ADAMS	CLERK	7788	1987-07-13 오전 12:00:00	1100		20
7900	JAMES	CLERK	7698	1981-12-03 오전 12:00:00	950		30
7902	FORD	ANALYST	7566	1981-12-03 오전 12:00:00	3000		20
7934	MILLER	CLERK	7782	1982-01-23 오전 12:00:00	1300		10

emp 테이블의 구조와 내용을 모두 복사하였기 때문에 위와 같이 emp02 테이블에는 14명의 사원 정보가 저장되어 있는 것을 확인할 수 있습니다. 이번에는 테이블의 모든 로우를 제거해 보도록 하겠습니다.

```
01 truncate table emp02;
```

SELECT 명령으로 EMP02 테이블에 저장된 데이터를 확인해 보면 내용이 모두 삭제된 것을 확인할 수 있습니다.

```
01 select * from emp02;
```

EMPNO	ENAME	JOB	MGR	HIREDATE	SAL	COMM	DEPTNO

데이터가 존재하지 않습니다.

DROP TABLE은 테이블 존재 자체가 없어지는 것이므로 구조가 남아 있지 않게 됩니다. 하지만 TRUNCATE TABLE은 테이블은 존재하면서 데이터 내용만을 모두 제거하는 것이기에 구조가 남아 있습니다. emp02 테이블은 여전히 존재하는 것은 명령어 SELECT * FROM TAB;으로 확인할 수 있습니다.

```
01 select * from tab;
```

TNAME	TABTYPE	CLUSTERID
DEPT	TABLE	
EMP	TABLE	
SALGRADE	TABLE	
EMP02	TABLE	

첫 번째 미션 해결하기

테이블을 생성하라!

01. dept_mission 테이블 생성하기

```
01 create table dept_mission(
02        dno number(2),
03        dname varchar2(14),
04        loc varchar2(13)
05 ) ;
```

02. emp_mission 테이블 생성하기

```
01 create table emp_mission (
02        no number(4),
03        ename varchar2(10),
04        dno number(2)
05 );
```

03. 테이블 변경하기

```
01 alter table emp_mission
02 modify ename varchar2(25);
```

04. 테이블 제거하기

```
01 drop table emp_mission;
```

05. 컬럼 제거하기

```
01 alter table dept_mission
02 drop column dname ;
```

06. 컬럼 UNUSED로 표시하기

```
01 alter table dept_mission
02 set unused (loc);
```

07. UNUSED 컬럼 제거하기

```
01 alter table dept_mission
02 drop unused columns;
```

08. 테이블명 변경하기

```
01 rename dept_mission to department;
```

마무리

1. CREATE TABLE은 테이블을 생성하는 명령어입니다.

> **형식**
>
> ```
> CREATE TABLE table_name
> (column_name, data_type expr, …);
> ```

2. ALTER TABLE로 컬럼을 추가, 수정, 삭제하기 위해서는 다음과 같은 명령어를 사용합니다.

> * ADD 절을 사용하여 새로운 컬럼을 추가한다.
>
> * ALTER COLUMN 절을 사용하여 기존 컬럼을 수정한다.
>
> * DROP COLUMN 절을 사용하여 기존 컬럼을 삭제한다.

3. DROP TABLE 문은 기존 테이블의 존재 자체를 제거합니다.

4. TRUNCATE TABLE은 기존에 사용하던 테이블의 모든 로우를 제거하기 위한 명령어입니다.

도전 Quiz

1. 다음은 컬럼을 수정할 때의 예제입니다. 괄호 안에 들어갈 말은?

```
ALTER TABLE employee
(       ) COLUMN DNAME VARCHAR(20) NULL
```

❶ ADD   ❷ MODIFY   ❸ ALTER   ❹ DROP

2. 다음 중 테이블의 구조를 변경하기 위한 구문을 고르시오.

❶ ALTER TABLE   ❷ CREATE TABLE
❸ DROP TABLE   ❹ TRUNCATE TABLE

3. DDL은 무엇의 약자인지 밝히고, 그 기능과 종류에 대해 설명하시오.

08 테이블의 내용을 추가, 수정, 삭제하는 DML과 트랜잭션

이번 장에서는 새로운 데이터를 테이블에 입력하고, 수정하고, 삭제하는 명령어를 배웁니다.
그리고 트랜잭션으로 데이터의 일관성을 유지하는 방법을 학습합니다.

ACTUAL MISSION ORACLE

도전 미션 -

첫 번째 미션: 테이블을 생성하고 생성된 테이블에 데이터를 추가하고 수정하라!

두 번째 미션: employee03 테이블에서 직급이 정해지지 않은 사원을 삭제하라!

학습 내용 -

Section **01.** 테이블에 내용을 추가하는 INSERT 문

Section **02.** 테이블의 내용을 수정하는 UPDATE 문

Section **03.** 테이블의 내용을 삭제하는 DELETE 문

Section **04.** 트랜잭션 관리

첫 번째 미션

테이블을 생성하고 생성된 테이블에 데이터를 추가하고 수정하라!

01. 간단한 사원 정보를 저장하는 employee03 테이블을 생성합니다. 테이블이 생성되었는지 확인하기 위해서 desc[ribe] 명령어를 실행하여 다음과 같은 결과를 얻으면 성공입니다.

```
01 desc employee03
```

```
이름      널         유형
-----  --------  ------------
EMPNO  NOT NULL  NUMBER(4)
ENAME            VARCHAR2(20)
JOB              VARCHAR2(20)
SAL              NUMBER(7,3)
```

02. 생성된 테이블에 다음과 같은 데이터(총 5개)를 추가합시다. 추가된 데이터를 보면 NULL 값과 공백문자를 갖는 행이 존재함을 확인할 수 있습니다.

EMPNO	ENAME	JOB	SAL
1000	한용운	승려	100
1010	허준	의관	150
1020	주시경	국어학자	250
1030	계백	-	250
1040	선덕여왕	-	200

03. 테이블에 저장된 사원 중 급여가 200 미만인 사원들의 급여만 50씩 인상하시오.

EMPNO	ENAME	JOB	SAL
1000	한용운	승려	150
1010	허준	의관	200
1020	주시경	국어학자	250
1030	계백	-	250
1040	선덕여왕	-	200

두 번째 미션

employee03 테이블에서 직급이 정해지지 않은 사원을 삭제하라!

01. 테이블에서 직급이 정해지지 않은 사원을 삭제하기 위해서는 delete 문을 입력한 후에 select 문으로 검색해 보면 2개의 로우가 삭제되었음을 확인할 수 있습니다.

EMPNO	ENAME	JOB	SAL
1000	한용운	승려	150
1010	혀준	의관	200
1020	주시경	국어학자	250

데이터 조작어(DML: Data Manipulation Language)는 테이블에 새로운 데이터를 삽입하거나, 기존의 데이터를 수정하거나, 삭제하기 위한 명령어의 집합입니다.

INSERT 문은 테이블에 데이터를 입력하기 위한 명령어입니다.

형식
```
INSERT INTO table_name
(column_name, …)
VALUES(column_value, …);
```

INSERT 문은 한 번에 하나의 로우만 INTO 다음에 명시한 테이블에 삽입합니다. 테이블명 다음에 기술한 컬럼에 VALUES 절에서 지정한 컬럼 값을 순서대로 입력합니다.

INTO 절에 컬럼을 명시하지 않으면 테이블을 생성할 때 정의한 컬럼 순서와 동일한 순서대로 VALUES 이하의 값이 입력되기 때문에 테이블에 존재하는 모든 컬럼에 대해서 값을 모두 지정해야 합니다. 입력되는 데이터 타입은 컬럼의 데이터 타입과 동일해야 하며, 입력되는 데이터 크기는 컬럼의 크기보다 작거나 동일해야 합니다. 삽입할 컬럼의 데이터 타입이 문자(CHAR, VARCHAR2)와 날짜(DATE)일 경우에는 반드시 작은따옴표('')를 사용해야 함에 유의하기 바랍니다.

실습을 위해서 부서 테이블을 새롭게 생성합니다.

예제 부서 정보를 저장하기 위한 테이블 생성하기

```
01 create table dept01(
02    deptno    number(2),
03    dname     varchar2(14),
04    loc       varchar2(13)
05 );
```

테이블이 생성되었는지 확인하기 위해서 desc[ribe] 명령어를 실행하여 다음과 같은 결과를 얻으면 성공입니다.

```
01 desc dept01
```

```
이름         널 유형
------ - ------------
DEPTNO       NUMBER(2)
DNAME        VARCHAR2(14)
LOC          VARCHAR2(13)
```

새로운 데이터를 추가하기 위해서 사용할 명령어 INSERT INTO ~ VALUES ~는 컬럼 명에 기술된 목록의 수와 VALUES 다음에 나오는 괄호에 기술한 값의 개수가 같아야 합니다.

```
insert into dept01
(deptno, dname, loc)



values(10, '경리부', '서울');
```

컬럼 DEPTNO에 10을, 컬럼 DNAME에는 '경리부'를, 컬럼 LOC에는 '서울'을 추가합시다. 테이블에 로우를 추가할 때 모든 컬럼에 모두 자료를 입력하는 경우에는 굳이 컬럼 목록을 기술하지 않아도 됩니다. 컬럼 목록이 생략되면 VALUES 절 다음의 값들이 테이블의 기본 컬럼 순서대로 입력됩니다. 테이블의 컬럼 순서는 CREATE TABLE로 테이블을 생성할 때의 순서를 따릅니다. 테이블의 기본 컬럼 순서는 DESC 문으로 조회했을 때 보여지는 순서입니다.

컬럼명을 생략한 채 테이블이 갖은 모든 컬럼에 데이터를 추가해 봅시다. 부서 테이블에 데이터를 추가합니다.

예제 경리부를 입력하기

```
01 insert into dept01
02 values(10, '경리부', '서울');
```

INTO 절에 컬럼을 명시하지 않았기 때문에, 테이블을 생성할 때 정의한 컬럼의 순서에 따라 데이터를 입력합니다. 테이블에 새로운 데이터가 추가되었는지 확인해 봅시다.

```
01 select * from dept01;
```

DEPTNO	DNAME	LOC
10	경리부	서울

INTO 절 다음에 컬럼명을 나열할 수도 있습니다. 이럴 때에는 기술된 목록의 수와 VALUES 다음에 나오는 괄호에 기술한 값의 개수가 같아야 합니다.

예제 인사부의 정보 입력하기

```
01 insert into dept01
02 (deptno , loc, dname)
03 values(20, '인천', '인사부');
```

테이블에 새로운 데이터가 추가되었는지 확인해 봅시다.

```
01 select * from dept01;
```

DEPTNO	DNAME	LOC
10	경리부	서울
20	인사부	인천

지역명이 결정되지 않았다고 해서, 부서번호와 부서명 2개의 컬럼 값만 입력하면 어떻게 될까요? 데이터를 입력하는 시점에서 해당 컬럼 값을 모르거나 확정되지 않았을 경우에는 컬럼의 값으로 NULL을 입력합니다. NULL 값을 삽입하는 방법에는 암시적인 방법과 명시적인 방법이 있습니다.

암시적 방법은 컬럼명 리스트에 해당 컬럼을 생략합니다. 이렇게 컬럼을 생략하면 다른 컬럼에는 값이 입력되지만, 생략한 컬럼에는 NULL이 삽입됩니다.

명시적 방법은 VALUES 절에 명시적으로 NULL을 입력합니다. 문자나 날짜 타입에 대해서는 공백 문자열('')을 지정할 수 있습니다.

예제 암시적으로 NULL 값 삽입하기

```
01 insert into dept01
02 (deptno , dname)
03 values(30, '영업부');
```

테이블에 새로운 데이터가 추가되었는지 확인해 봅시다.

```
01 select * from dept01;
```

DEPTNO	DNAME	LOC
10	경리부	서울
20	인사부	인천
30	영업부	-

INSERT INTO 절에서 컬럼명과 값을 지정하는 것을 생략하면 생략된 컬럼에 대해서는 NULL 값이 입력됩니다. INSERT INTO 문에서 지역명 컬럼(LOC)을 생략하였으므로 지역명에 NULL 값이 입력되었습니다.

이미 설명했듯이 컬럼명을 명시적으로 기술하지 않으면 테이블이 갖고 있는 모든 컬럼에 값을 지정해야 합니다. 지역명이 결정되지 않았더라도, DEPT01은 3개의 컬럼으로 구성되어 있는데 반드시 3개 값을 주어야 합니다. 이럴 경우 명시적으로 VALUES 리스트에서 지역명에 NULL을 입력해야 합니다.

예제 명시적으로 NULL 값 삽입하기

```
01 insert into dept01
02 values(40, '전산부', NULL);
```

테이블에 새로운 데이터가 추가되었는지 확인해 봅시다.

```
01 select * from dept01;
```

DEPTNO	DNAME	LOC
10	경리부	서울
20	인사부	인천
30	영업부	-
40	전산부	-

컬럼 loc에 NULL 값이 입력되었음을 확인할 수 있습니다.

NULL 값을 갖는 컬럼을 추가하기 위해서 NULL 대신 ''를 사용할 수 있습니다. 다음은 NULL 값을 입력하기 위해서 ''를 사용한 예입니다.

예제 공백문자 삽입하기

```
01 insert into dept01
02 values(50, '기획부', '');
```

테이블에 새로운 데이터가 추가되었는지 확인해 봅시다.

```
01 select * from dept01;
```

DEPTNO	DNAME	LOC
10	경리부	서울
20	인사부	인천
30	영업부	-
40	전산부	-
50	기획부	-

컬럼 loc에 NULL 값이 입력되었음을 확인할 수 있습니다.

실습을 위해서 사원 테이블을 새롭게 생성합니다.

예제 사원 정보를 저장하기 위한 테이블 생성하기

```
01 create table emp02(
02    empno number(4),
03    ename varchar2(10),
04    job  varchar2(9),
05    hiredate date,
06    deptno number(2)
07 );
```

테이블이 생성되었는지 확인합시다.

```
01 desc emp02
```

테이블이 생성되었는지 확인하기 위해서 desc[ribe] 명령어를 실행하면 다음과 같은 결과를 얻을 수 있습니다.

```
이름         널 유형
-------- - ------------
EMPNO        NUMBER(4)
ENAME        VARCHAR2(10)
JOB          VARCHAR2(9)
HIREDATE     DATE
DEPTNO       NUMBER(2)
```

날짜 데이터를 입력하려면 해당 시스템에서 요구하는 기본 날짜 형식으로 입력해야 합니다. 오라클인 경우에는 'YYYY/MM/DD'와 같은 형식으로 입력해야 합니다.

예제 날짜 데이터 입력하기

```
01 insert into emp02
02 values(1001, '김사랑', '사원', '2015/03/01', 20);
```

테이블에 새로운 데이터가 추가되었는지 확인해 봅시다.

```
01 select * from emp02;
```

EMPNO	ENAME	JOB	HIREDATE	DEPTNO
1001	김사랑	사원	15/03/01	20

날짜 데이터가 입력되었음을 확인할 수 있습니다.

필요에 따라서 TO_DATE 함수를 사용해서 날짜를 입력합니다.

예제   TO_DATE 함수로 날짜 데이터 입력하기

```
01 insert into emp02
02 values(1002, '한예슬', '대리', to_date('2014, 05, 01', 'YYYY, MM,
   DD'), 20);
```

테이블에 새로운 데이터가 추가되었는지 확인해 봅시다.

```
01 select * from emp02;
```

EMPNO	ENAME	JOB	HIREDATE	DEPTNO
1001	김사랑	사원	15/03/01	20
1002	한예슬	대리	14/05/01	20

날짜 데이터가 입력되었음을 확인할 수 있습니다.

현재 날짜를 컬럼에 입력하기 위해서는 SYSDATE 함수를 사용합니다. SYSDATE 함수는 시스템에 저장된 현재 날짜 데이터를 반환하는 함수입니다.

예제   SYSDATE 함수로 현재 날짜 입력하기

```
01 insert into emp_copy
02 values(7020, 'JERRY', 'SALESMAN', SYSDATE, 30);
```

현재 날짜가 입력되었음을 확인할 수 있습니다.

```
01 select * from emp02;
```

EMPNO	ENAME	JOB	HIREDATE	DEPTNO
1001	김사랑	사원	15/03/01	20
1002	한예슬	대리	14/05/01	20
1003	오지호	과장	13/12/08	30

02 테이블의 내용을 수정하는 UPDATE 문

UPDATE 문은 테이블에 저장된 데이터를 수정하기 위한 DML입니다. WHERE 절을 생략하면 테이블에 있는 모든 행이 수정됩니다.

형식

```
UPDATE table_name
SET column_name1 = value1, column_name2 = value2, …
WHERE conditions;
```

예제 WHERE 절로 특정 로우만 수정하기

```
01 update dept01
02 set dname='생산부'
03 where deptno=10;
```

테이블에 데이터가 수정되었는지 확인해 봅시다.

```
01 select * from dept01;
```

DEPTNO	DNAME	LOC
10	생산부	서울
20	인사부	인천
30	영업부	-
40	전산부	-
50	기획부	-

부서명이 수정되었음을 확인할 수 있습니다.

테이블에서 하나의 컬럼이 아닌 여러 개의 컬럼 값을 변경할 수 있습니다. SET 절에 콤마를 추가하고 "컬럼명 = 값, 컬럼명 = 값, …" 형태로 특정 컬럼 값을 변경합니다.

예제 컬럼 값 여러 개를 한 번에 수정하기

```
01 update dept01
02 set dname='생산부2', loc='부산'
```

```
03 where deptno=20;
```

테이블에 데이터가 수정되었는지 확인해 봅시다.

```
01 select * from dept01;
```

DEPTNO	DNAME	LOC
10	생산부	서울
20	생산부2	부산
30	영업부	-
40	전산부	-
50	기획부	-

데이터가 수정되었음을 확인할 수 있습니다.

예제 where 절을 생략하여 모든 로우 수정하기

```
01 update dept01
02 set dname='생산부3';
```

테이블에 데이터가 수정되었는지 확인해 봅시다.

```
01 select * from dept01;
```

DEPTNO	DNAME	LOC
10	생산부3	서울
20	생산부3	부산
30	생산부3	-
40	생산부3	-
50	생산부3	-

부서명이 모두 수정되었음을 확인할 수 있습니다.

테이블의 내용을 삭제하는 DELETE 문

DELETE 문을 사용하여 테이블에 저장되어 있던 데이터를 삭제할 수 있습니다. WHERE 절을
생략하면 테이블에 있는 모든 행이 삭제됩니다.

형식
```
DELETE [FROM] table_name
WHERE conditions;
```

예제 WHERE 절로 특정 로우만 삭제하기

```
01 delete dept01
02 where deptno=10;
```

테이블에서 데이터가 삭제되었는지 확인해 봅시다.

```
01 select * from dept01;
```

DEPTNO	DNAME	LOC
20	생산부3	부산
30	생산부3	-
40	생산부3	-
50	생산부3	-

특정 로우만 삭제되었음을 확인할 수 있습니다.

예제 WHERE 절을 생략하여 모든 로우 삭제하기

```
01 delete dept01;
```

테이블에 데이터가 삭제되었는지 확인해 봅시다.

```
01 select * from dept01;
```

데이터를 찾을 수 없습니다.

DELETE 문에 WHERE 절을 사용하지 않아서 모든 자료가 삭제되었습니다.

오라클은 트랜잭션을 기반으로 데이터의 일관성을 보장합니다. 트랜잭션(Transaction)은 데이터 처리에서 논리적인 하나의 작업 단위를 의미합니다. 오라클 명령어 중에서 DDL과 DCL은 하나의 명령어가 하나의 트랜잭션으로 구성되고, DML은 데이터를 일관성 있게 변경하기 위해서 하나 이상의 DML 문으로 구성됩니다.

계좌 이체를 예를 들어 트랜잭션을 설명해 보기로 하겠습니다. 두 계좌 사이에 일정 금액을 이체하려면 한 계좌의 출금 금액과 다른 계좌의 입금 금액이 동일해야 합니다. 두 가지 작업은 반드시 함께 처리되거나 취소되어야 합니다. 출금 처리는 되었는데 입금 처리가 되지 않는다면, 데이터의 일관성을 유지하지 못하기 때문입니다.

오라클에서 하나의 트랜잭션 역시 All-OR-Nothing 방식으로 처리됩니다. 즉, 여러 개의 명령어의 집합이 정상적으로 처리되면 정상 종료하도록 하고, 여러 개의 명령어 중에서 하나의 명령어라도 잘못되었다면 전체를 취소해 버립니다. 그렇기 때문에 데이터의 일관성을 유지하면서 안정적으로 데이터를 복구할 수 있게 됩니다.

COMMIT과 ROLLBACK은 트랜잭션을 위해 오라클에서 제공하는 명령어입니다. 데이터를 추가, 수정, 삭제하는 명령어(DML)는 실행됨과 동시에 트랜잭션이 진행됩니다. 이들 DML 작업이 성공적으로 처리되도록 하기 위해서는 COMMIT 명령을, 작업을 취소하기 위해서는 ROLLBACK 명령을 실행합니다.

COMMIT은 모든 작업들을 정상적으로 처리하겠다고 확정하는 명령어로서, 트랜잭션의 처리 과정을 데이터베이스에 모두 반영하기 위해서 변경된 내용을 모두 영구 저장합니다. COMMIT 명령어를 수행하게 되면, 하나의 트랜잭션 과정을 종료하게 됩니다.

ROLLBACK은 작업 중 문제가 발생해서 트랜잭션의 처리 과정에서 발생한 변경 사항을 취소하는 명령어입니다. ROLLBACK 명령어 역시 트랜잭션 과정을 종료하게 됩니다. ROLLBACK은 트랜잭션으로 인한 하나의 묶음 처리가 시작되기 이전의 상태로 되돌립니다.

트랜잭션은 첫 번째 DML 문이 실행될 때 시작되어, 다음 이벤트가 발생하면 종료됩니다. 즉,

COMMIT 혹은 ROLLBACK 문이 실행되는 경우, DDL 혹은 DCL 문이 실행되는 경우, 오라클이 종료됩니다. 트랜잭션이 종료되면 실행 가능한 다음 SQL 문이 다음 트랜잭션을 자동으로 시작합니다. DDL 혹은 DCL 문이 실행되는 경우에는 자동으로 COMMIT 되고, 오라클이 종료되면 자동으로 ROLLBACK 됩니다.

20번 부서에 소속된 사원만 삭제하려고 했는데 모든 내용을 삭제했다면, ROLLBACK 문을 사용하여 이전 상태로 되돌릴 수 있습니다.

예제 실수로 모든 로우를 삭제

```
01 delete emp02;
```

테이블에 데이터가 삭제되었는지 확인해 봅시다.

```
01 select * from emp02;
```

데이터를 찾을 수 없습니다.

DELETE 문에 WHERE 절을 사용하지 않아서 모든 자료가 삭제되었습니다.

예제 실수로 모든 로우를 삭제한 것을 다시 되돌리기 위해서 ROLLBACK 문 실행하기

```
01 ROLLBACK;
```

테이블에 데이터가 복원되는지 확인해 봅시다.

```
01 select * from emp02;
```

EMPNO	ENAME	JOB	HIREDATE	DEPTNO
1001	김사랑	사원	15/03/01	20
1002	한예슬	대리	14/05/01	20
1003	오지호	과장	13/12/08	30

이번에는 20번 부서에 소속된 사원만 삭제한 후에, 영구적으로 삭제하기 위해서 COMMIT을 해보도록 합니다.

예제 20번 부서에 소속된 사원만 삭제하기

```
01 delete emp02
02 where deptno=20;
```

테이블에 데이터가 삭제되었는지 확인해 봅시다.

```
01 select * from emp02;
```

EMPNO	ENAME	JOB	HIREDATE	DEPTNO
1003	오지호	과장	13/12/08	30

예제 영구적으로 저장하기 위해서 COMMIT 문 실행하기

```
01 COMMIT;
```

COMMIT 문을 실행한 후에는 테이블에 데이터를 다시 복원하려 해도, COMMIT 문 이전으로 복원되지 않음을 확인할 수 있습니다.

예제 복원을 위해서 ROLLBACK 문 실행하기

```
01 ROLLBACK;
```

EMPNO	ENAME	JOB	HIREDATE	DEPTNO
1003	오지호	과장	13/12/08	30

20번 부서에 소속된 사원을 삭제한 후 COMMIT하면 20번 부서에 소속된 사원을 삭제한 테이블이 영구 저장되어, 다시 ROLLBACK해도 20번 부서에 소속된 사원이 다시 나타나지 않습니다.

첫 번째 미션 해결하기

테이블을 생성하고 생성된 테이블에 데이터를 추가하고 수정하라!

01. 테이블 생성하기

```
01 create table employee03(
02     empno number(4) not null,
03     ename varchar(20),
04     job varchar(20),
05     sal number(7, 3)
06 );
```

02. 테이블에 5개의 사원 정보 추가하기

```
01 insert into employee03 values(1000, '한용운', '승려', 100);
02 insert into employee03 values(1010, '허준', '의관', 150);
03 insert into employee03 values(1020, '주시경', '국어학자', 250);
04 insert into employee03 values(1030, '계백', NULL, 250);
05 insert into employee03 values(1040, '선덕여왕', '', 200);
```

03. 테이블에 저장된 사원 정보 수정하기

```
01 update employee03 set sal=sal+50
02 where sal<200;
```

두 번째 미션 해결하기

employee03 테이블에서 직급이 정해지지 않은 사원을 삭제하라!

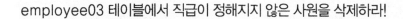

01. 테이블에 저장된 사원 정보 삭제하기

```
01 delete employee03
02 where job is null;
```

마무리

1. INSERT 문은 VALUES 구문을 가지고 새로운 데이터를 테이블에 입력합니다. INSERT SELECT 구문을 사용하면 다량으로 SELECT한 것을 한꺼번에 INSERT할 수 있습니다.

2. UPDATE 문은 SET 문에서 컬럼에 저장될 값을 지정하여 기존의 레코드를 수정합니다. WHERE 조건문에서 제시한 조건에 맞는 로우가 삭제됩니다.

3. DELETE 문은 테이블의 레코드를 제거할 때는 제거될 로우를 선택하기 위해서 WHERE 문에서 자기 테이블의 특정 컬럼 값을 조건으로 사용합니다.

4. 트랜잭션 내용을 실제 DB에 저장하기 위해서는 COMMIT 문을 사용합니다. 트랜잭션 내용을 취소하기 위해서는 ROLLBACK 문을 사용하여 이전 COMMIT한 부분까지 변경 전 데이터로 복구합니다.

도전 Quiz

1. dept01 테이블은 다음과 같이 3개의 컬럼으로 구성되어 있습니다. 다음 구문 중 바르게 사용한 것을 고르시오.

실행결과

```
이름          널    유형
------  ---  ------------
deptno        NUMBER(2)
DNAME         VARCHAR2(14)
LOC           VARCHAR2(13)
```

❶ insert into dept01
   (deptno, dname, loc)
   values(60, '생산부', '포천', 20)

❷ insert into department
   (deptno, dname, loc)
   values(60, '생산부')

❸ insert into department
   (deptno, dname, loc)
   values(60, 생산부, '포천')

❹ insert into department
   values(60, '생산부', '포천')

2. dept01 테이블에 NULL 값을 삽입하는 방법 중 옳은 것을 고르시오.

❶ insert into department
   (deptno, dname)
   values(70, '총무부')

❷ insert into department
   values(90, '기획부', '')

❸ insert into department
   values(70, '총무부')

❹ insert into department
   (deptno, dname)
   values(70, '총무부', NULL)

3. 다음은 모든 사원의 급여를 10% 인상시키는 쿼리문입니다. ( ) 안에 들어갈 내용을 찾으시오.

```
update employee03
(      ) salary = salary * 1.1
```

❶ into   ❷ set   ❸ where   ❹ having

4. SQL 명령어로 수행된 결과를 실제 물리적 디스크로 저장하는 SQL 명령은?

    ❶ ROLLBACK   ❷ COMMIT

    ❸ GRANT   ❹ REVOKE

5. SQL의 기술이 옳지 않은 것은?

    ❶ SELECT....FROM....WHERE....

    ❷ INSERT....INTO....VALUES....

    ❸ UPDATE....TO....WHERE...

    ❹ DELETE....FROM....WHERE....

6. 여러 개의 SQL 명령문들을 하나의 논리적인 작업 단위로 처리하는데, 이를 무엇이라고 하는지 고르시오.

    ❶ All-OR-Nothing   ❷ 일관성

    ❸ 트랜잭션   ❹ 제어

7. DML이 무엇의 약자인지 밝히고, 그 기능과 종류에 대해 설명하시오.

CHAPTER 09

데이터 무결성을 위한 제약조건

앞 장에서 데이터베이스에 데이터를 저장하기 위해서는 CREATE TABLE 명령어로 테이블을 생성한 후에 INSERT 문으로 데이터를 추가해야 함을 학습했습니다. 그런데 이러한 작업을 하는 과정에서 데이터베이스에서 가장 중요한 개념인 데이터 무결성 제약조건(Data Integrity Constraint Rule)을 언급하지 않았습니다.

이번 장에서 데이터 무결성 제약조건에 대한 개념과 이를 위한 문법을 학습합니다.

필수 입력 컬럼을 지정하는 방법, 컬럼이 유일한 값만을 갖도록 하는 방법, 테이블의 모든 데이터가 항상 구분 가능하도록 기본 키를 설정하는 방법, 데이터의 참조가 항상 가능하도록 하는 외래 키 설정 방법을 학습합니다. 이외에도 NOT NULL, UNIQUE, CHECK, DEFAULT 제약조건을 학습합니다.

ACTUAL MISSION ORACLE

도전 미션 -

첫 번째 미션: 제약조건을 추가하라!

학습 내용 -

첫 번째 미션

제약조건을 추가하라!

01. 다음 ERD를 보고 데이터베이스를 구축합시다.

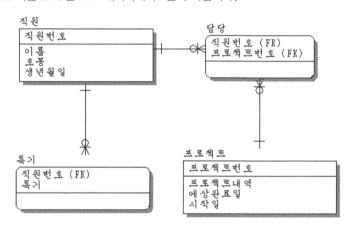

1 다음은 테이블을 생성하는 쿼리문입니다. 직원 테이블을 생성하는 쿼리문입니다.

```
CREATE TABLE employee (
        emp_no              NUMBER(4),
        emp_name            VARCHAR2(20),
        salary              NUMBER(6),
        birthday            DATE
);
```

2 프로젝트를 생성하는 쿼리문입니다.

```
CREATE TABLE project (
        pro_no              NUMBER(4),
        pro_content         VARCHAR2(100),
        start_date          DATE,
        finish_date         DATE
);
```

3 특기 테이블을 생성하는 쿼리문입니다.

```
CREATE TABLE specialty (
        emp_no              NUMBER(4),
        specialty           VARCHAR2(20)
);
```

4 담당 테이블을 생성하는 쿼리문입니다.

```
CREATE TABLE assign (
        emp_no                  NUMBER(4),
        pro_no                  NUMBER(4)
);
```

5 이대로 입력하여 테이블을 생성한 후에, 위 그림과 일치하도록 제약조건을 추가합시다.
[힌트] ALTER TABLE을 사용합니다.

CONSTRAINT_NAME	CONSTRAINT_TYPE	TABLE_NAME	R_CONSTRAINT_NAME
ASSIGN_PK	P	ASSIGN	-
ASSIGN_PROJECT_FK	R	ASSIGN	PROJECT_PK
ASSIGN_EMPLOYEE_FK	R	ASSIGN	EMPLOYEE_PK
EMPLOYEE_PK	P	EMPLOYEE	-
PROJECT_PK	P	PROJECT	-
SPECIALTY_PK	P	SPECIALTY	-
SPECIALTY_FK	R	SPECIALTY	EMPLOYEE_PK

데이터 무결성 제약조건(Data Integrity Constraint Rule)이란, 테이블에 부적절한 자료가 입력되는 것을 방지하기 위해서, 테이블을 생성할 때, 각 컬럼에 대해서 정의하는 여러 가지 규칙을 말합니다.

우선, 데이터베이스 내에 데이터가 무결해야 한다(정확성을 유지해야 한다)는 개념부터 살펴봅시다.

우리가 사용해 온 DEPT 테이블과 EMP 테이블로 설명하겠습니다. DEPT 테이블은 부서에 대한 정보로 부서명(DNAME)과 부서가 위치한 지역명(LOC)을 저장하고 있습니다.

부서명과 지역명을 저장하다 보면 동일한 이름이 저장될 수 있습니다. 동일한 데이터가 저장되어 있더라도 이를 구분할 수 있도록 하기 위해 특별한 컬럼이 필요합니다. 부서 번호라는 컬럼을 추가하여 유일한 값만을 갖도록 하면 무결한 데이터가 되는 것입니다.

무결성이 데이터베이스 내에 데이터의 정확성을 유지하는 것을 의미하는 거라면, 제약조건은 바람직하지 않는 데이터가 저장되는 것을 방지하는 것을 말합니다.

우리가 사용해 온 DEPT 테이블은 행을 구분하기 위해서 부서 번호 컬럼에 기본 키라는 무결성 제약조건이 주어져 있습니다. 기본 키 제약조건이란 부서 번호 컬럼이 반드시 입력되고 유일한 값만을 가질 수 있도록 합니다. 기본키는 데이터베이스에서 제공하는 다양한 무결성 제약조건들 중의 한 가지입니다.

DEPT 테이블의 부서 번호 컬럼에 기본 키 제약조건이 설정되어 있어, 무결한 데이터를 저장하는지 살펴보기 위해서, 이미 DEPT 테이블에 존재하는 부서 번호를 추가해 보겠습니다.

DEPT 테이블에는 다음과 같이 4개의 부서로 구성되어 있습니다.

```
01 select * from dept;
```

DEPTNO	DNAME	LOC
10	경리부	서울
20	인사부	인천
30	영업부	용인
40	전산부	수원

부서번호(DEPTNO) 컬럼은 중복된 값을 저장할 수 없는 기본 키입니다. DEPT 테이블에 이미 존재하는 10번 부서를 추가해봅시다.

```
01 insert into dept
02 values(10, 'test', 'test');
```

DEPT 테이블에 10번 부서가 이미 존재하고 있기 때문에 에러가 발생합니다.

```
ORA-00001: 무결성 제약 조건(TESTER1.PK_DEPT)에 위배됩니다
```

10번 부서가 이미 존재하는데 10번 부서를 추가하려고 시도하면, 무결성 제약조건에 위배된다는 오류 메시지와 함께 10번 부서를 추가되지 않게 됩니다. 부서 번호와 같이 기본 키 제약조건을 설정한 컬럼은 추가 작업을 수행하기 전에 테이블 내에 이미 저장된 부서 번호를 모두 살펴보고, 이미 입력된 부서번호가 아닐 경우에만 추가 작업을 진행합니다.

그리고 오라클에서 다루는 데이터 중에서 NULL이란 값은 비교 불가능한 블랙홀과 같은 값이므로, 부서 번호에는 NULL 값이 저장되어서는 안 됩니다.

부서 번호에 NULL 값을 저장하려고 시도할 때에도 오류가 발생합니다.

```
01 insert into dept
02 values(null, 'test', 'test');
```

```
ORA-01400: NULL을 ("TESTER1"."DEPT"."DEPTNO") 안에 삽입할 수 없습니다
```

지금까지는 무결성 제약조건이란 개념을 기본 키를 예로 들어 설명한 것이고, 오라클에서는 이렇게 잘못된 데이터가 입력되지 않고, 테이블에 무결한 데이터만 유지할 수 있도록 하기 위해 제약조건을 5가지 지원합니다.

무결성 제약조건	역할
NOT NULL	NULL을 허용하지 않는다.
UNIQUE	중복된 값을 허용하지 않는다. 항상 유일한 값을 갖도록 한다.
PRIMARY KEY	NULL을 허용하지 않고 중복된 값을 허용하지 않는다. NOT NULL 조건과 UNIQUE 조건을 결합한 형태이다.
FOREIGN KEY	참조되는 테이블에서 컬럼의 값이 존재하면 허용한다.
CHECK	저장 가능한 데이터 값의 범위나 조건을 지정하여 설정한 값만 허용한다.

데이터베이스 설계 단계에서 데이터의 무결성(정확성)을 유지하기 위해서 다양한 종류의 규칙을 고려할 수 있는데, 이런 규칙들을 테이블을 생성할 때 해당 컬럼에 대해서 무결성 제약조건으로 설정해 줍니다. 이번 장에서는 무결성 제약조건을 생성하고 관리하는 방법을 학습하겠습니다.

다음은 dept 테이블에 INSERT 작업 중 무결성 제약조건을 위배했을 때 나타나는 에러 메시지입니다.

```
ORA-00001: 무결성 제약 조건(TESTER1.PK_DEPT)에 위배됩니다
```

DESC 명령어로는 NOT NULL 제약조건만 확인할 수 있고, DEPTNO 컬럼에 기본 키 제약조건이 지정된 것을 알 수 없습니다.

```
01 desc dept01
```

```
이름      널 유형
------ - ------------
DEPTNO    NUMBER(2)
DNAME     VARCHAR2(14)
LOC       VARCHAR2(13)
```

오라클은 USER_CONSTRAINTS 데이터 딕셔너리로 제약조건에 관한 정보를 알려 줍니다. USER_CONSTRAINTS 데이터 딕셔너리를 조회하면 내가 만든(USER) 제약조건(CONSTRAINTS)의 정보를 조회할 수 있습니다.

USER_CONSTRAINTS 데이터 딕셔너리의 구조를 살펴보도록 합시다.

```
01 DESC USER_CONSTRAINTS
```

Table	Column
USER CONSTRAINTS	OWNER
	CONSTRAINT NAME
	CONSTRAINT TYPE
	TABLE NAME
	SEARCH CONDITION
	R OWNER
	R CONSTRAINT NAME
	DELETE RULE
	STATUS

USER_CONSTRAINTS 데이터 딕셔너리는 20개 정도의 컬럼을 통해서 제약조건에 관련된 정보를 제공합니다. 자주 사용되는 중요한 컬럼에 대해서만 설명하겠습니다.

컬럼명	설명
OWNER	제약조건을 소유한 사용자명
CONSTRAINT_NAME	제약조건 명
CONSTRAINT_TYPE	제약조건 유형
TABLE_NAME	제약조건이 속한 테이블명
SEARCH_CONDITION	CHECK 조건일 경우에는 어떤 내용이 조건으로 사용되었는지 설명
R_CONSTRAINT_NAME	FOREIGN KEY인 경우 어떤 PRIMARY KEY 를 참조했는지에 대한 정보를 가짐

USER_CONSTRAINTS 데이터 딕셔너리는 제약조건의 정보를 위해서 많은 컬럼으로 구성되어 있지만, 본서에서는 중요한 컬럼 몇 개만 살펴보겠습니다. OWNER는 제약조건을 소유한 사용자명을 저장하는 컬럼입니다. CONSTRAINT_NAME은 제약조건 명을, CONSTRAINT_TYPE은 제약조건 유형을 저장하는 컬럼입니다. CONSTRAINT_TYPE은 P, R, U, C 4가지 값 중에 하나를 갖습니다.

CONSTRAINT_TYPE	의미
P	PRIMARY KEY
R	FOREIGN KEY
U	UNIQUE
C	CHECK, NOT NULL

제약조건은 5개라고 했는데 제약조건 유형은 4가지로 나타납니다. 제약조건 중에 NOT NULL은 컬럼에 NULL 값이 저장되어서는 안 된다는 조건입니다. 즉, NOT NULL 조건은 컬럼에 NULL 값을 체크하는 조건으로 처리되기 때문에, CHECK를 나타내는 C로 표현됩니다. C는 CHECK 조건과 NOT NULL 조건을 모두 포함합니다.

제약조건 유형은 제약조건의 이니셜로 표현되지만, FOREIGN KEY만은 R로 표현됩니다. 이는 FOREIGN KEY는 PRIMARY KEY를 참조하기 때문에 참조 무결성을 지켜야 합니다. 그러므로 참조 무결성(REFERENCE INTEGRITY)의 이니셜인 R을 FOREIGN KEY의 제약조건 유형으로 표현합니다. FOREIGN KEY의 제약조건 유형이 R인 이유가 REFERENCE INTEGRITY의 이니셜로 인한 것이라는 내용까지만 이해하기 바랍니다.

TABLE_NAME은 각 제약조건들이 속한 테이블의 이름입니다. 제약조건 유형이 C인 경우에는 NOT NULL 조건과 CHECK 조건이 모두 포함됩니다. NOT NULL 조건인 경우에는 따로 언급되는 내용이 없지만, CHECK 조건일 경우에는 어떤 내용이 조건으로 사용되었는지를 기록하고 있어야 합니다. SEARCH_CONDITION은 제약조건 유형이 C인 경우 각 행에 대한 조건을 설명해 줍니다. R_CONSTRAINT_NAME은 제약조건이 FOREIGN KEY인 경우 어떤 PRIMARY KEY를 참조했는지에 대한 정보를 갖습니다.

테이블에 어떤 제약조건들이 사용되었는지 살펴보기 위해, 데이터 딕셔너리 USER_CONST-RAINTS의 내용을 출력해 봅시다.

```
SELECT CONSTRAINT_NAME, CONSTRAINT_TYPE, TABLE_NAME
              ❶                ❷              ❸
FROM USER_CONSTRAINTS;
         ❹
```

❹의 USER_CONSTRAINTS은 제약조건에 대한 모든 정보가 저장된 데이터 딕셔너리입니다. ❶, ❷, ❸은 데이터 딕셔너리인 USER_CONSTRAINTS 테이블 내의 컬럼인데, ❶은 제약조건 명을 ❷는 제약조건 유형을 ❸은 제약조건이 어느 테이블 소속인지 테이블명을 저장하고 있는 컬럼입니다.

직접 해보기 제약조건 살피기

scott 계정으로 접속해 있는 상태에서 scott 소유의 테이블에 지정된 제약조건을 살펴보도록 합시다.

1 USER_CONSTRAINTS 테이블의 내용을 살펴봅시다. 혹시 이전에 제거된 테이블의 정보가 남아서 지저분하게 출력될 경우에는 purge recyclebin 명령어로 남아 있던 테이블의 정보를 모두 지운 후 실습하세요.

예제 제약조건 살피기

```
01 select constraint_name, constraint_type, table_name
02 from user_constraints;
```

CONSTRAINT_NAME	CONSTRAINT_TYPE	TABLE_NAME
FK_DEPTNO	R	EMP
PK_DEPT	P	DEPT
PK_EMP	P	EMP

USER_CONSTRAINTS 데이터 딕셔너리를 살펴보면 오라클 서버가 제공해주는 DEPT 테이블에 제약조건 타입이 기본 키(P)로 설정되어 있고, 제약조건 이름은 PK_DEPT로 지정되어 있음을 알 수 있습니다. 하지만, USER_CONSTRAINTS 데이터 딕셔너리에는 어떤 컬럼에 제약조건이 정의되었는지 컬럼명이 보이질 않습니다.

2 어떤 컬럼에 어떤 제약조건이 지정되었는지 알려주는 데이터 딕셔너리는 없을까요? USER_CONS_COLUMNS 데이터 딕셔너리는 제약조건이 지정된 컬럼명도 알려줍니다.

예제 제약조건이 지정된 컬럼 살피기

```
01 select constraint_name, table_name, column_name
02 from user_cons_columns;
```

CONSTRAINT_NAME	TABLE_NAME	COLUMN_NAME
PK_DEPT	DEPT	DEPTNO
PK_EMP	EMP	EMPNO
FK_DEPTNO	EMP	DEPTNO

USER_CONSTRAINTS 데이터 딕셔너리와 USER_CONS_COLUMNS 데이터 딕셔너리를 함께 살펴보면 어떤 컬럼에 어떤 제약조건이 지정되었는지 확인할 수 있습니다. 제약조건 이름이 PK_DEPT인 제약조건은 DEPT 테이블의 DEPTNO 컬럼에 지정된 PRIMARY KEY 제약조건입니다.

03 필수 입력을 위한 NOT NULL 제약조건

A C T U A L   M I S S I O N   O R A C L E

새로운 사원이 입사하여 사원의 정보를 입력하는데 사원번호와 사원명이 불분명하여 데이터가 저장되지 않았다면, 누구의 직급인지, 누구의 부서번호인지를 모르게 되므로, 자료로서의 의미를 갖기 어렵습니다.

예제 사원번호와 사원명을 NULL 값으로 저장하기

```
01 insert into emp02
02 values(null, null, '사원', '2000/01/02', 20);
```

예제 사원 테이블에 저장된 정보 출력하기

```
01 select * from emp02;
```

EMPNO	ENAME	JOB	HIREDATE	DEPTNO
1003	오지호	과장	13/12/08	30
-	-	사원	00/01/02	20

따라서 사원의 정보를 입력할 때 반드시 입력해야 하는 즉, 선택이 아닌 필수 입력을 요구하는 컬럼이 있다면, 위와 같이 NULL 값이 저장되지 못하도록 제약조건을 설정해야 합니다.

NOT NULL 제한 조건은 해당 컬럼에 데이터를 추가하거나 수정할 때, NULL 값이 저장되지 않게 제약을 걸어주는 것으로서, 사원번호와 사원명과 같이 자료가 꼭 입력되게 하고 싶을 때 사용합니다.

직접 해보기 NOT NULL 제약조건을 설정하지 않고 테이블 생성하기

NOT NULL 제약조건을 학습하기 전에 지금까지 실습에 사용했던 사원 테이블과 유사한 구조의 사원번호, 사원명, 직급, 부서번호 4개의 컬럼으로 구성된 EMP01 테이블에 아무런 제약조건을 설정하지 않고 생성해 봅시다. 이렇게 생성한 테이블에는 NULL 값이 저장됨을 확인해 봅시다.

1 지금까지 실습에 사용했던 사원 테이블과 유사한 구조의 사원번호, 사원명, 직급, 부서번호 4개의 컬럼으로 구성된 EMP01 테이블을 생성해 봅시다.

[예제] 아무런 제약조건 없이 EMP01 테이블 생성하기

```
01 create table emp01(
02    empno number(4),
03    ename varchar2(10),
04    job varchar2(9),
05    deptno number(2)
06 );
```

2 생성된 테이블의 내용을 살펴봅시다. 내용을 갖고 있지 않습니다.

[예제] 사원 정보 출력하기

```
01 select * from emp01;
```

데이터를 찾을 수 없습니다.

CREATE TABLE 명령은 테이블을 생성하면서 컬럼과 그 컬럼의 자료 형태 등의 구조를 정의하는 것이지, 자료를 입력하는 것이 아니기 때문입니다.

3 위에서 생성한 EMP01 테이블에 데이터를 추가해 봅시다. INSERT 문에 자료가 삽입될 컬럼을 지정하지 않았으므로, 기본 컬럼 순서인 EMPNO, ENAME, JOB, DEPTNO에 VALUES 절의 자료가 삽입됩니다. 컬럼에 NULL 값이 저장됩니다.

[예제] 사원번호와 사원명을 NULL 값으로 저장하기

```
01 insert into emp01
02 values(null, null, '사원', 30);
```

[예제] 사원 테이블에 저장된 정보를 출력하기

```
01 select * from emp01;
```

EMPNO	ENAME	JOB	DEPTNO
-	-	사원	30

4 EMP01 테이블에 사원번호와 사원명에 데이터를 저장하지 않더라도 해당 로우가 테이블에 추

가됩니다. 테이블을 생성하면서 아무런 제약조건도 주지 않았기 때문입니다. DESC 명령어로도 NOT NULL 제약조건이 설정되어 있지 않음을 확인할 수 있습니다.

예제 제약조건 살펴보기

```
01 select constraint_name, constraint_type, table_name
02 from user_constraints
03 where table_name in('EMP01');
```

데이터를 찾을 수 없습니다.

테이블 이름이 저장될 때에는 대문자로 저장되기 때문에, 반드시 'EMP01'과 같이 대문자로 기술해야만 해당 테이블에 대한 제약조건을 검색할 수 있습니다.

3.1 컬럼 레벨 정의 방법으로 제약조건 지정하기

NOT NULL 제약조건을 지정하지 않으면 위 예에서처럼 NULL 값이 저장됩니다. 특정 컬럼에 NULL 값이 저장되지 못하도록 하려면, NOT NULL 제한 조건을 설정해야 합니다. 이제 제약조건을 설정하는 방법을 살펴봅시다.

형식

```
column_name    data_type    constraint_type
```

제약조건을 설정하는 방법은 컬럼 레벨과 테이블 레벨, 두 가지 방식이 있습니다. NOT NULL 제약조건은 컬럼 레벨로만 정의할 수 있습니다.

직접 해보기 NOT NULL 제약조건을 설정하여 테이블 생성하기

사원 테이블(EMP02)을 사원번호, 사원명, 직급, 부서번호 4개의 컬럼으로 구성하되, 이번에는 사원번호와 사원명에 NOT NULL 조건을 지정하도록 합시다. 제약조건은 컬럼명과 자료형을 기술한 후에 연이어서 NOT NULL을 기술하면 됩니다.

1 emp02 테이블을 생성하되, 이미 존재하는 테이블은 생성되지 않기에 삭제하고 생성합시다.

예제 이미 존재하는 테이블이라서 삭제하기

```
01 drop table emp02;
```

테이블이 삭제되었습니다.

2 지금까지 실습에 사용했던 사원 테이블과 유사한 구조의 사원번호, 사원명, 직급, 부서번호 4개의 컬럼으로 구성된 EMP02 테이블을 생성하되, EMPNO와 ENAME 컬럼에 NOT NULL 제약조건 설정해 봅시다.

예제 테이블 생성 시 EMPNO와 ENAME 컬럼에 NOT NULL 제약조건 설정하기

```
01 create table emp02(
02    empno number(4) NOT NULL,
03    ename varchar2(10) NOT NULL,
04    job varchar2(9),
05    deptno number(2)
06 );
```

3 위에서 생성한 EMP02 테이블에는 데이터를 추가해 봅시다.

예제 사원번호와 사원명을 NULL 값으로 저장하기

```
01 insert into emp02
02 values(null, null, '사원', 30);
```

```
ORA-01400: NULL을 ("TESTER1"."EMP02"."EMPNO") 안에 삽입할 수 없습니다
```

EMP02 테이블은 사원번호와 사원명에 NOT NULL 조건을 지정하였기에, 사원번호에 NULL을 추가하는 명령어에서 오류가 발생합니다.

4 DESC 명령어로 NOT NULL 제약조건이 설정되어 있음을 확인할 수 있습니다.

예제 emp02에 NOT NULL 제약조건 살피기

```
01 desc emp02
```

```
이름     널         유형
------  --------  ------------
EMPNO   NOT NULL  NUMBER(4)
ENAME   NOT NULL  VARCHAR2(10)
JOB               VARCHAR2(9)
DEPTNO            NUMBER(2)
```

5 EMP02 테이블에 사원번호와 사원명을 NULL 값이 아닌 값을 지정해봅시다.

예제 사원 정보 추가하기

```
01 insert into emp02
02 values(1000, '허준', '사원', 30);
```

사원번호와 사원명을 NULL 값이 아닌 값을 지정하면 성공적으로 추가됨을 확인할 수 있습니다.

예제 사원 테이블에 저장된 정보 출력하기

```
01 select * from emp02;
```

SELECT * FROM EMP02;

EMPNO	ENAME	JOB	DEPTNO
1000	허준	사원	30

이렇게 특정 컬럼에 NULL 값을 사용할 수 없게 하는 것이 NOT NULL이란 제약조건입니다.

UNIQUE 제약조건이란 특정 컬럼에 대해 자료가 중복되지 않게 하는 것입니다. 즉, 지정된 컬럼에는 유일한 값이 수록되게 하는 것입니다.

새로운 사원이 입사하여 이 사원의 정보를 입력했는데, 이미 존재하는 사원의 번호와 동일한 사원번호로 입력해도 성공적으로 추가된다면 어떻게 될까요?

EMPNO	ENAME	JOB	DEPTNO
1000	허준	사원	30
1000	홍길동	과장	20

사원번호 컬럼으로 사원들을 구분하려고 했는데, 위와 같이 동일한 데이터가 입력되는 것을 허용한다면, 사원번호로는 사원을 구분할 수 없게 되기 때문에 큰 문제가 아닐 수 없습니다.

위와 같은 결과를 막고자 할 때, UNIQUE KEY 제한 조건을 사용하면 됩니다. 사원번호 컬럼에 UNIQUE KEY 제한 조건을 지정하면 중복된 값을 저장할 수 없게 되기 때문입니다.

직접 해보기 UNIQUE 제약조건을 설정하여 테이블 생성하기

다음은 사원 테이블의 사원번호를 유일 키로 지정한 예입니다.

1 지금까지 실습에 사용했던 사원 테이블과 유사한 구조의 사원번호, 사원명, 직급, 부서번호 4개의 컬럼으로 구성된 emp03 테이블을 생성하되, 사원번호를 유일 키로 지정합시다. 제약조건은 컬럼 명과 자료형을 기술한 후에 연이어서 UNIQUE를 기술하면 됩니다.

```
01 create table emp03(
02    empno number(4) UNIQUE,
03    ename varchar2(10) NOT NULL,
04    job varchar2(9),
05    deptno number(2)
06 );
```

테이블 생성 시 컬럼에 UNIQUE를 기술하면, 해당 컬럼은 중복된 값을 허용하지 않는 제약조건이 설정됩니다.

2 위에서 생성한 EMP03 테이블에 데이터를 추가해 봅시다.

예제 데이터를 추가하기

```
01 insert into emp03
02 values(1000, '허준', '사원', 30);
```

예제 사원 테이블에 저장된 정보 출력하기

```
01 select * from emp03;
```

EMPNO	ENAME	JOB	DEPTNO
1000	허준	사원	30

3 앞에서 사원번호로 1000번의 자료를 입력하였는데, 다시 동일한 사원번호를 입력하면 어떻게 될까요?

예제 데이터를 추가하기

```
01 insert into emp03
02 values(1000, '홍길동', '과장', 20);
```

ORA-00001: 무결성 제약 조건(TESTER1.SYS_C004340)에 위배됩니다

이미 사원번호로 1000이 기록되어 있는데 다시 사원번호로 1000을 추가하게 되면, 무결성 제약조건에 위배되었다는 오류 메시지와 함께 명령이 수행되지 못합니다. 테이블을 생성할 때 EMPNO NUMBER(4) UNIQUE로 제약조건을 걸었기 때문입니다.

4 하지만 NULL 값은 중복되어 저장할 수 있습니다. UNIQUE는 값(VALUE)이 유일함을 의미하는 것입니다. NULL은 값(VALUE)에서 제외되므로 유일한 조건인지를 체크하는 값에서 제외됩니다.

예제 데이터를 추가하기

```
01 insert into emp03
02 values(null, '안중근', '과장', 20);
03 insert into emp03
```

```
04 values(null, '이순신', '부장', 10);
```

예제 사원 테이블에 저장된 정보 출력하기

```
01 select * from emp03;
```

EMPNO	ENAME	JOB	DEPTNO
1000	허준	사원	30
-	안중근	과장	20
-	이순신	부장	10

UNIQUE는 NULL 값은 예외로 간주한다고 했습니다. 만약 NULL 값마저도 입력되지 않게 제한을 하려면, 테이블 생성 시 EMPNO NUMBER(4) UNIQUE NOT NULL처럼 두 가지 제약조건을 기술해야 합니다.

컬럼 레벨로 제약조건 이름을 명시해서 제약조건 설정하기

지금까지는 사용자가 제약조건 이름을 지정하지 않고 제약조건만 명시했습니다. 이럴 경우 오라클 서버가 자동으로 제약조건 이름을 부여합니다. 오라클이 부여하는 제약조건 이름은 SYS_ 다음에 숫자를 나열합니다.

```
ORA-00001: 무결성 제약 조건(TESTER1.SYS_C004340)에 위배됩니다
```

제약조건을 위반하면 오류 메시지에 제약조건 이름만 출력되는데, 오라클이 부여한 제약조건 이름으로는 어떤 제약조건을 위반했는지 알 수 없기에, USER_CONSTRAINTS 데이터 딕셔너리를 검색해야만 어떤 제약조건인지 확인할 수 있습니다. 만일 사용자가 의미 있게 제약조건 이름을 명시한다면, 제약조건 이름만으로도 어떤 제약조건을 위반했는지 알 수 있게 됩니다.

이번에는 제약조건 이름을 지정하는 방법을 살펴보도록 합시다.

형식
```
column_name data_type CONSTRAINT constraint_name constraint_type
```

사용자 제약조건 명을 설정하기 위해서는 CONSTRAINT라는 키워드와 함께 제약조건 명을 기술하면 된다는 것을 확인할 수 있습니다.

제약조건 명(constraing_name)은 다음과 같은 명명 규칙을 준수해서 작성하는 것이 좋습니다.

형식
```
[테이블명]_[컬럼명]_[제약조건 유형]
```

사원 테이블 EMP04에 대해서 사원 번호를 저장하는 컬럼 EMPNO에 대한 유일 키 제약조건 명인 EMP04_EMPNO_UK를 지정합니다.

EMP04_EMPNO_UK

테이블명   컬럼명   제약조건 유형

사용자 제약조건 명을 설정하기 위해서는 CONSTRAINT라는 키워드와 함께 제약조건 명을
기술해야 합니다.

직접 해보기 컬럼 레벨로 제약조건 이름 명시하기

컬럼 레벨로 제약조건 이름을 명시하는 예를 작성해 봅시다.

1 지금까지 실습에 사용했던 사원 테이블과 유사한 구조의 사원번호, 사원명, 직급, 부서번호 4개의
컬럼으로 구성된 EMP04 테이블을 생성하되, 사원번호에는 유일 키로, 사원명은 NOT NULL 제
약조건을 설정해 봅시다.

예제 제약조건 이름을 명시해서 테이블 생성하기

```
01 create table emp04(
02   empno number(4)
03          CONSTRAINT EMP04_EMPNO_UK UNIQUE,
04   ename varchar2(10)
05          CONSTRAINT EMP04_ENAME_NN NOT NULL,
06   job varchar2(9),
07   deptno number(2)
08 );
```

제약조건 이름을 EMP04_EMPNO_UK로 하여 유일 키를 정의하였고, 제약조건 이름을 EMP04_
ENAME_NN으로 하여 not null 제약조건을 정의하였습니다.

2 생성된 제약조건 명을 확인하기 위해서 USER_CONSTRAINTS 데이터 딕셔너리를 검색해 봅시
다. 테이블 이름이 저장될 때에는 대문자로 저장되기 때문에, 반드시 'EMP04'와 같이 대문자로
기술해야만 해당 테이블에 대한 제약조건을 검색할 수 있습니다.

예제 제약조건 살피기

```
01 select constraint_name, constraint_type, table_name
02 from user_constraints
03 where table_name in('EMP04');
```

CONSTRAINT_NAME	CONSTRAINT_TYPE	TABLE_NAME
EMP04_ENAME_NN	C	EMP04
EMP04_EMPNO_UK	U	EMP04

데이터 딕셔너리에서 EMP04 테이블을 생성할 때 제약조건 명으로 지정한 EMP04_ENAME_NN과 EMP04_EMPNO_UK를 확인할 수 있습니다.

데이터 딕셔너리인 USER_CONSTRAINTS에서 특정 테이블에 지정된 제약조건만을 살펴보기 위해서는, WHERE 절을 추가하여 TABLE_NAME 컬럼에 대해 비교 연산자를 적용하여 조건을 체크합니다. 이때 테이블명은 반드시 단일 따옴표 안에 기술하고 대문자로 기술해야 한다는 점에 주의해야 합니다.

③ 이번에 생성한 EMP04 테이블은 제약조건 명이 오라클에 의해서 설정되지 않기에, SYS_XXX 대신 우리가 명시적으로 지정해 준 제약조건 명을 갖게 되었습니다. 자, 이제 제약조건 이름을 지정해 둔 EMP04 테이블에 제약조건에 위배되는 데이터를 추가하여, 오류 메시지에 나타난 제약조건 이름만으로 어떤 제약조건에 위배되었는지 알 수 있는지 살펴보도록 합시다.

예제 동일한 사원 번호로 사원 정보 추가하기

```
01 insert into emp04
02 values(1000, '허준', '사원', 30);
03 insert into emp04
04 values(1000, '홍길동', '과장', 20);
```

ORA-00001: 무결성 제약 조건(TESTER1.EMP04_EMPNO_UK)에 위배됩니다

에러 메시지에 나타난 제약조건 명 'EMP04_EMPNO_UK'를 보면, 굳이 USER_CONSTRAINTS 테이블을 확인하지 않아도, EMP04 테이블의 EMPNO 컬럼에 설정된 유일 키 제약조건(UK)에 위배되었음을 확인할 수 있습니다.

정리

지금까지 살펴본 것처럼 제약조건에 위배하면 오류 메시지에 SYS_ 다음에 숫자를 나열하는 제약조건 이름만 출력되는데, 이런 제약조건 이름으로는 어떤 제약조건을 위반했는지 알 수 없기에 다시 USER_CONSTRAINTS 데이터 딕셔너리를 검색해야 했습니다. 이런 불편함을 해소하려면 CREATE 문에서 CONSTRAINT 절을 사용하여 제약조건에 대한 명칭을 기술해두면, 에러 시 지정한 명칭이 화면에 표시되어 쉽게 오류의 원인을 파악할 수 있게 됩니다.

데이터 구분을 위한 PRIMARY KEY 제약조건

유일 키 제약조건을 지정한 컬럼은 중복된 데이터를 저장하지는 못하지만, NULL 값을 저장하는 것은 허용합니다.

EMPNO	ENAME	JOB	DEPTNO
1000	허준	사원	30
-	안중근	과장	20
-	이순신	부장	10

위와 같이 동명이인이 입사를 했다면 이를 구분할 수 있는 유일한 키가 있어야 하는데, 사원번호에 NULL 값이 저장되는 바람에 이들을 구분할 수 없게 됩니다.

테이블 내의 해당 행을 다른 행과 구분할 수 있도록 하는 컬럼은 반드시 존재해야 합니다. 식별 기능을 갖는 컬럼은 유일하면서도 NULL 값을 허용하지 말아야 합니다. 즉, UNIQUE 제약조건과 NOT NULL 제약조건을 모두 갖고 있어야 하는데, 이러한 두 가지 제약조건을 모두 갖는 것이 기본 키(PRIMARY KEY) 제약조건입니다. 다음은 사원 테이블의 사원번호를 기본 키로 지정한 예입니다.

직접 해보기 PRIMARY KEY 제약조건 설정하기

1 지금까지 실습에 사용했던 사원 테이블과 유사한 구조의 사원번호, 사원명, 직급, 부서번호 4개의 컬럼으로 구성된 테이블을 생성하되, 기본 키 제약조건을 설정해 봅시다. 제약조건은 컬럼명과 자료형을 기술한 후에 연이어서 PRIMARY KEY를 기술하면 됩니다.

예제 PRIMARY KEY 제약조건을 주어 테이블 생성하기

```
01 create table emp05(
02    empno number(4)
03        CONSTRAINT EMP05_EMPNO_PK PRIMARY KEY ,
04    ename varchar2(10)
```

```
05          CONSTRAINT EMP05_ENAME_NN NOT NULL,
06    job varchar2(9),
07    deptno number(2)
08 );
```

2️⃣ 위에서 생성한 테이블에 데이터를 추가해 봅시다. 기본 키로 지정된 사원번호에 동일한 값을 저장해 보도록 하겠습니다.

예제 동일한 사원 번호로 사원 정보 추가하기

```
01 insert into emp05
02 values(1000, '허준', '사원', 30);
03 insert into emp05
04 values(1000, '홍길동', '과장', 20);
```

> ORA-00001: 무결성 제약 조건(TESTER1.EMP05_EMPNO_PK)에 위배됩니다

기본 키 제약조건에는 UNIQUE 제약조건이 포함되므로, 이미 저장된 사원번호로 1000을 또 다시 추가하게 되면, 오류 메시지와 함께 명령이 수행되지 못합니다. 오류 메시지에는 제약조건 이름 EMP05_EMPNO_PK에 위배되었다고 나타납니다.

3️⃣ 이번에는 기본 키로 지정된 사원번호에 NULL 값을 저장해 보도록 하겠습니다.

예제 사원번호에 NULL 값 저장하기

```
01 insert into emp05
02 values(null, '이순신', '부장', 10);
```

> ORA-01400: NULL을 ("TESTER1"."EMP05"."EMPNO") 안에 삽입할 수 없습니다

기본 키 제약조건은 UNIQUE + NOT NULL 제약조건으로 이해하면 됩니다. 따라서 예제처럼 NULL 값을 추가할 경우, 오류 메시지와 함께 명령이 수행되지 못합니다.

참조 무결성을 위한 FOREIGN KEY 제약조건

참조의 무결성이란 개념을 알아야 FOREIGN KEY 제약조건을 설명할 수 있습니다. 참조의 무결성은 테이블 사이의 관계에서 발생하는 개념이므로, 우리가 지금까지 학습했던 사원 테이블과 부서 테이블의 관계를 예로 들어 설명하겠습니다.

우선 부서 테이블을 살펴봅시다. 부서 테이블에는 부서에 대한 정보를 구분하기 위해서 유일하고 NULL이 아닌 값만 저장하도록, 부서 번호 컬럼(DEPTNO)을 기본 키로 설정하고 있습니다.

예제 제약조건 살피기

```
01 select constraint_name, constraint_type, table_name
02 from user_constraints
03 where table_name in('DEPT');
```

CONSTRAINT_NAME	CONSTRAINT_TYPE	TABLE_NAME
PK_DEPT	P	DEPT

예제 제약조건이 지정된 컬럼 살피기

```
01 select constraint_name, table_name, column_name
02 from user_cons_columns
03 where table_name in('DEPT');
```

CONSTRAINT_NAME	TABLE_NAME	COLUMN_NAME
PK_DEPT	DEPT	DEPTNO

부서 테이블을 살펴보면 부서 번호가 10, 20, 30, 40인 부서만 존재합니다.

예제 부서 테이블 살피기

```
01 select *
02 from dept;
```

DEPTNO	DNAME	LOC
10	경리부	서울
20	인사부	인천
30	영업부	용인
40	전산부	수원

부서 테이블의 부서 번호 컬럼(DEPTNO)과 동일한 이름의 컬럼이 사원(EMP) 테이블에도 존재합니다.

사원 테이블에 존재하는 부서 번호는 부서 테이블에 존재하는 부서 번호인 10, 20, 30으로만 기록되어 있습니다.

예제 사원 테이블 살펴보기

```
01 select *
02 from emp;
```

EMPNO	ENAME	JOB	MGR	HIREDATE	SAL	COMM	DEPTNO
1001	김사랑	사원	1013	07/03/01	300	-	20
1002	한예술	대리	1005	07/04/02	250	80	30
1003	오지호	과장	1005	05/02/10	500	100	30
1004	이병헌	부장	1008	03/09/02	600	-	20
1005	신동협	과장	1005	05/04/07	450	200	30
1006	장동건	부장	1008	03/10/09	480	-	30
1007	이문세	부장	1008	04/01/08	520	-	10
1008	감우성	차장	1003	04/03/08	500	0	30
1009	안성기	사장	-	96/10/04	1000	-	20
1010	이병헌	과장	1003	05/04/07	500	-	10
1011	조항기	사원	1007	07/03/01	280	-	30
1012	강혜정	사원	1006	07/08/09	300	-	20
1013	박중훈	부장	1003	02/10/09	560	-	20
1014	조인성	사원	1006	07/11/09	250	-	10

해당 회사에 부서가 4개 존재한다면, 그 회사에 다니는 사원들도 그 4개의 부서 중에 한 곳에 소속되어야 하기 때문입니다.

만일 부서 테이블에 존재하지 않는 부서 번호가 특정 사원의 부서로 지정되어 있다면, 이치에 맞지 않게 됩니다. 사원 테이블에 없는 상세 정보는 부서 테이블에서 찾아오는데, 사원 테이블에 저장된 부서번호가 테이블에 없다면, 참조할 때 무결해야 한다는 조건(참조의 무결성)에 위배되는 것이 됩니다.

그러므로 사원 테이블에 부서번호를 입력할 때, 부서 테이블에 존재하는 부서번호만 입력하도록 하면 참조의 무결성이 지켜지는 것입니다. 이를 위해서는 사원 테이블의 부서번호 컬럼에 외래 키 제약조건을 명시해야 합니다. 외래 키 제약조건은 사원 테이블의 부서 번호는 반드시 부서 테이블에 존재하는 부서 번호만 입력하도록 함으로써, 사원 테이블이 부서 테이블을 부서 번호로 참조 가능하도록 하는 것을 의미합니다.

참조의 무결성을 위한 외래 키 제약조건을 설정할 때 중요한 개념은 "부모 테이블과 자식 테이블", "부모 키와 자식 키"입니다.

다음은 ERD(Entity Relation Diagram)로서 테이블을 생성하기에, 앞서 데이터베이스 모델링 과정에서 업무를 분석한 후 얻어낸 개체와 관계를 다이어그램으로 나타낸 것입니다.

ERD를 보고 데이터베이스를 구현할 때에는 부서나 사원과 같은 개체는 테이블로 정의하고, 소속이란 관계는 참조의 무결성을 위한 특정 컬럼에 외래 키 제약조건으로 정의합니다.

참조의 무결성은 두 테이블 사이(사원 테이블, 부서 테이블)의 주종 관계에 의해서 결정되는데, 주체가 되는 테이블은 부모 테이블이 되고, 종속이 되는 테이블은 자식 테이블이 됩니다.

> **"사원은 회사 내에 존재하는 부서에 소속되어 있어야 합니다."**

사원과 부서의 소속 관계가 위와 같이 표현된다면, 부서가 주체(부모 테이블)이고, 사원이 종속(자식 테이블)이 됩니다.

주체 관계가 애매모호한 경우에는 어느 테이블의 데이터가 먼저 정의되어야 하는가를 기준으로, 부모 테이블과 자식 테이블을 구분할 수 있습니다. 먼저 정의되어야 하는 테이블이 부모 테이블이고, 나중에 정의되어야 하는 테이블이 자식 테이블이 됩니다.

회사를 설립하고 어떤 부서를 구성하여 운영할지 정한 후에, 그 부서에서 일할 사원을 뽑아야 소속이란 관계가 성립되므로, 부서가 부모 테이블이 되고, 사원이 자식 테이블이 됩니다.

외래 키(FOREIGN KEY) 제약조건은 자식 테이블인 사원 테이블(EMP)의 부서번호(DEPT-NO) 컬럼에, 부모 테이블인 부서 테이블(DEPT)의 부서번호(DEPTNO)를 부모 키로 설정하는 것입니다.

부모 테이블 / 자식 테이블
PRIMARY KEY / FOREIGN KEY

이때 주의할 점은 부모 키가 되기 위한 컬럼은 반드시 부모 테이블의 기본 키(PRIMARY KEY)나 유일 키(UNIQUE)로 설정되어 있어야 한다는 점입니다.

우리가 지금까지 학습할 때 사용한 오라클이 제공해주는 EMP 테이블과 DEPT 테이블을 보면, 부모 테이블인 부서 테이블(DEPT)의 부서번호(DEPTNO)는 기본 키(PRIMARY KEY)로 설정되어 있습니다. 그리고 이를 참조할 수 있도록 하기 위해서 자식 테이블인 사원 테이블(EMP)에서 부서번호(DEPTNO)에 외래 키(FOREIGN KEY) 제약조건을 설정해 놓은 상태입니다.

자식 테이블(EMP)에 참조의 무결성을 위해 특정 컬럼에 외래 키를 설정하였다면, 새로운 데이터를 추가할 때마다 부모 테이블에 부모 키로 설정된 컬럼을 살핍니다. 부모 키로 설정된 컬럼에 존재하는 값만 추가하고 존재하지 않는 값이라면 추가하지 않습니다. 이렇게 하여 자식 테이블이 부모 테이블을 참조하는 데 아무런 문제가 없도록 합니다.

외래 키 제약조건이 지정된 사원 테이블에, 부서 테이블에 존재하지 않는 50번 부서번호를 저장해 보도록 합시다.

예제 새로운 사원을 존재하지 않는 50번 부서에 소속시키기

```
01 insert into emp
02 (empno, ename, job, deptno)
03 values(1010, '홍길동', '사원', 50);
```

```
ORA-02291: 무결성 제약조건(TESTER1.FK_DEPTNO)이 위배되었습니다- 부모 키가 없습니다
```

EMP 테이블에 DEPTNO 컬럼 값을 50으로 하여 새로운 사원을 추가하려고 하면, 참조의 무결성을 위배했다는 오류 메시지를 출력합니다. DEPT 테이블에는 DEPTNO 컬럼 값으로 10, 20, 30, 40만 존재하고 50은 존재하지 않기 때문이다.

EMP 테이블에서 참조하는 DEPT 테이블의 DEPTNO 컬럼을 부모 키라고 하므로, '부모 키가 없습니다'라는 오류 메시지도 함께 출력됩니다.

위 실행 결과를 보면 "무결성 제약조건에 위배되었습니다. 부모 키가 없습니다."라는 에러 메시지를 출력합니다. 이렇게 참조의 무결성을 체크할 수 있는 이유는 사원 테이블의 부서 번호가 부서 테이블의 부서 번호를 참조하고 있다는 외래 키를 설정해 두었기 때문입니다. 외래 키를 설정하면, 새로 추가된 사원의 부서 번호 50을 부모(부서) 테이블의 부서 번호(부모 키) 컬럼 값으로 존재하는지 살펴보기 때문입니다.

사원 테이블에서 사원의 정보를 새롭게 추가할 경우, 사원 테이블의 부서 번호는 부서 테이블에 저장된 부서 번호 중의 하나와 일치하거나 NULL만 입력 가능해야 한다는 조건이 참조의 무결성 제약조건이며, 이는 제약조건으로 FOREIGN KEY를 지정하면 됩니다.

다음은 오라클에서 제공해주는 EMP 테이블과 DEPT 테이블의 제약조건을 살펴보도록 합시다.

예제 제약조건 살피기

```
01 select constraint_name, constraint_type,
02        r_constraint_name, table_name
03 from user_constraints
04 where table_name in('DEPT', 'EMP');
```

CONSTRAINT_NAME	CONSTRAINT_TYPE	R_CONSTRAINT_NAME	TABLE_NAME
PK_DEPT	P	-	DEPT
PK_EMP	P	-	EMP
FK_DEPTNO	R	PK_DEPT	EMP

R_CONSTRAINT_NAME 컬럼에 대해서 설명하겠습니다. R_CONSTRAINT_NAME 컬럼은 FOREIGN KEY인 경우 어떤 PRIMARY KEY를 참조했는지에 대한 정보를 갖습니다.

EMP 테이블의 제약조건 FK_DEPTNO의 R_CONSTRAINT_NAME 컬럼 값이 PK_DEPT으로 설정되어 있습니다. 이는 EMP 테이블의 FK_DEPTNO는 외래 키 제약조건으로, PK_DEPT 제약조건을 참조하고 있다는 내용입니다. PK_DEPT 제약조건은 DEPT 테이블의 기본 키 제약조건이므로, EMP 테이블은 DEPT 테이블을 참조하고 있다는 의미입니다.

우리가 기본 키를 학습하기 위해서 만들었던 EMP05 테이블의 부서번호 컬럼(DEPTNO)에는 외래 키 제약조건을 지정하지 않았으므로, 참조의 무결성에 위배될 수 있습니다. 왜냐하면 외래 키 제약조건을 지정하지 않으면, EMP05 테이블의 부서번호에 부서 테이블에 존재하지 않는 부서번호를 저장할 수 있기 때문입니다. 이러한 문제가 발생하는지 예를 통해서 살펴봅시다.

1 외래 키 제약조건을 지정하지 않은 사원 테이블에, 부서 테이블에 존재하지 않는 50번 부서번호를 저장해 보도록 합시다.

예제 새로운 사원을 존재하지 않는 50번 부서에 소속시키기

```
01 insert into emp05
02 values(1010, '홍길동', '사원', 50);
```

소속 부서가 없습니다.

허준이란 사원의 소속 부서명을 알고 싶다면, 이 사원의 부서번호인 30으로 부서 테이블에 가서 부서명인 영업부를 얻어올 수 있습니다. 하지만, 홍길동이란 사원의 소속 부서명을 알고 싶어도 사원의 부서번호 50은 부서 테이블에 존재하지 않으므로, 부서명을 얻어올 수 없다는 문제가 발생합니다.

위에서 살펴본 예제는 외래 키를 지정하지 않으면, 참조의 무결성에 위배되는 문제가 발생할 수 있음을 보여주기 위한 것입니다.

만약 홍길동이란 사원의 정보를 추가하려고 부서번호를 입력할 때, 부서 테이블에 존재하는 부서번호만 입력되도록 한다면 참조의 무결성을 위배하지 않게 됩니다. 존재하지 않는 부서번호를 입력하려고 할 때, 오류를 발생시켜서 입력되지 못하도록 하려면, 외래 키 제약조건을 지정해야 합니다.

지금까지 개념적으로 살펴본 참조의 무결성을 위한 외래 키 제약조건은 자식 테이블을 새롭게 정의할 때 지정하는데, CREATE TABLE 문에서 컬럼명과 자료형을 기술한 후에 연이어서 REFERENCES를 기술하고, 어떤 테이블(DEPT)의 어떤 컬럼(DEPTNO)을 참조할 것인지를 지정하면 됩니다.

DEPTNO NUMBER(2) REFERENCES DEPT(DEPTNO)

외래 키 제약조건을 설정해 보도록 합시다.

1 지금까지 실습에 사용했던 사원 테이블과 유사한 구조의 사원번호, 사원명, 직급, 부서번호 4개의 컬럼으로 구성된 테이블을 생성하되, 기본 키 제약조건은 물론 외래 키 제약조건도 설정해 봅시다. 현재 생성하는 EMP06 테이블의 DEPTNO 컬럼이 DEPT 테이블의 DEPTNO 컬럼을 참조하도록 외래 키 제약조건을 설정합니다.

예제 외래키 제약조건을 주어 테이블 생성하기

```
01 create table emp06(
02    empno number(4)
03       CONSTRAINT EMP06_EMPNO_PK PRIMARY KEY ,
04    ename varchar2(10)
05       CONSTRAINT EMP06_ENAME_NN NOT NULL,
06    job varchar2(9),
07    deptno number(2)
08       CONSTRAINT EMP06_DEPTNO_FK REFERENCES DEPT(DEPTNO)
09 );
```

2 위에서 생성한 테이블에 데이터를 추가해 봅시다. 부서 테이블에 있는 부서에 사원을 추가해보도록 하겠습니다.

예제 새로운 사원을 30번 부서에 소속시키기

```
01 insert into emp06
02 values(1010, '홍길동', '사원', 30);
```

3 예제의 결과를 보면 부모 테이블인 DEPT의 DEPTNO 컬럼에 30이 저장되어 있으므로, 사원이 성공적으로 추가되었습니다.

예제 사원 테이블 살피기

```
01 select *
02 from emp06;
```

EMPNO	ENAME	JOB	DEPTNO
1010	홍길동	사원	30

4 이번에는 EMP06 테이블에 부서 테이블에 존재하지 않는 부서번호를 부여하여 사원 정보를 추가해 봅시다.

새로운 사원을 존재하지 않는 50번 부서에 소속시키기

```
01 insert into emp06
02 values(1010, '홍길동', '사원', 50);
```

> ORA-02291: 무결성 제약조건(TESTER1.EMP06_DEPTNO_FK)이 위배되었습니다- 부모 키가 없습니다

외래 키를 설정하였습니다. 이제 사원 테이블(EMP06)에 사원 정보는 외래 키 제약조건을 준 컬럼인 부서번호가 제약조건을 제시한 테이블(DEPT)의 컬럼(DEPTNO)에 존재하는 값일 경우에만 추가됩니다. 결과 화면을 보면 부서 테이블의 부서번호에는 50번이 존재하지 않기 때문에 사원 정보가 추가되지 못하고 오류가 발생합니다.

오류 메시지에는 제약조건 이름 EMP06_DEPTNO_FK에 위배되었다고 나타나므로, 이를 확인하기 위해서 USER_CONSTRAINTS 데이터 딕셔너리를 살펴보도록 합시다.

제약조건 살피기

```
01 select constraint_name, constraint_type,
02        r_constraint_name, table_name
03 from user_constraints
04 where table_name in('EMP06');
```

CONSTRAINT_NAME	CONSTRAINT_TYPE	R_CONSTRAINT_NAME	TABLE_NAME
EMP06_ENAME_NN	C	-	EMP06
EMP06_EMPNO_PK	P	-	EMP06
EMP06_DEPTNO_FK	R	PK_DEPT	EMP06

EMP06_DEPTNO_FK의 CONSTRAINT_TYPE은 R이므로, FOREIGN KEY 제약조건에 위배한 것이 됩니다. USER_CONSTRAINTS 데이터 딕셔너리에는 EMP06_DEPTNO_FK가 참조하는 컬럼 대신 제약조건 이름이 나타납니다. 외래 키가 참조하는 컬럼은 기본 키 혹은 유일 키 제약조건으로 지정된 컬럼이어야만 하기에, 제약조건 이름으로 나타냅니다. PK_DEPT는 DEPT 테이블의 PRIMARY KEY 제약조건을 의미합니다.

CHECK 제약조건은 입력되는 값을 체크하여, 설정된 값 이외의 값이 들어오면 오류 메시지와 함께 명령이 수행되지 못하게 하는 것입니다. 조건으로 데이터 값의 범위나 특정 패턴의 숫자나 문자 값을 설정할 수 있습니다.

직접 해보기 ┃ CHECK 제약조건 설정하기

사원 테이블에 급여 컬럼을 생성하되, 급여 컬럼 값은 500에서 5000 사이의 값만 저장할 수 있도록 하고, 성별을 저장하는 컬럼으로 GENDER를 정의하고, 이 컬럼에는 남자는 M, 여자는 F, 둘 중의 하나만 저장할 수 있도록 CHECK 제약조건을 지정해 봅시다.

1 사원번호, 사원명, 급여, 성별 4개의 컬럼으로 구성된 테이블을 생성하되, 기본 키 제약조건, 외래 키 제약조건은 물론 CHECK 제약조건도 설정해 봅시다.

예제 CHECK 제약조건을 주어 테이블 생성하기

```
01 create table emp07(
02   empno number(4)
03     CONSTRAINT EMP07_EMPNO_PK PRIMARY KEY ,
04   ename varchar2(10)
05     CONSTRAINT EMP07_ENAME_NN NOT NULL,
06   sal number(7, 2) CONSTRAINT EMP07_SAL_CK
07     CHECK(SAL BETWEEN 500 AND 5000),
08   gender varchar2(1) CONSTRAINT EMP07_GENDER_CK
09     CHECK(GENDER IN('M', 'F'))
10 );
```

2 위에서 생성한 테이블에 데이터를 추가해 봅시다.

예제 새로운 사원의 급여를 200으로 추가하기

```
01 insert into emp07
02 values(1000, '허준', 200, 'M');
```

> ORA-02290: 체크 제약조건(TESTER1.EMP07_SAL_CK)이 위배되었습니다

③ 아래와 같이 GENDER 컬럼에 A를 입력해봅시다.

> [예제] 새로운 사원을 성별을 A로 하여 추가하기

```
01 insert into emp07
02 values(1000, '허준', 200, 'A');
```

> ORA-02290: 체크 제약조건(TESTER1.EMP07_GENDER_CK)이 위배되었습니다

GENDER 컬럼의 값은 'M' 혹은 'F', 둘 중의 하나여야 한다는 CHECK 제약조건에 위배되어 오류
가 발생합니다.

④ 데이터 딕셔너리인 USER_CONSTRAINTS의 SEARCH_CONDITION 컬럼은 CHECK 제약조
건이 어떤 컬럼에 어떤 내용으로 지정되어 있는지에 대한 상세 정보를 가지고 있습니다.

> [예제] 제약조건 살펴보기

```
01 select constraint_name, constraint_type,
02        r_constraint_name, table_name
03 from user_constraints
04 where table_name in('EMP07');
```

CONSTRAINT_NAME	CONSTRAINT_TYPE	R_CONSTRAINT_NAME	TABLE_NAME
EMP07_ENAME_NN	C	-	EMP07
EMP07_SAL_CK	C	-	EMP07
EMP07_GENDER_CK	C	-	EMP07
EMP07_EMPNO_PK	P	-	EMP07

USER_CONSTRAINTS 데이터 딕셔너리의 제약조건 유형(컬럼명: CONSTRAINT_TYPE)을 보
면, CONSTRAINT_TYPE 값으로 C는 CHECK 제약조건 이외의 NOT NULL 제약조건까지 포
함합니다. 그러므로 CONSTRAINT_TYPE 컬럼 값으로만은 정확한 제약조건을 알 수가 없습니
다. 이럴 때는 SEARCH_CONDITION 컬럼 값을 살펴보면 정확한 제약조건을 알 수 있습니다.

디폴트는 아무런 값을 입력하지 않았을 때, 디폴트 값으로 입력되도록 지정하고 싶을 때 사용합니다. 예를 들어 지역명(LOC)이라는 컬럼에 아무런 값도 입력하지 않았을 때, 디폴트의 값인 'SEOUL'이 들어가도록 하고 싶을 경우, 디폴트 제약조건을 지정합니다.

직접 해보기 DEFAULT 제약조건 설정하기

1 기존에 존재하는 테이블은 생성하지 못하므로, 제거한 후 생성해야 합니다.

예제 테이블 제거하기

```
01 drop table dept01;
```

2 다음과 같이 부서 테이블을 생성해 봅시다.

예제 테이블 생성하기

```
01 create table dept01(
02    deptno number(2) primary key,
03    dname varchar2(14),
04    loc varchar2(13) default '서울'
05 );
```

3 지역명(LOC)이라는 컬럼에 아무런 값도 입력하지 않았을 때, 디폴트 값인 '서울'이 들어감을 확인할 수 있습니다.

예제 부서 정보 추가하기

```
01 insert into dept01
02 (deptno, dname)
03 values(10, '경리부');
```

4 지역명(LOC)이라는 컬럼에 아무런 값도 입력하지 않았지만, 디폴트 값인 '서울'이 들어가 있습니다.

부서 정보 조회하기

```
01 select *
02 from dept01;
```

DEPTNO	DNAME	LOC
10	경리부	서울

지금까지와 같이 제약조건을 지정하는 방식을 컬럼 레벨의 제약조건 지정이라고 합니다. 컬럼 레벨 제약조건은 CREATE TABLE로 테이블을 생성하면서 컬럼을 정의하게 되는데, 하나의 컬럼 정의가 다 마무리되기 전에, 컬럼 명 다음에 타입을 지정하고, 그 뒤에 연이어서 제약조건을 지정하는 방식입니다.

이와 달리 테이블 레벨의 제약조건 지정은 컬럼을 모두 정의하고 나서, 테이블 정의를 마무리 짓기 전에, 따로 생성된 컬럼들에 대한 제약조건을 한꺼번에 지정하는 것입니다.

일반적으로 컬럼 레벨 방식으로 제약조건을 지정하는 것이 훨씬 간편할 텐데, 굳이 테이블 레벨의 지정 방식을 사용하는 데에는 2가지 이유가 있습니다.

(1) 복합 키로 기본 키를 지정할 경우

지금까지는 한 개의 컬럼으로 기본 키를 지정했습니다. 하지만, 경우에 따라서는 2개 이상의 컬럼이 하나의 기본 키를 구성하는 경우가 있는데, 이를 복합 키라고 합니다. 복합 키 형태로 제약조건을 지정할 경우에는, 컬럼 레벨 형식으로는 불가능하고 반드시 테이블 레벨 방식을 사용해야 합니다.

(2) ALTER TABLE로 제약조건을 추가할 때

테이블의 정의가 완료되어서 이미 테이블의 구조가 결정된 후에, 나중에 테이블에 제약조건을 추가하고자 할 때에는 테이블 레벨 방식으로 제약조건을 지정해야 합니다.

다음은 테이블 레벨 정의 방식의 기본 형식입니다.

형식
```
CREATE TABLE table_name(
column_name1   datatype1,
column_name2   datatype2,
    . . .
[CONSTRAINT constraint_name] constraint_type(column_name)
)
```

테이블 레벨에서 컬럼의 제약조건을 정의할 때 주의할 것은 NOT NULL 조건은 테이블 레벨 정의 방법으로 제약조건을 지정할 수 없다는 점입니다.

테이블 레벨에서 컬럼의 제약조건을 지정해 줄 경우에도, 컬럼 레벨과 마찬가지로, CONSTRAINT라는 키워드와 제약조건 명을 생략할 수 있습니다. 이렇게 제약조건 명을 생략하면 이미 언급한 대로 오라클 서버가 제약조건 명을 정의해줍니다. 컬럼 레벨로 제약조건과 테이블 레벨로 제약조건을 지정하는 방법의 차이점을 살펴보기로 합니다.

직접 해보기 컬럼 레벨 제약조건과 테이블 레벨 제약조건 설정하기

1 기존에 존재하는 테이블은 생성하지 못하므로, 제거한 후 생성해야 합니다.

예제 테이블 제거하기

```
01 drop table emp01;
```

2 다음과 같이 사원 테이블을 생성해 봅시다. 테이블 레벨로 제약조건을 지정하기에 앞서, 컬럼 레벨로 제약조건을 지정하는 방법을 살펴보기로 합니다.

예제 테이블 생성하기

```
01 create table emp01(
02    empno number(4) PRIMARY KEY,
03    ename varchar2(10) NOT NULL,
04    job varchar2(9) UNIQUE,
05    deptno number(2) REFERENCES DEPT(DEPTNO)
06 );
```

3 이번에는 컬럼 레벨 방식을 비교해 가면서, 테이블 레벨 방식으로 제약조건을 지정해보도록 합시다.

예제 테이블 제거하기

```
01 drop table emp02;
```

예제 테이블 레벨 방식으로 제약조건 지정하기

```
01 create table emp02(
02    empno number(4),
03    ename varchar2(10) NOT NULL,
04    job varchar2(9),
05    deptno number(2),
06    PRIMARY KEY(EMPNO),
```

```
07    UNIQUE(JOB),
08    FOREIGN KEY(DEPTNO) REFERENCES DEPT(DEPTNO)
09 );
```

02줄에서 05줄 사이에서는 컬럼을 정의하였습니다. 컬럼 정의가 마무리되고 난 이후에, 06줄부터 08줄까지 제약조건을 지정하였습니다.

4 USER_CONSTRAINTS 데이터 딕셔너리로 EMP02 테이블의 제약조건들을 살펴봅시다.

예제 제약조건 살펴보기

```
01 select constraint_name, constraint_type,
02        r_constraint_name, table_name
03 from user_constraints
04 where table_name in('EMP02');
```

CONSTRAINT_NAME	CONSTRAINT_TYPE	R_CONSTRAINT_NAME	TABLE_NAME
SYS_C004358	C	-	EMP02
SYS_C004359	P	-	EMP02
SYS_C004360	U	-	EMP02
SYS_C004361	R	PK_DEPT	EMP02

5 USER_CONSTRAINTS 데이터 딕셔너리를 살펴보면, 제약조건 명이 SYS_XXX로 지정되어 있습니다. 이는 사용자가 명시적으로 제약조건 명을 지정하지 않았기 때문입니다. 테이블 레벨에서 컬럼의 제약조건 명을 명시적으로 지정해 줄 경우에도, 컬럼 레벨과 마찬가지로, CONSTRAINT 라는 키워드를 사용하면 됩니다. 다음은 CONSTRAINT라는 키워드를 사용하여 제약조건 이름을 명시적으로 지정한 예입니다.

예제 테이블 제거하기

```
01 drop table emp03;
```

예제 테이블 레벨 방식으로 이름을 명시적으로 주어 제약조건 지정하기

```
01 create table emp03(
02    empno number(4),
03    ename varchar2(10)
04    CONSTRAINT EMP03_ENAME_NN  NOT NULL,
05    job varchar2(9),
06    deptno number(2),
07    CONSTRAINT EMP03_EMPNO_PK PRIMARY KEY(EMPNO),
```

```
08    CONSTRAINT EMP03_JOB_UK UNIQUE(JOB),
09    CONSTRAINT EMP03_DEPTNO_FK FOREIGN KEY(DEPTNO)
10                REFERENCES DEPT(DEPTNO)
11 );
```

6 USER_CONSTRAINTS 데이터 딕셔너리로 EMP03 테이블의 제약조건들을 살펴봅시다.

예제 제약조건 살펴보기

```
01 select constraint_name, constraint_type,
02        r_constraint_name, table_name
03 from user_constraints
04 where table_name in('EMP03');
```

CONSTRAINT_NAME	CONSTRAINT_TYPE	R_CONSTRAINT_NAME	TABLE_NAME
EMP03_ENAME_NN	C	-	EMP03
EMP03_EMPNO_PK	P	-	EMP03
EMP03_JOB_UK	U	-	EMP03
EMP03_DEPTNO_FK	R	PK_DEPT	EMP03

USER_CONSTRAINTS 데이터 딕셔너리를 살펴보면, 사용자가 명시적으로 지정한 제약조건 명이 설정된 것을 살펴볼 수 있습니다.

이미 설명한 대로 컬럼 레벨로 기본 키를 설정할 수 있는데도 불구하고, 테이블 레벨로 기본 키를 설정하는 이유는 복합 키를 기본 키로 설정할 경우 컬럼 레벨로는 불가능하기 때문입니다. 이번에는 복합 키를 기본 키로 지정하는 방법을 살펴보도록 합시다.

직접 해보기 기본 키를 복합 키로 지정하는 방법

1 일련번호를 따로 두지 않고, 이름과 핸드폰 번호를 복합하여 이를 기본 키로 지정하기로 합시다.

예제 이름과 전화번호를 결합하여 기본 키 지정하기

```
01 create table member01(
02    name varchar2(10),
03    address varchar2(30),
04    hphone varchar2(16),
05    CONSTRAINT MEMBER01_COMBO_PK PRIMARY KEY(NAME, HPHONE)
06 );
```

② USER_CONSTRAINTS로 제약조건이 제대로 지정되었는지 살펴봅시다.

예제 제약조건 살피기

```
01 select constraint_name, constraint_type, r_constraint_name, table_name
02 from user_constraints
03 where table_name in('MEMBER01');
```

CONSTRAINT_NAME	CONSTRAINT_TYPE	R_CONSTRAINT_NAME	TABLE_NAME
MEMBER01_COMBO_PK	P	-	MEMBER01

③ USER_CONSTRAINTS로는 제약조건이 복합 키인지 알 수 없으므로, USER_CONS_COL-UMNS를 살펴봅시다.

예제 제약조건이 지정된 컬럼 살피기

```
01 select constraint_name, table_name, column_name
02 from user_cons_columns
03 where table_name in('MEMBER01');
```

CONSTRAINT_NAME	TABLE_NAME	COLUMN_NAME
MEMBER01_COMBO_PK	MEMBER01	HPHONE
MEMBER01_COMBO_PK	MEMBER01	NAME

USER_CONS_COLUMNS 데이터 딕셔너리를 살펴보면, MEMBER01_COMBO_PK 제약조건에 설정된 컬럼은 HPHONE과 NAME 2개인 것을 확인할 수 있습니다.

지금까지는 CREATE TABLE로 새롭게 테이블을 생성하면서 제약조건을 지정하였습니다. 그렇다면 이미 존재하는 테이블에 제약조건을 추가하거나, 삭제하고, 변경하려면, 어떻게 해야 할까요? ALTER TABLE 문을 이용해야 합니다.

11.1 제약조건 추가하기

테이블 구조를 결정하는 DDL을 배우면서, 테이블이 이미 생성된 이후에 테이블의 구조를 변경하기 위한 명령어로 ALTER TABLE을 사용한다는 것을 이미 학습하였습니다. 제약조건 역시 이미 테이블을 생성하면서 지정해주는 것이었기에, 테이블 생성이 끝난 후에 제약조건을 추가하기 위해서는, ALTER TABLE로 추가해 주어야 합니다. 다음은 제약조건을 추가하기 위한 형식입니다.

형식
```
ALTER TABLE  table_name
ADD [CONSTRAINT constraint_name] constraint_type (column_name);
```

만일 새로운 제약조건을 추가하려면, ALTER TABLE 문에 ADD 절을 사용해야 합니다. 제약조건 없이 테이블을 생성한 후 제약조건을 추가해 봅시다.

직접 해보기 기존 테이블에 제약조건 추가하기

1 지금까지 실습에 사용했던 사원 테이블과 유사한 구조의 사원번호, 사원명, 직급, 부서번호 4개의 컬럼으로 구성된 EMP01 테이블을 제약조건을 하나도 설정하지 않은 채 생성해 봅시다.

예제 테이블 제거하기
```
01 drop table emp01;
```

제약조건을 주지 않고 테이블 생성하기

```
01 create table emp01(
02   empno number(4),
03   ename varchar2(10),
04   job varchar2(9),
05   deptno number(2)
06 );
```

2 EMP01 테이블에 지정된 제약조건을 알아보기 위해서 USER_CONSTRAINTS 데이터 딕셔너리를 살펴봅시다.

예제 제약조건 살피기

```
01 select constraint_name, constraint_type, r_constraint_name, table_name
02 from user_constraints
03 where table_name in('EMP01');
```

데이터를 찾을 수 없습니다.

실행 결과 화면의 "데이터를 찾을 수 없습니다."를 통해 EMP01 테이블에는 아무런 제약조건도 없음을 알 수 있습니다.

3 이제 이미 생성이 완료된 EMP01 테이블에 2가지 제약조건을 설정해 보도록 합시다. 첫 번째는 EMPNO 컬럼에 기본 키를 설정합시다.

예제 기본 키 제약조건 추가하기

```
01 alter table emp01
02 ADD CONSTRAINT EMP01_EMPNO_PK PRIMARY KEY(EMPNO);
```

4 두 번째에는 DEPTNO 컬럼에 외래 키를 설정해 보도록 합시다.

예제 외래 키 제약조건 추가하기

```
01 alter table emp01
02 ADD CONSTRAINT EMP01_DEPTNO_FK
03 FOREIGN KEY(DEPTNO) REFERENCES DEPT(DEPTNO);
```

5 EMP01 테이블에 제약조건이 제대로 설정되어 있는지 알아보기 위해서 USER_CONSTRAINTS 데이터 딕셔너리를 살펴보도록 합시다.

```
01 select constraint_name, constraint_type,
02         r_constraint_name, table_name
03 from user_constraints
04 where table_name in('EMP01');
```

CONSTRAINT_NAME	CONSTRAINT_TYPE	R_CONSTRAINT_NAME	TABLE_NAME
EMP01_EMPNO_PK	P	-	EMP01
EMP01_DEPTNO_FK	R	PK_DEPT	EMP01

USER_CONSTRAINTS 데이터 딕셔너리를 살펴보면 EMPNO 컬럼에 기본 키 제약조건과 DEPTNO 컬럼에 외래 키 제약조건이 각각 설정되어 있는 것을 확인할 수 있습니다.

11.2 MODIFY로 NOT NULL 제약조건 추가하기

이미 존재하는 테이블에 NOT NULL 제약조건을 추가하려면 어떻게 해야 할까요? 이미 존재하는 테이블에 무결성 제약조건을 추가로 생성하기 위해서 ALTER TABLE ... ADD ... 명령문을 사용하였습니다. 하지만 NOT NULL 제약조건은 ADD 대신 MODIFY 명령문을 사용하므로 사용에 주의해야 합니다. 이는 'NULL을 허용하는 상태'에서 'NULL을 허용하지 않는 상태'로 변경하겠다는 의미로 이해하기 바랍니다. 이미 존재하는 테이블에 NOT NULL 제약조건을 추가해 보도록 합시다.

직접 해보기 기존 테이블에 NOT NULL 제약조건 추가하기

1 MODIFY 명령어로 NOT NULL 제약조건을 설정해 봅시다.

예제 NOT NULL 제약조건 설정하기

```
01 alter table emp01
02 MODIFY ENAME CONSTRAINT EMP01_ENAME_NN NOT NULL;
```

2 EMP01 테이블에 제약조건이 제대로 설정되어 있는지 알아보기 위해서 USER_CONSTRAINTS 데이터 딕셔너리를 살펴보도록 합시다.

```
01 select constraint_name, constraint_type,
02        r_constraint_name, table_name
03 from user_constraints
04 where table_name in('EMP01');
```

CONSTRAINT_NAME	CONSTRAINT_TYPE	R_CONSTRAINT_NAME	TABLE_NAME
EMP01_EMPNO_PK	P	-	EMP01
EMP01_DEPTNO_FK	R	PK_DEPT	EMP01
EMP01_ENAME_NN	C	-	EMP01

USER_CONSTRAINTS 데이터 딕셔너리를 살펴보면 NOT NULL 제약조건이 ENAME 컬럼에 지정된 것을 확인할 수 있습니다. ENAME 컬럼에 지정한 NOT NULL 제약조건은 제약조건 이름을 명시적으로 지정하였기에 EMP01_ENAME_NN으로 나타납니다.

11.3 제약조건 제거하기

제약조건을 제거하기 위해서 DROP CONSTRAINT 다음에, 제거하고자 하는 제약조건 명을 명시해야 합니다. 다음은 제약조건을 제거하기 위한 형식입니다.

형식
```
01 ALTER TABLE  table_name
02 DROP [CONSTRAINT constraint_name];
```

제약조건을 제거하기 위해서는 제약조건 이름을 반드시 제시해야 합니다. 제약조건을 CONSTRAINT 문을 사용하여 지정했을 경우에는 제약조건 명을 기억하기 쉽습니다. 하지만, CONSTRAINT 문을 사용하지 않았으면, 특정 테이블의 특정 컬럼에 명시된 제약조건을 USER_CONSTRAINTS 데이터 딕셔너리에서 찾아봐야 하는 불편함이 있습니다. 그렇기 때문에 제약조건을 지정할 때에는 제약조건 이름을 명시적으로 주는 것이 바람직합니다.

하지만, 제약조건 이름을 모르더라도 다음과 같이 "PRIMARY KEY"로 삭제할 수 있습니다.

예제 "PRIMARY KEY"로 기본 키 제거하기

```
01 alter table emp05
02 DROP PRIMARY KEY;
```

사원 테이블에 지정한 제약조건들을 제거해 보도록 합시다.

제약조건 제거하기

1 제약조건을 제거하려면 제약조건 명을 알아야 하므로, EMP05 테이블에 설정된 제약조건 이름들을 살펴보도록 합시다.

예제 제약조건 살피기

```
01 select constraint_name, constraint_type,
02         r_constraint_name, table_name
03 from user_constraints
04 where table_name in('EMP05');
```

CONSTRAINT_NAME	CONSTRAINT_TYPE	R_CONSTRAINT_NAME	TABLE_NAME
EMP05_ENAME_NN	C	-	EMP05
EMP05_EMPNO_PK	P	-	EMP05

2 EMP05 테이블에 저장된 사원 정보를 살펴봅시다.

예제 사원 정보 조회하기

```
01 select * from emp05;
```

EMPNO	ENAME	JOB	DEPTNO
1010	홍길동	사원	50
1000	허준	사원	30

3 사원번호에 기본 키 제약조건이 지정되어 있습니다. 이미 1000이 저장되어 있는데, 여기에 1000을 또다시 추가해봅시다.

예제 이미 존재하는 사원 번호를 부여하여 새로운 사원 추가하기

```
01 insert into emp05
02 values(1000, '안중근', '과장', 20);
```

```
ORA-00001: 무결성 제약 조건(TESTER1.EMP05_EMPNO_PK)에 위배됩니다
```

사원번호가 기본 키 제약조건이 지정되어 있으므로, 이미 사원번호 1000이 저장되어 있는 테이블에 1000을 또다시 추가하면, 중복된 데이터를 추가할 수 없으므로 오류가 발생합니다.

4 사원번호가 중복되어 저장되도록 하기 위해서 기본 키 제약조건을 제거해 보도록 합시다. 제약조

건을 제거하기 위해서 "PRIMARY KEY"로 제거할 수 있지만, 1번에서 USER_CONSTRAINTS
를 살펴볼 때 기본 키 제약조건으로 'EMP05_EMPNO_PK'란 이름이 설정되었음을 확인하였으므
로, 제약조건 이름을 명시하여 제약조건을 제거합시다.

예제 제약조건 이름으로 기본 키 제거하기

```
01 alter table emp05
02 DROP CONSTRAINT EMP05_EMPNO_PK;
```

5 USER_CONSTRAINTS를 살펴보면 DROP CONSTRAINT EMP05_EMPNO_PK 문장으로,
EMPNO 컬럼의 PRIMARY KEY 제약조건이 해제되었음을 확인할 수 있습니다.

예제 제약조건 살피기

```
01 select constraint_name, constraint_type,
02        r_constraint_name, table_name
03 from user_constraints
04 where table_name in('EMP05');
```

CONSTRAINT_NAME	CONSTRAINT_TYPE	R_CONSTRAINT_NAME	TABLE_NAME
EMP05_ENAME_NN	C	-	EMP05

6 EMP05 테이블에 기본 키 제약조건이 제거되었음을 확인했으므로, 중복된 사원번호를 추가해 보
도록 합시다.

예제 이미 존재하는 사원 번호를 가진 사원 추가하기

```
01 insert into emp05
02 values(1000, '안중근', '과장', 20);
```

7 기본 키 제약조건을 제거하였기에 동일한 사원번호를 중복해서 저장할 수 있습니다.

예제 사원 정보 조회하기

```
01 select * from emp05;
```

EMPNO	ENAME	JOB	DEPTNO
1010	홍길동	사원	50
1000	허준	사원	30
1000	안중근	과장	20

⑧ 기본 키 제약조건을 제거하였기에 사원번호에 NULL 값도 저장할 수 있습니다.

예제 사원 번호가 NULL 값인 사원 추가하기

```
01 insert into emp05
02 values(NULL, '이순신', '부장', 10);
```

```
ORA-00001: 무결성 제약 조건(TESTER1.EMP05_EMPNO_PK)에 위배됩니다
```

⑨ 기본 키 제약조건을 제거하였기에 동일한 사원번호를 중복해서 저장할 수 있습니다.

예제 사원 정보 조회하기

```
01 select * from emp05;
```

EMPNO	ENAME	JOB	DEPTNO
1010	홍길동	사원	50
1000	허준	사원	30
1000	안중근	과장	20
-	이순신	부장	10

EMP05 테이블의 사원명에 NOT NULL 제약조건이 지정되어 있기에, 다음과 같은 사원명에 NULL을 추가하는 쿼리문을 수행하게 되면 에러가 발생합니다.

예제 NOT NULL 제약조건이 지정된 사원명에 NULL 저장하기

```
01 insert into emp05
02 values(NULL, NULL, '부장', 10);
```

```
ORA-01400: NULL을 ("TESTER1"."EMP05"."ENAME") 안에 삽입할 수 없습니다
```

사원명에 NULL을 저장하려면 NOT NULL 제약조건을 제거해야 합니다. 기본 키와 마찬가지로 제약조건 이름을 알고 있다면, 명시적으로 제약조건 이름을 "DROP CONSTRAINT" 다음에 기술하여 제거할 수 있습니다.

1 사원명에 지정된 NOT NULL 제약조건을 제거합시다.

예제 제약조건 이름으로 NOT NULL 제약조건 제거하기

```
01 alter table emp05
02 DROP CONSTRAINT EMP05_ENAME_NN;
```

2 USER_CONSTRAINTS를 살펴보면, DROP CONSTRAINT EMP05_ENAME_NN 문장으로, ENAME 컬럼의 NOT NULL 제약조건이 해제되었음을 확인할 수 있습니다.

예제 제약조건 살피기

```
01 select constraint_name, constraint_type,
02        r_constraint_name, table_name
03 from user_constraints
04 where table_name in('EMP05');
```

데이터를 찾을 수 없습니다.

3 EMP05 테이블의 사원명에 지정된 NOT NULL 제약조건을 제거하였으므로, 사원명에 NULL 값을 저장해 봅시다.

예제 NOT NULL 제약조건이 지정된 사원명에 NULL 저장하기

```
01 insert into emp05
02 values(NULL, NULL, '부장', 10);
```

4 NOT NULL 제약조건을 제거하였기에 사원명에 NULL을 저장할 수 있습니다.

예제 사원 정보 조회하기

```
01 select * from emp05;
```

EMPNO	ENAME	JOB	DEPTNO
1010	홍길동	사원	50
1000	허준	사원	30
-	-	부장	10
1000	안중근	과장	20
-	이순신	부장	10

제약조건이 설정되면 항상 그 규칙에 따라 데이터 무결성이 보장됩니다. 특별한 업무를 수행하는 과정에서 이러한 제약조건 때문에 작업이 진행되지 못하는 경우가 생깁니다.

제약조건 때문에 작업이 진행되지 못하는 경우를 참조의 무결성 제약조건을 예로 들어 설명하겠습니다. 소속된 사원이 존재하는 부서의 정보를 부서 테이블에서 삭제한다면 어떻게 될까요? 이는 참조의 무결성을 위배하게 되므로 삭제가 불가능합니다.

이문세는 10번 부서에 소속되어 있습니다.

EMPNO	ENAME	JOB	MGR	HIREDATE	SAL	COMM	DEPTNO
1001	김사랑	사원	1013	07/03/01	300	-	20
1002	한예슬	대리	1005	07/04/02	250	80	30
1003	오지호	과장	1005	05/02/10	500	100	30
1004	이병헌	부장	1008	03/09/02	600	-	20
1005	신동협	과장	1005	05/04/07	450	200	30
1006	장동건	부장	1008	03/10/09	480	-	30
1007	이문세	부장	1008	04/01/08	520	-	10
1008	감우성	차장	1003	04/03/08	500	0	30
1009	안성기	사장	-	96/10/04	1000	-	20
1010	이병헌	과장	1003	05/04/07	500	-	10
1011	조향기	사원	1007	07/03/01	280	-	30
1012	강혜정	사원	1006	07/08/09	300	-	20
1013	박중훈	부장	1003	02/10/09	560	-	20
1014	조인성	사원	1006	07/11/09	250	-	10

DEPTNO	DNAME	LOC
10	경리부	서울
20	인사부	인천
30	영업부	용인
40	전산부	수원

부서 테이블에서 10번 부서를 삭제해 봅시다.

예제 10번 부서 삭제하기

```
01 delete from dept
02 where deptno=10;
```

ORA-02292: 무결성 제약조건(TESTER1.FK_DEPTNO)이 위배되었습니다- 자식 레코드가 발견되었습니다

10번 부서에 소속된 사원이 존재하므로 10번 부서는 삭제되지 않습니다. 10번 부서를 삭제하기 위해서는 제약조건을 삭제하거나 제약조건을 비활성화하는 방법이 있습니다. 이번 예제에서는 제약조건을 비활성화하는 방법을 사용하여 10번 부서를 삭제해 보도록 하겠습니다.

오라클에서는 제약조건을 삭제하지 않고도 제약조건 사용을 잠시 보류할 수 있는 방법으로 제약조건의 비활성화를 제공해줍니다. 이렇게 비활성화된 제약조건은 원하는 작업을 한 후에는 다시 활성화 상태로 만들어 주어야 합니다. 제약조건을 비활성화, 활성화하는 방법을 살펴보도록 합시다.

직접 해보기 제약조건으로 인해 컬럼 삭제가 불가능한 예

참조의 무결성 제약조건을 설정한 후에 이 제약조건 때문에 삭제되지 않는 컬럼을 삭제하기 위해서 제약조건을 비활성화하도록 해봅시다.

1️⃣ 부서 테이블에 부서번호를 기본 키로 지정하여 새로운 테이블을 생성해 봅시다.

예제 테이블 제거하기

```
01 drop table dept01;
```

예제 테이블 생성하기

```
01 create table dept01(
02    deptno number(2)
03       constraint dept01_deptno_pk primary key,
04    dname varchar2(14),
05    loc varchar2(13)
06 );
```

2️⃣ USER_CONSTRAINTS 데이터 딕셔너리로 테이블의 제약조건들을 살펴봅시다.

예제 제약조건 살피기

```
01 select constraint_name, constraint_type,
02        r_constraint_name, table_name
03 from user_constraints
04 where table_name in('DEPT01');
```

CONSTRAINT_NAME	CONSTRAINT_TYPE	R_CONSTRAINT_NAME	TABLE_NAME
DEPT01_DEPTNO_PK	P	-	DEPT01

③ 이제 생성된 테이블에 샘플 데이터를 추가해 봅시다.

예제 데이터 추가하기

```
01 insert into dept01
02 values(10, '경리부', '서울');
03 insert into dept01
04 values(20, '인사부', '인천');
```

④ 테이블을 조회해보면 데이터가 추가되었음을 확인할 수 있습니다.

예제 데이터 조회하기

```
01 select * from dept01;
```

DEPTNO	DNAME	LOC
10	경리부	서울
20	인사부	인천

⑤ 부서 테이블을 만들었으므로, 이제 부서 테이블을 부모 테이블로 하는 사원 테이블을 작성하기 위해서, 사원 테이블의 부서번호가 부서 테이블의 부서번호를 참조할 수 있도록 외래 키를 설정합시다.

예제 테이블 제거하기

```
01 drop table emp01;
```

예제 테이블 레벨 방식에 명시적으로 이름을 주어서 제약조건 지정하기

```
01 create table emp01(
02    empno number(4),
03    ename varchar2(10)
04    CONSTRAINT EMP01_ENAME_NN  NOT NULL,
05    job varchar2(9),
06    deptno number(2),
07    CONSTRAINT EMP01_EMPNO_PK PRIMARY KEY(EMPNO),
08    CONSTRAINT EMP01_JOB_UK UNIQUE(JOB),
09    CONSTRAINT EMP01_DEPTNO_FK FOREIGN KEY(DEPTNO)
10            REFERENCES DEPT01(DEPTNO)
11 );
```

6 USER_CONSTRAINTS 데이터 딕셔너리로 테이블의 제약조건들을 살펴봅시다.

예제 제약조건 살피기

```
01 select constraint_name, constraint_type,
02        r_constraint_name, table_name
03 from user_constraints
04 where table_name in('EMP01');
```

CONSTRAINT_NAME	CONSTRAINT_TYPE	R_CONSTRAINT_NAME	TABLE_NAME
EMP01_ENAME_NN	C	-	EMP01
EMP01_EMPNO_PK	P	-	EMP01
EMP01_JOB_UK	U	-	EMP01
EMP01_DEPTNO_FK	R	DEPT01_DEPTNO_PK	EMP01

7 사원 테이블로서 사원의 정보를 추가할 때 부서 테이블을 참조하므로, 부서 테이블에 존재하는 부서번호를 입력합니다.

예제 사원 정보 추가하기

```
01 insert into emp01
02 values(1000, '허준', '사원', 10);
```

8 이번에는 존재하지 않는 부서에 사원이 소속되도록 사원 정보를 추가해 봅시다.

예제 사원 정보 추가하기

```
01 insert into emp01
02 values(1010, '홍길동', '사원', 50);
```

```
ORA-00001: 무결성 제약 조건(TESTER1.EMP01_JOB_UK)에 위배됩니다
```

사원 테이블에 외래 키를 추가하면 참조의 무결성을 지켜야 하기 때문에, 존재하지 않는 부서에는 사원이 소속될 수 없습니다. 사원의 부서에 대한 자세한 정보를 얻고 싶을 경우에는, 사원 테이블의 부서번호와 일치되는 값을 부서 테이블의 부서번호에 찾아올 수 있어야 합니다.

EMPNO	ENAME	JOB	DEPTNO
1000	허준	사원	10

DEPTNO	DNAME	LOC
10	경리부	서울
20	인사부	인천

⑨ DEPT01 테이블에서 10번 부서를 삭제해 봅시다.

예제 부서 정보 삭제하기

```
01 delete from dept01
02 where deptno=10;
```

```
ORA-02292: 무결성 제약조건(TESTER1.EMP01_DEPTNO_FK)이 위배되었습니다- 자식 레코드가 발견되었습니다
```

'허준'이 참조하고 있는 상태이기 때문에, 참조의 무결성 제약조건 때문에, 10번 부서가 삭제되지 않습니다. 삭제 가능하도록 하기 위해서 제약조건을 비활성화해 보도록 합시다.

12.1 제약조건의 비활성화

자식 테이블인 사원 테이블(EMP01)은 부모 테이블인 부서 테이블(DEPT01)에 기본 키인 부서번호를 참조하고 있습니다. 부서 테이블의 10번 부서는 사원 테이블에 근무하는 10번 사원이 존재하기 때문에 삭제할 수 없습니다. 부모 테이블(DEPT01)의 부서번호 10번이 삭제되면, 자식 테이블(EMP01)에서 자신이 참조하는 부모를 잃어버리게 되므로 삭제할 수 없는 것입니다.

부서번호가 10인 자료가 삭제되도록 하기 위해서는 다음과 같은 방법이 있습니다.

- 부서 테이블(EMP01)의 10번 부서에서 근무하는 사원을 삭제한 후, 부서 테이블(DEPT01)에서 10번 부서를 삭제합니다.
- 참조 무결성 때문에 삭제가 불가능하므로, EMP01 테이블의 외래 키 제약조건을 제거한 후에, 10번 부서를 삭제합니다.

테이블에서 제약조건을 삭제하지 않고 일시적으로 적용시키지 않도록 하는 방법으로, 제약조건을 비활성화하는 방법이 있습니다. 제약조건을 비활성화하는 방법을 살펴봅시다.

오라클은 다음 명령어로 작업 상황에 따라 비활성화시키거나, 다시 활성화시키면서 유연하게 작업할 수 있도록 합니다.

- DISABLE CONSTRAINT : 제약조건의 일시 비활성화
- ENABLE CONSTRAINT : 비활성화된 제약조건을 해제하여 다시 활성화함

비활성화는 DISABLE 예약어를 사용하여 다음과 같이 지정합니다.

```
ALTER TABLE table_name
DISABLE [CONSTRAINT constraint_name];
```

EMP01 테이블에 지정한 제약조건 중에서 외래 키 제약조건이 있습니다. 이 제약조건 때문에 DEPT01 데이블에서 10번 부서를 삭제할 수 없었습니다. 왜냐하면 EMP01 테이블의 ALLEN이란 사람이 DEPT01 테이블에서 10번 부서를 참조하고 있는 상태였기 때문입니다. EMP01 테이블에 지정한 외래 키 제약조건을 비활성화시키고 나면, EMP01 테이블과 DEPT01 테이블이 아무런 관계도 없는 상태가 되기 때문에, DEPT01 테이블에서 10번 부서를 삭제하는 데 아무런 문제가 없습니다. EMP01 테이블에 지정한 외래 키 제약조건을 비활성화한 후에, DEPT01 테이블에서 10번 부서를 삭제해 봅시다.

직접 해보기 외래 키 제약조건을 비활성화하기

1 EMP01 테이블에 지정한 외래 키 제약조건을 비활성화시킵니다.

예제 외래 키 제약조건을 비활성화하기

```
01 alter table emp01
02 DISABLE CONSTRAINT EMP01_DEPTNO_FK;
```

2 USER_CONSTRAINTS 데이터 딕셔너리로 테이블의 제약조건들을 살펴봅시다.

예제 제약조건 살펴보기

```
01 select constraint_name, constraint_type,
02         table_name, r_constraint_name, status
03 from user_constraints
04 where table_name in('EMP01')
```

CONSTRAINT_NAME	CONSTRAINT_TYPE	TABLE_NAME	R_CONSTRAINT_NAME	STATUS
EMP01_ENAME_NN	C	EMP01	-	ENABLED
EMP01_EMPNO_PK	P	EMP01	-	ENABLED
EMP01_JOB_UK	U	EMP01	-	ENABLED
EMP01_DEPTNO_FK	R	EMP01	DEPT01_DEPTNO_PK	DISABLED

제약조건의 상태를 확인하기 위해서, USER_CONSTRAINTS 데이터 딕셔너리의 STATUS 컬럼

값을 살펴보면, EMP01_DEPTNO_FK 제약조건에 대해서 STATUS 컬럼값이 DISABLED로 지정되어 있음을 확인할 수 있습니다.

3 DEPT01 테이블에서 10번 부서를 삭제해 봅시다.

> **예제** 부서 정보 삭제하기

```
01 delete from dept01
02 where deptno=10;
```

1개의 행이 삭제되었습니다.

이제 EMP01 테이블에 지정한 외래 키 제약조건을 비활성화하였기 때문에, DEPT01 테이블에서 10번 부서를 삭제할 수 있게 되었습니다.

4 테이블을 조회해보면 데이터가 삭제되었음을 확인할 수 있습니다.

> **예제** 데이터 조회하기

```
01 select * from dept01;
```

DEPTNO	DNAME	LOC
20	인사부	인천

성공적으로 10번 부서가 삭제되었음을 확인할 수 있습니다. 이는 DEPTNO 컬럼의 FOREIGN KEY 제약조건이 비활성화되었기 때문에, 10번 부서의 자료 삭제가 가능해진 것입니다.

12.2 제약조건의 활성화

제약조건을 비활성화해 보았으므로, 이번에는 제약조건을 활성화해 보도록 합시다.

활성화는 ENABLE 예약어를 사용하여 다음과 같이 지정합니다.

> **형식**

```
ALTER TABLE table_name
ENABLE [CONSTRAINT constraint_name];
```

EMP01 테이블에 지정한 제약조건 중에서 외래 키 제약조건을 비활성화했습니다. 비활성화된 제약조건은 다시 활성화해야 합니다.

1️⃣ DISABLE CONSTRAINT 문에 의해 비활성화된 제약조건을 되살리려면 다음과 같이 ENABLE 을 사용해야 합니다. EMP01 테이블에 지정한 외래 키 제약조건을 비활성화 시킵시다.

예제 외래 키 제약조건을 활성화하기

```
01 ALTER TABLE EMP01
02 ENABLE CONSTRAINT EMP01_DEPTNO_FK
```

```
ORA-02298: 제약 (TESTER1.EMP01_DEPTNO_FK)을 사용 가능하게 할 수 없음 - 부모 키가 없습니다
```

하지만, 부서 테이블의 10번 부서가 삭제된 상태에서는 외래 키 제약조건을 활성화시킬 수 없습니다. 왜냐하면 외래 키 제약조건은 참조의 무결성을 위배하지 않은 상태에서만 지정할 수 있는데, 사원 테이블(EMP01)에서 부서 테이블(DEPT01)의 10번 부서를 참조하고 있고, 부서 테이블에 10번 부서가 존재하지 않기 때문에, 참조의 무결성에 위배되기 때문입니다.

2️⃣ 그러므로 외래 키 제약조건을 활성화시키기 전에, 먼저 삭제된 부서 테이블의 10번 부서를 새로 입력해 놓아야 합니다.

예제 데이터 추가하기

```
01 insert into dept01
02 values(10, '경리부', '서울');
```

3️⃣ 테이블을 조회해보면 데이터가 추가되었음을 확인할 수 있습니다.

예제 데이터 조회하기

```
01 select * from dept01;
```

DEPTNO	DNAME	LOC
10	경리부	서울
20	인사부	인천

4️⃣ 10번 부서를 새로 입력해 놓았으므로 이제 외래 키 제약조건을 활성화합시다.

예제 외래 키 제약조건을 활성화하기

```
01 alter table emp01
02 ENABLE CONSTRAINT EMP01_DEPTNO_FK;
```

5 USER_CONSTRAINTS 데이터 딕셔너리로 테이블의 제약조건들을 살펴봅시다.

예제 제약조건 살피기

```
01 select constraint_name, constraint_type,
02        table_name, r_constraint_name, status
03 from user_constraints
04 where table_name in('EMP01')
```

CONSTRAINT_NAME	CONSTRAINT_TYPE	TABLE_NAME	R_CONSTRAINT_NAME	STATUS
EMP01_ENAME_NN	C	EMP01	-	ENABLED
EMP01_EMPNO_PK	P	EMP01	-	ENABLED
EMP01_JOB_UK	U	EMP01	-	ENABLED
EMP01_DEPTNO_FK	R	EMP01	DEPT01_DEPTNO_PK	ENABLED

USER_CONSTRAINTS 데이터 딕셔너리에서 EMP01_DEPTNO_FK 제약조건의 STATUS 컬럼 값이 ENABLED로 변경된 것을 확인할 수 있습니다.

12.3 CASCADE 옵션

부서 테이블의 기본 키를 비활성화하려고 하면, 이를 사원 테이블에서 외래 키로 설정하고 있기 때문에 비활성화가 안 됩니다. 사원 테이블의 외래 키를 비활성화한 후에, 부서 테이블의 기본 키를 비활성화해야 합니다. 하지만, CASCADE 옵션을 사용하면 이렇게 두 번에 거쳐 비활성화할 필요가 없습니다.

CASCADE 옵션은 부모 테이블과 자식 테이블 간의 참조 설정이 되어 있을 때, 부모 테이블의 제약조건을 비활성화하면서, 이를 참조하고 있는 자식 테이블의 제약조건까지 함께 비활성화하기 위해 사용하는 옵션입니다.

또한 제약조건의 비활성화뿐만 아니라 제약조건이 삭제에도 활용되며, 역시 같은 이치로 부모 테이블의 제약조건을 삭제하면, 이를 참조하고 있는 자식 테이블의 제약조건도 같이 삭제됩니다. 부서 테이블(DEPT01)의 기본 키 제약조건을 비활성화해 보도록 합시다. 부서 테이블(DEPT01)의 기본 키 제약조건을 "DISABLE PRIMARY KEY"로 비활성화하려고 시도합니다.

예제 기본 키 제약조건을 비활성화하기

```
01 alter table dept01
02 DISABLE PRIMARY KEY;
```

부서 테이블의 기본 키는 사원 테이블(EMP01)의 외래 키에서 참조하고 있기 때문에 제약조 건을 비활성화할 수 없습니다.

앞선 예제에서는 자식 테이블인 사원 테이블 쪽에서 제약조건을 비활성화했을 경우에는 아무런 문제가 없었습니다. 지금은 부모 테이블인 부서 테이블의 기본 키를 비활성화시키려고 할 경우 에러가 발생합니다. 왜 그런 것일까요? 이 이유를 알아야 CASCADE 옵션이 필요한 이유를 알게 되므로, 우선 위 예제에서 발생한 오류가 무엇 때문인지 그 이유부터 살펴보도 록 합시다.

참조의 무결성을 이미 학습했지만, 다시 한 번 정리하겠습니다. 참조의 무결성이란 자식 테이블(사원)이 부모 테이블(부서)을 참조하는 데 아무런 문제가 없어야 하는 것으로서, 이를 위한 방법으로 자식 테이블(사원)에 외래 키를 설정하는 것이었습니다. 자식 테이블(사원)에 설정하는 외래 키는 부모 테이블(부서)에 기본 키나 유일 키를 참조하게 되어 있습니다. 부모 테이블(부서)에 기본 키나 유일 키가 아닌 일반 컬럼을 자식 테이블(사원)에서 외래 키로 설 정할 수 없습니다.

지금 우리가 하고자 하는 작업은 부모 테이블(부서)의 기본 키에 대한 제약조건을 비활성화 하고자 하는 것인데, 자식 테이블(사원)에서 이를 외래 키 제약조건으로 지정한 컬럼이라면 절대 비활성화할 수 없습니다. 만일 비활성화될 수 있다고 가정하면, 기본 키가 아닌 컬럼을 자식 테이블이 외래 키 제약조건으로 지정하고 있는 아이러니한 상태가 되기 때문입니다.

그렇기 때문에 부모 테이블(부서)의 기본 키에 대한 제약조건을 비활성화하려면, 자식 테이 블(사원)의 외래 키에 대한 제약조건을 비활성화하는 작업이 선행되어야 합니다. 두 테이블 사이에 아무런 관련이 없어야만 즉, 부서 테이블이 더 이상 부모 테이블로서 역할을 하지 않 고 있어야만, 기본 키 제약조건을 비활성화시킬 수 있습니다.

부모 테이블(부서)의 기본 키에 대한 제약조건을 비활성화하기 위한 작업을 순서대로 정리 해봅시다.

> • 부모 테이블의 기본 키를 참조하는 자식 테이블의 외래 키에 대한 제약조건을 비활성화해야 합니다.
> • 부모 테이블의 기본 키에 대한 제약조건을 비활성화해야 합니다.

위 순서대로 제약조건을 여러 번에 걸쳐 비활성화시키기는 번거로움을 없애주는 것이 CAS-

CADE 옵션입니다. CASCADE 옵션을 지정하여 기본 키 제약조건을 비활성화하면, 이를 참조하는 외래 키 제약조건도 연속적으로 비활성화되기 때문에, 한 번만 비활성화해 주면 됩니다. CASCADE 옵션을 지정하여 기본 키 제약조건을 비활성화하면, 이를 참조하는 외래 키 제약조건도 연속적으로 비활성화됩니다.

직접 해보기 CASCADE 옵션으로 제약조건을 연속적으로 비활성화하기

1 부서 테이블(DEPT01)의 기본 키 제약조건을 CASCADE 옵션을 지정하여 비활성화합니다.

예제 CASCADE 옵션을 지정하여 기본 키 제약조건을 비활성화하기

```
01 alter table dept01
02 DISABLE PRIMARY KEY CASCADE;
```

2 데이터 딕셔너리 USER_CONSTRAINTS를 살펴봅시다.

예제 제약조건 살피기

```
01 select constraint_name, constraint_type,
02         table_name, r_constraint_name, status
03 from user_constraints
04 where table_name in('DEPT01', 'EMP01')
```

CONSTRAINT_NAME	CONSTRAINT_TYPE	TABLE_NAME	R_CONSTRAINT_NAME	STATUS
DEPT01_DEPTNO_PK	P	DEPT01	-	DISABLED
EMP01_ENAME_NN	C	EMP01	-	ENABLED
EMP01_EMPNO_PK	P	EMP01	-	ENABLED
EMP01_JOB_UK	U	EMP01	-	ENABLED
EMP01_DEPTNO_FK	R	EMP01	DEPT01_DEPTNO_PK	DISABLED

DEPT01 테이블의 기본 키 제약조건이 비활성화된 것을 확인할 수 있습니다. DEPT01 테이블뿐만 아니라, DEPT01 테이블의 기본 키를 참조하고 있는 EMP01 테이블의 외래 키 제약조건도 비활성화된 것을 확인할 수 있습니다. CASCADE 옵션을 지정하여 기본 키 제약조건을 제거하면, 이를 참조하는 외래 키 제약조건도 연속적으로 제거됩니다.

CASCADE 옵션으로 제약조건을 연속적으로 제거하기

1. 이번에는 부서 테이블(DEPT01)의 기본 키 제약조건을 삭제해 보도록 합시다.

   예제 기본 키 제약조건을 제거하기

   ```
   01 alter table dept01
   02 DROP PRIMARY KEY;
   ```

   ORA-02273: 고유/기본 키가 외부 키에 의해 참조되었습니다

   부서 테이블의 기본 키는 사원 테이블의 외래 키에서 참조하고 있기 때문에 제약조건을 삭제할 수 없습니다. 이 이유는 비활성화에서 CASCADE 옵션이 등장하게 된 이유를 설명하면서 했던 것과 동일합니다.

2. CASCADE 옵션을 지정하여 기본 키 제약조건을 삭제하게 되면, 이를 참조하는 외래 키 제약조건도 연속적으로 삭제됩니다.

   예제 CASCADE 옵션을 지정하여 기본 키 제약조건을 제거하기

   ```
   01 alter table dept01
   02 DROP PRIMARY KEY CASCADE;
   ```

3. 데이터 딕셔너리 USER_CONSTRAINTS를 살펴봅시다.

   예제 제약조건 살피기

   ```
   01 select constraint_name, constraint_type,
   02         table_name, r_constraint_name, status
   03 from user_constraints
   04 where table_name in('DEPT01', 'EMP01')
   ```

CONSTRAINT_NAME	CONSTRAINT_TYPE	TABLE_NAME	R_CONSTRAINT_NAME	STATUS
EMP01_ENAME_NN	C	EMP01	-	ENABLED
EMP01_EMPNO_PK	P	EMP01	-	ENABLED
EMP01_JOB_UK	U	EMP01	-	ENABLED

   USER_CONSTRAINTS 데이터 딕셔너리를 살펴보면 DEPT01 테이블의 기본 키 제약조건은 물론, 이를 참조하는 EMP01 테이블의 외래 키 제약조건도 삭제되었음을 확인할 수 있습니다.

첫 번째 미션 해결하기

제약조건을 추가하라!

01. 각 테이블에 제약조건을 추가하시오.

1 직원 테이블에 기본 키를 추가하기

```
01 ALTER TABLE employee ADD CONSTRAINT employee_pk
02               PRIMARY KEY(emp_no);
```

2 프로젝트 테이블에 기본 키를 추가하기

```
01 ALTER TABLE project ADD CONSTRAINT project_pk
02               PRIMARY KEY(pro_no);
```

3 특기 테이블에 기본 키를 추가하기

```
01 ALTER TABLE specialty ADD CONSTRAINT specialty_pk
02               PRIMARY KEY (emp_no, specialty) ;
```

4 담당 테이블에 기본 키를 추가하기

```
01 ALTER TABLE assign ADD CONSTRAINT assign_pk
02               PRIMARY KEY (emp_no, pro_no);
```

5 특기 테이블에 외래 키를 추가하기

```
01 ALTER TABLE specialty ADD CONSTRAINT specialty_fk
02 FOREIGN KEY(emp_no) REFERENCES employee(emp_no);
```

6 담당 테이블에 외래 키를 추가하기

```
01 ALTER TABLE assign ADD CONSTRAINT assign_project_fk
02 FOREIGN KEY (pro_no) REFERENCES project;
```

7 담당 테이블에 외래 키를 추가하기

```
01 ALTER TABLE assign ADD CONSTRAINT assign_employee_fk
02 FOREIGN KEY (emp_no) REFERENCES employee;
```

마무리

1. NOT NULL은 NULL을 허용하지 않도록 하기에 필수 입력 컬럼에 대해서 지정합니다.

2. UNIQUE는 중복된 값을 허용하지 않습니다. 항상 유일한 값을 갖도록 합니다.

3. PRIMARY KEY는 NOT NULL 조건과 UNIQUE 조건을 결합한 형태로서, NULL을 허용하지 않고 중복된 값을 허용하지 않습니다. 테이블에 하나만 선언할 수 있습니다.

4. FOREIGN KEY는 참조되는 테이블의 컬럼의 값이 존재하는지 여부를 판별하기 위해서 사용됩니다. FOREIGN KEY로부터 참조되는 테이블은 제거할 수 없으므로, 테이블을 제거할 때는 먼저 FOREIGN KEY 관계를 제거하거나, FOREIGN KEY를 가진 테이블을 제거해야 합니다.

도전 Quiz

1. 다음은 컬럼 Constraints에 관한 구문입니다. 틀린 것은?

```
CREATE TABLE test (
        id number(4)  NULL    DEFAULT  1    PRIMARY KEY,
                       ❶        ❷               ❸
        name varchar(20) NULL UNIQUE
                              ❹
)
```

2. 다음은 디폴트에 대한 설명입니다. 틀린 것은?

❶ 테이블에 데이터가 추가될 때 자동으로 적용된다.

❷ 디폴트 Constraints는 컬럼당 하나 이상 사용할 수 있다.

❸ NULL 값 허용 컬럼일 때 레코드를 추가하면서 명시적으로 NULL 값을 지정하면 NULL 값이 저장된다.

❹ INSERT 문에서 DEFAULT VALUES 또는 DEFAULT 키워드를 사용하면 자동으로 기본 값이 저장된다.

3. 다음은 무엇에 관한 설명일까요?

> 이것은 일반적으로 업무 규칙에서 주종 관계가 있는 두 테이블 간에 사용된다.

❶ PRIMARY KEY   ❷ FOREIGN KEY

❸ UNIQUE   ❹ DEFAULT

CHAPTER

10 조인

이번 장에서는 각 테이블에서 하나의 컬럼을 사용하여 두 개 이상의 테이블을 연결하는 조인에 대해서 살펴봅니다. 양 쪽 테이블의 모든 행에 대해 서로 연결하는 카디시안 곱(Cartesian Product)과 조인 대상 테이블에서 공통 컬럼을 '='(equal) 비교를 통해 같은 값을 가지는 행을 연결하여 결과를 생성하는 EQUI JOIN을 작성해 봅니다. 이외에도 테이블의 행을 같은 테이블 안에 있는 다른 행과 연관시키는 SELF JOIN과 EQUI JOIN에서 양측 컬럼 값 중의 하나가 NULL이지만, 조인 결과로 출력할 필요가 있을 경우에 사용하는 OUTER JOIN에 대해서 학습합니다.

○ **도전 미션** --

첫 번째 미션: 경리부서에 근무하는 사원의 이름과 입사일을 출력하라!

두 번째 미션: 인천에서 근무하는 사원의 이름과 급여를 출력하라!

○ **학습 내용** --

Mission

ACTUAL MISSION ORACLE

첫 번째 미션

경리부서에 근무하는 사원의 이름과 입사일을 출력하라!

01. 경리부에서 근무하는 사원의 이름과 입사일을 출력해 봅시다.

ENAME	입사일
이문세	2004/01/08
이병헌	2005/04/07
조인성	2007/11/09

두 번째 미션

인천에서 근무하는 사원의 이름과 급여를 출력하라!

01. ANSI JOIN을 사용하여 인천에서 근무하는 사원의 이름과 급여를 출력해 봅시다.

ENAME	SAL
김사랑	300
이병헌	600
안성기	1000
강혜정	300
박중훈	560

지금까지는 하나의 테이블에 대해서 SQL 명령어를 사용하였습니다. 하지만 관계형 데이터 베이스에서는 테이블 간의 관계가 중요하기 때문에 하나 이상의 테이블이 빈번히 결합하여 사용됩니다. 한 개 이상의 테이블에서 데이터를 조회하기 위해서 사용되는 것이 조인입니다. 이번에는 조인에 대한 기본 개념과 다양한 조인 방법에 대해서 살펴보겠습니다.

사원 테이블의 정보를 출력해 보면, 불행하게도 사원이 소속되어 있는 부서 번호만 있을 뿐 부서명은 없습니다.

예제 사원 정보 출력하기

```
01 select *
02 from emp;
```

EMPNO	ENAME	JOB	MGR	HIREDATE	SAL	COMM	DEPTNO
1001	김사랑	사원	1013	07/03/01	300	-	20
1002	한예슬	대리	1005	07/04/02	250	80	30
1003	오지호	과장	1005	05/02/10	500	100	30
1004	이병헌	부장	1008	03/09/02	600	-	20
1005	신동협	과장	1005	05/04/07	450	200	30
1006	장동건	부장	1008	03/10/09	480	-	30
1007	이문세	부장	1008	04/01/08	520	-	10
1008	감우성	차장	1003	04/03/08	500	0	30
1009	안성기	사장	-	96/10/04	1000	-	20
1010	이병헌	과장	1003	05/04/07	500	-	10
1011	조향기	사원	1007	07/03/01	280	-	30
1012	강혜정	사원	1006	07/08/09	300	-	20
1013	박중훈	부장	1003	02/10/09	560	-	20
1014	조인성	사원	1006	07/11/09	250	-	10

특정 부서 번호에 대한 부서이름이 무엇인지는 부서(DEPT) 테이블에 있습니다. 특정 사원에 대한 부서명을 알아내기 위해서는 부서 테이블에서 정보를 얻어 와야 합니다.

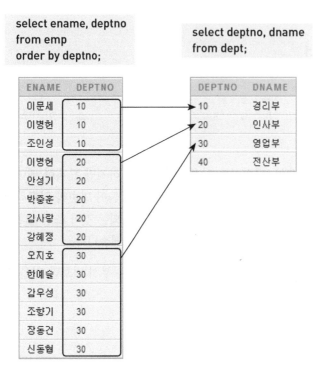

```
select ename, deptno
from emp
order by deptno;
```

```
select deptno, dname
from dept;
```

ENAME	DEPTNO
이문세	10
이병헌	10
조인성	10
이병헌	20
안성기	20
박중훈	20
김사랑	20
강혜정	20
오지호	30
한예슬	30
감우성	30
조향기	30
장동건	30
신동협	30

DEPTNO	DNAME
10	경리부
20	인사부
30	영업부
40	전산부

관계형 데이터베이스는 두 개 이상의 테이블에 정보가 나누어져 있습니다. 그 이유는 중복해서 데이터를 저장하는 것을 지양하기 때문입니다. 사원 테이블에 부서의 상세 정보까지 저장한다면, 10번 부서에 소속된 사원이 3명이기에 부서명과 지역명이 3번 중복되어 저장됩니다.

이렇게 중복되어 저장된 데이터는 삽입, 수정, 삭제 시에 이상 현상을 발생할 수 있습니다. 이에 대한 자세한 내용은 데이터베이스 모델링을 학습하면서 살펴볼 것입니다. 이상 현상이 발생하지 않고 데이터가 중복되지 않게 하려면, 관계형 데이터베이스에서는 두 개 이상의 테이블에 정보를 나누어 저장해 놓습니다. 따라서 이런 정보를 얻어오려면 여러 번 질의해야 한다는 불편함이 따릅니다.

'이문세' 사원이 소속되어 있는 부서의 이름이 무엇인지 알아보려고 합니다. '이문세'란 사원의 부서명을 알아내는 일 역시, 사원 테이블에서 '이문세'가 소속된 부서 번호를 알아낸 후에, 부서 테이블에서 해당 부서 번호에 대한 부서명을 얻어 와야 합니다.

다음은 '이문세' 사원의 부서번호를 알아내기 위한 쿼리문입니다.

사원 테이블에서 '이문세' 사원의 부서번호가 10번인 것을 알아냈다면 사원 테이블에서 알아낸 부서번호(10)로 부서 테이블에서 부서명을 알아낼 수 있습니다.

```
select deptno
from emp
where ename='이문세';
```

DEPTNO
10

```
select dname
from dept
where deptno=10
```

DNAME
경리부

사원이 소속된 부서명을 알아내려고 사원 테이블과 부서 테이블 두 개를 넘나드는 것은 여간 번거로운 일이 아닙니다. 실습에서처럼 원하는 정보가 두 개 이상의 테이블에 나누어져 있다면, 위와 같이 여러 번 질의해야 할까요? 다행히도 SQL에서는 두 개 이상의 테이블을 결합해야만 원하는 결과를 얻을 수 있을 때, 한 번의 질의로 원하는 결과를 얻을 수 있는 조인 기능을 제공합니다. 조인의 필요성을 살펴 보았으므로, 이제 본격적으로 다양한 형태의 조인을 학습하기로 합시다.

Cross Join은 특별한 키워드 없이 SELECT 문의 FROM 절에 사원(emp) 테이블과 부서(dept) 테이블을 콤마로 연결해서 연속으로 기술하는 것입니다.

예제 사원 테이블과 부서 테이블로 크로스 조인하기

```
01 select *
02 from emp, dept
```

EMPNO	ENAME	JOB	MGR	HIREDATE	SAL	COMM	DEPTNO	DEPTNO	DNAME	LOC
1001	김사랑	사원	1013	07/03/01	300	-	20	10	경리부	서울
1002	한예슬	대리	1005	07/04/02	250	80	30	10	경리부	서울
1003	오지호	과장	1005	05/02/10	500	100	30	10	경리부	서울
1004	이병헌	부장	1008	03/09/02	600	-	20	10	경리부	서울
1005	신동협	과장	1005	05/04/07	450	200	30	10	경리부	서울
1006	장동건	부장	1008	03/10/09	480	-	30	10	경리부	서울
1007	이문세	부장	1008	04/01/08	520	-	10	10	경리부	서울
1008	감우성	차장	1003	04/03/08	500	0	30	10	경리부	서울

⋮

1009	안성기	사장	-	96/10/04	1000	-	20	40	전산부	수원
1010	이병헌	과장	1003	05/04/07	500	-	10	40	전산부	수원
1011	조항기	사원	1007	07/03/01	280	-	30	40	전산부	수원
1012	강혜정	사원	1006	07/08/09	300	-	20	40	전산부	수원
1013	박중훈	부장	1003	02/10/09	560	-	20	40	전산부	수원
1014	조인성	사원	1006	07/11/09	250	-	10	40	전산부	수원

0.02초 동안 56개의 행이 반환되었습니다.   CSV 엑스포트

Cross Join의 결과 얻어지는 컬럼의 수는 사원 테이블의 컬럼의 수(8)와 부서 테이블의 컬럼의 수(3)를 더하여 11이 됩니다. 로우 수는 사원 한 명에 대해서 dept 테이블의 4개의 로우와 결합하기에 56개(14×4)가 됩니다.

Cross Join의 결과를 보면 사원 테이블에 부서 테이블의 상세 정보가 결합되긴 했지만, 조인될 때 아무런 조건을 제시하지 않았기에, 사원 한 명에 대해서 dept 테이블의 4개의 로우와 결합한 형태로 나타납니다. 따라서 Cross Join의 결과는 아무런 의미가 없습니다.

조인 결과가 의미가 있으려면, 조인할 때 조건을 지정해야 합니다. 조인 조건에 따라 조인의 종류가 결정되는데 다음은 조인의 종류를 정리한 표입니다.

표 10-1 • 조인의 종류

종 류	설 명
Equi Join	동일 컬럼을 기준으로 조인합니다.
Non-Equi Join	동일 컬럼이 없이 다른 조건을 사용하여 조인합니다.
Outer Join	조인 조건에 만족하지 않는 행도 나타냅니다.
Self Join	한 테이블 내에서 조인합니다.

03 Equi Join

Equi JOIN은 가장 많이 사용하는 조인 방법으로서, 조인 대상이 되는 두 테이블에서 공통으로 존재하는 컬럼의 값이 일치되는 행을 연결하여 결과를 생성하는 조인 방법입니다. 다음은 사원 정보를 출력할 때 각 사원이 소속된 부서의 상세 정보를 출력하기 위해서 두 개의 테이블을 조인한 예입니다.

```
예
select *
from emp, dept
where emp.deptno = dept.deptno;
```
emp 테이블의 deptno 컬럼
dept 테이블의 deptno 컬럼

사원(emp) 테이블과 부서(dept) 테이블의 공통 컬럼인 deptno의 값이 일치(=)되는 조건을 WHERE 절에 기술하여 사용하였습니다. 두 테이블을 조인하려면 일치되는 공통 컬럼을 사용해야 한다고 하였습니다. 컬럼의 이름이 같으면 혼란이 오기 때문에 컬럼 이름 앞에 테이블 이름을 기술합니다.

다음은 두 테이블을 조인한 결과입니다. 결과를 살펴보면 다음과 같이 부서 번호를 기준으로 같은 값을 가진 사원 테이블의 컬럼과 부서 테이블의 컬럼이 결합합니다.

EMPNO	ENAME	JOB	MGR	HIREDATE	SAL	COMM	DEPTNO	DEPTNO	DNAME	LOC
1001	김사랑	사원	1013	07/03/01	300	-	20	20	인사부	인천
1002	한예슬	대리	1005	07/04/02	250	80	30	30	영업부	용인
1003	오지호	과장	1005	05/02/10	500	100	30	30	영업부	용인
1004	이병헌	부장	1008	03/09/02	600	-	20	20	인사부	인천
1005	신동협	과장	1005	05/04/07	450	200	30	30	영업부	용인
1006	장동건	부장	1008	03/10/09	480	-	30	30	영업부	용인
1007	이문세	부장	1008	04/01/08	520	-	10	10	경리부	서울
1008	감우성	차장	1003	04/03/08	500	0	30	30	영업부	용인
1009	안성기	사장	-	96/10/04	1000	-	20	20	인사부	인천
1010	이병헌	과장	1003	05/04/07	500	-	10	10	경리부	서울
1011	조향기	사원	1007	07/03/01	280	-	30	30	영업부	용인
1012	강혜정	사원	1006	07/08/09	300	-	20	20	인사부	인천
1013	박중훈	부장	1003	02/10/09	560	-	20	20	인사부	인천
1014	조인성	사원	1006	07/11/09	250	-	10	10	경리부	서울

두 테이블을 조인한 결과를 살펴보면, 부서 번호를 기준으로 같은 값을 가진 사원 테이블의 컬럼과 부서 테이블의 컬럼이 결합합니다. 이렇게 조인 대상이 되는 테이블에 공통으로 존재하는 컬럼 값이 같은 값을 가지는 조건(=)에 대해서 조인 결과를 얻는 것을 Equi Join이라고 합니다.

앞의 예와 같이 조인 명령어를 수행하고 나면, 두 개의 테이블의 모든 컬럼을 포함한 결과를 얻을 수 있습니다.

```
select ename, dname          ......... ❶
from  emp, dept              ......... ❷
where emp.deptno = dept.deptno  ......... ❸
```

조인된 결과에서 특정 컬럼만을 추출하기 위해서는 SELECT 다음에 원하는 컬럼을 기술합니다(❶). 조인문은 특별한 키워드 없이 SELECT 문의 FROM 절에 사원(emp) 테이블과 부서(dept) 테이블을 콤마로 연결하여 기술합니다(❷).

조인 조건을 명시하지 않으면 두 테이블의 모든 로우가 아무런 의미 없이 결합한 CROSS JOIN이 되므로, WHERE 절에 조인 조건을 올바르게 기술해야 의미 있는 결과를 얻을 수 있습니다. 두 테이블에 공통된 컬럼을 조인 조건으로 제시합니다(❸).

3.1 Equi Join에 AND 연산하기

조인을 학습하기 위해서 처음에 제시한 문제는 이름이 '이문세'인 사람의 부서명을 출력해 보자는 것이었습니다. 지금까지 살펴본 조인은 모든 사원에 대한 정보를 출력하는 것이었습니다.

예제 사원 이름과 부서 이름 출력하기

```
01 select ename, dname
02 from  emp, dept
03 where emp.deptno = dept.deptno;
```

'이문세'인 사람의 정보만을 출력하기 위해서는, WHERE 절에서 AND 연산자를 추가하여, 사원 이름이 '이문세'인 검색 조건을 추가하면 됩니다.

예제 이문세의 이름과 소속 부서 이름 출력하기

```
01 select ename, dname
02 from  emp, dept
```

```
03 where emp.deptno = dept.deptno
04 and ename='이문세';
```

ENAME	DNAME
이문세	경리부

3.2 컬럼명의 모호성 해결

두 테이블에 동일한 이름의 컬럼을 사용하면 어느 테이블 소속인지 불분명하기에 애매모호한 상태라는 오류 메시지가 출력됩니다. 사원(emp) 테이블과 부서(dept) 테이블을 조인할 경우 두 테이블에 공통적으로 들어 있는 컬럼으로 부서번호(deptno)가 있습니다. 이렇게 서로 다른 테이블에 있는 동일한 컬럼 이름에 접근하려고 할 경우에, 컬럼 이름이 중복되어 구별이 어려워 애매하다는 에러가 발생합니다.

예제 컬럼 이름이 중복되어 에러가 발생하는 예제

```
01 select ename, dname, deptno          ......... ❹
02 from  emp, dept
03 where emp.deptno = dept.deptno
04 and ename='이문세';
```

SELECT 절에 두 테이블(emp, dept)에 동일한 이름으로 정의되어 있는 컬럼(deptno)을 아무런 구분 없이 사용하게 되면 애매모호한 상태가 됩니다(❹).

 ORA-00918: 열의 정의가 애매합니다

이러한 문제를 해결하기 위한 방법이 있어야 합니다. 동일한 이름의 컬럼 명 앞에 테이블 명을 명시적으로 기술함으로써 컬럼이 어느 테이블 소속인지 구분할 수 있게 됩니다.

예제 컬럼 명 앞에 테이블 명을 명시하기

```
01 select emp.ename, dept.dname, emp.deptno ........ ❺
02 from emp, dept
03 where emp.deptno = dept.deptno
04 and ename='이문세'
```

ENAME	DNAME	DEPTNO
이문세	경리부	10

문제를 해결하기 위해서 컬럼 명 앞에 테이블 명을 명시적으로 기술하면, 해당 컬럼이 어느 테이블 소속인지가 확실하게 됩니다. 이때 테이블 명과 컬럼 명은 점(.)으로 구분합니다(❻).

조인한 테이블에 공통적으로 존재하는 컬럼이 있으며 그 컬럼의 이름이 동일한 경우에는 테이블 명을 반드시 기술해야 하지만, 그렇지 않다면 (중복되지 않은 컬럼 명이라면) 굳이 테이블 명을 명시하지 않아도 됩니다.

예제 부분적으로 컬럼 명 앞에 테이블 명을 명시하기

```
01 select ename, dname, emp.deptno ............... ❻
02 from  emp, dept
03 where emp.deptno = dept.deptno
04 and ename='이문세'
```

❻은 컬럼 이름이 동일한 경우에만 테이블 명을 기술한 예입니다.

3.3 테이블에 별칭 부여하기

두 개 이상의 테이블을 조인할 경우 컬럼 앞에 테이블 이름을 기술하는 일이 잦아집니다. 그런데 테이블 이름이 길면 테이블 이름을 매번 붙이기가 번거로워집니다. 이럴 경우 테이블 이름에 간단한 별칭을 부여한 후에, 컬럼 앞에 긴 테이블 이름 대신 간단한 별칭을 붙이면, 문장이 간단해 보입니다.

테이블 이름에 별칭을 붙이는 방법은 FROM 절 다음에 테이블 이름을 명시하고, 공백을 둔 다음에 별칭을 지정하면 됩니다.

예

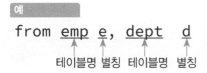

```
from emp e, dept d
```
테이블명 별칭 테이블명 별칭

사원(emp) 테이블의 별칭으로 e를, 부서(dept) 테이블의 별칭으로 d를 부여하였습니다. 테이블 이름에 별칭을 준 후에는 컬럼 앞에 소속 테이블을 지정하고자 할 때 반드시 별칭을 붙여야 합니다.

FROM 절에서 지정한 별칭을 SELECT 절과 WHERE 절에서 사용하고 있음

```
select e.ename, d.dname, e.deptno
 from  emp e, dept  d
where e.deptno = d.deptno
  and e.ename='이문세'
```

FROM 절에서 테이블 명 다음에 공백을 두고 별칭을 부여함

ENAME	DNAME	DEPTNO
이문세	경리부	10

3.4 Non-Equi Join

Non-Equi Join은 조인 조건이 특정 범위 내에 있는지를 조사하기 위해서, WHERE 절에 조인 조건을 = 연산자 이외에 비교 연산자를 사용합니다. Non-Equi Join을 학습하기 전에 급여 등급 테이블(salgrade)을 살펴보겠습니다.

예제 급여 등급 테이블 출력하기

```
01 select * from salgrade;
```

GRADE	LOSAL	HISAL
1	901	1000
2	501	900
3	401	500
4	301	400
5	201	300

급여 등급 테이블(salgrade)에는 급여에 대한 등급을 다음과 같이 나누어 놓았습니다. 급여의 등급은 총 5등급으로 나누어져 있으며, 1등급은 급여가 901부터 1000 사이이고, 2등급은 501부터 900 사이이고, 3등급은 401부터 500 사이이고, 4등급은 301부터 400 사이이고, 5등급이면 201부터 300 사이입니다.

급여 등급을 5개로 나누어 놓은 salgrade에서 정보를 얻어 와서 각 사원의 급여 등급을 지정해보도록 합시다. 이를 위해서 사원(emp) 테이블과 급여 등급(salgrade) 테이블을 조인하도록 합시다. 다음은 사원의 급여가 몇 등급인지 살펴보는 예제입니다.

예제 급여 등급 테이블 출력하기

```
01 select ename, sal, grade
02 from emp, salgrade
03 where sal between LOSAL and HISAL
04 order by grade;
```

ENAME	SAL	GRADE
안성기	1000	1
이병헌	600	2
박중훈	560	2
이문세	520	2
장동건	480	3
오지호	500	3
감우성	500	3
이병헌	500	3
신동협	450	3
조인성	250	5
조향기	280	5
김사랑	300	5
한예슬	250	5
강혜정	300	5

위의 where sal between LOSAL and HISAL 문장을 다음과 같이 표현해도 동일한 결과를 얻을 수 있습니다. 결과는 생략하겠습니다.

예제 급여 등급 테이블 출력하기

```
01 select e.ename, e.sal, s.grade
02 from emp e, salgrade s
03 where sal >= LOSAL  and sal <= HISAL
```

3.5 테이블 3개를 조인하기

사원의 이름과 그 사원이 소속된 부서의 이름과 그 사원의 급여가 몇 등급인지를 출력합니다. 사원 테이블에는 부서 이름은 없고, 부서 번호만 있고, 급여 등급은 없고, 급여만 있습니다.

사원 테이블(emp)의 부서 번호로 부서 테이블(dept)을 참조하여 부서 이름을 얻어 와야 하고, 사원 테이블의 급여로 급여등급 테이블(salgrade)을 참조하여 등급을 얻어 와야 합니다.

즉, 3개의 테이블(emp, dept, salgrade)을 조인해야 합니다.

예제 3개의 테이블을 조인하기

```
01 select e.ename, d.dname, e.sal, s.grade
02 from emp e, dept d, salgrade s
03 where e.deptno = d.deptno
04 and e.sal between s.LOSAL  and s.HISAL
05 order by grade;
```

ENAME	DNAME	SAL	GRADE
안성기	인사부	1000	1
이병헌	인사부	600	2
박중훈	인사부	560	2
이문세	경리부	520	2
장동건	영업부	480	3
오지호	영업부	500	3
감우성	영업부	500	3
이병헌	경리부	500	3
신동협	영업부	450	3
조인성	경리부	250	5
조항기	영업부	280	5
김사랑	인사부	300	5
한예슬	영업부	250	5
강혜정	인사부	300	5

조인은 두 개 이상의 서로 다른 테이블을 서로 연결하는 것뿐만 아니라, 하나의 테이블 내에
서 조인을 해야만 원하는 자료를 얻는 경우가 생깁니다. Self Join이란 말 그대로 자기 자신과
조인을 맺는 것을 말합니다.

Self Join을 보다 구체적인 예를 통해서 알아보도록 합시다. '이문세'의 매니저 이름이 무엇인
지 알아내려면 어떻게 구해야 할까요?

우선 사원 테이블을 살펴보면 사원의 담당 매니저의 사원 번호가 mgr 컬럼에 저장되어 있음
을 알 수 있습니다.

```
select ename, mgr
from emp;
```

ENAME	MGR
김사랑	1013
한예슬	1005
오지호	1005
이병헌	1008
신동협	1005
장동건	1008
이문세	1008
감우성	1003
안성기	-
이병헌	1003
조항기	1007
강혜정	1006
박중훈	1003
조인성	1006

'이문세' 매니저의 사원 번호 역시 사원 테이블에서 알아낼 수 있습니다. 그럼 담당 매니저의
이름을 조회하려면 어떻게 해야 할까요?

사원 테이블(emp)에서 이름이 '이문세'인 사원의 담당 매니저 사원 번호(mgr)가 '1008'이란 것을 알 수 있습니다.	매니저의 사원 번호인 '1008'(mgr)로 일치하는 사원 번호(empno)를 사원 테이블(emp)에서 찾습니다.

```
select ename, mgr
from emp;
```

```
select empno, ename
from emp;
```

ENAME	MGR
김사랑	1013
한예슬	1005
오지호	1005
이병헌	1008
신동협	1005
장동건	1008
이문세	1008
감우성	1003
안성기	-
이병헌	1003
조항기	1007
강혜정	1006
박중훈	1003
조인성	1006

EMPNO	ENAME
1001	김사랑
1002	한예슬
1003	오지호
1004	이병헌
1005	신동협
1006	장동건
1007	이문세
1008	감우성
1009	안성기
1010	이병헌
1011	조항기
1012	강혜정
1013	박중훈
1014	조인성

매니저의 사원 번호인 '1008(mgr)'과 일치하는 사원 번호(empno)를 사원 테이블에서 찾을
수 있습니다. 찾고 보니 해당 사원번호의 사원의 이름이 '감우성'이란 것을 알게 됩니다.

위 그림을 보면 알 수 있듯이 '이문세'의 매니저 이름을 알아내기 위해서는 두 개의 테이블을
조인해야 합니다. 매니저에 대한 정보가 저장된 테이블이 존재한다면 사원 테이블과 매니저
테이블을 조인하여 매니저 이름을 알아낼 수 있습니다. 하지만 매니저 역시 그 회사의 사원
이기에 매니저를 위한 테이블을 따로 마련해 두면 중복된 데이터가 생길 수 있기에, 매니저
를 위한 테이블을 개별적으로 마련해 두지 않습니다. 즉 '이문세'의 담당 매니저의 정보 역시
사원 테이블에서 참조해서 얻어내야 합니다.

'이문세'의 매니저 이름을 알아내기 위해서는 emp 테이블이 emp 테이블과 조인해야 합니다. 이렇게 자기(emp)가 자기 자신 테이블(emp)과 조인하는 것을 Self Join이라 합니다.

하나의 테이블로 조인하려면 어떻게 해야 할까요? FROM 절 다음에 emp 테이블을 나란히 두 번 기술할 수는 없습니다. 그러므로 자신과 같은 테이블이 하나 더 존재하는 것처럼 생각할 수 있도록 하기 위해서 테이블 별칭을 사용해야 합니다.

EMPLOYEE(사원 테이블)

ENAME	MGR
김사랑	1013
한예슬	1005
오지호	1005
이병헌	1008
신동협	1005
장동건	1008
이문세	1008
감우성	1003
안성기	-
이병헌	1003
조항기	1007
강혜정	1006
박중훈	1003
조인성	1006

MEMBER(매니저 테이블)

EMPNO	ENAME
1001	김사랑
1002	한예슬
1003	오지호
1004	이병헌
1005	신동협
1006	장동건
1007	이문세
1008	감우성
1009	안성기
1010	이병헌
1011	조항기
1012	강혜정
1013	박중훈
1014	조인성

emp 테이블을 employee(사원 테이블)와 manager(매니저 테이블)라는 별칭으로 지정해서 마치 두 개의 테이블이 존재하는 것처럼 사용합시다.

예제 특정 사원의 매니저가 누구인지 알아내기

```
01 select employee.ename as "사원이름", manager.ename as "직속상관이름"
02 from emp employee, emp manager
03 where employee.mgr = manager.empno;
```

사원이름	직속상관이름
김사랑	박중훈
한예슬	신동협
오지호	신동협
이병헌	감우성
신동협	신동협
장동건	감우성
이문세	감우성
감우성	오지호
이병헌	오지호
조항기	이문세
강혜정	장동건
박중훈	오지호
조인성	장동건

특정 사원(employee.ename)의 매니저에 대한 정보는 mgr 컬럼(employee.mgr)에 등록되어 있습니다. mgr 컬럼을 매니저 테이블의 사원 번호(manager.empno)로 매니저의 이름(manager.ename)을 알아내야 합니다.

지금까지 살펴본 조인문은 SQL/86에서 정의된 조인 구문이고, SQL Server뿐만 아니라 현재 대부분의 상용 데이터베이스 시스템에서 표준 언어로 ANSI(미국표준연구소) SQL에서 제시한 표준 기능을 대부분 준수하고 있습니다. SQL Server 하위 버전을 사용해 왔던 분들은 ANSI 문법이 생소할 수도 있지만, 다른 DBMS와의 호환성을 위해서는 ANSI 조인을 사용하는 것이 좋기에 본서에서는 ANSI 조인에 대해서 언급합니다. ANSI 조인은 지금까지 학습한 SQL 조인보다 더욱 간편하게 사용할 수 있고, 완벽한 포괄 조인(outer-join) 지원이 가능하게 되었습니다.

ANSI 표준 SQL 조인 구문은 몇 가지 새로운 키워드와 절을 제공하여, SELECT 문의 FROM 절에서 조인을 완벽하게 지정할 수 있습니다.

5.1 ANSI Cross Join

이전 조인 구문에서는 다음과 같이 FROM 다음에 테이블 명을 구분하기 위해서 쉼표(,)를 기술하였습니다.

예제 Cross Join 사용하기

```
01 select *
02 from emp, dept;
```

새로운 ANSI 구문을 사용하면 쉼표(,) 없이 원하는 조인 타입을 명확하게 지정할 수 있습니다.

예제 ANSI Cross Join 사용하기

```
01 select *
02 from emp cross join dept;
```

EMPNO	ENAME	JOB	MGR	HIREDATE	SAL	COMM	DEPTNO	DEPTNO	DNAME	LOC
1001	김사랑	사원	1013	07/03/01	300	-	20	10	경리부	서울
1002	한예슬	대리	1005	07/04/02	250	80	30	10	경리부	서울
1003	오지호	과장	1005	05/02/10	500	100	30	10	경리부	서울
1004	이병헌	부장	1008	03/09/02	600	-	20	10	경리부	서울
1005	신동협	과장	1005	05/04/07	450	200	30	10	경리부	서울
1006	장동건	부장	1008	03/10/09	480	-	30	10	경리부	서울
1007	이문세	부장	1008	04/01/08	520	-	10	10	경리부	서울
1008	감우성	차장	1003	04/03/08	500	0	30	10	경리부	서울

⋮

1009	안성기	사장	-	96/10/04	1000	-	20	40	전산부	수원
1010	이병헌	과장	1003	05/04/07	500	-	10	40	전산부	수원
1011	조항기	사원	1007	07/03/01	280	-	30	40	전산부	수원
1012	강혜정	사원	1006	07/08/09	300	-	20	40	전산부	수원
1013	박중훈	부장	1003	02/10/09	560	-	20	40	전산부	수원
1014	조인성	사원	1006	07/11/09	250	-	10	40	전산부	수원

0.02초 동안 56개의 행이 반환되었습니다.   CSV 엑스포트

5.2 ANSI Inner Join

다음은 이전 조인 구문으로 공통 컬럼을 '=' (equal) 비교를 통해, 같은 값을 가지는 로우를 연결하여 결과를 구하는 형태입니다.

예제   사원의 이름과 부서명 출력하기

```
01 select ename, dname
02 from emp, dept
03 where emp.deptno=dept.deptno;
```

새로운 ANSI 조인은 FROM 다음에 INNER JOIN이란 단어를 사용하여 조인할 테이블 이름을 명시하고, ON 절을 사용하여 조인 조건을 명시하여 다음과 같이 작성합니다.

형식
```
SELECT * FROM table1 INNER JOIN table2
ON table1.column1 = table2.column2
```

사원의 이름과 부서명을 출력하는 쿼리문을 INNER JOIN을 사용하면 다음과 같이 작성할 수 있습니다.

예제 ANSI Inner Join 사용하기

```
01 select ename, dname
02 from emp INNER JOIN dept
03 ON emp.deptno=dept.deptno;
```

ENAME	DNAME
김사랑	인사부
한예슬	영업부
오지호	영업부
이병헌	인사부
신동협	영업부
장동건	영업부
이문세	경리부
갑우성	영업부
안성기	인사부
이병헌	경리부
조향기	영업부
강혜정	인사부
박중훈	인사부
조인성	경리부

기존 조인에서는 WHERE 절에 조인 조건을 기술했지만, ANSI 조인에서는 FROM 절에 포함된 ON 절에서 조인 조건을 지정할 수 있도록 합니다.

기존 조인 구문에 익숙한 분이라면 새로운 ANSI 조인 구문에 익숙해지는 데 시간이 걸릴 수 있지만, 장점이 있기에 ANSI 조인 구문을 권장합니다. 장점을 언급하기에 앞서서 '이문세'의 부서명을 알아내기 위한 쿼리문을 기존 조인 구문으로 작성해 봅시다.

예제 이문세의 부서명 조회하기

```
01 select ename, dname
02 from emp, dept
03 where emp.deptno=dept.deptno
04 and ename='이문세';
```

위 쿼리문의 WHERE 절에는 조인 조건과 함께 AND 연산자를 추가하여, 사원 명이 '이문세'인 사람인 검색 조건을 추가하였습니다. '이문세'에 대한 정보만 검색하기 위해서, 즉, 질의의 결과를 제한하기 위한 조건을 조인 조건과 함께 뒤섞어 사용하였습니다.

```
01 select ename, dname, dept.deptno
02 from emp INNER JOIN dept
03 ON emp.deptno=dept.deptno
04 where ename='이문세';
```

ENAME	DNAME	DEPTNO
이문세	경리부	10

ANSI 조인에서는 조인 정보를 ON절에 기술하여 조인 조건을 명확하게 지정하고, 다른 조건에 대해서는 WHERE 구문에서 지정하면 됩니다.

5.3 ANSI Outer Join

Self Join을 배우면서 특정 사원의 매니저 이름을 구했습니다. 결과를 꼼꼼히 살펴보면, 뭔가 이상한 점을 발견할 수 있습니다. 사원 테이블에는 14명의 사원 정보가 저장되어 있는데, 특정 사원의 매니저 이름을 구하는 Self Join의 결과를 살펴보면, 13명의 사원 정보만 출력된다는 것을 알 수 있습니다.

사원이름	직속상관이름
김사랑	박중훈
한예슬	신동협
오지호	신동협
이병헌	감우성
신동협	신동협
장동건	감우성
이문세	감우성
감우성	오지호
이병헌	오지호
조향기	이문세
강혜정	장동건
박중훈	오지호
조인성	장동건

즉, Self Join의 결과에는 '안성기'란 사원 한 사람의 정보가 **빠져** 있습니다. '안성기'라는 사원은 이 회사의 사장으로 매니저가 존재하지 않으므로 manager 컬럼값이 NULL입니다. 사원 번호(empno)가 NULL인 사원은 없으므로, 조인 조건에 만족하지 않아서, '안성기'는 Self Join의 결과에서 배제되었습니다.

Outer Join은 어느 한 쪽 테이블에는 해당하는 데이터가 존재하는데 다른 쪽 테이블에는 데이터가 존재하지 않을 경우, 그 데이터가 출력되지 않는 문제점을 해결하기 위해 사용하는 조인 기법입니다.

ANSI 조인에서는 Outer Join을 그전까지 지원하지 않았던 FULL까지 지원하여 LEFT, RIGHT, FULL 3가지를 지원하고 있습니다.

```
SELECT * FROM table1 [LEFT | RIGHT | FULL] OUTER JOIN table2
```

LEFT OUTER JOIN은 그대로 LEFT JOIN이라고 사용할 수 있습니다. LEFT란 단어의 의미만 보아도 짐작할 수 있듯이, 왼쪽(첫 번째) 테이블이 기준이 되어서, 그 테이블에 있는 모든 데이터를 가져옵니다. 기준으로 지정되지 않은 오른쪽 테이블에서 가져올 수 없는 열은 NULL로 표현됩니다.

'안성기'는 직속상관이 없지만, 사원의 정보가 출력되도록 하기 위해서 Outer Join을 해보도록 합시다.

예제 ANSI Outer Join 사용하기

```
01 select member.ename as "사원이름", manager.ename as "직속상관이름"
02 from emp member LEFT OUTER JOIN emp manager
03 ON member.manager = manager.empno;
```

사원이름	직속상관이름
김사랑	박중훈
한예슬	신동협
오지호	신동협
이병헌	감우성
신동협	신동협
장동건	감우성
이문세	감우성
감우성	오지호
안성기	-
이병헌	오지호
조항기	이문세
강혜정	장동건
박중훈	오지호
조인성	장동건

Outer Join에 대한 보다 명확한 설명을 위해, 테이블을 새로 생성하고 데이터를 추가하여 샘플 테이블을 만든 후에, 이를 사용하여 Outer Join을 해 보도록 합시다.

직접 해보기 다양한 Outer Join

1 dept 테이블과 닮은 dept01 테이블을 만들어 보겠습니다. 부서번호와 부서명을 컬럼으로 갖고, 10번과 20번 부서만 갖는 dept01 테이블을 생성합니다.

예제 이미 존재하는 테이블이라서 삭제하기

```
01 drop table dept01;
```

예제 테이블 생성하기

```
01 create table dept01(
02     deptno number(2),
03     dname varchar2(14),
04     loc   varchar2(13)
05 );
```

예제 데이터 추가하기

```
01 insert into dept01 values(10, '경리부', '서울');
02 insert into dept01 values(20, '인사부', '인천');
```

2 동일한 방법으로 이번에는 10번과 30번 부서만 갖는 dept02 테이블을 생성합니다.

예제 이미 존재하는 테이블이라서 삭제하기

```
01 drop table dept02;
```

예제 테이블 생성하기

```
01 create table dept02(
02     deptno number(2),
03     dname varchar2(14),
04     loc   varchar2(13)
05 ) ;
```

예제 데이터 추가하기

```
01 insert into dept02 values(10, '경리부', '서울');
02 insert into dept02 values(30, '영업부', '용인');
```

3 다음은 INNER JOIN한 결과입니다.

예제 INNER JOIN하기

```
01 select *
02 from dept01 INNER JOIN dept02
03 ON dept01.deptno = dept02.deptno;
```

DEPTNO	DNAME	LOC	DEPTNO	DNAME	LOC
10	경리부	서울	10	경리부	서울

4 DEPT01 테이블의 20번 부서와 조인할 부서번호가 DEPT02에는 없지만, 20번 부서도 출력되도록 하기 위해서 DEPT01 테이블이 왼쪽에 존재하기에 LEFT OUTER JOIN을 사용합시다.

예제 LEFT OUTER JOIN하기

```
01 select *
02 from dept01 LEFT OUTER JOIN dept02
03 ON dept01.deptno = dept02.deptno;
```

DEPTNO	DNAME	LOC	DEPTNO	DNAME	LOC
10	경리부	서울	10	경리부	서울
20	인사부	인천	-	-	-

5 이번에는 DEPT02 테이블에만 있는 30번 부서까지 출력되도록 하기 위해서 RIGHT OUTER JOIN을 사용합시다.

예제 RIGHT OUTER JOIN하기

```
01 select *
02 from dept01 RIGHT OUTER JOIN dept02
03 ON dept01.deptno = dept02.deptno;
```

DEPTNO	DNAME	LOC	DEPTNO	DNAME	LOC
10	경리부	서울	10	경리부	서울
-	-	-	30	영업부	용인

6 FULL OUTER JOIN은 LEFT OUTER JOIN, RIGHT OUTER JOIN을 합한 형태라고 볼 수 있습니다.

예제 FULL OUTER JOIN하기

```
01 select *
02 from dept01 FULL OUTER JOIN dept02
03 ON dept01.deptno = dept02.deptno
```

DEPTNO	DNAME	LOC	DEPTNO	DNAME	LOC
10	경리부	서울	10	경리부	서울
20	인사부	인천	-	-	-
-	-	-	30	영업부	용인

첫 번째 미션 해결하기

경리부서에 근무하는 사원의 이름과 입사일을 출력하라!

01. 조인을 이용하여 첫 번째 미션을 해결해 봅시다.

1 첫 번째 미션은 경리부에서 근무하는 사원의 이름과 입사일을 출력하는 것입니다. 지금까지 학습하면서 사용했던 사원 테이블에는 부서 이름에 대한 정보는 없습니다. 이런 경우 어떻게 해야 할까요?

```
01 select *
02 from emp;
```

EMPNO	ENAME	JOB	MGR	HIREDATE	SAL	COMM	DEPTNO
1001	김사랑	사원	1013	07/03/01	300	-	20
1002	한예슬	대리	1005	07/04/02	250	80	30
1003	오지호	과장	1005	05/02/10	500	100	30
1004	이병헌	부장	1008	03/09/02	600	-	20
1005	신동협	과장	1005	05/04/07	450	200	30
1006	장동건	부장	1008	03/10/09	480	-	30
1007	이문세	부장	1008	04/01/08	520	-	10
1008	감우성	차장	1003	04/03/08	500	0	30
1009	안성기	사장	-	96/10/04	1000	-	20
1010	이병헌	과장	1003	05/04/07	500	-	10
1011	조향기	사원	1007	07/03/01	280	-	30
1012	강혜정	사원	1006	07/08/09	300	-	20
1013	박중훈	부장	1003	02/10/09	560	-	20
1014	조인성	사원	1006	07/11/09	250	-	10

2 부서 테이블에서 경리부의 부서번호를 알아낸 후 그 부서번호로 다시 사원 테이블에서 사원의 이름과 입사일을 얻어 와야 합니다. 하지만 이렇게 할 경우에는 쿼리문을 두 번 수행해야 합니다. 앞서 배운 조인문을 사용하면 하나의 쿼리문으로 간단하게 원하는 결과를 얻을 수 있습니다.

3 경리부의 부서번호를 구해봅시다.

```
01 select deptno
02 from dept
03 where dname='경리부';
```

DEPTNO
10

4 부서 테이블에서 경리부의 부서번호가 10번인 것을 알아냈다면, 부서 테이블에서 알아낸 부서번호 (10)로 부서 테이블에서 부서명을 알아낼 수 있습니다. 경리부 소속 사원들의 이름과 입사일이 출력됩니다.

```
01 select ename,to_char(emp.hiredate, 'YYYY/MM/DD') 입사일
02 from emp
03 where deptno = 10;
```

ENAME	입사일
이문세	2004/01/08
이병헌	2005/04/07
조인성	2007/11/09

하지만 이렇게 할 경우에는 쿼리문을 두 번 수행해야 합니다. 조인문을 사용하면 하나의 쿼리문으로 간단하게 원하는 결과를 얻을 수 있습니다. 다음은 경리부 소속 사원들의 이름과 입사일을 출력하기 위해서 두 개의 테이블을 조인한 예입니다.

```
01 select e.ename, to_char(e.hiredate, 'YYYY/MM/DD') 입사일
02 from emp e, dept d
03 where e.deptno = d.deptno
04 and d.dname='경리부';
```

사원(employee) 테이블과 부서(department) 테이블의 공통 컬럼인 dno의 값이 일치(=)되는 조건을 WHERE 절에 기술하여 사용하였습니다. 두 테이블을 조인하려면 일치되는 공통 컬럼을 사용해야 한다고 하였습니다. 컬럼의 이름이 같게 되면 혼동이 오기 때문에 컬럼 이름 앞에 테이블 이름을 기술합니다.

두 번째 미션 해결하기

인천에서 근무하는 사원의 이름과 급여를 출력하라!

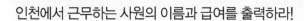

01. ANSI 조인을 사용하여 두 번째 미션을 해결해 봅시다.

```
01 select e.ename, e.sal
02 from emp e INNER JOIN dept d
03 ON e.deptno = d.deptno
04 and d.loc='인천';
```

마무리

1. 조인이란 각 테이블에서 하나의 컬럼을 사용하여 두 개 이상의 테이블을 연결하는 것을 말합니다.

2. CROSS JOIN은 구문 중에 WHERE 절을 가지고 있지 않아, 양쪽 테이블의 모든 행에 대해 서로 연결을 하게 됩니다.

3. SELF JOIN은 테이블의 행을 같은 테이블 안에 있는 다른 행과 연관시킵니다.

4. 내부조인은 조인 조건을 만족하는 로우만 선택합니다.

5. 외부조인은 조인 조건을 만족하는 로우만 선택합니다.

6. 관계된 테이블에서 일치하지 않는 outer 테이블의 모든 행을 보여줍니다.

7. Full Outer JOIN의 경우, ANSI SQL 문법으로로밖에 표현이 안 됩니다.

도전 Quiz

1. 다음 CROSS JOIN 구문 중 틀린 것은?

```
❶ select ename, dname
❷ from emp, ❸ dept
❹ where emp.deptno = dept.deptno
```

2. 다음 Self Join 구문 중 틀린 것은?

```
❶ select ename
❷ from emp member, ❸ emp manager
❹ where member.manager = manager.empno
```

3. 다음 Self Join의 설명 중 틀린 것은?

❶ 같은 컬럼에 조인을 걸 수 있다.　　❷ WHERE 절을 사용할 수 있다.

❸ Alias를 사용하지 않아도 된다.　　❹ 다른 컬럼에 조인을 걸 수 있다.

4. 두 테이블 간에 Self Join을 하는 SELECT 문인 것은?

```
❶ select e.ename, e.sal, d.dname
  from emp e, dept d
  where e.deptno = d.deptno;
```

```
❷ select e.ename, e.job, e.sal s.grade
  from emp e, salgrade s
  where e.sal between s.losal and s.hisal;
```

```
❸ select e.ename, e.sal, d.dname
  from emp e, dept d;
```

```
❹ select w.ename, m.ename
  from emp w, emp m
  where w.manager= m.empno;
```

5. 가장 많이 사용하는 조인 방법으로서, 조인 대상이 되는 두 테이블에서 공통적으로 존재하는 컬럼의 값이 일치되는 행을 연결하여 결과를 생성하는 조인 방법은?

❶ Equi Join　　❷ Non-Equi Join　　❸ Outer Join　　❹ Self Join

6. 다음 중 외부조인의 종류가 아닌 것은?

❶ Left Outer Join **❷** Right Outer Join **❸** Inner Join **❹** Full Outer Join

7. 조인의 특징이 아닌 것은?

❶ ANSI SQL 문법 또는 T-SQL 문법을 사용할 수 있다.

❷ 하나의 SELECT 문에서 동시에 ANSI SQL 문법과 SQL 서버 문법을 사용할 수 없다.

❸ 컬럼들의 값을 한 행씩 비교하여 비교 결과가 참일 때 그 행을 나열한다.

❹ 세 개 이상의 테이블은 조인할 수 없다.

8. 다음 SQL 구문 중 틀린 곳은? (ANSI 문법 사용)

```
select *
from ❶ dept01 ❷ LEFT OUTER ❸ JOIN dept02
❹ where dept01.deptno = dept02.deptno
```

9. 다음 SQL 구문 중 틀린 곳은?

```
select ❶ emp.ename as [사원이름], manager.ename as [직속상관이름]
from ❷ emp member LEFT OUTER JOIN ❸ emp manager
❹ ON member.manager = manager.empno
```

10. 다음 JOIN의 설명 중 틀린 것은?

❶ SELF JOIN을 사용하면서 OUTER JOIN을 동시에 사용할 수 있다.

❷ SELF JOIN을 사용하면 성능이 저하된다.

❸ INNER JOIN의 비교 컬럼은 다른 컬럼이어도 상관없다.

❹ T-SQL 문법에서는 FULL OUTER JOIN이라는 표현은 없다.

11. 사원 테이블과 부서 테이블을 조인하여 사원이름과 부서번호와 부서명을 출력하도록 합시다. ANSI JOIN으로 완성하시오.

ENAME	DEPTNO	DNAME
이문세	10	경리부
이병헌	10	경리부
조인성	10	경리부
이병헌	20	인사부
안성기	20	인사부
박중훈	20	인사부
김사랑	20	인사부
강혜정	20	인사부
오지호	30	영업부
한예슬	30	영업부
갑우성	30	영업부
조항기	30	영업부
장동건	30	영업부
신동협	30	영업부

12. 경리부 부서 소속 사원의 이름과 입사일을 출력하시오.

```
select e.ename, e.hiredate
from emp e, dept d
where ❶ _____
and ❷ _____
```

ENAME	HIREDATE
이문세	04/01/08
이병헌	05/04/07
조인성	07/11/09

13. 직급이 과장인 사원의 이름, 부서명을 출력하시오.

```
select e.ename, d.dname
from emp e, dept d
where ❸ _____
and ❹ _____
```

ENAME	DNAME
오지호	영업부
신동협	영업부
이병헌	경리부

14. 직속상관이 감우성인 사원들의 이름과 직급을 출력하시오.

```
select work.ename, work.job
from emp work, emp manager
where ❶ _____
and ❷ _____
```

ENAME	JOB
이병헌	부장
장동건	부장
이문세	부장

15. 감우성과 동일한 근무지에서 근무하는 사원의 이름을 출력하시오.

```
select work.ename, friend.ename
from emp work, emp friend
where ❸ _____
and ❹ _____
and ❺ _____
```

ENAME	ENAME
감우성	한예슬
감우성	오지호
감우성	신동협
감우성	장동건
감우성	조항기

서브 쿼리

이번 장에서는 서브 쿼리를 학습합니다. 서브 쿼리는 다른 쿼리문에 삽입된 SELECT 문을 말합니다. 서브 쿼리의 종류는 단일 행 서브 쿼리와 다중 행 서브 쿼리로 나뉩니다. 단일 행 서브 쿼리는 결과 값이 하나인 경우를 말하며, 사용되는 연산자는 =, !=, <, <=, >, >=가 있습니다. 다중 행 서브 쿼리는 결과 값이 여러 개일 경우를 말하며, 사용되는 연산자로는 IN, SOME, ALL, ANY가 있습니다.

○ **도전 미션** --

첫 번째 미션: 서브 쿼리문을 이용하여 '영업부'에서 근무하는 모든 사원의 이름과 급여를
출력하라!

○ **학습 내용** --

Section **01.** 서브 쿼리의 기본 개념

Section **02.** 다중 행 서브 쿼리

Section **03.** 서브 쿼리를 이용하여 테이블을 생성하고, 데이터를 조작하기

첫 번째 미션

서브 쿼리문을 이용하여 '영업부'에서 근무하는 모든 사원의 이름과 급여를 출력하라!

01. '영업부'에서 근무하는 모든 사원의 이름과 급여를 출력하려면 어떻게 해야 할까요? 물론 이미 배운 것처럼 부서명을 수록하고 있는 테이블과의 조인으로 문제를 해결할 수 있지만, 이번 장에서는 조인이 아닌 서브 쿼리문을 이용해서 이 문제를 풀어보도록 하겠습니다.

ENAME	SAL
한예슬	250
오지호	500
신동협	450
장동건	480
감우성	500
조항기	280

조인을 학습할 때 했던 동일한 질문을 다시 해봅시다. 사원의 이름이 '이문세'인 사원이 어떤 부서 소속인지 소속 부서명을 알아내려면 어떻게 해야 할까요? 물론 이미 배운 것처럼 부서명을 수록하고 있는 테이블과의 조인으로 문제를 해결할 수 있지만, 이번 장에서는 조인이 아닌 서브 쿼리문을 이용해서 이 문제를 풀어보도록 하겠습니다.

다음은 '이문세' 사원의 부서번호를 알아내기 위한 쿼리문입니다.

```
select deptno
from emp
where ename='이문세';
```

DEPTNO
10

사원 테이블에서 '이문세' 사원의 부서번호가 10번인 것을 알아냈다면, 사원 테이블에서 알아낸 부서번호(10)로 부서 테이블에서 부서명을 알아낼 수 있습니다.

```
select dname
from dept
where deptno=10
```

DNAME
경리부

위 쿼리문의 조건식에 10 대신 '이문세'가 소속된 부서번호를 알아내는 쿼리문을 기술한다면, 한 개의 쿼리문으로 부서명을 얻어낸 셈이 됩니다.

서브 쿼리를 본격적으로 학습하기 전에 '이문세'의 부서명을 알아내기 위한 쿼리문을 통해 서브 쿼리의 구조부터 살펴봅시다.

메인 쿼리

```
select dname
from dept
where deptno = ( select deptno
                 from emp
                 where ename='이문세' )
```
서브 쿼리

서브 쿼리는 하나의 SELECT 문장에서 그 문장 안에 포함된 또 하나의 SELECT 문장입니다. 그렇기에 서브 쿼리를 포함하고 있는 쿼리문을 메인 쿼리, 포함된 또 하나의 쿼리를 서브 쿼리라고 합니다.

위의 예문에서 서브 쿼리가 먼저 실행되어 결과 값 10이 구해지면, WHERE deptno = 10이 되어 부서번호 10에 대한 부서명을 찾게 됩니다.

서브 쿼리란 쿼리문 안에 다시 다른 쿼리문이 들어가 있는 것입니다. 즉 복잡한 쿼리문을 하나의 연속적인 다단계 쿼리문으로 변환하는 것입니다. 서브 쿼리는 SELECT, INSERT, UPDATE, DELETE 문 또는 다른 서브 쿼리 안에 내장된 SELECT 문입니다. 이것은 복잡한 쿼리문을 논리적으로 연속적인 다단계의 쿼리문으로 변환할 수 있게 해주어, 쿼리문을 좀 더 사용하기 쉽게 만들어 줍니다.

서브 쿼리는 일반적으로 SELECT, INSERT, UPDATE, DELETE와 같은 DML(DATA MANIPULATION LANGUAGE) 문 모두에서 사용할 수 있습니다. 다음은 서브 쿼리의 전형적인 형식입니다.

형식

```
select select_list          .................... 메인 쿼리
from table_list
where column = ( select expression    ........ 서브 쿼리
                 from select_list
                 where  table_list )
```

위의 쿼리 형태는 서브 쿼리에서 리턴한 결과 값을 메인 쿼리의 WHERE 조건문에서 사용할 때의 전형적인 모습입니다. 서브 쿼리의 SELECT 문에서 선택한 표현식은 일반적으로 하나의 컬럼 값, 하나의 레코드만을 리턴하며, 이 결과 값은 주 쿼리에서 조건문 또는 일반 표현식에서 폭 넓게 사용할 수도 있습니다.

서브 쿼리에는 몇 가지 규칙이 있습니다.

- 서브 쿼리 안에 서브 쿼리가 들어갈 수 있습니다. 이것을 네스팅(nesting)이라고 하며, 메모리가 허용하는 한 무제한으로 중첩할 수 있습니다.
- 메인 쿼리에서 서브 쿼리의 결과 값을 조건으로 사용할 때 SOME, ANY 또는 ALL 연산자를 사용하지 않는 일반적인 경우에는 서브 쿼리에서는 하나의 레코드값만 리턴해야 합니다. 그러므로 대부분의 경우 서브 쿼리에는 GROUP BY, HAVING 문을 사용할 수 없습니다.
- 서브 쿼리에서 ORDER BY 문은 TOP 연산자와 함께 있을 때만 사용 가능합니다.
- 서브 쿼리에서 SELECT 하지 않은 컬럼은 주 쿼리에서 사용할 수 없습니다.

우선 서브 쿼리의 개념과 메인 쿼리와 서브 쿼리의 관계를 잘 이해하시고, 서브 쿼리의 종류 또한 눈여겨보기 바랍니다. 서브 쿼리는 단일 행 서브 쿼리와 다중 행 서브 쿼리로 나뉩니다. 우선 단일 행 서브 쿼리부터 살펴보겠습니다.

1.1 단일 행 서브 쿼리

단일 행(Single Row) 서브 쿼리는 수행 결과가 오직 하나의 로우(행, row)만을 반환하는 서브 쿼리를 갖는 것을 말합니다.

서브 쿼리의 기본 개념을 학습할 때 다루었던 '이문세'의 부서명을 알아내기 위한 서브 쿼리 문이 바로 단일 행 서브 쿼리입니다.

예제 '이문세'의 부서명 알아내기

```
01  select dname
02  from dept
03  where deptno  = ( select deptno
04                      from emp
05                      where ename='이문세'   );
```

서브 쿼리로 사용된 쿼리문의 결과는 10이란 하나의 로우로 구해지기 때문입니다.

예제 '이문세'의 부서번호 알아내기

```
01 select deptno
02 from emp
03 where ename='이문세';
```

DEPTNO
10

단일 행 서브 쿼리문에서는 이렇게 오직 하나의 로우(행, row)로 반환되는 서브 쿼리의 결과는 메인 쿼리에 보내게 되는데, 메인 쿼리의 WHERE 절에서는 단일 행 비교 연산자인 =, >, >=, <, <=, <>를 사용해야 합니다.

1.2 서브 쿼리에서 그룹 함수의 사용

사원들의 평균 급여보다 더 많은 급여를 받는 사원을 검색해 봅시다. 우선 평균 급여부터 구해 봅시다.

예제 평균 급여 구하기

```
01 select avg(sal)
02 from emp;
```

평균 급여
464

평균 급여를 구하는 쿼리문을 서브 쿼리로 사용하여, 평균 급여보다 더 많은 급여를 받는 사원을 검색하는 문장은 다음과 같습니다.

예제 평균 급여보다 더 많은 급여를 받는 사원 출력하기

```
01 select ename, sal
02 from emp
03 where sal > ( select avg(sal)
04                 from emp );
```

ENAME	SAL
오지호	500
이병헌	600
장동건	480
이문세	520
감우성	500
안성기	1000
이병헌	500
박중훈	560

위에서 사원들의 평균 급여를 구해봐서 알겠지만, 사원들의 평균 급여는 하나의 값이므로 단일 행 서브 쿼리가 됩니다.

다중 행 서브 쿼리는 서브 쿼리에서 반환되는 결과가 하나 이상의 행일 때 사용하는 서브 쿼리입니다. 다중 행 서브 쿼리는 반드시 다중 행 연산자(Multiple Row Operator)와 함께 사용해야 합니다.

표 11-2 • 다중 행 연산자

종류	의미
IN	메인 쿼리의 비교 조건('='연산자로 비교할 경우)이 서브 쿼리의 결과 중에서 하나라도 일치하면 참입니다.
ANY, SOME	메인 쿼리의 비교 조건이 서브 쿼리의 검색 결과와 하나 이상이 일치하면 참입니다.
ALL	메인 쿼리의 비교 조건이 서브 쿼리의 검색 결과와 모든 값이 일치하면 참입니다.
EXIST	메인 쿼리의 비교 조건이 서브 쿼리의 결과 중에서 만족하는 값이 하나라도 존재하면 참입니다.

2.1 IN 연산자

IN 연산자는 메인 쿼리의 비교 조건에서 서브 쿼리의 출력 결과와 하나라도 일치하면, 메인 쿼리의 WHERE 절이 참이 되도록 하는 연산자입니다.

급여가 500을 초과하는 사원과 같은 부서에서 근무하는 사원 정보를 출력하는 쿼리문을 살펴보겠습니다. 우선 급여가 500을 초과하는 사원이 소속된 부서의 부서 번호만 구해봅시다.

예제 급여가 500을 초과하는 사원이 소속된 부서의 부서 번호 출력하기

```
01 select distinct deptno
02 from emp
03 where sal>500
```

DEPTNO
20
10

실행 결과를 보면 2개의 행(10번, 20번)으로 구해집니다. 위 쿼리문을 서브 쿼리문에 기술하여 급여가 500을 초과하는 사원이 소속된 부서와 동일한 부서에서 근무하는 사원들의 정보를 출력하는 쿼리문을 작성해 봅시다.

예제 다중 행 서브 쿼리에 단일 행 서브 쿼리 연산자를 잘못 사용한 예제

```
01 select ename, sal, deptno
02 from emp
03 where deptno = ( select distinct deptno
04                    from emp
05                    where sal > 500 );
```

 ORA-01427: 단일 행 하위 질의에 2개 이상의 행이 리턴되었습니다.

= 연산자는 결과 값이 하나로 구해지는 쿼리문을 서브 쿼리로 기술하는 단일 행 서브 쿼리문과 함께 사용되는 단일 행 비교 연산자(=, >, >=, <, <=, <>)입니다.

결과가 2개 이상 구해지는 쿼리문을 서브 쿼리로 기술할 경우에는 다중 행 연산자와 함께 사용해야 합니다. 주어진 문제가 급여가 500을 초과하는 사원이 소속된 부서(10번, 20번)와 동일한 부서에서 근무하는 사원이기에, 서브 쿼리의 결과 중에서 하나라도 일치하면 참인 결과를 구하는 IN 연산자와 함께 사용되어야 합니다.

예제 급여가 500을 초과하는 사원과 같은 부서에 근무하는 사원 구하기

```
01 select ename, sal, deptno
02 from emp
03 where deptno IN ( select distinct deptno
04                    from emp
05                    where sal > 500 );
```

ENAME	SAL	DEPTNO
박중훈	560	20
강혜정	300	20
안성기	1000	20
이병헌	600	20
김사랑	300	20
조인성	250	10
이병헌	500	10
이문세	520	10

위 결과를 보면 서브 쿼리인 급여가 500을 초과하는 사원이 소속된 부서의 결과인 10번 혹은 20번 부서에 소속된 사원들의 정보가 출력됩니다.

2.2 ALL 연산자

ALL 조건은 메인 쿼리의 비교 조건이 서브 쿼리의 검색 결과와 모든 값이 일치하면 참입니다. 찾아진 값에 대해서 AND 연산을 해서 모두 참이면 참이 되는 셈이 됩니다. > ALL은 "모든 비교값보다 크냐"고 묻는 것이 되므로 최대값보다 더 크면 참이 됩니다.

30번 부서에 소속된 사원들 중에서 급여를 가장 많이 받는 사원보다 더 많은 급여를 받는 사람의 이름, 급여를 출력하는 쿼리문을 작성해 봅시다.

다양한 방법으로 이 문제를 풀 수 있습니다. 우선 좀 쉬운 방법인 단일 행 서브 쿼리문으로 위 문제를 풀어봅시다.

그룹 함수 MAX를 이용하여 30번 부서의 최대 급여를 구하면 결과가 하나의 행으로 나오므로, 이를 서브 쿼리에 기술하면 단일 행 서브 쿼리가 됩니다.

다음은 그룹 함수 MAX를 이용하여 30번 부서의 최대 급여를 구한 예입니다.

예제 30번 부서의 최대 급여 구하기

```
01 select max(sal) "최대 급여"
02 from emp
03 where deptno = 30;
```

최대 급여
500

이를 서브 쿼리에 기술할 경우, 결과가 하나의 행으로 나오므로, 단일 행 서브 쿼리문과 함께 사용되는 단일 행 비교 연산자인 >를 사용하여 쿼리문을 작성할 수 있습니다.

예제 30번 부서의 최대 급여보다 많은 급여를 받는 사원 출력하기

```
01 select ename, sal
02 from emp
03 where sal > ( select max(sal)
04                from emp
05                where deptno = 30);
```

ENAME	SAL
이병헌	600
이문세	520
안성기	1000
박중훈	560

30번 부서에 소속된 사원들 중에서 급여를 가장 많이 받는 사원보다 더 많은 급여를 받는 사람의 이름, 급여를 출력하는 쿼리문을 작성합니다. 이 문제를 풀기 위해서 30번 부서에 소속된 사원들의 급여를 출력한다면 다음과 같습니다.

예제 30번 부서에 소속된 사원들의 급여를 출력하기

```
01 select sal
02 from emp
03 where deptno = 30;
```

SAL
250
500
450
480
500
280

결과 값이 여러 개로 나오는 쿼리문을 서브 쿼리로 사용할 경우, 단순히 > 연산자만 사용하면 오류가 발생합니다.

예제 다중 행 서브 쿼리에 단일 행 서브 쿼리 연산자를 잘못 사용한 예제

```
01 select ename, sal
02 from emp
03 where sal >  ( select sal
04                from emp
05                where deptno = 30 );
```

 ORA-01427: 단일 행 하위 질의에 2개 이상의 행이 리턴되었습니다.

오류가 발생하는 이유는 > 연산자는 단일 행 비교 연산자로서, 서브 쿼리의 결과가 하나의 행으로 구해지는 경우에만 사용할 수 있기 때문입니다.

결과 값이 여러 개로 나오는 쿼리문은 > ALL 연산자와 같이 다중 행 연산자와 함께 사용해야 합니다. 30번 부서에서 급여를 가장 많이 받는 사원의 급여는 500이고, 아래 쿼리문의 결과를 보면 급여가 500보다 높은 사원들만 출력됩니다.

예제 30번 부서의 최대 급여보다 많은 급여를 받는 사원 출력하기

```
01 select ename, sal
02 from emp
03 where sal > ALL ( select sal
04                     from emp
05                     where deptno = 30 );
```

ENAME	SAL
이병헌	600
이문세	520
안성기	1000
박중훈	560

ALL 조건 연산자는 서브 쿼리의 결과 값 모두에 대해서 커야만 하기에, 30번 부서의 최대 급여보다 많은 급여를 받는 사원들만 출력됩니다.

2.3 ANY 연산자

ANY 조건은 메인 쿼리의 비교 조건이 서브 쿼리의 검색 결과와 하나 이상만 일치하면 참입니다. > ANY는 찾아진 값에 대해서 하나라도 크면 참이 됩니다. 그러므로 찾아진 값 중에서 가장 작은 값 즉, 최소값보다 크면 참이 됩니다.

다음은 부서번호가 30번인 사원들의 급여 중, 가장 작은 값(250)보다 많은 급여를 받는 사원의 이름, 급여를 출력하는 예제를 작성해 봅시다. 이 문제 역시 단일 행 서브 쿼리문과 다중 행 서브 쿼리문, 두 가지 방식으로 풀 수 있습니다.

우선 단일 행 서브 쿼리문으로 주어진 문제를 풀기 위해서는 서브 쿼리문에 사용할 쿼리문의 결과가 하나로 구해져야 하므로, 그룹 함수 MIN을 사용하여 30번 부서에 소속된 사원들 중에서 가장 적은 급여가 얼마인지를 구해야 합니다.

예제 30번 부서에 소속된 사원들 중에서 가장 적은 급여 출력하기

```
01 select min(sal)
02 from emp
03 where deptno = 30;
```

MIN(SAL)
250

30번 부서에 소속된 사원들의 급여 중 가장 작은 값은 250입니다. 250보다 많은 급여를 받는 사원의 이름, 급여를 출력하려면 다음과 같이 단일 행 서브 쿼리문을 사용합니다.

예제 30번 부서의 최소 급여보다 많은 급여를 받는 사원 출력하기

```
01 select ename, sal
02 from emp
03 where sal > ( select min(sal)
04                 from emp
05                 where deptno = 30);
```

ENAME	SAL
김사랑	300
오지호	500
이병헌	600
신동엽	450
장동건	480
이문세	520
감우성	500
안성기	1000
이병헌	500
조향기	280
강혜정	300
박중훈	560

다중 행 서브 쿼리를 이용하여 문제를 풀 경우에는 다음과 같이 30번 부서에 소속된 사원들의 급여를 출력하는 쿼리문을 작성합니다.

예제 30번 부서에 소속된 사원들의 급여를 출력하기

```
01 select sal
02 from emp
03 where deptno = 30;
```

SAL
250
500
450
480
500
280

그런 후에 다중 행 비교 연산자 > ANY를 사용하면 됩니다.

예제 30번 부서의 최소 급여보다 많은 급여를 받는 사원 출력하기

```
01 select ename, sal
02 from emp
03 where sal > ANY ( select sal
04                    from emp
05                    where deptno = 30 );
```

ENAME	SAL
김사랑	300
오지호	500
이병헌	600
신동협	450
장동건	480
이문세	520
갑우성	500
안성기	1000
이병헌	500
조항기	280
강혜정	300
박중훈	560

구해지는 부서번호가 30번인 사원들의 급여들 중, 어느 하나에 대해서 크면 조건을 만족

하므로, 30번 부서에 소속된 사원들의 최소 급여보다 많은 급여를 받는 사원들을 조회하게 됩니다.

서브 쿼리 사용 시 주의할 점은 결과가 하나 이상 구해지는 쿼리문을 서브 쿼리로 사용할 경우에는, 반드시 다중 행 서브 쿼리 연산자를 사용해야 한다는 점입니다.

2.4 EXISTS 연산자

EXISTS 연산자는 서브 쿼리문에서 주로 사용하며, 서브 쿼리의 결과 값이 참이 나오기만 하면 바로 메인 쿼리의 결과 값을 리턴합니다. 서브 쿼리의 결과 값이 존재하지 않는다면 메인 쿼리의 어떤 값도 리턴되지 않는 문장입니다. 쿼리 속도 면에서는 서브 쿼리 사용 시 IN보다는 EXISTS가 훨씬 빠릅니다. EXISTS의 반대말로 NOT EXISTS도 사용 가능합니다.

다음은 EXISTS 연산자의 기능을 살펴보기 위한 간단한 예입니다.

예제 EXISTS 연산자의 기능을 살펴보기

```
01 select *
02 from dept
03 where EXISTS ( select *
04                from emp
05                where deptno = 10);
```

DEPTNO	DNAME	LOC
10	경리부	서울
20	인사부	인천
30	영업부	용인
40	전산부	수원

예제의 결과로는 서브 쿼리가 참을 리턴했습니다. 그러므로 메인 쿼리의 경우 dept 테이블 전체 데이터를 리턴한 것입니다. 하지만 위 예제는 메인 쿼리의 컬럼과 서브 쿼리의 컬럼이 어떤 관계도 없었습니다. EXISTS 연산자와 주 테이블의 컬럼을 참조하는 서브 쿼리를 사용합니다.

예제 EXISTS 연산자와 주 테이블의 컬럼을 참조하는 서브 쿼리

```
01 select *
02 from dept
```

```
03 where EXISTS ( select *
04                 from emp
05                 where emp.deptno=dept.deptno);
```

DEPTNO	DNAME	LOC
10	경리부	서울
20	인사부	인천
30	영업부	용인

위 예제는 두 쿼리의 특정 컬럼이 같은 조건으로 묶은 SQL 문입니다. 예제에서는 서브 쿼리와 메인 쿼리와 INNER JOIN으로 같이 묶였기 때문에, 그러한 조건으로 참을 리턴할 때 비로소 메인 쿼리의 결과 값이 리턴되게 하는 구문입니다. 보통의 SQL 구문은 이러한 식으로 메인 쿼리와 서브 쿼리를 서로 연관성 있게 묶어서 표현하는 구문이 많습니다.

SECTION 03 서브 쿼리를 이용하여 테이블을 생성하고, 데이터를 조작하기

A C T U A L M I S S I O N O R A C L E

지금까지는 SELECT 문에 내장된 서브 쿼리만 살펴보았는데, 이를 확대해서 이번에는 테이블을 생성하기 위한 CREATE TABLE이나 INSERT, UPDATE, DELETE와 같은 DML(DATA MANIPULATION LANGUAGE) 문에도 사용해 봅시다. 우선 서브 쿼리문으로 테이블을 생성하는 것부터 살펴봅시다.

3.1 서브 쿼리로 테이블 생성하기

CREATE TABLE 문에서 서브 쿼리를 사용하여 이미 존재하는 테이블과 동일한 구조와 내용을 갖는 새로운 테이블을 생성할 수 있습니다.

직접 해보기

1 CREATE TABLE 명령어 다음에 컬럼을 일일이 정의하는 대신 AS 절을 추가하여 EMP 테이블과 동일한 내용과 구조를 갖는 EMP02 테이블을 생성해 봅시다.

기존에 생성된 테이블이 있을 경우 제거하고 생성합니다.

예제 테이블 제거하기

```
01 drop table emp02;
```

예제 테이블 생성하기

```
01 create table emp02
02 as
03 select * from emp;
```

2 새롭게 생성된 EMP02 테이블의 구조는 EMP와 동일합니다.

예제 테이블 구조 살피기

```
01 desc emp02
```

이름	널	유형
EMPNO		NUMBER(4)
ENAME		VARCHAR2(10)
JOB		VARCHAR2(9)
MGR		NUMBER(4)
HIREDATE		DATE
SAL		NUMBER(7,2)
COMM		NUMBER(7,2)
DEPTNO		NUMBER(2)

❸ 생성된 테이블의 내용을 살펴봅시다. EMP 테이블과 동일한 내용을 갖고 있습니다. EMP02는 EMP와 테이블의 구조를 참조하여 테이블을 만들 뿐만 아니라 데이터 내용까지도 함께 가져 옵니다. EMP02 테이블의 내용을 보면 마치 EMP 테이블을 복제한 듯합니다.

예제 테이블 내용 살피기

```
01 select * from emp02;
```

EMPNO	ENAME	JOB	MGR	HIREDATE	SAL	COMM	DEPTNO
1001	김사랑	사원	1013	07/03/01	300	-	20
1002	한예슬	대리	1005	07/04/02	250	80	30
1003	오지호	과장	1005	05/02/10	500	100	30
1004	이병헌	부장	1008	03/09/02	600	-	20
1005	신동협	과장	1005	05/04/07	450	200	30
1006	장동건	부장	1008	03/10/09	480	-	30
1007	이문세	부장	1008	04/01/08	520	-	10
1008	감우성	차장	1003	04/03/08	500	0	30
1009	안성기	사장	-	96/10/04	1000	-	20
1010	이병헌	과장	1003	05/04/07	500	-	10
1011	조항기	사원	1007	07/03/01	280	-	30
1012	강혜정	사원	1006	07/08/09	300	-	20
1013	박중훈	부장	1003	02/10/09	560	-	20
1014	조인성	사원	1006	07/11/09	250	-	10

기존 테이블에서 원하는 컬럼만 선택적으로 복사해서 생성할 수도 있습니다.

1 서브 쿼리문의 SELECT 절에 * 대신 원하는 컬럼명을 명시하면 기존 테이블에서 일부의 컬럼만 복사할 수 있습니다.

기존에 생성된 테이블이 있을 경우 제거하고 생성합니다.

예제 테이블 제거하기

```
01 drop table emp03;
```

예제 테이블 생성하기

```
01 create table emp03
02 as
03 select empno, ename from emp;
```

2 EMP03 테이블의 내용을 보면 EMP 테이블의 일부이지만 데이터 내용을 복제한 것을 확인할 수 있습니다.

예제 테이블 내용 살피기

```
01 select * from emp03;
```

EMPNO	ENAME
1001	김사랑
1002	한예슬
1003	오지호
1004	이병헌
1005	신동협
1006	장동건
1007	이문세
1008	감우성
1009	안성기
1010	이병헌
1011	조향기
1012	강혜정
1013	박중훈
1014	조인성

기존 테이블에서 원하는 행만 선택적으로 복사해서 생성할 수도 있습니다.

1️⃣ 서브 쿼리문의 SELECT 문을 구성할 때 WHERE 절을 추가하여 원하는 조건을 제시하면 기존 테이블에서 일부의 행만 복사합니다.

기존에 생성된 테이블이 있을 경우 제거하고 생성합니다.

예제 | 테이블 제거하기

```
01 drop table emp05;
```

예제 | 테이블 생성하기

```
01 create table emp05
02 as
03 select * from emp
04 where deptno=10;
```

2️⃣ EMP05 테이블의 내용을 보면 EMP 테이블의 일부이지만, 데이터 내용을 복제한 것을 확인할 수 있습니다.

예제 | 테이블 내용 살펴보기

```
01 select * from emp05;
```

EMPNO	ENAME	JOB	MGR	HIREDATE	SAL	COMM	DEPTNO
1007	이문세	부장	1008	04/01/08	520	-	10
1010	이병헌	과장	1003	05/04/07	500	-	10
1014	조인성	사원	1006	07/11/09	250	-	10

3.2 테이블의 구조만 복사하기

서브 쿼리를 이용하여 기존 테이블의 전체나 원하는 컬럼만을 복사해 보았습니다. 이렇게 복사하게 되면 테이블의 구조뿐만 아니라 데이터까지 복사됩니다. 이번에는 서브 쿼리를 이용하여 테이블을 복사하되 데이터는 복사하지 않고 기존 테이블의 구조만 복사하는 것을 살펴봅시다.

테이블의 구조만 복사할 때는 별도의 명령이 있는 것은 아닙니다. 이 역시 서브 쿼리를 이용해야 하는데, WHERE 조건 절에 항상 거짓이 되는 조건을 지정하게 되면 테이블에서 얻어질 수 있는 로우가 없게 되므로 빈 테이블을 생성하게 됩니다. 서브 쿼리를 이용하여 테이블의 구조만 복사합시다.

```
create table emp06
as
select * from emp where 1=0;
```

WHERE 1=0; 조건은 항상 거짓입니다. 이를 이용하여 테이블의 데이터는 가져오지 않고 구조만 복사하게 됩니다.

직접 해보기 EMP 테이블과 동일한 구조의 빈 테이블 생성하기

1 WHERE 조건 절에 항상 거짓이 되는 조건인 1=0을 주어 빈 테이블을 생성합니다.

기존에 생성된 테이블이 있을 경우 제거하고 생성합니다.

예제 테이블 제거하기

```
01 drop table emp05;
```

예제 테이블 생성하기

```
01 create table emp06
02 as
03 select * from emp where 1=0;
```

2 SELECT EMP06 테이블의 내용을 살펴보면 EMP06 테이블에 저장된 레코드가 없다는 것을 확인할 수 있습니다. 이는 EMP 테이블의 구조만 복사한 것이고, 기존 데이터 내용은 복사하지 않았다는 것을 증명합니다.

예제 테이블 내용 살피기

```
01 select * from emp06;
```

데이터를 찾을 수 없습니다.

3 DESC 명령어로 테이블의 구조를 보면 EMP와 동일하다는 것을 확인할 수 있습니다.

예제 테이블 구조 살피기

```
01 desc emp06
```

이름	널	유형
EMPNO		NUMBER(4)
ENAME		VARCHAR2(10)
JOB		VARCHAR2(9)
MGR		NUMBER(4)
HIREDATE		DATE
SAL		NUMBER(7,2)
COMM		NUMBER(7,2)
DEPTNO		NUMBER(2)

3.3 서브 쿼리로 데이터를 삽입하기

INSERT INTO 다음에 VALUES 절을 사용하는 대신에 서브 쿼리를 사용할 수 있습니다. 이렇게 하면 기존의 테이블에 있던 여러 행을 복사해서 다른 테이블에 삽입할 수 있습니다. 이때 주의할 점은 INSERT 명령문에서 지정한 컬럼의 개수나 데이터 타입이 서브 쿼리를 수행한 결과와 동일해야 한다는 점입니다.

직접 해보기 | 서브 쿼리로 데이터를 삽입하는 예제

INSERT INTO 다음에 VALUES 절을 사용하는 대신에 서브 쿼리를 사용하여 데이터를 추가해봅시다.

1 서브 쿼리로 데이터를 삽입하기 위해서 우선 테이블을 생성하되 dept 테이블과 구조가 동일하게 생성합시다. 생성된 테이블에는 아무런 로우도 저장되어 있지 않습니다.

기존에 생성된 테이블이 있을 경우 제거하고 생성합니다.

예제 | 테이블 제거하기

```
01 drop table dept01;
```

예제 | DEPT 테이블과 동일한 구조의 테이블 이름을 DEPT02로 하여 빈 테이블 생성하기

```
01 create table dept01
02 as
03 select * from dept where 1=0;
```

2 DESC 명령어로 테이블의 구조를 보면 DEPT와 동일하다는 것을 확인할 수 있습니다.

예제 테이블 구조 살피기

```
01 desc dept01
```

실행 결과

```
이름            널      유형
----------   -----   ------------
DEPTNO               NUMBER(2)
DNAME                VARCHAR2(14)
LOC                  VARCHAR2(13)
```

3 테이블의 내용을 살펴보면 EMP 테이블의 구조만 복사한 것이고, 기존 데이터 내용은 복사하지 않았다는 것을 증명합니다.

예제 테이블 내용 살피기

```
01 select * from dept01;
```

데이터를 찾을 수 없습니다.

4 테이블 구조만 있고 내용을 갖지 않는 테이블에 서브 쿼리로 로우를 입력해 봅시다. 하나의 테이블에 서브 쿼리가 리턴하는 로우 개수만큼 즉, 다중 행이 입력됩니다.

예제 테이블에 내용 추가하기

```
01 insert into dept01
02 select * from dept;
```

4개의 행이 삽입되었습니다.

예제 테이블 내용 살피기

```
01 select * from dept01;
```

DEPTNO	DNAME	LOC
10	경리부	서울
20	인사부	인천
30	영업부	용인
40	전산부	수원

INSERT 구문을 수행하고 난 후에 위 SELECT 구문을 수행한 결과를 보면, 데이터가 없었던 dept02에 4개의 로우가 추가된 것을 확인할 수 있습니다.

3.4 서브 쿼리를 이용한 데이터 변경

UPDATE 문의 SET 절에서 서브 쿼리를 기술하면 서브 쿼리를 수행한 결과로 내용이 변경됩니다. 이러한 방법으로 다른 테이블에 저장된 데이터로 해당 컬럼 값을 변경할 수 있습니다.

20번 부서의 지역명을 40번 부서의 지역명으로 변경하기 위해서 서브 쿼리문을 사용해 봅시다.

예제 테이블 내용 변경하기

```
01 update dept01
02 set loc = ( select loc
03              from dept01
04              where deptno = 40)
05 where deptno= 20;
```

예제 테이블 내용 살펴보기

```
01 select * from dept01;
```

DEPTNO	DNAME	LOC
10	경리부	서울
20	인사부	수원
30	영업부	용인
40	전산부	수원

3.5 서브 쿼리를 이용한 데이터 삭제

사원 테이블에서 부서명이 영업부인 사원을 모두 삭제해 보도록 하겠습니다. 사원 테이블에는 부서명이 기록되어 있지 않습니다. 부서명은 부서 테이블에 기록되어 있으므로 부서 테이블에서 부서명이 영업부인 부서의 번호부터 알아내야 합니다. 이렇게 알아낸 부서번호를 사원 테이블에 적용하기 위해서는 서브 쿼리를 이용해야 합니다. 사원 테이블에서 부서명이 영업부인 사원을 모두 삭제해 봅시다.

1 다음은 기존에 있던 사원 테이블(emp)과 동일한 구조와 데이터를 갖는 사원 테이블(emp01)의 내용을 모두 삭제합니다. emp02 테이블의 내용을 전부 삭제합니다.

예제 테이블의 내용을 전부 삭제하기

```
01 delete from emp02;
```

2 서브 쿼리문을 사용하여 emp 테이블의 내용을 emp02 테이블에 추가합니다.

예제 테이블에 데이터 추가하기

```
01 insert into emp02
02 select * from emp ;
```

3 emp02 테이블의 내용을 확인합니다.

예제 테이블 내용 조회하기

```
01 select * from emp02 ;
```

EMPNO	ENAME	JOB	MGR	HIREDATE	SAL	COMM	DEPTNO
1001	김사랑	사원	1013	07/03/01	300	-	20
1002	한예슬	대리	1005	07/04/02	250	80	30
1003	오지호	과장	1005	05/02/10	500	100	30
1004	이병헌	부장	1008	03/09/02	600	-	20
1005	신동협	과장	1005	05/04/07	450	200	30
1006	장동건	부장	1008	03/10/09	480	-	30
1007	이문세	부장	1008	04/01/08	520	-	10
1008	감우성	차장	1003	04/03/08	500	0	30
1009	안성기	사장	-	96/10/04	1000	-	20
1010	이병헌	과장	1003	05/04/07	500	-	10
1011	조항기	사원	1007	07/03/01	280	-	30
1012	강혜정	사원	1006	07/08/09	300	-	20
1013	박중훈	부장	1003	02/10/09	560	-	20
1014	조인성	사원	1006	07/11/09	250	-	10

4 서브 쿼리문으로 부서명이 영업부인 부서의 번호부터 알아내어, 영업부 부서에 소속된 사원을 삭제합니다.

예제 데이터 삭제하기

```
01 delete from emp02
02 where deptno = ( select deptno
03                    from dept
04                    where dname='영업부' );
```

5 사원 테이블에서 부서명이 영업부인 부서에서 근무하는 사원들이 삭제되었는지 확인해 보겠습니다. 부서명이 영업부인 부서의 부서 번호는 30번이며, 사원 테이블에는 영업부에 근무하는 사원이 6명 있습니다.

예제 테이블 내용 조회하기

```
01 select * from emp02 ;
```

DELETE 문을 사용할 때 WHERE 조건을 주지 않으면, 테이블 내의 모든 행이 삭제되므로 주의를 해야 합니다.

A C T U A L   M I S S I O N   O R A C L E

첫 번째 미션 해결하기

서브 쿼리문을 이용하여 '영업부'에서 근무하는 모든 사원의 이름과 급여를 출력하라!

01. '영업부'에서 근무하는 모든 사원의 이름과 급여를 출력하려고 하는데, 사원 테이블에는 부서명에 대한 정보가 없습니다. 단지 부서 번호만 있습니다.

예제 테이블 내용 조회하기

```
01 select * from emp ;
```

EMPNO	ENAME	JOB	MGR	HIREDATE	SAL	COMM	DEPTNO
1001	김사랑	사원	1013	07/03/01	300	-	20
1002	한예슬	대리	1005	07/04/02	250	80	30
1003	오지호	과장	1005	05/02/10	500	100	30
1004	이병헌	부장	1008	03/09/02	600	-	20
1005	신동협	과장	1005	05/04/07	450	200	30
1006	장동건	부장	1008	03/10/09	480	-	30
1007	이문세	부장	1008	04/01/08	520	-	10
1008	감우성	차장	1003	04/03/08	500	0	30
1009	안성기	사장	-	96/10/04	1000	-	20
1010	이병헌	과장	1003	05/04/07	500	-	10
1011	조항기	사원	1007	07/03/01	280	-	30
1012	강혜정	사원	1006	07/08/09	300	-	20
1013	박중훈	부장	1003	02/10/09	560	-	20
1014	조인성	사원	1006	07/11/09	250	-	10

그렇기 때문에 부서명이 '영업부'인 부서의 부서 번호를 부서 테이블에서 구하는 쿼리문을 작성해야 합니다.

1 영업부의 부서번호를 구해 봅시다. 쿼리창에 다음과 같이 입력한 후 〈실행〉을 클릭합니다. 영업부의 부서번호가 구해졌음을 확인할 수 있습니다.

예제 '영업부'의 부서번호 알아내기

```
01 select deptno
02 from dept
03 where dname='영업부';
```

DEPTNO
30

2 부서 테이블에서 영업부의 부서번호가 30번인 것을 알아냈다면, 부서 테이블에서 알아낸 부서번호 (30)로 부서 테이블에서 부서명을 알아낼 수 있습니다. 쿼리창에 다음과 같이 입력한 후 〈실행〉을 클릭합니다. 영업부에 소속된 사원들의 이름과 급여를 출력됩니다.

```
01 select ename, sal
02 from emp
03 where deptno = 30;
```

ENAME	SAL
한예슬	250
오지호	500
신동협	450
장동건	480
감우성	500
조항기	280

3 하지만 이렇게 할 경우에는 쿼리문을 두 번 수행해야 합니다. 이번 장에서 배운 서브 쿼리문을 사용하면 하나의 쿼리문으로 간단하게 원하는 결과를 얻을 수 있습니다.

```
01 select ename, sal
02 from emp
03 where deptno = ( select deptno
04                   from dept
05                   where  dname = '영업부' );
```

마무리

1. 모든 서브 쿼리는 괄호로 싸여 있으며 메인 쿼리 안에 SELECT 문이 들어가는 것을 서브 쿼리라고 합니다.

2. 서브 쿼리의 결과 값이 하나일 경우에는 =, !=, <, <=, >, >= 연산자를 사용해야 합니다.

3. 서브 쿼리의 결과 값이 여러 개일 경우에는 IN, SOME, ALL, ANY 연산자를 사용해야 합니다.

4. 연산자 IN은 서브 쿼리에서 돌려주는 리턴 값과 동등 비교를 합니다.

5. ANY는 같은 의미이며, 서브 쿼리에서 돌려주는 값이 하나라도 비교 조건을 만족하면 참이 됩니다.

6. ALL은 서브 쿼리에서 돌려주는 모든 값이 비교 조건을 만족할 때, 참(TRUE)이 됩니다.

7. 메인 쿼리의 SELECT 문에서 select_list에 해당하는 값으로 서브 쿼리를 사용할 수 있는데, 이때 반드시 단일 값만을 리턴해야 합니다.

도전 Quiz

1. 다음 설명 중 틀린 것은?

  ❶ =ANY. =SOME은 IN과 의미가 같다.

  ❷ 메인 쿼리에서 서브 쿼리의 결과 값으로 하나만 리턴받으려면, 서브 쿼리에서 GROUP BY를 사용해야 한다.

  ❸ ALL은 서브 쿼리에서 돌려주는 모든 값이 비교 조건을 만족할 때, 참(TRUE)이 된다.

  ❹ 메인 쿼리의 SELECT 문에서 select_list에 해당하는 값으로 서브 쿼리를 사용할 수 있는데, 이때 반드시 단일 값만을 리턴해야 한다.

2. 다음 SQL 구문 중 틀린 것은?

```
❶ select ename, sal
❷ from emp
    where sal > ( select ❸ max(sal), min(sal)
                ❹    from emp)
```

3. 급여가 500이 넘는 사원과 같은 부서에 근무하는 직원을 조회하는 쿼리문을 완성하기 위해서 _____에 들어갈 수 없는 것을 고르시오.

```
select ename, sal, deptno
from emp
where deptno _____ ( select distinct deptno
                      from emp
                      where sal > 500)
```

  ❶ IN   ❷ NOT EXISTS   ❸ =   ❹ =SOME

4. 다음 서브 쿼리가 위치 할 수 없는 곳은?

  ❶ table_list 문(FROM)   ❷ select_list 문(SELECT)

  ❸ WHERE, HAVING 문   ❹ GROUP BY 문

5. 다음 중 틀린 곳은?

```
    update ❶ table emp
❷ set sal = sal + 100
    where deptno = ( select ❸ deptno
                           from dept
                   ❹ where dname = '경리부' )
```

6. 다음 서브 쿼리를 사용하는 문장 중 문법에 맞지 않게 작성된 것은?

❶
```
select * from emp
where deptno = (select deptno from emp
where ename = '이문세');
```

❷
```
delete emp
where ename = (select ename from emp
where empno = 1001) ;
```

❸
```
insert into dept01
select  * from dept01;
```

❹ `select * into emp2 from emp;`

7. 서브 쿼리를 사용하여 테이블 emp06에 emp 테이블의 모든 데이터를 추가합니다.

예제 테이블 내용 조회하기

```
01 select * from emp06;
```

EMPNO	ENAME	JOB	MGR	HIREDATE	SAL	COMM	DEPTNO
1001	김사랑	사원	1013	07/03/01	300	-	20
1002	한예술	대리	1005	07/04/02	250	80	30
1003	오지호	과장	1005	05/02/10	500	100	30
1004	이병헌	부장	1008	03/09/02	600	-	20
1005	신동협	과장	1005	05/04/07	450	200	30
1006	장동건	부장	1008	03/10/09	480	-	30
1007	이문세	부장	1008	04/01/08	520	-	10
1008	감우성	차장	1003	04/03/08	500	0	30
1009	안성기	사장	-	96/10/04	1000	-	20
1010	이병헌	과장	1003	05/04/07	500	-	10
1011	조향기	사원	1007	07/03/01	280	-	30
1012	강혜정	사원	1006	07/08/09	300	-	20
1013	박중훈	부장	1003	02/10/09	560	-	20
1014	조인성	사원	1006	07/11/09	250	-	10

8. emp06 테이블에 저장된 사원 정보 중 과장들의 최소 급여보다 많은 급여를 받는 사원들의 이름과 급여와 직급을 출력하되, 과장은 출력하지 않는 SQL 문을 완성하시오.

ENAME	SAL
안성기	1000
이병헌	600
박중훈	560
이문세	520
감우성	500
장동건	480

힌트

1) 직급이 과장인 사원들의 급여를 구합니다.

2) 구해진 급여를 서브 쿼리로 작성하여 이들 급여의 최소 급여보다 많이 받는 사원을 검색해야 합니다.

3) 과장이 여러 명이기에 영업 사원의 급여 역시 여러 개의 행으로 구해지므로, 다중 행 비교 연산자를 사용해야 합니다. 최소 급여보다 많이 받아야 하므로 > ANY 연산자를 사용해야 합니다.

4) 과장은 출력에서 제외해야 하므로, 직급이 과장이 아닌 사람만 출력합니다.

9. emp06 테이블에 저장된 사원 정보 중 인천에 위치한 부서에 소속된 사원들의 급여를 100 인상하는 SQL 문을 완성하시오.

EMPNO	ENAME	JOB	MGR	HIREDATE	SAL	COMM	DEPTNO
1001	김사랑	사원	1013	07/03/01	400	-	20
1002	한예슬	대리	1005	07/04/02	250	80	30
1003	오지호	과장	1005	05/02/10	500	100	30
1004	이병헌	부장	1008	03/09/02	700	-	20
1005	신동협	과장	1005	05/04/07	450	200	30
1006	장동건	부장	1008	03/10/09	480	-	30
1007	이문세	부장	1008	04/01/08	520	-	10
1008	감우성	차장	1003	04/03/08	500	0	30
1009	안성기	사장	-	96/10/04	1100	-	20
1010	이병헌	과장	1003	05/04/07	500	-	10
1011	조향기	사원	1007	07/03/01	280	-	30
1012	강혜정	사원	1006	07/08/09	400	-	20
1013	박중훈	부장	1003	02/10/09	660	-	20
1014	조인성	사원	1006	07/11/09	250	-	10

10. emp06 테이블에서 경리부에 소속된 사원들만 삭제하는 SQL 문을 완성하시오.

EMPNO	ENAME	JOB	MGR	HIREDATE	SAL	COMM	DEPTNO
1001	김사랑	사원	1013	07/03/01	400	-	20
1002	한예슬	대리	1005	07/04/02	250	80	30
1003	오지호	과장	1005	05/02/10	500	100	30
1004	이병헌	부장	1008	03/09/02	700	-	20
1005	신동협	과장	1005	05/04/07	450	200	30
1006	장동건	부장	1008	03/10/09	480	-	30
1008	감우성	차장	1003	04/03/08	500	0	30
1009	안성기	사장	-	96/10/04	1100	-	20
1011	조향기	사원	1007	07/03/01	280	-	30
1012	강혜정	사원	1006	07/08/09	400	-	20
1013	박중훈	부장	1003	02/10/09	660	-	20

11. '이문세'와 같은 부서에서 근무하는 사원의 이름과 부서 번호를 출력하는 SQL 문을 완성하시오.

ENAME	DEPTNO
이병헌	10
조인성	10

힌트 '이문세'의 부서 번호를 구한 후에, 이와 일치하는 부서 번호인 사원들을 조회합니다.

12. '이문세'와 동일한 직급을 가진 사원을 출력하는 SQL 문을 완성하시오.

EMPNO	ENAME	JOB	MGR	HIREDATE	SAL	COMM	DEPTNO
1004	이병헌	부장	1008	03/09/02	600	-	20
1006	장동건	부장	1008	03/10/09	480	-	30
1013	박중훈	부장	1003	02/10/09	560	-	20

힌트 '이문세'의 직급을 구한 후에, 이와 일치하는 직급인 사원들을 조회합니다.

13. '이문세'의 급여와 동일하거나 더 많이 받는 사원명과 급여를 출력하는 SQL 문을 완성하시오.

ENAME	SAL
이병헌	600
안성기	1000
박중훈	560

> **힌트** '이문세'의 급여를 구한 후에, 이보다 크거나 같은 급여를 받는 사원들을 조회합니다.

14. '인천'에서 근무하는 사원의 이름, 부서 번호를 출력하는 SQL 문을 완성하시오.

ENAME	DEPTNO
김사랑	20
이병헌	20
안성기	20
강혜정	20
박중훈	20

> **힌트** 사원 테이블에는 근무지에 대한 정보가 없습니다. 단지 부서 번호만 있습니다. 그렇기 때문에 근무지가 인천인 부서의 부서 번호를 부서 테이블에서 구하는 쿼리문을 먼저 작성합니다. 그리고나서 이를 서브 쿼리문으로 기술하여, 이와 일치하는 부서 번호를 갖는 사원의 정보를 출력합니다.

15. 직속상관이 감우성인 사원의 이름과 급여를 출력하는 SQL 문을 완성하시오.

ENAME	SAL	MGR
이병헌	600	1008
장동건	480	1008
이문세	520	1008

> **힌트** 직속상관이 감우성인 사원이란 자신의 manager 컬럼 값이 감우성의 사원 번호와 일치하는 사원을 의미합니다. 그렇기 때문에 감우성의 사원 번호를 구하는 쿼리문을 작성한 후에 이를 서브 쿼리로 작성하여, 이와 일치하는 manager 컬럼 값을 갖는 사원의 정보를 출력합니다.

16. 부서별로 가장 급여를 많이 받는 사원의 정보(사원 번호, 사원 이름, 급여, 부서번호)를 출력하는 SQL 문을 완성하시오.

EMPNO	ENAME	SAL	DEPTNO
1007	이문세	520	10
1009	안성기	1000	20
1003	오지호	500	30
1008	감우성	500	30

힌트

1) 최대값을 구하는 MAX로 최대 급여를 구합니다.

2) 주어진 행의 부서에 대해 최대 급여와 일치하는 사원의 정보를 출력합니다.

부서별 최대 급여를 구하는 1번 쿼리문의 결과를 WHERE 조건으로 제시하여 2번 쿼리문을 작성해야 하므로, 1번 쿼리문을 연관성 있게 묶어 표현하는 서브 쿼리로 작성해야 합니다.

17. 직급(JOB)이 과장인 사원이 속한 부서의 부서 번호와 부서명과 지역을 출력하는 SQL 문을 완성하시오.

DEPTNO	DNAME	LOC
10	경리부	서울
30	영업부	용인

힌트 직급(JOB)이 과장인 사람이 속한 부서 번호를 먼저 구합니다. 그리고나서 이를 서브 쿼리문으로 작성해서 부서 번호와 일치되는 부서의 정보를 부서 테이블에서 찾습니다. 과장이란 직급은 하나의 부서에만 존재하지 않고 여러 부서에 존재하기 때문에, 다중 행 비교 연산자인 IN을 사용해야 합니다.

18. 과장보다 급여를 많이 받는 사원들의 이름과 급여와 직급을 출력하되, 과장은 출력하지 않는 SQL 문을 완성하시오.

ENAME	SAL	JOB
이병헌	600	부장
이문세	520	부장
안성기	1000	사장
박중훈	560	부장

힌트

1) 직급이 '과장'인 사원들의 급여를 구합니다.

2) 구해진 급여를 서브 쿼리로 작성하여 이들 급여 중에서 최대 급여보다 많이 받는 사원을 검색해야 합니다.

3) 과장이 여러 명이기에 영업 사원의 급여 역시 여러 개의 행으로 구해지므로, 다중 행 비교 연산자를 사용해야 합니다. 최대 급여보다 많이 받아야 하므로 〉 ALL 연산자를 사용해야 합니다.

가상 테이블 뷰

이번 장에서는 물리적인 테이블에 근거한 논리적인 가상 테이블인 뷰(View) 객체를 생성하고
제거하거나 변경하는 방법에 대해 학습합니다. 기본 테이블의 수에 따라 뷰는 단순 뷰(Simple
View)와 복합 뷰(Complex View)로 나뉘는데, 이들의 차이점을 살펴보고 사용자가 생성한
모든 뷰에 대한 정의를 저장하고 있는 USER_VIEWS 데이터 사전을 살펴봅니다. 그리고 뷰를
생성할 때 사용할 수 있는 다양한 옵션에 대해서도 학습합니다.

도전 미션

첫 번째 미션: 부서별 최대 급여와 최소 급여를 출력하는 뷰를 작성하라!

두 번째 미션: 급여를 많이 받는 순으로 3명을 출력하라!

학습 내용

Section **01.** 뷰의 개념과 뷰 생성하기

Section **02.** 뷰의 내부구조와 USER_VIEWS 데이터 딕셔너리

Section **03.** 뷰 제거하기

Section **04.** 뷰의 다양한 옵션

Section **05.** 인라인 뷰로 TOP-N

첫 번째 미션

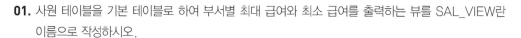

부서별 최대 급여와 최소 급여를 출력하는 뷰를 작성하라!

01. 사원 테이블을 기본 테이블로 하여 부서별 최대 급여와 최소 급여를 출력하는 뷰를 SAL_VIEW란 이름으로 작성하시오.

DNAME	MAX_SAL	MIN_SAL
ACCOUNTING	5000	1300
RESEARCH	3000	800
SALES	950	950

두 번째 미션

급여를 많이 받는 순으로 3명을 출력하라!

01. 인라인 뷰를 사용하여 급여를 많이 받는 순서대로 3명만 출력하시오.

RANKING	EMPNO	ENAME	SAL
1	7839	KING	5000
2	7788	SCOTT	3000
3	7902	FORD	3000

이번에는 뷰의 개념을 알아보겠습니다. 또한 뷰를 생성하는 방법과 생성된 뷰가 내부적으로 어떻게 처리되는지 살펴보겠습니다.

뷰(View)는 한마디로 물리적인 테이블을 근거로 하는 논리적인 가상 테이블이라고 정의할 수 있습니다. 뷰를 가상 테이블이라고 하는 이유를 살펴보겠습니다. 가상이란 단어는 실질적으로 데이터를 저장하고 있지 않기 때문에 붙인 것이고, 테이블이란 단어는 실질적으로 데이터를 저장하고 있지 않더라도 사용자는 마치 테이블을 사용하는 것과 동일하게 뷰를 사용할 수 있기 때문에 붙인 것입니다. 뷰는 기본 테이블에서 파생된 객체로서, 기본 테이블에 대한 하나의 쿼리문입니다.

뷰(View)란 '보다'란 의미를 갖고 있는 점을 감안해 보면 알 수 있듯이, 실제 테이블에 저장된 데이터를 뷰를 통해서 볼 수 있도록 합니다. 사용자에게 주어진 뷰를 통해서 기본 테이블을 제한적으로 사용하게 됩니다.

1.1 뷰의 기본 테이블

뷰는 이미 존재하고 있는 테이블에 제한적으로 접근하도록 합니다. 뷰를 생성하기 위해서는 실질적으로 데이터를 저장하고 있는 물리적인 테이블이 존재해야 하는데, 이 테이블을 기본 테이블이라고 합니다. 우선 department 테이블과 emp 테이블의 내용이 변경되는 것을 막기 위해서 테이블의 내용을 복사하여 새로운 테이블을 생성한 후에, 이를 기본 테이블로 사용합시다.

1. 뷰의 기본 테이블을 생성합니다.

예제 emp를 원본 테이블로 하여 emp_copy 테이블 생성하기

```
01 create table emp_copy
02 as
03 select * from emp;
```

예제 생성된 기본 테이블을 확인합니다.

```
01 select * from emp_copy;
```

EMPNO	ENAME	JOB	MGR	HIREDATE	SAL	COMM	DEPTNO
1001	김사랑	사원	1013	07/03/01	300	-	20
1002	한예슬	대리	1005	07/04/02	250	80	30
1003	오지호	과장	1005	05/02/10	500	100	30
1004	이병헌	부장	1008	03/09/02	600	-	20
1005	신동협	과장	1005	05/04/07	450	200	30
1006	장동건	부장	1008	03/10/09	480	-	30
1007	이문세	부장	1008	04/01/08	520	-	10
1008	감우성	차장	1003	04/03/08	500	0	30
1009	안성기	사장	-	96/10/04	1000	-	20
1010	이병헌	과장	1003	05/04/07	500	-	10
1011	조항기	사원	1007	07/03/01	280	-	30
1012	강혜정	사원	1006	07/08/09	300	-	20
1013	박중훈	부장	1003	02/10/09	560	-	20
1014	조인성	사원	1006	07/11/09	250	-	10

1.2 뷰 정의하기

뷰를 생성하여 자주 사용되는 SELECT 문을 간단하게 접근하는 방법을 학습해 봅시다. 다음은 뷰를 생성하기 위한 기본 형식입니다.

형식
```
CREATE VIEW [ schema_name . ] view_name [ (column [ ,...n ] ) ]
AS select_statement [ ; ]
```

- schema_name

뷰가 속한 스키마의 이름입니다. 지정하지 않으면 dbo가 설정됩니다.

- view_name

뷰의 이름입니다. 뷰 이름은 반드시 식별자에 적용되는 규칙을 준수해야 합니다.

- column

뷰에 있는 열에 사용할 이름입니다. 열이 산술 식, 함수 또는 상수에서 파생된 경우, 일반적으로 조인 때문에 둘 이상의 열이 같은 이름을 갖는 경우, 뷰의 열이 파생된 열과 다른 이름을 갖는 경우에만 열 이름이 필요합니다. SELECT 문에서 열 이름을 할당할 수도 있습니다. column을 지정하지 않으면 뷰 열의 이름과 SELECT 문에 있는 열의 이름이 같아집니다.

뷰를 생성하기 위한 기본 형식을 살펴보면 다양한 옵션(ENCRYPTION, SCHEMABIND-ING, VIEW_METADATA, WITH CHECK OPTION)을 사용할 수 있습니다. 이들에 대한 자세한 설명은 앞으로 뷰를 학습하면서 구체적인 예를 통해 자세히 설명하겠습니다.

1.3 뷰의 필요성

뷰를 만들기 전에 어떤 경우에 뷰를 사용하게 되는지 다음 예를 통해서 뷰가 필요한 이유를 설명하겠습니다.

만일, 30번 부서에 소속된 사원들의 사번과 이름과 부서번호를 자주 검색해야 한다면, 다음과 같은 SELECT 문을 여러 번 입력해야 합니다.

예제 30번 부서에 소속된 사원 정보 출력하기

```
01 select empno, ename, deptno
02 from emp_copy
03 where deptno=30;
```

EMPNO	ENAME	DEPTNO
1002	한예슬	30
1003	오지호	30
1005	신동협	30
1006	장동건	30
1008	감우성	30
1011	조항기	30

위와 같은 결과를 출력하기 위해서 매번 SELECT 문을 입력하는 것은 매우 번거로운 일입니다. 뷰는 이와 같이 번거로운 SELECT 문을 매번 입력하는 대신, 보다 쉽게 원하는 결과를 얻고자 하는 바람에서 출발한 개념입니다.

자주 사용되는 30번 부서에 소속된 사원들의 사번과 이름과 부서번호를 출력하기 위한 SELECT 문을 하나의 뷰로 정의해 봅시다.

예제 30번 부서에 소속된 사원 정보 출력하는 뷰 정의하기

```
01 create view emp_view30
02 as
03 select empno, ename, deptno
04 from emp_copy
05 where deptno=30;
```

SELECT 문 앞에 "create view emp_view30"만 추가하면 뷰가 생성됩니다.

뷰는 테이블에 접근(SELECT)한 것과 동일한 방법으로 결과를 얻을 수 있습니다. 뷰를 생성한 후에는 뷰를 테이블처럼 생각하고 접근(SELECT)하면 됩니다.

예제 30번 부서에 소속된 사원 정보를 출력하는 뷰 사용하기

```
01 select *
02 from emp_view30;
```

EMPNO	ENAME	DEPTNO
1002	한예슬	30
1003	오지호	30
1005	신동협	30
1006	장동건	30
1008	감우성	30
1011	조항기	30

FROM 절 다음에 테이블 명 대신 생성한 뷰 이름을 기술하여, 간단하게 원하는 결과를 얻을 수 있습니다.

테이블을 생성하기 위해서 CREATE TABLE로 시작하지만, 뷰를 생성하기 위해서는 CREATE VIEW로 시작합니다. AS 다음은 마치 서브 쿼리문과 유사합니다. subquery에는 우리가 지금까지 사용하였던 SELECT 문을 기술하면 됩니다.

뷰는 물리적으로 데이터를 저장하지 않는다고 하였습니다. 그런데도 다음과 같은 질의문을
수행할 수 있는 이유가 무엇일까요?

예제 30번 부서에 소속된 사원 정보를 출력하는 뷰 사용하기

```
01 select *
02 from emp_view30;
```

EMP_VIEW30이라는 뷰는 데이터를 물리적으로 저장하고 있지 않습니다. CREATE VIEW
명령어로 뷰를 정의할 때 AS 절 다음에 기술한 쿼리 문장 자체를 저장하고 있습니다. 뷰를
정의할 때 기술한 쿼리문이 궁금하다면, 데이터 딕셔너리 USER_VIEWS 테이블의 TEXT 컬
럼 값을 살펴보면 됩니다.

예제 USER_VIEWS 테이블의 구조 살펴보기

```
01 desc USER_VIEWS
```

	이름	널	유형
테이블 이름 ⟶	VIEW_NAME	NOT NULL	VARCHAR2(30)
	TEXT_LENGTH		NUMBER
텍스트 ⟶	TEXT		LONG()
	TYPE_TEXT_LENGTH		NUMBER
	TYPE_TEXT		VARCHAR2(4000)
	OID_TEXT_LENGTH		NUMBER
	OID_TEXT		VARCHAR2(4000)
	VIEW_TYPE_OWNER		VARCHAR2(30)
	VIEW_TYPE		VARCHAR2(30)
	SUPERVIEW_NAME		VARCHAR2(30)

뷰를 생성하려는데 다음과 같이 권한을 설정하였다면, 30번 부서에 소속된 사원들의 사번과 이름과 부서번호를 출력하기 위한 SELECT 문을 하나의 뷰로 다시 정의해 봅시다.

1 뷰를 정의합시다. 앞에서 실습한 SELECT 문 앞에 이 두 줄만 추가하면 뷰가 생성됩니다.

예제 30번 부서에 소속된 사원을 조회하는 뷰 정의하기

```
01 create view emp_view30
02 as
03 select empno, ename, deptno
04 from emp_copy
05 where deptno=30;
```

2 USER_VIEWS에서 테이블 이름과 텍스트만 출력해 보겠습니다.

예제 정의된 뷰 확인하기

```
01 select view_name, text
02 from user_views;
```

VIEW_NAME	TEXT
EMP_VIEW30	select empno, ename, deptno from emp_copy where deptno=30

뷰는 SELECT 문이 이름을 갖도록 한 것이라고 설명하였습니다. USER_VIEWS를 살펴보면 이 말이 맞는 말이란 것을 깨닫게 됩니다. 기본 테이블은 디스크 공간을 할당 받아서 실질적으로 데이터를 저장하고 있지만, 뷰는 데이터 딕셔너리 USER_VIEWS에 사용자가 뷰를 정의할 때 기술한 서브 쿼리문(SELECT 문)만을 문자열 형태로 저장하고 있습니다.

저장된 데이터가 없는데, 뷰에 대한 질의를 했을 때 어떻게 테이블의 내용이 출력될까요?

뷰의 동작 원리를 이해하기 위해서, 뷰에 대한 질의가 어떻게 내부적으로 처리되는지 자세히 살펴보도록 합시다.

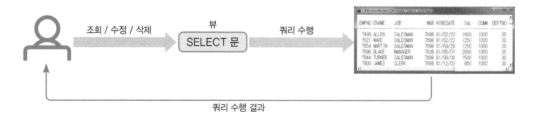

1. 사용자가 뷰에 대해서 질의를 하면 USER_VIEWS에서 뷰에 대한 정의를 조회합니다.
2 기본 테이블에 대한 뷰의 접근 권한을 살핍니다.
3. 뷰에 대한 질의를 기본 테이블에 대한 질의로 변환합니다.
4. 기본 테이블에 대한 질의를 통해 데이터를 검색합니다.
5. 검색된 결과를 출력합니다.

우리가 앞에서 생성한 뷰인 EMP_VIEW30을 SELECT 문의 FROM 절 다음에 기술하여 질의를 하면, 오라클 서버는 USER_VIEWS에서 EMP_VIEW30을 찾습니다. 그리고나서 이를 정의할 때 기술한 서브 쿼리문이 저장된 TEXT 값을 EMP_VIEW30 위치로 가져갑니다.

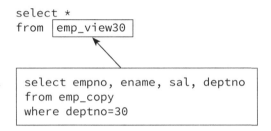

질의는 기본 테이블인 EMP_COPY를 통해 일어납니다. 즉, 기본 테이블인 EMP_COPY에 대해서 서브 쿼리문을 수행하게 됩니다. 이러한 동작 원리 덕분에 뷰가 실질적으로 데이터를 저장하고 있지 않더라도 데이터를 검색할 수 있는 것입니다.

뷰를 통해 SELECT 문으로 검색만 할 수 있는 것이 아니고, DML(INSERT, DELETE, UPDATE) 명령어를 수행할 수도 있습니다. 뷰는 실질적으로 데이터를 저장하고 있지 않고 쿼리문만 저장하고 있는 형태이기에, 뷰에 DML로 내용을 조작하게 되면 기본 테이블의 내용이 변경됩니다.

직접 해보기 뷰에 INSERT 문으로 데이터 추가하기

뷰에 데이터를 추가하면 기본 테이블이 변경됨을 증명하기 위해서 간단한 예를 살펴보도록 하겠습니다.

1 이전 예제에서 생성한 뷰인 EMP_VIEW30에 로우를 하나 추가합시다.

예제 뷰에 데이터 추가하기

```
01 insert into emp_view30
02 values(1111, 'aaaa', 30);
```

② INSERT 문으로 뷰에 새로운 행을 추가하였습니다. 뷰의 내용을 출력해 보면 추가된 행이 뷰에 존재하고 있음을 확인할 수 있습니다.

예제 30번 부서에 소속된 사원 정보를 출력하는 뷰 사용하기

```
01 select *
02 from emp_view30;
```

EMPNO	ENAME	DEPTNO
1002	한예슬	30
1003	오지호	30
1005	신동협	30
1006	장동건	30
1008	감우성	30
1011	조항기	30
1111	aaaa	30

③ 뷰뿐만 아니라 기본 테이블의 내용을 출력해 보면, INSERT 문에 의해서 뷰에 추가한 행이 테이블에도 존재하는 것을 확인할 수 있습니다.

예제 기본 테이블을 살피기

```
01 select * from emp_copy;
```

EMPNO	ENAME	JOB	MGR	HIREDATE	SAL	COMM	DEPTNO
1001	김사랑	사원	1013	07/03/01	300	-	20
1002	한예슬	대리	1005	07/04/02	250	80	30
1003	오지호	과장	1005	05/02/10	500	100	30
1004	이병헌	부장	1008	03/09/02	600	-	20
1005	신동협	과장	1005	05/04/07	450	200	30
1006	장동건	부장	1008	03/10/09	480	-	30
1007	이문세	부장	1008	04/01/08	520	-	10
1008	감우성	차장	1003	04/03/08	500	0	30
1009	안성기	사장	-	96/10/04	1000	-	20
1010	이병헌	과장	1003	05/04/07	500	-	10
1011	조항기	사원	1007	07/03/01	280	-	30
1012	강혜정	사원	1006	07/08/09	300	-	20
1013	박중훈	부장	1003	02/10/09	560	-	20
1014	조인성	사원	1006	07/11/09	250	-	10
1111	aaaa	-	-	-	-	-	30

이와 같은 결과에서 알 수 있는 것은 INSERT 문에 뷰(EMP_VIEW30)를 사용하였지만, 뷰는 쿼리문에 대한 이름일 뿐이기 때문에, 새로운 행은 기본 테이블(EMP_COPY)에 실질적으로 추가되는 것임을 알 수 있습니다. 뷰(EMP_VIEW30)의 내용을 확인하기 위해 SELECT 문을 수행하면, 변경된 기본 테이블(EMP_COPY)의 내용에서 일부를 서브 쿼리한 결과를 보여줍니다.

뷰는 실질적인 데이터를 저장한 기본 테이블을 볼 수 있도록 해주는 투명한 창입니다. 기본 테이블의 모양이 바뀐 것이고, 그 바뀐 내용을 뷰라는 창을 통해서 볼 뿐입니다. 뷰에 INSERT 뿐만 아니라 UPDATE, DELETE 모두 사용할 수 있는데, UPDATE, DELETE 쿼리문 역시 뷰의 텍스트에 저장되어 있는 기본 테이블이 변경하는 것입니다.

이 정도면 뷰가 물리적인 테이블을 근거로 한 논리적인 가상 테이블이란 말의 의미를 이해할 수 있으리라고 생각됩니다.

2.1 뷰를 사용하는 이유

뷰를 사용하는 이유는 두 가지로 설명할 수 있습니다.

1. 복잡하고 긴 쿼리문을 뷰로 정의하면 접근을 단순화시킬 수 있다.
2. 보안에 유리하다.

▌복잡하고 긴 쿼리문을 뷰로 정의하면 접근을 단순화시킬 수 있다.

사원 테이블과 부서 테이블을 자주 조인한다고 가정합시다.

```
select empno, ename, deptno        select *
from emp_copy                      from dept;
```

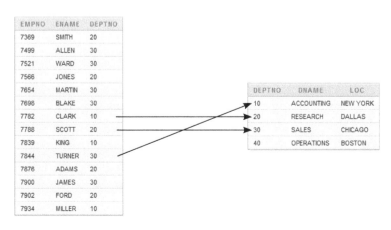

사원 테이블과 부서 테이블을 조인하기 위해서는 다음과 같이 복잡한 SELECT 문을 매번 작성해야 합니다.

예제 사원 테이블과 부서 테이블을 조인하기

```
01 select e.empno, e.ename, e.sal, e.deptno, d.dname, d.loc
02 from emp_copy e, dept d
03 where e.deptno = d.deptno;
```

EMPNO	ENAME	SAL	DEPTNO	DNAME	LOC
7369	SMITH	800	20	RESEARCH	DALLAS
7499	ALLEN	1600	30	SALES	CHICAGO
7521	WARD	1250	30	SALES	CHICAGO
7566	JONES	2975	20	RESEARCH	DALLAS
7654	MARTIN	1250	30	SALES	CHICAGO
7698	BLAKE	2850	30	SALES	CHICAGO
7782	CLARK	2450	10	ACCOUNTING	NEW YORK
7788	SCOTT	3000	20	RESEARCH	DALLAS
7839	KING	5000	10	ACCOUNTING	NEW YORK
7844	TURNER	1500	30	SALES	CHICAGO
7876	ADAMS	1100	20	RESEARCH	DALLAS
7900	JAMES	950	30	SALES	CHICAGO
7902	FORD	3000	20	RESEARCH	DALLAS
7934	MILLER	1300	10	ACCOUNTING	NEW YORK

뷰를 사용하는 이유 중의 하나가 복잡하고 자주 사용하는 질의를 보다 쉽고 간단하게 사용하기 위해서라고 했습니다. 위에 작성한 조인문에 "create view emp_view_dept as"만 추가해서 뷰로 작성해 놓으면 다음과 같이 간단하게 질의 결과를 얻을 수 있습니다.

예제 사원 테이블과 부서 테이블을 조인한 뷰 사용하기

```
01 select * from emp_view_dept;
```

직접 해보기 뷰 만들기

사원 테이블과 부서 테이블을 조인하기 위해서 뷰를 생성해 봅시다.

1 다음은 사원번호, 사원이름, 급여, 부서번호, 부서명, 지역명을 출력하기 위한 복합 뷰입니다.

예제 사원 테이블과 부서 테이블을 조인한 뷰 생성하기

```
01 create view emp_view_dept
02 as
```

```
03 select e.empno, e.ename, e.sal, e.deptno, d.dname, d.loc
04 from emp_copy e, dept d
05 where e.deptno = d.deptno;
```

2 뷰를 생성한 후, 이를 활용하면 복잡한 질의를 쉽게 처리할 수 있습니다.

예제 사원 테이블과 부서 테이블을 조인한 뷰 사용하기

```
01 select * from emp_view_dept;
```

EMPNO	ENAME	SAL	DEPTNO	DNAME	LOC
7369	SMITH	800	20	RESEARCH	DALLAS
7499	ALLEN	1600	30	SALES	CHICAGO
7521	WARD	1250	30	SALES	CHICAGO
7566	JONES	2975	20	RESEARCH	DALLAS
7654	MARTIN	1250	30	SALES	CHICAGO
7698	BLAKE	2850	30	SALES	CHICAGO
7782	CLARK	2450	10	ACCOUNTING	NEW YORK
7788	SCOTT	3000	20	RESEARCH	DALLAS
7839	KING	5000	10	ACCOUNTING	NEW YORK
7844	TURNER	1500	30	SALES	CHICAGO
7876	ADAMS	1100	20	RESEARCH	DALLAS
7900	JAMES	950	30	SALES	CHICAGO
7902	FORD	3000	20	RESEARCH	DALLAS
7934	MILLER	1300	10	ACCOUNTING	NEW YORK

보안에 유리하다.

사용자마다 특정 객체만 조회할 수 있도록 권한을 부여할 수 있기에, 동일한 테이블을 접근하는 사용자에 따라 서로 다르게 보도록 여러 개의 뷰를 정의해 놓고, 특정 사용자만이 해당 뷰에 접근할 수 있도록 할 수 있습니다.

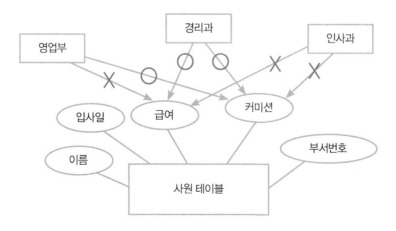

예를 들어 사원 테이블에 개인적인 정보인 급여와 커미션은 부서에 따라 접근을 제한해야 합니다. 급여나 커미션 모두에 대해서 인사과에서는 조회할 수 없도록 하고, 경리과에서는 모두가 조회될 수 있도록 하지만, 영업부서에서는 경쟁심을 유발하기 위해서 다른 사원의 커미션을 조회할 수 있도록 해야 합니다.

이렇듯 뷰는 데이터베이스 실무에서 전체 데이터의 일부만 접근하게 함으로써, 중요한 데이터의 유출을 방지하여 데이터를 보호하기 위한 보안 목적으로 사용할 수 있습니다.

사원 테이블의 전체 내용

```
select * from emp;
```

EMPNO	ENAME	JOB	MGR	HIREDATE	SAL	COMM	DEPTNO
7369	SMITH	CLERK	7902	80/12/17	800	-	20
7499	ALLEN	SALESMAN	7698	81/02/20	1600	300	30
7521	WARD	SALESMAN	7698	81/02/22	1250	500	30
7566	JONES	MANAGER	7839	81/04/02	2975	-	20
7654	MARTIN	SALESMAN	7698	81/09/28	1250	1400	30
7698	BLAKE	MANAGER	7839	81/05/01	2850	-	30
7782	CLARK	MANAGER	7839	81/06/09	2450	-	10
7788	SCOTT	ANALYST	7566	87/07/13	3000	-	20
7839	KING	PRESIDENT	-	81/11/17	5000	-	10
7844	TURNER	SALESMAN	7698	81/09/08	1500	0	30
7876	ADAMS	CLERK	7788	87/07/13	1100	-	20
7900	JAMES	CLERK	7698	81/12/03	950	-	30
7902	FORD	ANALYST	7566	81/12/03	3000	-	20
7934	MILLER	CLERK	7782	82/01/23	1300	-	10

사원 테이블을 이용한 뷰 생성

```
create view emp_view
as
select empno, ename, job, mgr, hiredate, deptno
from emp;
```

인사과에서 뷰를 통해 보는 사원 테이블의 내용

```
select *
from emp_view;
```

EMPNO	ENAME	JOB	MGR	HIREDATE	DEPTNO
7369	SMITH	CLERK	7902	80/12/17	20
7499	ALLEN	SALESMAN	7698	81/02/20	30
7521	WARD	SALESMAN	7698	81/02/22	30
7566	JONES	MANAGER	7839	81/04/02	20
7654	MARTIN	SALESMAN	7698	81/09/28	30
7698	BLAKE	MANAGER	7839	81/05/01	30
7782	CLARK	MANAGER	7839	81/06/09	10
7788	SCOTT	ANALYST	7566	87/07/13	20
7839	KING	PRESIDENT	-	81/11/17	10
7844	TURNER	SALESMAN	7698	81/09/08	30
7876	ADAMS	CLERK	7788	87/07/13	20
7900	JAMES	CLERK	7698	81/12/03	30
7902	FORD	ANALYST	7566	81/12/03	20
7934	MILLER	CLERK	7782	82/01/23	10

인사과에 보여지는 사원 테이블은 뷰를 통해서 보여지므로, 기본 테이블에 저장된 데이터의 일부(급여나 커미션은 제외)만을 사용할 수 있도록 하였습니다. 급여나 커미션과 같은 개인 적인 정보의 접근을 인사과 직원이 접근하지 못하도록 제한함으로써, 중요한 정보를 보호할 수 있도록 합니다.

03 뷰 제거하기

A C T U A L M I S S I O N O R A C L E

뷰가 더 이상 필요 없을 때는 DROP VIEW 문을 이용하여 제거할 수 있습니다.

형식
```
DROP VIEW {view} [,..n]
```

테이블의 존재 자체를 제거하기 위해서 DROP TABLE로 시작하고, 뷰를 제거하기 위해서는 DROP VIEW로 시작합니다.

뷰는 실체가 없는 가상 테이블이기 때문에, 뷰를 삭제한다는 것은 뷰의 정의를 삭제하는 것을 의미합니다. 따라서 뷰를 삭제해도, 뷰를 정의한 기본 테이블의 구조나 데이터에는 전혀 영향을 주지 않습니다.

직접 해보기 뷰 삭제하기

지금까지 생성한 뷰 중에서 emp_view_dept을 삭제합시다.

1 지금까지 생성한 뷰를 살펴봅시다.

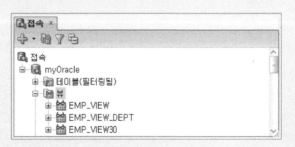

2 emp_view_dept 뷰를 삭제합시다.

예제 뷰 삭제하기

```
01 drop view emp_view_dept;
```

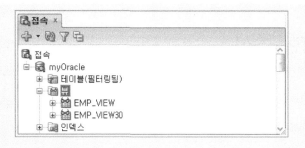

emp_view_dept 뷰를 삭제한 후이기에, emp_view_dept란 이름의 뷰가 존재하지
않음을 확인할 수 있습니다.

③ VIEW_EMP_DEPT 뷰가 삭제되었으므로, emp_view_dept를 조회하면 오류가 발생
합니다.

예제 뷰가 삭제되었는지 확인하기

```
01 select * from emp_view_dept;
```

ORA-00942: 테이블 또는 뷰가 존재하지 않습니다

다음은 뷰를 생성하기 위한 기본 형식입니다.

형식
```
CREATE [OR REPLACE] [FORCE | NOFORCE] VIEW view_name
[(alias, alias, alias, ...)]
AS subquery
[WITH CHECK OPTION]
[WITH READ ONLY];
```

이번 절에서는 옵션에 대해서 예를 들어 가면서 보다 자세히 살펴보도록 합시다.

4.1 뷰를 수정하기 위한 OR REPLACE 옵션

이전에 작성한 EMP_VIEW30 뷰는 "EMPNO, ENAME, SAL, DEPTNO" 4개의 컬럼을 출력하는 형태였습니다. 만일 EMP_VIEW30 뷰에 커미션 컬럼을 추가로 출력할 수 있도록 하기 위해서 뷰의 구조를 변경하려면 어떻게 해야 할까요?

예제   create view로 뷰를 수정하는 오류를 범한 예

```
01 create view emp_view30
02 as
03 select empno, ename, sal, comm, deptno
04 from emp_copy
05 where deptno=30;
```

ORA-00955: 기존의 객체가 이름을 사용하고 있습니다.

이미 존재하는 뷰를 다시 생성하려고 하였기 때문에 오류 메시지를 출력합니다.

CREATE VIEW 대신 CREATE OR REPLACE VIEW를 사용하면 존재하지 않는 뷰이면 새로운 뷰를 생성하고, 이미 존재하는 뷰이면 그 내용을 변경하기 때문에, 뷰를 수정하려면

CREATE OR REPLACE VIEW를 사용합니다.

처음 뷰를 만들 때부터 CREATE VIEW 대신 생성과 변경을 동시에 할 수 있는 CREATE OR REPLACE VIEW를 사용하는 것이 편리합니다.

다음은 변경하기 전 뷰의 상태입니다. 뷰를 구성하는 컬럼은 3개로 empno, ename, deptno 입니다.

예제 emp_view30 뷰의 구조 살펴보기

```
01 desc emp_view30
```

```
이름       널 유형
------ - ------------
EMPNO     NUMBER(4)
ENAME     VARCHAR2(10)
DEPTNO    NUMBER(2)
```

emp_view30 뷰를 통해서 급여와 커미션도 함께 볼 수 있도록 하기 위해서는, 다음과 같이 뷰를 변경해야 합니다.

예제 emp_view30 뷰 변경하기

```
01 create OR REPLACE view emp_view30
02 as
03 select empno, ename, sal, comm, deptno
04 from emp_copy
05 where deptno=30;
```

다음은 변경한 후 뷰의 상태입니다. 뷰를 구성하는 컬럼은 empno, ename, salary, commission, deptno 5개로 변경되었음을 확인할 수 있습니다.

예제 emp_view30 뷰의 구조 살펴보기

```
01 desc emp_view30
```

```
이름       널 유형
------ - ------------
EMPNO     NUMBER(4)
ENAME     VARCHAR2(10)
SAL       NUMBER(7,2)
COMM      NUMBER(7,2)
DEPTNO    NUMBER(2)
```

4.2 기본 테이블 없이 뷰를 생성하기 위한 FORCE 옵션

뷰를 생성하는 경우에 일반적으로 기본 테이블이 존재한다는 가정 하에서 쿼리문을 작성합니다. 극히 드물기는 하지만, 기본 테이블이 존재하지 않는 경우에도 뷰를 생성해야 할 경우가 있습니다. 이럴 경우에 사용하는 것이 FORCE 옵션입니다.

FORCE 옵션과 반대로 동작하는 것으로서, NOFORCE 옵션이 있습니다. NOFORCE 옵션은 반드시 기본 테이블이 존재해야 할 경우에만 뷰가 생성됩니다. 지금까지 뷰를 생성하면서 FORCE | NOFORCE 옵션을 지정하지 않았습니다. 이렇게 특별한 설정이 없으면, 디폴트로 NOFORCE 옵션이 지정된 것으로 간주합니다.

직접 해보기 FORCE 옵션으로 기본 테이블 없이 뷰 생성하기

FORCE | NOFORCE 옵션이 어떤 역할을 하는지 살펴보기 위해서, 존재하지 않는 테이블인 EMPLOYEES를 사용하여 뷰를 생성해 봅시다.

1 우선 EMPLOYEES 테이블이 존재하지 않는지 확인하기 위해서 DESC 명령문으로 테이블 구조를 살펴보면 EMPLOYEES 객체가 존재하지 않는다고 오류 메시지가 출력됩니다.

예제 테이블이 존재하지 않음을 확인하기

```
01 desc employees
```

오류: EMPLOYEES 객체가 존재하지 않습니다.

2 존재하지 않는 EMPLOYEES를 기본 테이블로 하여 뷰를 생성하게 되면, 다음과 같이 오류가 발생합니다.

예제 30번 부서에 소속된 사원을 조회하는 뷰 정의하기

```
01 create or replace view employees_view
02 as
03 select empno, ename, deptno
04 from employees
05 where deptno=30;
```

ORA-00942: 테이블 또는 뷰가 존재하지 않습니다

특별한 설정이 없으면 NOFORCE 옵션이 지정된 것이므로, 반드시 존재하는 기본 테이블을 이용한

쿼리문으로 뷰를 생성해야 합니다. 기본 테이블이 존재하지 않는 경우에도, 뷰를 생성하기 위해서 FORCE 옵션을 적용해야 합니다.

3 FORCE 옵션을 적용하여 기본 테이블이 존재하지 않는 경우에도 뷰를 생성해 봅시다.

예제 기본 테이블 없이 뷰 정의하기

```
01 create or replace FORCE view employees_view
02 as
03 select empno, ename, deptno
04 from employees
05 where deptno=30;
```

Warning: 경고와 함께 실행이 완료됨

4 존재하지 않는 테이블을 기본 테이블로 지정했기에 [경고: 컴파일...]과 같은 메시지는 출력되지만, USER_VIEWS의 내용을 살펴보면 뷰가 생성된 것을 확인할 수 있습니다.

예제 뷰 내용 살펴보기

```
01 select view_name, text
02 from user_views;
```

VIEW_NAME	TEXT
EMP_VIEW	select empno, ename, job, mgr, hiredate, deptno from emp
EMP_VIEW30	select empno, ename, sal, comm, deptno from emp_copy where deptno=30
EMPLOYEES_VIEW	select empno, ename, deptno from employees where deptno=30

5 FORCE의 반대 기능을 가진 옵션은 NOFORCE입니다.

예제 기본 테이블이 있는 경우에만 뷰가 생성되도록 하기

```
01 create or replace NOFORCE view existtable_view
02 as
03 select empno, ename, deptno
04 from employees
05 where deptno=30;
```

ORA-00942: 테이블 또는 뷰가 존재하지 않습니다

6 NOFORCE 옵션을 사용하면, 뷰를 생성할 때 존재하지 않는 테이블을 기본 테이블로 지정해도

오류 메시지와 함께 뷰가 생성되지 않습니다. USER_VIEWS의 내용을 살펴보면 뷰가 생성되지 않았음을 확인할 수 있습니다.

예제 뷰 내용 살피기

```
01 select view_name, text
02 from user_views;
```

VIEW_NAME	TEXT
EMP_VIEW	select empno, ename, job, mgr, hiredate, deptno from emp
EMP_VIEW30	select empno, ename, sal, comm, deptno from emp_copy where deptno=30
EMPLOYEES_VIEW	select empno, ename, deptno from employees where deptno=30

7️⃣ 이번에는 FORCE | NOFORCE 옵션 중 어느 것도 지정하지 않고 뷰를 생성해 봅시다.

예제 FORCE | NOFORCE 옵션 없이 뷰 정의하기

```
01 create or replace view existtable_view
02 as
03 select empno, ename, deptno
04 from employees
05 where deptno=30;
```

```
ORA-00942: 테이블 또는 뷰가 존재하지 않습니다
```

NOFORCE 옵션을 주어서 뷰를 생성했을 때와 동일한 오류 메시지가 뜨면서 뷰가 생성되지 않습니다. 왜냐하면 FORCE | NOFORCE 어느 것도 명시적으로 기술하지 않으면, 디폴트로 NOFORCE가 지정되기 때문입니다. 뷰의 디폴트 값은 기본 테이블이 존재해야만 뷰를 생성하는 NOFORCE임을 명심합시다.

4.3 조건 컬럼 값을 변경하지 못하게 하는 WITH CHECK OPTION

뷰를 정의하는 서브 쿼리문에 WHERE 절을 추가하여, 기본 테이블 중 특정 조건에 만족하는 로우(행)만으로 구성된 뷰를 생성할 수 있습니다. 다음은 30번 부서에 소속된 사원들의 정보만으로 구성된 뷰입니다.

예제 30번 부서에 소속된 사원을 조회하는 뷰 정의하기

```
01 create or replace view emp_view30
02 as
03 select empno, ename, sal, comm, deptno
04 from emp_copy
05 where deptno=30;
```

30번 부서에 소속된 사원의 정보를 얻기 위해서 WHERE 절을 추가하여 부서 번호가 30인지를 조건으로 제시했습니다.

예제 30번 부서에 소속된 사원 정보를 출력하는 뷰 사용하기

```
01 select *
02 from emp_view30;
```

EMPNO	ENAME	DEPTNO
1002	한예슬	30
1003	오지호	30
1005	신동협	30
1006	장동건	30
1008	감우성	30
1011	조항기	30
1111	aaaa	30

뷰를 마치 테이블처럼 SELECT 문으로 조회할 수 있음은 물론이고, DML 문으로 내용을 조작할 수 있음을 이미 학습했으므로, UPDATE 문으로 30번 부서에 소속된 사원 중에 급여가 1200 이상인 사원을 20번 부서로 이동시켜 봅시다.

예제 급여가 1200 이상인 사원을 20번 부서로 변경하기

```
01 update emp_view30 set deptno=20
02 where sal>=1200;
```

5개의 행이 갱신되었습니다.

뷰는 SELECT * FROM 다음에 테이블 명 대신에 기술하여 마치 테이블처럼 사용하기에 다음과 같이 조회합니다.

예제 30번 부서에 소속된 사원 정보를 출력하는 뷰 사용하기

```
01 select *
02 from emp_view30;
```

EMPNO	ENAME	SAL	COMM	DEPTNO
7900	JAMES	950	-	30

EMP_VIEW30 뷰를 조회하면 부서 번호를 변경하기 전의 로우 개수보다 대폭 줄어 있음을 확인할 수 있습니다.

EMP_VIEW30 뷰를 여러 사람들이 공유해서 사용하는데, 뷰의 부서번호를 변경하지 않은 사용자가 EMP_VIEW30 뷰를 조회해서 위와 같은 결과를 얻었다면 어떤 느낌일까요? 무척이나 혼돈스러울 것입니다.

위와 같은 결과를 얻은 이유는 무엇일까요? 뷰로 UPDATE 문을 수행해도 기본 테이블의 내용이 변경됩니다. 그런 후에 뷰를 조회하면 30번 부서에 소속된 사원만 조회하기 때문입니다.

부서번호가 변경되어 버린 기본 테이블에서, 30번 부서에 소속된 사원의 정보만 추출하는 뷰를 SELECT 문으로 조회하면, 당연히 이전에 30번이었다가 20번으로 변경된 사원의 정보는 볼 수 없게 됩니다.

이러한 결과는 뷰를 공유해서 사용할 경우 혼돈을 초래할 수 있으므로 미연에 방지해야 합니다. 다행히 오라클에서는 WITH CHECK OPTION으로 뷰를 생성할 때, 조건 제시에 사용된 컬럼 값을 변경하지 못하도록 하는 기능을 제공하여 이러한 혼돈을 막을 수 있도록 합니다.

예제 조건 컬럼 값을 변경하지 못하는 뷰 정의하기

```
01 create or replace view VIEW_CHK30
02 as
03 select empno, ename, sal, comm, deptno
04 from emp_copy
05 where deptno=30 WITH CHECK OPTION;
```

뷰를 생성할 때 WHERE 절을 추가하여 기본 테이블에서 정보가 추출되는 조건을 제시하게 되는데, 여기에 연속적으로 WITH CHECK OPTION을 기술하여, 조건 제시를 위해 사용한 컬럼의 값이 뷰를 통해서 변경되지 못하도록 할 수 있습니다.

WITH CHECK OPTION을 기술하면 뷰를 정의할 때 조건에 사용되어진 컬럼 값을 뷰를 통해서는 변경하지 못하도록 하여 혼동을 초래할 만한 일이 생기지 않게 해 봅시다.

1 뷰의 기본 테이블을 새로 생성합시다.

> **예제** emp을 원본 테이블로 하여 emp_copy 테이블 생성하기

```
01 create table emp_copy2
02 as
03 select * from emp;
```

2 WITH CHECK OPTION 옵션으로 뷰를 정의합니다.

> **예제** 조건 컬럼 값을 변경하지 못하는 뷰 정의하기

```
01 create or replace view VIEW_CHK30
02 as
03 select empno, ename, sal, comm, deptno
04 from emp_copy2
05 where deptno=30 WITH CHECK OPTION;
```

3 급여가 1200 이상인 사원은 20번 부서로 이동시켜 봅시다.

> **예제** 급여가 1200 이상인 사원은 20번 부서로 변경하기

```
01 update VIEW_CHK30 set deptno=20
02 where sal>=1200;
```

```
ORA-01402: 뷰의 WITH CHECK OPTION의 조건에 위배 됩니다
```

VIEW_CHK30 뷰를 생성할 때 부서번호에 WITH CHECK OPTION을 지정하였기에, 이 뷰를 통해서는 부서번호를 변경할 수 없습니다.

4 뷰를 통해서 일관된 정보를 볼 수 있게 됩니다.

> **예제** 30번 부서에 소속된 사원 정보를 출력하는 뷰 사용하기

```
01 select *
02 from VIEW_CHK30;
```

EMPNO	ENAME	SAL	COMM	DEPTNO
7499	ALLEN	1600	300	30
7521	WARD	1250	500	30
7654	MARTIN	1250	1400	30
7698	BLAKE	2850	-	30
7844	TURNER	1500	0	30
7900	JAMES	950	-	30

4.4 뷰를 통해 기본 테이블의 변경을 막는 WITH READ ONLY 옵션

WITH READ ONLY 옵션은 뷰를 통해서는 기본 테이블의 어떤 컬럼에 대해서도 내용을 절대 변경할 수 없도록 하는 것입니다.

직접 해보기 WITH CHECK OPTION과 WITH READ ONLY 비교하기

WITH READ ONLY 옵션을 WITH CHECK OPTION과 비교하여 설명하겠습니다.

① WITH CHECK OPTION을 기술한 VIEW_CHK30 뷰의 커미션을 모두 1000으로 변경해 보도록 합시다.

예제 커미션을 모두 1000으로 변경하기

```
01 update view_chk30 set comm=1000;
```

6개의 행이 갱신되었습니다.

② WITH CHECK OPTION은 뷰를 설정할 때 조건으로 설정한 컬럼이 아닌 컬럼에 대해서는 변경이 가능하므로 커미션이 성공적으로 변경됩니다.

예제 조건으로 설정하지 않은 컬럼이 변경됨을 확인하기

```
01 select *
02 from VIEW_CHK30;
```

EMPNO	ENAME	SAL	COMM	DEPTNO
7499	ALLEN	1600	1000	30
7521	WARD	1250	1000	30
7654	MARTIN	1250	1000	30
7698	BLAKE	2850	1000	30
7844	TURNER	1500	1000	30
7900	JAMES	950	1000	30

3 WITH READ ONLY 옵션을 지정한 뷰를 정의합니다.

예제 조건 컬럼 값을 변경하지 못하는 뷰 정의하기

```
01 create or replace view VIEW_READ30
02 as
03 select empno, ename, sal, comm, deptno
04 from emp_copy2
05 where deptno=30 WITH READ ONLY;
```

4 WITH READ ONLY 옵션을 기술한 VIEW_READ30 뷰의 커미션을 모두 2000으로 변경해 보도록 합시다.

예제 커미션을 모두 2000으로 변경하기

```
01 update VIEW_READ30 set COMM=2000;
```

ORA-01733: 가상 열은 사용할 수 없습니다

WITH READ ONLY는 뷰를 설정할 때 조건으로 설정한 컬럼이 아닌 컬럼에 대해서도 변경이 불가능하므로, 커미션의 컬럼 값 역시 변경에 실패합니다. 뷰를 통해서 기본 테이블을 절대 변경할 수 없게 됩니다.

WITH CHECK OPTION은 조건에 사용한 컬럼의 값을 수정하지 못하게 하고, WITH READ ONLY는 기본 테이블의 모두를 수정하지 못하게 합니다.

인라인 뷰로 TOP-N

사원 중에서 입사일이 빠른 사람 5명(TOP-5)만을 얻어 오는 질의문을 작성해 봅시다. 입사일이 빠른 사람 5명만을 얻어오는 방법은 무엇일까요? 일련의 출력 데이터를 일단 임의의 순서로 정렬한 후에 그 중 일부의 데이터만 출력할 수 있도록 하여 구합니다.

TOP-N을 구하기 위해서는 ROWNUM과 인라인 뷰가 사용됩니다. 인라인 뷰는 조금 후에 다루어 보도록 하고, 우선 ROWNUM 컬럼에 대해서 알아보도록 합시다.

ROWNUM 컬럼은 DDL을 학습하면서 살펴보았지만 보다 자세히 살펴보도록 합시다.

직접 해보기 ROWNUM 컬럼 성격 파악하기

1 다음은 ROWNUM 컬럼 값을 출력하기 위한 쿼리문입니다.

예제 ROWNUM 컬럼 값 출력하기

```
01 select rownum, empno, ename, hiredate
02 from emp;
```

ROWNUM	EMPNO	ENAME	HIREDATE
1	7369	SMITH	80/12/17
2	7499	ALLEN	81/02/20
3	7521	WARD	81/02/22
4	7566	JONES	81/04/02
5	7654	MARTIN	81/09/28
6	7698	BLAKE	81/05/01
7	7782	CLARK	81/06/09
8	7788	SCOTT	87/07/13
9	7839	KING	81/11/17
10	7844	TURNER	81/09/08
11	7876	ADAMS	87/07/13
12	7900	JAMES	81/12/03
13	7902	FORD	81/12/03
14	7934	MILLER	82/01/23

2 입사일이 빠른 사람 5명만(TOP-N)을 얻어오기 위해서는 일련의 출력 데이터를 일단 임의의 순서로 정렬한 후에, 그 중 일부의 데이터만 출력할 수 있도록 해야 합니다. ORDER BY 절을 사용하여 입사일을 기준으로 오름차순으로 정렬해 봅시다.

예제 입사일을 기준으로 오름차순 정렬하기

```
01 select empno, ename, hiredate
02 from emp
03 ORDER BY HIREDATE;
```

EMPNO	ENAME	HIREDATE
7369	SMITH	80/12/17
7499	ALLEN	81/02/20
7521	WARD	81/02/22
7566	JONES	81/04/02
7698	BLAKE	81/05/01
7782	CLARK	81/06/09
7844	TURNER	81/09/08
7654	MARTIN	81/09/28
7839	KING	81/11/17
7900	JAMES	81/12/03
7902	FORD	81/12/03
7934	MILLER	82/01/23
7788	SCOTT	87/07/13
7876	ADAMS	87/07/13

3 이번에는 입사일을 기준으로 오름차순 정렬을 하는 쿼리문에 ROWNUM 컬럼을 출력해 봅시다.

예제 입사일을 기준으로 오름차순 정렬한 후 ROWNUM 컬럼 출력하기

```
01 select ROWNUM, empno, ename, hiredate
02 from emp
03 ORDER BY HIREDATE;
```

ROWNUM	EMPNO	ENAME	HIREDATE
1	7369	SMITH	80/12/17
2	7499	ALLEN	81/02/20
3	7521	WARD	81/02/22
4	7566	JONES	81/04/02
6	7698	BLAKE	81/05/01
7	7782	CLARK	81/06/09
10	7844	TURNER	81/09/08
5	7654	MARTIN	81/09/28
9	7839	KING	81/11/17
12	7900	JAMES	81/12/03
13	7902	FORD	81/12/03
14	7934	MILLER	82/01/23
8	7788	SCOTT	87/07/13
11	7876	ADAMS	87/07/13

위 결과를 보면 입사일을 기준으로 오름차순 정렬을 하였기에, 출력되는 행의 순서는 바뀌더라도 해당 행의 ROWNUM 컬럼 값은 바뀌지 않는다는 것을 알 수 있습니다. 입사일을 기준으로 오름차순 정렬하여 출력되는 로우 순서대로 ROWNUM 컬럼 값이 매겨지게 되면, 쉽게 입사일이 빠른 사람 5명만을 얻어올 수 있을 텐데 말입니다.

ROWNUM 컬럼은 오라클에 내부적으로 부여되는데, INSERT 문을 이용하여 입력하면 입력한 순서에 따라 1씩 증가되면서 값이 지정됩니다. 데이터가 입력된 시점에서 결정되는 ROWNUM 컬럼 값은 바뀌지 않습니다.

만일 정렬된 순서대로 ROWNUM 컬럼 값이 매겨지도록 하려면, 쿼리문을 새로운 테이블에 저장해야만 합니다.

새로운 테이블에 입사일을 기준으로 오름차순 정렬한 쿼리문의 결과를 저장하면, 입사일이 가장 빠른 사원이 제일 처음으로 입력되므로, ROWNUM 컬럼 값이 1이 됩니다. 정렬된 순서대로 테이블에 입력되므로 입사일이 빠른 순으로 번호가 매겨지게 됩니다.

정렬한 쿼리문의 결과를 테이블에 저장하면 저장 공간을 필요로 하므로 비효율적입니다. 뷰를 사용하면 어떨까요? 뷰는 별도의 저장 공간이 없어도, 테이블을 사용할 때와 같은 결과를 얻을 수 있습니다.

뷰와 ROWNUM 컬럼으로 TON-N 구하기

ROWNUM 컬럼의 성격은 파악했으므로 이제 뷰와 함께 사용하여 TOP-N을 구해봅시다. TOP-N은
일련의 출력 데이터를 일단 임의의 순서로 정렬한 후에, 그중 일부의 데이터만 출력할 수 있도록 하
여 구합니다.

1 입사일을 기준으로 오름차순 정렬한 쿼리문으로 새로운 뷰를 생성해 봅시다. 입사일을 기준으로
오름차순 정렬을 하는 뷰에 ROWNUM 컬럼을 함께 출력해 봅시다.

예제 입사일을 기준으로 오름차순 정렬한 뷰 정의하기

```
01 create or replace view VIEW_HIRE
02 AS
03 select empno, ename, hiredate
04 from emp
05 ORDER BY HIREDATE;
```

2 생성된 뷰에 ROWNUM 컬럼을 함께 출력해 봅시다.

예제 입사일을 기준으로 오름차순 정렬한 뷰로 ROWNUM 컬럼 출력하기

```
01 select ROWNUM, empno, ename, hiredate
02 from VIEW_HIRE;
```

ROWNUM	EMPNO	ENAME	HIREDATE
1	7369	SMITH	80/12/17
2	7499	ALLEN	81/02/20
3	7521	WARD	81/02/22
4	7566	JONES	81/04/02
5	7698	BLAKE	81/05/01
6	7782	CLARK	81/06/09
7	7844	TURNER	81/09/08
8	7654	MARTIN	81/09/28
9	7839	KING	81/11/17
10	7900	JAMES	81/12/03
11	7902	FORD	81/12/03
12	7934	MILLER	82/01/23
13	7788	SCOTT	87/07/13
14	7876	ADAMS	87/07/13

3 자, 이제 입사일이 빠른 사람 5명만을 얻어와 봅시다.

```
01 select ROWNUM, empno, ename, hiredate
02 from VIEW_HIRE
03 WHERE ROWNUM<=5;
```

ROWNUM	EMPNO	ENAME	HIREDATE
1	7369	SMITH	80/12/17
2	7499	ALLEN	81/02/20
3	7521	WARD	81/02/22
4	7566	JONES	81/04/02
5	7698	BLAKE	81/05/01

입사일이 빠른 사람 5명만을 얻어오기 위해서 입사일 순으로 뷰를 생성하고 이를 다시 상위 5개만 얻어오기 위해서 뷰를 SELECT 문으로 조회하면서 WHERE 절에 ROWNUM 컬럼을 조건으로 제시하였습니다.

5.1 인라인 뷰로 TOP-N 구하기

TOP-N은 일반적으로 뷰를 따로 생성하여 구하기보다는 인라인 뷰를 사용하여 구합니다. 인라인 뷰가 무엇인지 개념 정리부터 하기로 합시다.

인라인 뷰는 SQL 문장에서 사용하는 서브 쿼리의 일종으로, 보통 FROM 절에 위치해서 테이블처럼 사용하는 것입니다. 형식은 다음과 같습니다.

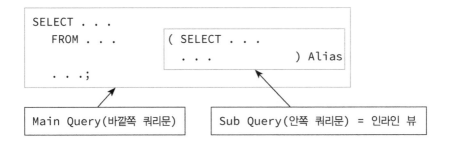

인라인 뷰란 메인 쿼리의 SELECT 문에서 FROM 절 내부에 사용된 서브 쿼리문을 말합니다. 우리가 지금까지 생성한 뷰는 CREATE 명령어로 뷰를 생성했지만, 인라인 뷰는 SQL 문 내부에 뷰를 정의하고 이를 테이블처럼 사용합니다.

인라인 뷰로 TOP-N 구하기

인라인 뷰를 사용해서 입사일이 빠른 사람 5명만을 얻어오기로 합시다. 아래 문장을 보면 FROM 절 다음인 VIEW_HIRE 위치에 VIEW_HIRE를 정의할 때 사용한 서브 쿼리문을 기술한 것뿐입니다.

예제 인라인 뷰로 입사일이 빠른 사람 5명만 출력하기

```
01 select ROWNUM, empno, ename, hiredate
02 from (select empno, ename, hiredate
03        from emp
04        ORDER BY HIREDATE)
05 WHERE ROWNUM<=5;
```

ROWNUM	EMPNO	ENAME	HIREDATE
1	7369	SMITH	80/12/17
2	7499	ALLEN	81/02/20
3	7521	WARD	81/02/22
4	7566	JONES	81/04/02
5	7698	BLAKE	81/05/01

첫 번째 미션 해결하기

부서별 최대 급여와 최소 급여를 출력하는 뷰를 작성하라!

01. 부서별 최대 급여와 최소 급여를 출력하는 뷰를 정의하기

```
01 create view sal_view
02 as
03 select d.dname, max(e.sal) as max_sal , min(e.sal) as min_sal
04 from emp_copy e, dept d
05 where e.deptno = d.deptno
06 group by d.dname;
```

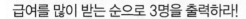

두 번째 미션 해결하기

급여를 많이 받는 순으로 3명을 출력하라!

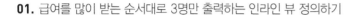

01. 급여를 많이 받는 순서대로 3명만 출력하는 인라인 뷰 정의하기

```
01 select rownum as ranking, empno, ename, sal
02 from ( select empno, ename, sal
03         from emp_copy
04         where sal is not null
05         order by sal desc
06      )
07 where rownum<=3;
```

마무리

1. 뷰(View)는 한마디로 물리적인 테이블을 근거한 논리적인 가상 테이블이라고 정의할 수 있습니다.

2. CREATE VIEW 문을 사용하여 뷰 객체를 생성합니다.

3. CREATE OR REPLACE VIEW를 사용하여 뷰 객체를 변경합니다.

4. DROP VIEW를 사용하여 뷰 객체를 제거합니다.

도전 Quiz

1. 뷰를 변경하기 위한 명령어는 무엇인가?

   ❶ CREATE VIEW　　　　　　❷ ALTER VIEW

   ❸ DROP VIEW　　　　　　　❹ CREATE OR REPLACE VIEW

2. 다음 중 뷰와 관련 있는 저장 프로시저를 고르시오.

   ❶ USER_VIEWS　　　　　　❷ USER_CONSTRAINTS

   ❸ USER_CONS_COLUMNS　　❹ USER_PROCEDURES

3. 다음 중 아래 문장이 맞는지 판단하시오.

   > 뷰의 컬럼 이름은 뷰를 만들 때 명시적으로 지정한 이름이 없으면, 내부 SELECT 문에서 사용한 select_list
   > 의 컬럼 이름이 그대로 사용됩니다.

   ❶ O　　　　　　　　　　　　❷ X

4. 사용자가 생성한 모든 뷰를 확인하기 위한 명령어를 기술하시오.

5. ROWNUM에 대해 설명하시오.

CHAPTER

13

시퀀스와 인덱스

데이터베이스에서는 숫자 값이 일정한 규칙에 의해서 연속적으로 자동 증가해야 하는 경우가 있습니다. 은행 업무를 보기 위해서 번호표를 뽑아야 하는데 이러한 번호표는 고객이 뽑아 갈 때마다 1씩 자동으로 증가합니다. 연속적으로 번호를 생성해야 할 경우 오라클에서는 시퀀스라는 객체를 사용합니다. 이번 장에서는 자동 번호 발생기 역할을 하는 시퀀스에 대해서 알아보겠습니다.
그리고 인덱스의 개념과 종류, 인덱스를 생성하는 방법에 대해서도 살펴보겠습니다.

A C T U A L   M I S S I O N   O R A C L E

도전 미션 -

첫 번째 미션: 부서 테이블에 부서 번호를 자동으로 부여하라!

두 번째 미션: 컬럼에 인덱스를 지정하라!

학습 내용 -

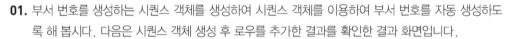

ACTUAL MISSION ORACLE

첫 번째 미션

부서 테이블에 부서 번호를 자동으로 부여하라!

01. 부서 번호를 생성하는 시퀀스 객체를 생성하여 시퀀스 객체를 이용하여 부서 번호를 자동 생성하도록 해 봅시다. 다음은 시퀀스 객체 생성 후 로우를 추가한 결과를 확인한 결과 화면입니다.

[예제] 부서 테이블 조회하기

```
01 select * from dept_example;
```

DEPTNO	DNAME	LOC
10	인사과	서울
20	경리과	서울
30	총무과	대전
40	기술팀	인천

추가된 행을 살펴보면 시퀀스 객체가 발생시킨 일련번호가 부서 번호에 적용된 것을 확인할 수 있습니다. 시퀀스 객체의 초기 값을 10으로 하여 10씩 증가하도록 증가치를 지정했기 때문에 부서 번호가 10, 20, 30, 40으로 지정된 것을 확인할 수 있습니다. DEPTNO 컬럼에 유일한 값을 가질 수 있도록 시퀀스 객체를 생성(시퀀스 이름 : DEPT_EXAMPLE_SEQ)해 봅시다.

두 번째 미션

컬럼에 인덱스를 지정하라!

01. EMP01 테이블의 직급 컬럼을 인덱스로 설정하되 인덱스 이름을 IDX_EMP01_JOB으로 줍시다.

예제 USER_IND_COLUMNS 데이터 딕셔너리로 인덱스가 부여된 컬럼 확인하기

```
01 select index_name, table_name , column_name
02 from user_ind_columns
03 where table_name in('EMP01');
```

INDEX_NAME	TABLE_NAME	COLUMN_NAME
IDX_EMP01_JOB	EMP01	JOB

시퀀스 개념 이해와 시퀀스 생성

A C T U A L M I S S I O N O R A C L E

오라클에서는 행을 구분하기 위해서 기본 키를 두고 있습니다. 기본 키는 중복된 값을 가질 수 있으므로 항상 유일한 값을 가져야 합니다. 기본 키가 유일한 값을 갖도록 사용자가 직접 값을 생성해 내려면 부담이 클 것입니다. 시퀀스는 테이블 내의 유일한 숫자를 자동으로 생성하는 자동 번호 발생기입니다. 시퀀스를 기본 키로 사용하게 되면 사용자의 부담을 줄일 수 있습니다.

다음은 시퀀스를 생성하기 위한 기본 형식입니다.

형식

```
CREATE SEQUENCE sequence_name
                [START WITH n] · · · · · · · · · · · ·❶
                [INCREMENT BY n] · · · · · · · · · · ·❷
                [{MAXVALUE n | NOMAXVALUE}] · · · · ·❸
                [{MINVALUE n | NOMINVALUE}] · · · · ·❹
                [{CYCLE | NOCYCLE}] · · · · · · · · ·❺
                [{CACHE n | NOCACHE}] · · · · · · · ·❻
```

테이블을 생성하기 위해서 CREATE TABLE로 시작하지만, 시퀀스를 생성하기 위해서는 CREATE SEQUENCE로 시작합니다.

전문가 조언 | 오라클 객체란?

CREATE 다음에 붙는 TABLE, SEQUENCE 그리고 12장에서 학습한 뷰(VIEW)를 오라클에서는 객체라고 합니다. 오라클에서는 다양한 객체들이 제공됩니다. 오라클을 학습하면서 다양한 객체를 학습하게 될 텐데, 객체를 생성하기 위한 명령어는 CREATE 다음에 객체명을 붙이면 됩니다.

---

❶ START WITH

시퀀스 번호의 시작 값을 지정할 때 사용됩니다. 만일 1부터 시작되는 시퀀스를 생성하려면 START WITH 1이라고 기술하면 됩니다.

❷ INCREMENT BY

연속적인 시퀀스 번호의 증가치를 지정할 때 사용됩니다. 만일 1씩 증가하는 시퀀스를 생성하려면 INCREMENT BY 1이라고 기술하면 됩니다.

❸ MAXVALUE n | NOMAXVALUE

MAXVALUE는 시퀀스가 가질 수 있는 최대값을 지정합니다. 만일 NOMAXVALUE를 지정하게 되면 ASCENDING 순서일 경우에는 10^{27}승이고, DESCENDING 순서일 경우에는 −1로 설정됩니다.

❹ MINVALUE n | NOMINVALUE

MINVALUE는 시퀀스가 가질 수 있는 최소값을 지정합니다. 만일 NOMINVALUE을 지정하게 되면 ASCENDING 순서일 경우에는 1이고, DESCENDING 순서일 경우에는 10^{26}승으로로 설정됩니다.

❺ CYCLE | NOCYCLE

CYCLE은 지정된 시퀀스 값이 최대값까지 증가가 완료되게 되면 다시 START WITH 옵션에 지정한 시작 값에서 다시 시퀀스를 시작하도록 합니다. NOCYCLE은 증가가 완료되게 되면 에러를 유발시킵니다.

❻ CACHE n | NOCACHE

CACHE는 메모리상의 시퀀스 값을 관리하도록 하는 것인데 기본 값은 20입니다. NOCACHE는 원칙적으로 메모리 상에서 시퀀스를 관리하지 않습니다.

다음은 부서 번호를 자동으로 부여해 주는 시퀀스 객체를 생성하는 문장입니다.

예제 시퀀스 객체 생성하기

```
01 create sequence dept_deptno_seq
02                 start with   10
03                 increment by 10;
```

시작 값이 10이고, 10씩 증가하는 시퀀스를 생성합니다.

1.1 시퀀스 관련 데이터 딕셔너리

사용자가 작성한 객체들의 정보를 저장하고 있는 데이터 딕셔너리의 이름을 보면 다음과 같은 규칙성이 있습니다.

테이블(TABLE) 객체에 대한 정보를 저장하는 데이터 딕셔너리는 USER_TABLES이고, 뷰(VIEW) 객체에 대한 정보를 저장하는 데이터 딕셔너리는 USER_VIEWS이므로, 이번 장에서 새로 배운 시퀀스(SEQUENCE)에 대한 자료사전의 이름은 USER_SEQUENCES이라고 사료될 것입니다.

생성된 시퀀스 객체에 대한 정보를 저장하는 데이터 딕셔너리로는 USER_SEQUENCES가 있습니다. 데이터 딕셔너리 USER_SEQUENCES로 시퀀스 객체의 정보를 살펴봅시다.

직접 해보기 시퀀스 객체의 정보 살피기

1 우선 데이터 딕셔너리 USER_SEQUENCES의 테이블 구조를 먼저 살펴봅시다.

예제 USER_SEQUENCES의 테이블 구조 살피기

```
01 desc user_sequences
```

```
이름                 널              유형
-------------  ----------  -------------
SEQUENCE_NAME  NOT NULL    VARCHAR2(30)
MIN_VALUE                  NUMBER
MAX_VALUE                  NUMBER
INCREMENT_BY   NOT NULL    NUMBER
CYCLE_FLAG                 VARCHAR2(1)
ORDER_FLAG                 VARCHAR2(1)
CACHE_SIZE     NOT NULL    NUMBER
LAST_NUMBER    NOT NULL    NUMBER
```

데이터 딕셔너리 USER_SEQUENCES는 시퀀스 객체의 정보를 보여줍니다. SEQUENCE_NAME은 시퀀스 객체의 이름을 저장합니다. MIN_VALUE는 최소값, MAX_VALUE는 최대값을 지정합니다. INCREMENT_BY는 증가치에 대한 정보를 가지고 있으며, CYCLE_FLAG는 CYCLE옵션을 사용하는지, 하지 않는지에 대한 정보를 가집니다. LAST_NUMBER는 마지막 숫자 값을 가지고 있습니다.

② 데이터 딕셔너리 USER_SEQUENCES로 현재 사용 중인 시퀀스 객체의 정보를 살펴봅시다.

예제 시퀀스 객체 정보 살피기

```
01 select sequence_name, min_value, max_value,
02         increment_by, cycle_flag
03 from user_sequences;
```

SEQUENCE_NAME	MIN_VALUE	MAX_VALUE	INCREMENT_BY	CYCLE_FLAG
DEPT_DEPTNO_SEQ	1	9999999999999999999999999999	10	N

지금까지 생성한 시퀀스 객체는 DEPT_DEPTNO_SEQ 한 개이기에, 데이터 딕셔너리에도 DEPT_DEPTNO_SEQ 시퀀스 객체 하나에 대한 정보만 나타납니다. INCREMENT_BY가 증가 치를 지정하는 컬럼으로 10씩 증가한다고 증가치가 설정되어 있습니다. MIN_VALUE와 MAX_VALUE, CYCLE 옵션 값은 따로 지정하지 않았으므로, 기본 값인 1과 10^{27}, N(사이클을 사용하지 않겠다)으로 지정되어 있습니다.

1.2 CURRVAL, NEXTVAL

시퀀스의 현재 값을 알아내기 위해서 CURRVAL를 사용하고, 다음 값을 알아내기 위해서는 NEXTVAL를 사용합니다. CURRVAL는 'CURRENT VALUE'의 약어로서 현재 값을 반환합니다. NEXTVAL는 'NEXT VALUE'의 약어로서 다음 값이란 의미를 가지며, 현재 시퀀스 값의 다음 값을 반환합니다.

NEXTVAL, CURRVAL을 사용할 수 있는 경우와 사용할 수 없는 경우를 살펴봅시다.

- NEXTVAL, CURRVAL을 사용할 수 있는 경우
  - 서브 쿼리가 아닌 SELECT 문
  - INSERT 문의 SELECT 절
  - INSERT 문의 VALUE 절
  - UPDATE 문의 SET 절
- NEXTVAL, CURRVAL을 사용할 수 없는 경우
  - VIEW의 SELECT 절
  - DISTINCT 키워드가 있는 SELECT 문
  - GROUP BY, HAVING, ORDER BY 절이 있는 SELECT 문
  - SELECT, DELETE, UPDATE의 서브 쿼리
  - CREATE TABLE, ALTER TABLE 명령의 DEFAULT 값

CURRVAL, NEXTVAL의 실제 사용 예를 살펴봅시다.

직접 해보기 CURRVAL, NEXTVAL 사용하기

1 NEXTVAL로 새로운 값을 생성해야 합니다.

예제 시퀀스 객체로부터 새로운 값 생성하기

```
01 select dept_deptno_seq.nextval from dual;
```

> NEXTVAL
> 10

2 시퀀스의 현재 값을 알아내기 위해서 CURRVAL를 사용합니다.

예제 시퀀스 객체로부터 현재 값 알아내기

```
01 select dept_deptno_seq.currval from dual;
```

> CURRVAL
> 10

3 DEPT_DEPTNO_SEQ.CURRVAL를 조회할 때마다 시퀀스의 값이 계속 증가합니다. 증가치를 10으로 지정하였으므로 실행할 때마다 시퀀스 값은 10씩 증가됩니다.

예제 시퀀스 객체로부터 새로운 값 생성하기

```
01 select dept_deptno_seq.nextval from dual;
```

> NEXTVAL
> 20

새로 만든 시퀀스에 NEXTVAL을 사용하지 않고 바로 CURRVAL를 사용하면 어떻게 될까요? CURR-VAL에 새로운 값이 할당되기 위해서는 NEXTVAL로 새로운 값을 생성해야 합니다. 즉, NEXTVAL로 새로운 값을 생성한 다음에 이 값을 CURRVAL에 대체하게 됩니다.

시퀀스 사용 시 주의할 점

1 시퀀스를 새롭게 생성합니다.

예제 　시퀀스 객체 생성하기

```
01 create sequence sample_seq;
```

2 NEXTVAL로 새로운 값을 생성하지 않고 CURRVAL 값을 조회해 봅시다.

예제 　시퀀스 객체로부터 현재 값 알아내기

```
01 select sample_seq.currval from dual;
```

❌ ORA-08002: 시퀀스 SAMPLE_SEQ.CURRVAL은 이 세션에서는 정의 되어 있지 않습니다

오류가 발생합니다. 그 이유는 NEXTVAL로 새로운 값이 생성되지 않았기 때문에 CURRVAL에 대체될 값이 결정되지 않았기 때문입니다.

3 CURRVAL 값을 조회하려면 NEXTVAL을 먼저 사용해서 값을 미리 생성해 두어야 합니다.

예제 　시퀀스 객체로부터 새로운 값 생성하기

```
01 select sample_seq.nextval from dual;
```

NEXTVAL
1

예제 　시퀀스 객체로부터 현재 값 알아내기

```
01 select sample_seq.currval from dual;
```

CURRVAL
1

시퀀스는 99.9%가 INSERT 연산과 같이 사용되어 컬럼 값을 자동으로 발생시키는 용도로 사용됩니다.

사원 테이블을 생성하면서 사원 번호를 기본 키로 설정하였습니다. 기본 키는 반드시 유일한 값을 가져야 합니다. 사용자가 새로운 사원을 추가할 때마다 유일한 사원번호를 INSERT해야 하는 번거로움이 있습니다.

사원 번호를 생성하는 시퀀스 객체를 사용하여 사원 번호가 자동 생성되도록 한다면 이러한 번거로움을 덜어줄 수 있습니다.

시퀀스는 유일(UNIQUE)한 값을 생성해주는 오라클 객체로서, 시퀀스를 사용하면 기본 키와 같이 순차적으로 증가하는 컬럼을 자동적으로 생성할 수 있게 됩니다.

사원 테이블의 사원 번호는 시퀀스가 알아서 자동으로 생성해 주고 나머지 컬럼에 대해서만 값을 INSERT하면 보다 간편하게 쿼리문을 작성할 수 있게 됩니다.

예제 사원 번호를 자동으로 부여하기 위한 시퀀스 객체 생성하기

```
01 create sequence emp_seq
02              start with 1
03              increment by 1
04              maxvalue 100000 ;
```

예제 사원 정보 추가하기

```
01 insert into emp01
02 values(emp_seq.nextval, '홍길동' , SYSDATE);
```

EMPNO는 컬럼 값을 입력할 때 일일이 이전 값을 기억하지 않아도 된다는 장점이 있습니다. EMP_SEQ 시퀀스의 NEXTVAL이 자동으로 다음 값을 구하기 때문입니다. NEXTVAL에 의해 구해진 다음 값이 INSERT 문의 VALUES 절에 쓰이면 해당 컬럼에 자동으로 값이 할당됩니다.

사원 번호를 생성하는 시퀀스 객체를 생성하여 이를 기본 키인 사원 번호에 사용하여 사용자가 새로운 사원을 추가할 때마다 유일한 사원번호를 INSERT해야 하는 번거로움을 줄입시다.

직접 해보기 시퀀스를 테이블의 기본 키에 접목하기

1 시작 값이 1이고 1씩 증가하고, 최대값이 100000이 되는 시퀀스 EMP_SEQ를 생성합니다.

예제 사원 번호를 자동으로 부여하기 위한 시퀀스 객체 생성하기

```
01 create sequence emp_seq
02              start with 1
03              increment by 1
04              maxvalue 100000 ;
```

2 이번에는 생성된 시퀀스를 사용하기 위해서 사원 번호를 기본 키로 설정하여 EMP01이란 이름으로 새롭게 생성합시다.

예제 사원 테이블 제거하기

```
01 drop table emp01;
```

예제 사원 테이블 생성하기

```
01 create table emp01(
02    empno number(4) primary key,
03    ename varchar(10),
04    hiredate date
05 );
```

3 새롭게 생성된 EMP01 테이블에 설정된 제약 조건을 확인합시다.

예제 제약 조건 확인하기

```
01 select constraint_name, constraint_type, table_name
02 from user_constraints
03 where table_name in('EMP01');
```

CONSTRAINT_NAME	CONSTRAINT_TYPE	TABLE_NAME
SYS_C004425	P	EMP01

예제 제약 조건이 부여된 컬럼 확인하기

```
01 select constraint_name, column_name, table_name
02 from user_cons_columns
03 where table_name in('EMP01');
```

CONSTRAINT_NAME	COLUMN_NAME	TABLE_NAME
SYS_C004425	EMPNO	EMP01

④ 사원 번호를 저장하는 EMPNO 컬럼은 기본 키로 설정하였으므로 중복된 값을 가질 수 없습니다. 다음은 생성한 EMP_SEQ 시퀀스로부터 사원번호를 자동으로 할당받아 데이터를 추가하는 문장입니다.

예제 사원 정보 추가하기

```
01 insert into emp01
02 values(emp_seq.nextval, '홍길동' , SYSDATE);
03 insert into emp01
04 values(emp_seq.nextval, '강감찬' , SYSDATE);
```

⑤ 데이터를 추가하면서 EMP_SEQ 시퀀스로부터 사원번호를 자동으로 할당받았는지 EMP01 테이블의 내용을 확인합시다.

예제 사원 정보 조회하기

```
01 select * from emp01;
```

EMPNO	ENAME	HIREDATE
1	홍길동	13/12/21
2	강감찬	13/12/21

이미 생성된 시퀀스를 제거해 봅시다. 제거하기 위해서는 DROP SEQUENCE 문을 사용합니다. DROP SEQUENCE 문으로 시퀀스를 제거해 봅시다.

직접 해보기 시퀀스 제거하기

1 시퀀스를 제거하기에 앞서 현재 생성된 시퀀스가 어떤 것이 있는지 살펴보기 위해서 USER_SE-QUENCES 딕셔너리를 살펴보도록 합시다.

예제 시퀀스 객체 정보 살피기

```
01 select sequence_name, min_value, max_value,
02        increment_by, cycle_flag
03 from user_sequences;
```

SEQUENCE_NAME	MIN_VALUE	MAX_VALUE	INCREMENT_BY	CYCLE_FLAG
DEPT_DEPTNO_SEQ	1	9999999999999999999999999999	10	N
SAMPLE_SEQ	1	9999999999999999999999999999	1	N
EMP_SEQ	1	100000	1	N

2 시퀀스 중에 DEPT_DEPTNO_SEQ가 존재함을 확인할 수 있습니다. DEPT_DEPTNO_SEQ를 삭제해 봅시다.

예제 시퀀스 객체 제거하기

```
01 drop sequence dept_deptno_seq;
```

3 DEPT_DEPTNO_SEQ 시퀀스 객체가 제거되었는지 확인하기 위해서 데이터 딕셔너리 USER_SE-QUENCES를 조회합시다.

예제 시퀀스 객체 정보 살펴보기

```
01 select sequence_name, min_value, max_value,
02         increment_by, cycle_flag
03 from user_sequences;
```

SEQUENCE_NAME	MIN_VALUE	MAX_VALUE	INCREMENT_BY	CYCLE_FLAG
SAMPLE_SEQ	1	9999999999999999999999999999	1	N
EMP_SEQ	1	100000	1	N

데이터 딕셔너리 USER_SEQUENCES를 조회하여 DEPT_DEPTNO_SEQ 시퀀스 객체가 제거되었음을 확인할 수 있습니다.

시퀀스를 제거한 후 확인까지 해보았습니다. 이번에는 시퀀스를 변경해 봅시다. 시퀀스를 변경하려면 ALTER SEQUENCE 문을 사용해야 합니다.

형식

```
ALTER SEQUENCE sequence_name
          [INCREMENT BY n]
          [{MAXVALUE n | NOMAXVALUE}]
          [{MINVALUE n | NOMINVALUE}]
          [{CYCLE | NOCYCLE}]
          [{CACHE n | NOCACHE}]
```

ALTER SEQUENCE는 START WITH 절이 없다는 점을 빼고는 CREATE SEQUENCE와 구조가 동일합니다. START WITH 옵션은 ALTER SEQUENCE를 써서 변경할 수 없습니다. 다른 번호에서 다시 시작하려면 이전 시퀀스를 삭제하고 다시 생성해야 합니다.

이미 생성해서 사용하던 시퀀스의 최대값을 변경해 봅시다.

1 시퀀스는 최대값을 지정하지 않으면 기본적으로 10^{27}으로 지정됩니다. 사용자가 임의로 최대값을 지정할 수 있는데 MAXVALUE에 값을 지정하면 됩니다. 10부터 10씩 증가하면서 최대 30까지의 값을 갖는 시퀀스를 생성합시다.

예제 시퀀스 객체 생성하기

```
01 create sequence dept_deptno_seq
02                 start with   10
03                 increment by 10
04                 maxvalue 30;
```

2 시퀀스의 정보를 확인하기 위해서 USER_SEQUENCES 테이블을 조회해 봅시다.

예제 시퀀스 객체 정보 살피기

```
01 select sequence_name, min_value, max_value,
02          increment_by, cycle_flag
03 from user_sequences;
```

SEQUENCE_NAME	MIN_VALUE	MAX_VALUE	INCREMENT_BY	CYCLE_FLAG
DEPT_DEPTNO_SEQ	1	30	10	N
SAMPLE_SEQ	1	9999999999999999999999999999	1	N
EMP_SEQ	1	100000	1	N

3 부서 번호를 계속 생성하다 보면 최대값을 넘게 됩니다. 최대값을 넘을 때까지 시퀀스를 생성해 봅시다.

예제 시퀀스 객체로부터 새로운 값 생성하기

```
01 select dept_deptno_seq.nextval from dual;
02 select dept_deptno_seq.nextval from dual;
03 select dept_deptno_seq.nextval from dual;
04 select dept_deptno_seq.nextval from dual;
```

❌ ORA-08004: 시퀀스 DEPT_DEPTNO_SEQ.NEXTVAL exceeds MAXVALUE은 사례로 될 수 없습니다

이때 CYCLE 옵션을 지정하지 않으면 기본 값으로 NOCYCLE를 갖게 되므로 오류가 발생하게 됩니다.

4 ALTER SEQUENCE 문을 사용하여 사용 중이던 DEPT_DEPTNO_SEQ 시퀀스의 최대값을 수정해 봅시다.

예제 시퀀스 객체의 최대값을 수정하기

```
01 alter sequence dept_deptno_seq
02 maxvalue 1000;
```

5 시퀀스가 수정되었는지 확인하기 위해서 USER_SEQUENCES 테이블을 조회해 봅시다.

예제 시퀀스 객체 정보 살피기

```
01 select sequence_name, min_value, max_value,
02        increment_by, cycle_flag
03 from user_sequences;
```

SEQUENCE_NAME	MIN_VALUE	MAX_VALUE	INCREMENT_BY	CYCLE_FLAG
DEPT_DEPTNO_SEQ	1	1000	10	N
SAMPLE_SEQ	1	9999999999999999999999999999	1	N
EMP_SEQ	1	100000	1	N

04 인덱스의 개요

인덱스를 왜 사용하는 것일까요? 이에 대한 답은 "빠른 검색을 위해서 인덱스를 사용합니다."입니다. 여러분이 테이블 생성 방법을 책에서 찾으려고 할 때 어떻게 합니까? 책 첫 페이지부터 한 장씩 넘겨가면서 테이블 생성 방법이 기술되어 있는지 일일이 살펴보는 사람은 드물 것입니다. 일반적으로 책 맨 뒤에 있는 색인(인덱스, 찾아보기)에서 해당 단어(테이블)를 찾아 그 페이지로 이동합니다. 이렇게 원하는 단어를 쉽게 찾는 방법으로 색인, 인덱스가 사용되는 것처럼, 오라클의 인덱스 역시 원하는 데이터를 빨리 찾기 위해서 사용됩니다.

인덱스란 SQL 명령문의 처리 속도를 향상시키기 위해서 컬럼에 대해서 생성하는 오라클 객체입니다. 하지만 인덱스에 장점만 있는 것은 아닙니다.

오라클에서 인덱스의 내부 구조는 B* 트리 형식으로 구성되어 있습니다. 트리란 나무의 뿌리 모양을 생각해 보시면 쉽게 이해할 수 있습니다. 뿌리(루트)를 근거로 아래로 나무 뿌리들이 뻗어 있는 모양을 하고 있습니다.

컬럼에 인덱스를 설정하면 이를 위한 B* 트리도 생성되어야 하기 때문에 인덱스를 생성하기 위한 시간도 필요하고 인덱스를 위한 추가적인 공간이 필요하게 됩니다.

인덱스가 생성된 후에 새로운 행을 추가하거나 삭제할 경우 인덱스로 사용된 컬럼 값도 함께 변경되는 경우가 발생합니다. 인덱스로 사용된 컬럼 값이 변경되면 이를 위한 내부 구조(B* 트리) 역시 함께 수정돼야 합니다. 이 작업은 오라클 서버에 의해 자동으로 일어나는데 그렇기 때문에 인덱스가 없는 경우보다 인덱스가 있는 경우에 DML 작업이 훨씬 무거워지게 됩니다.

지금까지 설명을 바탕으로 인덱스의 장단점을 정리하면 다음과 같습니다.

- 인덱스의 장점
  - 검색 속도가 빨라진다.
  - 시스템에 걸리는 부하를 줄여서 시스템 전체 성능을 향상시킨다.
- 인덱스의 단점
  - 인덱스를 위한 추가적인 공간이 필요하다.
  - 인덱스를 생성하는 데 시간이 걸린다.
  - 데이터의 변경 작업(INSERT/UPDATE/DELETE)이 자주 일어날 경우에는 오히려 성능이 저하된다.

4.1 인덱스 정보 조회

책의 색인란과 동일한 역할인, 쿼리를 빠르게 수행하기 위한 용도로 사용되는 인덱스는 기본 키나 유일 키와 같은 제약 조건을 지정하면 따로 생성하지 않더라도 자동으로 생성해 줍니다. 기본 키나 유일 키는 데이터 무결성을 확인하기 위해서 수시로 데이터를 검색하기 때문에, 빠른 조회를 목적으로 오라클에서 내부적으로 해당 컬럼에 인덱스를 자동으로 생성하는 것입니다.

사용자가 인덱스를 생성하지 않았어도 오라클에서 자동으로 생성하는 인덱스가 있음을 확인하기 위해서 인덱스 객체의 정보를 조회해 봅시다. 오라클에서 인덱스 객체에 대한 정보를 USER_COLUMNS와 USER_IND_COLUMNS 데이터 딕셔너리 뷰에 저장해 둡니다.

직접 해보기 인덱스 관련 데이터 딕셔너리

USER_IND_COLUMNS 데이터 딕셔너리로 EMP, DEPT 테이블에 대해서 자동적으로 인덱스가 생성되어 있는지를 확인해 봅시다.

예제 USER_IND_COLUMNS 데이터 딕셔너리로 인덱스 확인하기

```
01 select index_name, table_name , column_name
02 from user_ind_columns
03 where table_name in('EMP', 'DEPT');
```

INDEX_NAME	TABLE_NAME	COLUMN_NAME
PK_DEPT	DEPT	DEPTNO
PK_EMP	EMP	EMPNO

EMP, DEPT 테이블의 기본 키인 EMPNO와 DEPTNO에 대해서 자동적으로 인덱스가 생성되어 있는 것을 확인할 수 있습니다.

위 쿼리문의 결과 화면을 통해서 사용자가 인덱스를 생성하지 않았어도 오라클에서 기본 키나 유일 키에 대해서 자동으로 인덱스를 생성한다는 것을 확인할 수 있습니다. 인덱스 역시 테이블이나 뷰나 시퀀스와 같이 오라클 객체의 일종이고, 모든 객체들은 이름이 있어야 합니다. 기본 키나 유일 키에 대한 인덱스는 오라클이 생성한 것이기에 인덱스의 이름 역시 오라클에서 자동 부여해 줍니다. 자동으로 생성되는 인덱스 이름은 제약 조건(CONSTRAINT) 명을 사용함을 확인할 수 있습니다.

4.2 조회 속도 비교하기

인덱스가 조회 속도를 빠르게 해 준다는 것을 증명하기 위해서 기본 키나 유일 키로 지정하지 않는 컬럼인 사원 이름으로 검색해 봅시다. 아마도 어느 정도 시간이 소요될 것입니다.

검색을 위해서 WHERE 절에 사용되는 컬럼인 사원 이름 컬럼을 인덱스로 생성한 후에 다시 한 번 사원 이름으로 검색해 보면 검색 시간이 현저하게 줄어드는 것을 확인할 수 있습니다.

직접 해보기 | 사원 테이블 복사하기

다음은 인덱스로 인해 검색 시간이 현저하게 줄어드는 것을 증명하기 위한 실습을 해 봅시다. 사원 테이블을 복사해서 새로운 테이블을 생성해 봅시다.

1 사원 테이블을 복사해서 새로운 테이블을 생성합니다.

예제 사원 테이블 제거하기

```
01 drop table emp01;
```

예제 사원 테이블 생성하기

```
01 create table emp01
02 as
03 select * from emp;
```

2 EMP와 EMP01 테이블에 인덱스가 설정되어 있는지 확인합니다.

```
01 select table_name, index_name, column_name
02 from user_ind_columns
03 where table_name in('EMP', 'EMP01');
```

TABLE_NAME	INDEX_NAME	COLUMN_NAME
EMP	PK_EMP	EMPNO

결과 화면의 USER_IND_COLUMNS를 살펴보면 EMP 테이블은 EMPNO 컬럼에 인덱스가 존재지지만, EMP를 서브 쿼리로 복사한 EMP01 테이블에 대해서는 어떠한 인덱스도 존재하지 않음을 확인할 수 있습니다. 서브 쿼리문으로 복사한 테이블은 구조와 내용만 복사될 뿐 제약 조건은 복사되지 않기 때문입니다.

EMP01 테이블은 인덱스 설정이 되어 있지 않기에 검색하는 데 시간이 걸립니다. 이를 증명하기 위해서 EMP01 테이블에 수많은 데이터가 저장되어 있어야 합니다. 서브 쿼리문으로 INSERT 문을 여러 번 반복해서 EMP01 테이블의 데이터를 늘린 후에, 사원이름으로 특정 사원을 찾아보도록 합시다. 속도의 차이가 현저하게 난다는 것을 느낄 수 있습니다.

직접 해보기 인덱스가 아닌 컬럼으로 검색하기

1 [시작] 메뉴에서 cmd를 입력하여 커맨드 창을 열어 오라클에 접속합니다. 인덱스를 지정하면 검색 속도가 빨라지는 것을 확인하기 위해서 테이블에 수많은 데이터를 저장해 둡시다. 서브 쿼리문으로 INSERT 문을 여러 번 반복합시다.

예제 사원 정보 추가하기

```
01 insert into emp01 select * from emp01;
02            :
03            :
04 insert into emp01 select * from emp01;
```

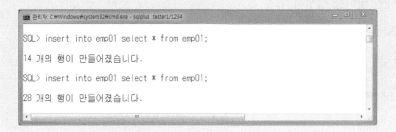

```
SQL> insert into emp01 select * from emp01;

14 개의 행이 만들어졌습니다.

SQL> insert into emp01 select * from emp01;

28 개의 행이 만들어졌습니다.
```

```
SQL> insert into emp01 select * from emp01;

458752 개의 행이 만들어졌습니다.

SQL> insert into emp01 select * from emp01;

917504 개의 행이 만들어졌습니다.

SQL>
```

테이블 자체 복사를 여러 번 반복해서 상당히 많은 양의 행을 생성했습니다.

2 이제 검색용으로 사용할 행을 새롭게 하나 추가합니다.

[예제] 사원 정보 추가하기

```
01 insert into emp01(empno, ename) values(1111, 'syj');
```

3 시간을 체크하기 위해서 다음과 같은 명령을 입력합니다.

[예제] 타이밍 켜기

```
01 set timing on
```

4 사원 이름이 'SYJ'인 행을 검색해 봅시다.

[예제] 사원 정보 추가하기

```
01 select distinct empno, ename
02 from emp01
03 where ename='syj';
```

```
SQL> select distinct empno, ename
  2  from emp01
  3  where ename='syj';

    EMPNO ENAME
---------- --------------------
     1111 syj

경    과: 00:00:00.08
```

컴퓨터의 성능에 따라 검색하는 데 소요되는 시간이 다르겠지만, 어느 정도의 시간은 소요됨을
확인할 수 있습니다.

4.3 인덱스 생성하기

제약 조건에 의해 자동으로 생성되는 인덱스 외에 CREATE INDEX 명령어로 직접 인덱스를 생성할 수도 있습니다. 다음은 인덱스를 생성하기 위한 기본 형식입니다.

> **형식**
> ```
> CREATE INDEX index_name
> ON table_name (column_name);
> ```

CREATE INDEX 다음에 인덱스 객체 이름을 지정합니다. 어떤 테이블의 어떤 컬럼에 인덱스를 설정할 것인지를 결정하기 위해서, ON 절 다음에 테이블 이름과 컬럼 이름을 기술합니다.

직접 해보기 인덱스 설정하기

인덱스가 지정하지 않은 컬럼인 ENAME으로 조회하여 어느 정도의 시간은 소요됨을 확인하였습니다. 이번에는 ENAME 컬럼으로 인덱스를 지정하여 조회 시간이 단축됨을 확인해 봅시다.

1️⃣ 이번에는 테이블 EMP01의 컬럼 중에서 이름(ENAME)에 대해서 인덱스를 생성해 봅시다.

> **예제** 인덱스 생성하기

```
01 create index idx_emp01_ename
02 on emp01(ename);
```

```
SQL> create index idx_emp01_ename
  2  on emp01(ename);

인덱스가 생성되었습니다.

경    과: 00:00:16.32
```

2️⃣ 인덱스의 생성 유무를 확인해 봅시다.

> **예제** USER_IND_COLUMNS 데이터 딕셔너리로 인덱스 확인하기

```
01 select table_name, index_name, column_name
02 from user_ind_columns
03 where table_name in('EMP01');
```

TABLE_NAME	INDEX_NAME	COLUMN_NAME
EMP01	IDX_EMP01_ENAME	ENAME

예제 USER_IND_COLUMNS 데이터 딕셔너리로 인덱스가 부여된 컬럼 확인하기

```
01 select index_name, table_name , column_name
02 from user_ind_columns
03 where table_name in('EMP01');
```

INDEX_NAME	TABLE_NAME	COLUMN_NAME
IDX_EMP01_ENAME	EMP01	ENAME

3 사원 이름이 'syj'인 로우를 검색해 봅시다.

예제 사원 정보 추가하기

```
01 select distinct empno, ename
02 from emp01
03 where ename='syj';
```

인덱스를 생성한 후에 사원 이름이 'SYJ'인 행을 다시 검색하면 수행 속도가 매우 감소함을 알 수 있습니다.

4.4 인덱스 제거하기

인덱스가 검색 속도를 현저하게 줄이는 것을 확인하기 위해서 위와 같은 예제를 실습해 보았습니다. 이번에는 인덱스를 삭제해 봅시다. 이를 위해서 오라클은 DROP INDEX 명령어를 제공합니다.

형식
```
DROP INDEX index_name;
```

EMP01 테이블의 `IDX_EMP01_ENAME`만 사용자가 인덱스를 생성한 것입니다. 이를 제거해 봅시다.

1 생성된 인덱스 객체를 제거하기 위해서는 DROP INDEX 문을 사용합니다.

예제 | 인덱스 객체 제거하기

```
01 drop index idx_emp01_ename;
```

2 인덱스가 제거되었는지 확인해 봅시다.

예제 | 사원 정보 추가하기

```
01 select distinct empno, ename
02 from emp01
03 where ename='syj';
```

데이터를 찾을 수 없습니다.

4.5 인덱스를 사용해야 하는 경우 판단하기

인덱스가 검색을 위한 처리 속도만 향상시킨다고 했습니다. 하지만, 무조건 인덱스를 사용한다고 검색 속도가 향상되는 것은 아닙니다. 계획성 없이 너무 많은 인덱스를 지정하면 오히려 성능을 저하시킬 수도 있습니다. 언제 인덱스를 사용하는 것이 좋을까요?

표 13-1 • 인덱스의 사용 여부를 위한 조건

인덱스를 사용해야 하는 경우	인덱스를 사용하지 말아야 하는 경우
테이블에 행의 수가 많을 때	테이블에 행의 수가 적을 때
WHERE 문에 해당 컬럼이 많이 사용될 때	WHERE 문에 해당 컬럼이 자주 사용되지 않을 때
검색 결과가 전체 데이터의 2%~4% 정도일 때	검색 결과가 전체 데이터의 10%~15% 이상일 때
JOIN에 자주 사용되는 컬럼이나 NULL을 포함하는 컬럼이 많은 경우	테이블에 DML 작업이 많은 경우 즉, 입력, 수정, 삭제 등이 자주 일어날 때

다음과 같은 조건에서 사원 테이블의 부서 번호에 인덱스를 거는 것이 좋을까요?

조건

테이블에 전체 행의 수는 10000건이다.

전체 쿼리문들 중에서 위의 쿼리문을 95% 사용된다.

쿼리문의 결과로 구해지는 행은 10건 정도이다.

위 표에 제시된 조건을 기준으로 판단해 보면 DEPTNO 컬럼을 인덱스로 사용하기에 알맞다는 결론이 납니다. 위 결론에 따라 사원 테이블의 부서 번호(DEPTNO)를 인덱스로 지정합시다.

예제 인덱스 생성하기

```
01 create index idx_emp01_deptno
02 on emp01(deptno);
```

4.6 인덱스의 물리적인 구조와 인덱스의 재생성

오라클에서 인덱스의 내부 구조는 B-트리 형식으로 구성되어 있습니다. 트리란 나무의 뿌리 모양을 생각해 보시면 쉽게 이해할 수 있습니다. 뿌리(루트)를 근거로 아래로 나무 뿌리들이 뻗어 있는 모양을 하고 있습니다.

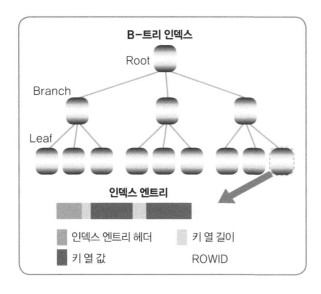

B-트리 형식의 인덱스를 B-트리 인덱스라고 합니다. B-트리 인덱스를 보다 정확하게 말하자면 인덱스 키에 대해 각각의 인덱스 엔트리로 구성되어 있으며, 인덱스 엔트리에 로우 아이디를 저장하고 있습니다.

인덱스가 생성된 후에 새로운 행이 추가되거나 삭제될 수도 있고, 인덱스로 사용된 컬럼 값이 변경될 수도 있습니다. 이럴 경우는 본 테이블에서 추가, 삭제, 갱신 작업이 일어날 때 해당 테이블에 걸린 인덱스의 내용도 함께 수정돼야 합니다.

이 작업은 오라클 서버에 의해 자동으로 일어나는데 삭제, 갱신 작업이 일어날 경우에 해당 인덱스 엔트리가 바로 인덱스로부터 제거될까요? DELETE 문이 실행되면 논리적인 삭제 과정만 일어납니다.

DML 작업 특히 DELETE 명령을 수행한 경우에는 해당 인덱스 엔트리가 논리적으로만 제거되고, 실제 인덱스 엔트리는 그냥 남아 있게 됩니다. 인덱스에 제거된 엔트리가 많아질 경우에는 제거된 인덱스들이 필요 없는 공간을 차지하고 있기 때문에 종종 인덱스를 재생성시켜야 합니다.

다음은 인덱스를 재생성할 때 사용하는 기본 형식입니다.

> 형식

```
ALTER INDEX index_name REBUILD;
```

예를 들어 IDX_EMP01_DEPTNO를 재생성해 봅시다.

> 예제 타이밍 켜기

```
01 set timing on
```

> 예제 인덱스 재생성시키기

```
01 alter index idx_emp01_deptno rebuild;
```

05 인덱스의 종류 살피기

인덱스는 다음과 같이 구분할 수 있습니다.

1. 고유 인덱스(Unique Index)

2. 비고유 인덱스(NonUnique Index)

3. 단일 인덱스(Single Index)

4. 결합 인덱스(Composite Index)

5. 함수 기반 인덱스(Function Based Index)

이들 인덱스에 대해서 예를 들어 하나씩 살펴보도록 합시다.

5.1 고유 | 비고유 인덱스

비고유 인덱스를 이해하려면 고유 인덱스와 비교해 보아야 합니다.

고유 인덱스(유일 인덱스라고도 부름)는 기본 키나 유일 키처럼 유일한 값을 갖는 컬럼에 대해서 생성하는 인덱스입니다. 반면 비고유 인덱스는 중복된 데이터를 갖는 컬럼에 대해서 인덱스를 생성하는 경우를 말합니다. 우리가 지금까지 사용한 인덱스는 비고유 인덱스입니다. 고유 인덱스를 설정하려면 UNIQUE 옵션을 추가해서 인덱스를 생성해야 합니다.

> **형식**
> ```
> CREATE UNIQUE  INDEX index_name
> ON table_name (column_name);
> ```

중복된 데이터가 저장된 컬럼에 대해서 고유 인덱스를 지정하면 에러가 발생합니다.

부서 테이블에 다음과 같은 데이터가 존재한다면 DEPTNO 컬럼과 LOC 컬럼에 대해 고유와 비고유 인덱스 중 어떤 것을 지정할 수 있는지 살펴보도록 합시다.

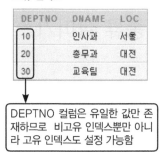

비고유 인덱스		
DEPTNO	DNAME	LOC
10	인사과	서울
20	총무과	대전
30	교육팀	대전

LOC 컬럼은 중복된 데이터가 존재하므로 고유 인덱스는 설정 못하고, 비고유 인덱스만 설정 가능함

고유 인덱스		
DEPTNO	DNAME	LOC
10	인사과	서울
20	총무과	대전
30	교육팀	대전

DEPTNO 컬럼은 유일한 값만 존재하므로 비고유 인덱스뿐만 아니라 고유 인덱스도 설정 가능함

LOC 컬럼에는 중복된 지역 명이 저장되어 있으므로 고유 인덱스로 설정할 수 없고, 비고유 인덱스만 설정할 수 있습니다. DEPTNO 컬럼에는 부서번호가 중복되어 저장되어 있지 않고 유일한 값만을 갖고 있으므로, 비고유 인덱스는 물론 고유 인덱스도 설정할 수 있습니다.

직접 해보기 고유 인덱스와 비고유 인덱스 정의하기

고유 인덱스와 비고유 인덱스를 비교하기 위해서 중복된 데이터가 없는 컬럼(DEPTNO)과 중복된 데이터가 있는 컬럼(LOC)으로 구성된 부서 테이블을 만듭시다.

1 부서 테이블을 생성합니다.

예제 부서 테이블 제거하기

```
01 drop table dept01;
```

예제 빈 부서 테이블 생성하기

```
01 create table dept01
02 as
03 select * from dept where 1=0;
```

2 다음과 같은 데이터를 입력합니다.

예제 부서 테이블에 데이터 추가하기

```
01 insert into dept01 values(10, '인사과', '서울');
02 insert into dept01 values(20, '총무과', '대전');
03 insert into dept01 values(30, '교육팀', '대전');
```

예제 부서 테이블에 데이터 조회하기

```
01 select * from dept01;
```

DEPTNO	DNAME	LOC
10	인사과	서울
20	총무과	대전
30	교육팀	대전

③ 고유 인덱스를 지정하려면 UNIQUE 옵션을 지정해야 합니다. 다음은 부서 테이블의 DEPTNO 컬럼을 고유 인덱스로 지정하는 예입니다.

예제 고유 인덱스 지정하기

```
01 create UNIQUE index IDX_DEPT01_DEPTNO
02 on dept01(deptno);
```

인덱스가 생성되었습니다.

DEPTNO 컬럼에는 부서번호가 중복되어 저장되어 있지 않고 유일한 값만을 갖고 있으므로, 비고유 인덱스는 물론 고유 인덱스도 설정할 수 있습니다.

④ UNIQUE 옵션을 지정했는데 중복된 데이터를 갖는 컬럼을 인덱스로 지정하면 오류가 발생합니다.

예제 이미 존재하는 고유 인덱스를 생성할 경우 오류가 발생하는 예

```
01 create UNIQUE index IDX_DEPT01_LOC
02 on dept01(loc);
```

ORA-01452: 중복 키가 있습니다. 유일한 인덱스를 작성할 수 없습니다

⑤ 중복된 데이터가 저장된 컬럼을 인덱스로 지정할 경우 비고유 인덱스로 지정해야 합니다. 비고유 인덱스는 UNIQUE 옵션을 생략한 채 인덱스를 생성하면 됩니다.

예제 비고유 인덱스 생성하기

```
01 create index IDX_DEPT01_LOC
02 on dept01(loc);
```

인덱스가 생성되었습니다.

5.2 결합 인덱스

지금까지 생성한 인덱스들처럼 한 개의 컬럼으로 구성한 인덱스를 단일 인덱스라고 합니다. 두 개 이상의 컬럼으로 인덱스를 구성하는 것을 결합 인덱스라고 합니다. 부서 번호와 부서 명을 결합하여 결합 인덱스를 설정해 봅시다.

직접 해보기 결합 인덱스 정의하기

1 다음과 같이 부서 번호와 부서명을 결합하여 인덱스를 설정할 수 있는데 이를 결합 인덱스라고 합니다.

예제 결합 인덱스 생성하기

```
01 create index idx_dept01_com
02 on dept01(deptno, dname);
```

인덱스가 생성되었습니다.

2 데이터 딕셔너리인 USER_IND_COLUMNS 테이블에서 IDX_DEPT01_COM 인덱스는 DEPTNO와 DNAME 두 개의 컬럼이 결합된 것임을 확인할 수 있습니다.

예제 USER_IND_COLUMNS 테이블로 인덱스가 지정된 컬럼 확인하기

```
01 select index_name, column_name
02 from user_ind_columns
03 where table_name in('DEPT01');
```

INDEX_NAME	COLUMN_NAME
IDX_DEPT01_DEPTNO	DEPTNO
IDX_DEPT01_LOC	LOC
IDX_DEPT01_COM	DEPTNO
IDX_DEPT01_COM	DNAME

5.3 함수 기반 인덱스

검색 조건으로 WHERE SAL = 300이 아니라 WHERE SAL*12 = 3600과 같이 SELECT 문 WHERE 절에 산술 표현 또는 함수를 사용하는 경우가 있습니다.

이 경우 만약 SAL 컬럼에 인덱스가 걸려 있다면 인덱스를 타서 빠를 것이라고 생각할 수도

있지만, 실상은 SAL 컬럼에 인덱스가 있어도 SAL*12는 인덱스를 타지 못합니다.

인덱스가 걸린 컬럼이 수식으로 정의되어 있거나, SUBSTR 등의 함수를 사용해서 변형이 일어난 경우는 인덱스를 타지 못하기 때문입니다.

이러한 수식으로 검색하는 경우가 많다면 아예 수식이나 함수를 적용하여 인덱스를 만들 수 있습니다. SAL*12로 인덱스를 만들어 놓으면, SAL*12가 검색 조건으로 사용될 시 해당 인덱스를 타게 됩니다. 사원 테이블에서 급여 컬럼에 저장된 데이터로 연봉을 인덱스로 지정하기 위한 산술 표현을 인덱스로 지정해 봅시다.

직접 해보기 함수 기반 인덱스 정의하기

1 함수 기반 인덱스를 생성해 봅시다.

예제 함수 기반 인덱스 생성하기

```
01 create index idx_emp01_annsal
02 on emp01(sal*12);
```

인덱스가 생성되었습니다.

2 다음은 데이터 딕셔너리인 USER_IND_COLUMNS에 함수 기반 인덱스가 기록되어 있는 것을 확인하기 위한 쿼리문입니다.

예제 USER_IND_COLUMNS 테이블로 인덱스가 지정된 컬럼 확인하기

```
01 select index_name, column_name
02 from user_ind_columns
03 where table_name in('EMP01');
```

INDEX_NAME	COLUMN_NAME
IDX_EMP01_DEPTNO	DEPTNO
IDX_EMP01_ANNSAL	SYS_NC00009$

A C T U A L   M I S S I O N   O R A C L E

첫 번째 미션 해결하기

부서 테이블에 부서 번호를 자동으로 부여하라!

01. 부서 번호를 생성하는 시퀀스 객체를 생성하여 시퀀스 객체를 이용하여 부서 번호를 자동 생성하도록 해 봅시다.

1 부서 테이블에 부서 번호를 자동으로 부여하기 위해서 다음과 같이 부서 테이블을 생성합니다.

[예제] 테이블 생성하기

```
01 create table dept_example(
02    deptno number(4) primary key,
03    dname varchar(15),
04    loc varchar(15)
05 );
```

2 생성된 부서 테이블에 기본 키 제약조건이 설정되었는지를 살펴봅시다.

[예제] 제약 조건 확인하기

```
01 select constraint_name, constraint_type, table_name
02 from user_constraints
03 where table_name in('DEPT_EXAMPLE');
```

CONSTRAINT_NAME	CONSTRAINT_TYPE	TABLE_NAME
SYS_C004426	P	DEPT_EXAMPLE

```
01 select constraint_name, column_name, table_name
02 from user_cons_columns
03 where table_name in('EMP01');
```

CONSTRAINT_NAME	COLUMN_NAME	TABLE_NAME
SYS_C004426	DEPTNO	DEPT_EXAMPLE

③ 부서 번호를 저장하는 DEPTNO 컬럼을 기본 키로 설정하였으므로 중복된 값을 가질 수 없습니다. 새로운 로우를 추가할 때마다 시퀀스에 의해서 다음과 같이 부서 번호가 자동으로 부여되도록 해 봅시다.

예제 시퀀스 생성하기

```
01 create sequence dept_example_seq
02 increment by 10
03 start with   10
04 nocycle;
```

④ 사원 정보 추가하기

```
01 insert into dept_example
02 values(dept_example_seq.nextval, '인사과','서울');
03 insert into dept_example
04 values(dept_example_seq.nextval, '경리과','서울');
05 insert into dept_example
06 values(dept_example_seq.nextval, '총무과','대전');
07 insert into dept_example
08 values(dept_example_seq.nextval, '기술팀','인천');
```

두 번째 미션 해결하기

컬럼에 인덱스를 지정하라!

01. 사원 테이블의 직급 인덱스 생성하기

```
01 create index idx_emp01_job
02 on emp01(job);
```

마무리

1. 시퀀스는 테이블 내의 유일한 숫자를 자동으로 생성하는 자동 번호 발생기입니다.

2. CURRVAL는 'CURRENT VALUE'의 약어로서 현재 값을 반환합니다.

3. NEXTVAL는 'NEXT VALUE'의 약어로서 다음 값이란 의미를 가지며, 현재 시퀀스 값의 다음 값을 반환합니다.

4. 데이터 딕셔너리 USER_SEQUENCES는 시퀀스 객체의 정보를 보여줍니다.

도전 Quiz

1. 자동증분 컬럼에 대응하기 위해 자동으로 값이 증가되도록 만든 오라클 객체는 무엇인가?

2. 시퀀스에서 다음 함수의 의미는?

```
CURRVAL :
NEXTVAL :
```

3. 다음 명령문을 실행하면 결과로 나오는 값은?

```
select dept_no.CURRVAL
from  dual;
```

❶ dept_no sequence의 현재 값　　❷ dept_no cursor의 현재 값
❸ dept_no index의 현재 값　　　❹ dual table의 dept_no column의 값

4. 조회의 성능을 향상시키는 객체는 무엇인가?

5. (　　　) 인덱스는 유일한 값을 가지는 컬럼에 대해 생성하는 인덱스로, 모든 인덱스 키는 테이블의 하나의 행과 연결됩니다.

6. idx_emp_empno 인덱스를 삭제하시오.

7. 이름이 seq_empno인 시퀀스를 삭제하시오.

사용자 권한

오라클에서 테이블을 생성하고 테이블의 데이터를 조회, 입력, 수정, 삭제 등을 하기 위해서는
사용자의 계정과 암호가 필요합니다. 지금까지는 오라클 데이터베이스를 설치하면 기본적으로
제공되는 SYS, SYSTEM. tester1 사용자 계정으로 데이터베이스에 접속했습니다. 이번 장
에서는 사용자 계정을 어떻게 생성하는지 살펴보고, 사용자가 데이터 관리를 원활하게 할 수 있
도록 권한을 부여하는 방법을 살펴보도록 하겠습니다. 또한 여러 가지 권한을 포함하는 권한의
집합인 롤과 데이터베이스 객체 이름에 대해서 별칭을 줄 수 있는 동의어에 대해서 학습합니다.

○ **도전 미션** --

첫 번째 미션: 사용자 계정을 만들자!

○ **학습 내용** --

Mission ACTUAL MISSION ORACLE

첫 번째 미션

사용자 계정을 만들자!

01. kbs라는 사용자를 생성(암호는 pass)하여 기본적인 권한을 부여하지 않으면 데이터베이스에 로그인이 불가능하므로, connect와 resource 권한을 kbs 사용자에게 부여하여 오라클에 접속하도록 합시다.

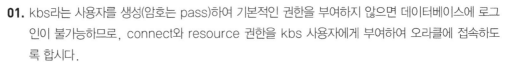

```
SQL> conn kbs@pdborcl/pass
연결되었습니다.
SQL>
```

01 사용자 관리

회사에 새로운 사원이 입사하게 되면 시스템에 접속하도록 관리자가 계정을 하나 발급해 줍니다. 지금까지는 tester1 사용자로 접속해서 오라클 데이터베이스를 사용했지만, 사실은 부서별이나 사원의 직무에 따라 사용 가능한 테이블을 고려해서 오라클 데이터베이스에서도 사용자 계정을 발급해야 합니다.

권한은 사용자한테 부여하는 것이므로 사용자를 생성하는 것부터 살펴보도록 합시다. 다음은 사용자 생성을 위한 CREATE USER 명령어의 형식입니다.

> **형식**
> ```
> CREATE USER user_name
> IDENTIFIED BY password;
> ```

사용자의 생성은 사용자의 이름과 암호를 지정하여 생성합니다. 사용자를 생성하기 위해서도 권한이 필요합니다. 우리가 지금까지 주로 사용해 왔던 tester1이란 사용자는 사용자를 생성할 권한이 없습니다.

새로운 사용자 계정을 발급받기 전에 주의할 점이 있습니다. 1장에서 언급한 바 있지만, 사용자를 생성하기 위해서는 시스템 권한을 가지고 있어야 합니다. 오라클 데이터베이스를 설치할 때 자동으로 생성되는 디폴트 사용자 가운데, 시스템 권한을 가진 데이터베이스 관리자인 DBA는 SYS, SYSTEM입니다. 그러므로 사용자 계정을 발급 받기 위해서 시스템 권한을 가진 SYS로 접속해야 합니다. CREATE USER 명령어를 사용하여 사용자명은 tester2로, 암호는 1234로 사용자를 생성해 봅시다.

직접 해보기 사용자 생성하기

1 오라클에 접속하기 위해서는 사용자 계정이 필요합니다. 사용자 계정을 발급받기 위해서는 데이터베이스 관리자인 SYS로 우선 접속해야 합니다.

2 [시작] 메뉴에서 cmd를 입력하여 커맨드 창을 엽니다.

③ 데이터베이스 관리자인 SYS로 오라클 서버에 접속한 후에 세션의 컨테이너를 변경합니다. 사용자명은 tester2, 암호는 1234로 사용자를 생성해 봅시다. 사용자를 생성하기 위해서는 CREATE USER 명령어를 사용합니다.

예제　sys로 접속한 후 사용자 생성하기

```
01 sqlplus / as sysdba
02 alter session set container=PDBORCL;
03 create user tester2 identified by 1234;
```

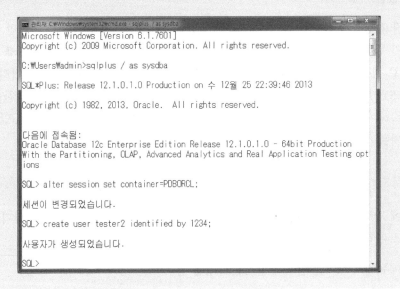

4 새롭게 생성된 사용자로 접속을 해봅시다.

```
01 conn tester2/1234
```

tester2로 접속을 시도하게 되면 접속에 실패하게 됩니다. 이는 사용자만 생성되었을 뿐 사용자에 아무런 권한(PRIVILEGE)이 부여되지 않았기 때문입니다. 오라클 DB에 접근하려면 최소한 데이터베이스 접근 권한을 부여 받아야 하기 때문입니다.

데이터베이스 보안을 위한 권한

A C T U A L   M I S S I O N   O R A C L E

기업에서 보유하고 있는 데이터들은 자료 이상의 가치가 있으므로 외부에 노출되지 않도록 보안을 해야 합니다. 데이터베이스를 운영하려면 데이터베이스에 대한 적절한 보안 대책을 마련해야 합니다.

오라클은 다수의 사용자들이 데이터베이스에 저장된 정보를 공유해서 사용합니다. 하지만 정보의 유출이나 불법적인 접근을 방지하기 위해서 철저한 보안 대책이 필요합니다. 이러한 보안 대책을 위해서 데이터베이스 관리자가 있어야 합니다.

데이터베이스 관리자는 사용자가 데이터베이스의 객체(테이블, 뷰 등)에 대한 특정 권한을 가질 수 있도록 함으로써, 다수의 사용자가 데이터베이스에 저장된 정보를 공유하면서도 정보에 대한 보안이 이루어지도록 합니다.

데이터베이스에 접근하기 위해서는 사용자가 이름과 암호를 입력해서 로그인 인증을 받아야 합니다. 이렇게 데이터베이스에 접속하는 사용자로부터 어떻게 데이터를 보안할 수 있을까요? 사용자마다 서로 다른 권한과 역할을 부여함으로써 보안을 설정할 수 있습니다.

2.1 권한의 역할과 종류

권한은 사용자가 특정 테이블에 접근할 수 있도록 하거나 해당 테이블에 SQL(SELECT/INSERT/UPDATE/DELETE) 문을 사용할 수 있도록 제한을 두는 것을 말합니다.

데이터베이스 보안을 위한 권한은 시스템 권한(System Privileges)과 객체 권한(Object Privileges)으로 나뉩니다.

시스템 권한은 사용자의 생성과 제거, DB 접근 및 각종 객체를 생성할 수 있는 권한 등 주로 DBA에 의해 부여되며, 그 권한의 수가 80가지가 넘기 때문에 대표적인 시스템 권한만 정리해 봅시다.

다음은 데이터베이스 관리자가 가지고 있는 시스템 권한입니다.

표 14-1 ▪ 데이터베이스 관리자의 시스템 권한

시스템 권한	기능
CREATE USER	새롭게 사용자를 생성하는 권한
DROP USER	사용자를 삭제하는 권한
DROP ANY TABLE	임의의 테이블을 삭제할 수 있는 권한
QUERY REWRITE	함수 기반 인덱스를 생성하는 권한
BACKUP ANY TABLE	임의의 테이블을 백업할 수 있는 권한

데이터베이스를 관리하는 권한으로 다음과 같은 것이 있습니다. 이러한 권한은 시스템 관리자가 사용자에게 부여하는 권한입니다.

표 14-2 ▪ 사용자를 위한 시스템 권한

시스템 권한	기능
CREATE SESSION	데이터베이스에 접속할 수 있는 권한
CREATE TABLE	사용자 스키마에서 테이블을 생성할 수 있는 권한
CREATE VIEW	사용자 스키마에서 뷰를 생성할 수 있는 권한
CREATE SEQUENCE	사용자 스키마에서 시퀀스를 생성할 수 있는 권한
CREATE PROCEDURE	사용자 스키마에서 함수를 생성할 수 있는 권한

객체 권한은 객체를 조작할 수 있는 권한입니다. 객체는 우리가 학습한 것 중에서 테이블, 뷰 등을 예로 들 수 있고, 이미 학습한 시퀀스, 인덱스 등과 앞으로 배울 동의어가 모두 객체에 해당됩니다.

2.2 권한을 부여하는 GRANT 명령어

사용자에게 시스템 권한을 부여하기 위해서는 GRANT 명령어를 사용합니다.

형식
```
GRANT {privilege_name|role}
TO user_name
[WITH ADMIN OPTION];
```

만일 user_name 대신 PUBLIC을 기술하면 모든 사용자에게 해당 시스템 권한이 부여됩니다. PUBLIC이란 DB 내에 있는 모든 계정 즉, 모든 계정을 의미합니다.

새로 생성된 tester2에 데이터베이스에 접속할 수 있는 권한인 CREATE SESSION을 부여합니다. 다시 tester2 사용자로 접속을 시도하면 이번에는 데이터베이스에 성공적으로 접속하게 됩니다.

1 CREATE SESSION 권한 역시 DBA만이 부여할 수 있으므로 sys로 로그인해야 합니다. 현재 사용자가 누구인지 확인합니다.

예제 sys로 접속하기

```
01 conn / as sysdba
02 alter session set container=PDBORCL;
```

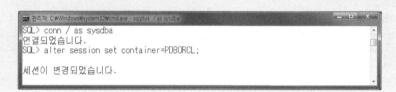

2 SYS로 로그인한 후에 다음과 같이 tester2 사용자에게 CREATE SESSION 권한을 부여합니다.

예제 tester2 사용자에게 CREATE SESSION 권한 부여하기

```
01 grant create session to tester2;
```

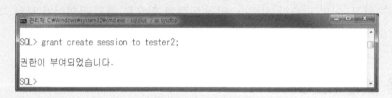

3 tester2 사용자에 데이터베이스에 연결할 수 있는 권한인 CREATE SESSION이 성공적으로 부여되었기에 tester2 사용자로 데이터베이스에 접속을 시도하면 성공적으로 접속됩니다.

예제 tester2 사용자로 접속하기

```
01 conn tester2@pdborcl/1234
```

4 현재 사용자가 누구인지 확인합니다. show user 명령어로 현재 접속 중인 사용자의 이름이 tes-ter2라는 것을 확인할 수 있습니다.

예제 사용자 확인하기

```
01 show user
```

직접 해보기 CREATE TABLE 권한 부여하기

1 이번에는 EMP01 테이블을 생성해 봅시다.

예제 테이블 생성하기

```
01 create table emp01(
02    empno number(4),
03    ename varchar2(10),
04    job varchar2(9),
05    deptno number(2)
06 );
```

권한이 불충분하다는 오류 메시지와 함께 테이블 생성에 실패합니다. tester2 사용자는 테이블을 생성할 권한이 없기 때문입니다. 테이블을 생성하는 권한은 CREATE TABLE입니다.

2 CREATE TABLE은 시스템 권한이기에 시스템 권한을 부여할 수 있는 sys로 접속을 해야 합니다.

```
01 conn / as sysdba
02 show user
03 alter session set container=PDBORCL;
```

③ sys로 접속한 후에 다음과 같이 사용자에게 CREATE TABLE 권한을 부여합시다.

예제 테이블 생성 권한 부여하기

```
01 grant create table to tester2;
```

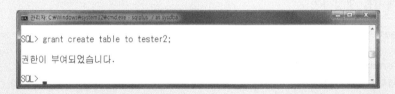

GRANT 명령어 다음에 부여하고자 하는 권한을 명시하면 됩니다. CREATE TABLE 권한을 기술했습니다. TO 다음에는 어떤 사용자에게 권한을 부여할지 대상을 명시하면 됩니다. tester2를 기술하였으므로 tester2에게 CREATE TABLE 권한이 부여됩니다.

④ 이제 사용자에게 권한을 부여했으므로 tester2 사용자로 다시 접속한 후에 테이블을 생성해 봅시다.

예제 테이블 생성하기

```
01 conn tester2@pdborcl/1234
02 create table emp01(
03    empno number(4),
04    ename varchar2(10),
05    job varchar2(9),
06    deptno number(2)
07 );
```

```
관리자: C:\Windows\system32\cmd.exe - sqlplus  / as sysdba

SQL> conn tester2@pdborcl/1234
연결되었습니다.
SQL> create table emp01(
  2      empno number(4),
  3      ename varchar2(10),
  4      job varchar2(9),
  5      deptno number(2)
  6  );

테이블이 생성되었습니다.

SQL>
```

2.3 WITH ADMIN OPTION

사용자에게 시스템 권한을 WITH ADMIN OPTION과 함께 부여하면, 그 사용자는 데이터베이스 관리자가 아닌데도 불구하고, 부여 받은 시스템 권한을 다른 사용자에게 부여할 수 있는 권한도 함께 부여 받게 됩니다.

데이터베이스 관리자로 로그인해서 사용자 tester3과 tester4를 생성합니다. 역시 데이터베이스 관리자에서 tester3과 tester4에 데이터베이스에 접속할 수 있는 권한인 CREATE SESSION 권한을 부여합니다. tester3은 WITH ADMIN OPTION을 지정하고, tester4는 WITH ADMIN OPTION을 지정하지 않은 채 권한을 부여할 것입니다.

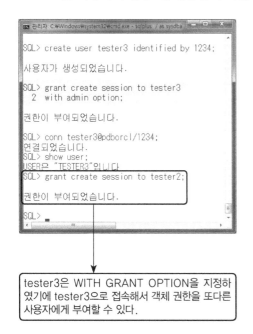

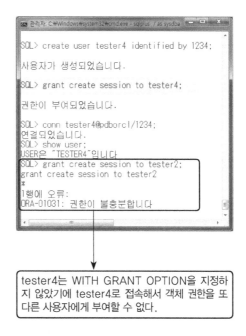

tester3은 WITH GRANT OPTION을 지정하였기에 tester3으로 접속해서 객체 권한을 또다른 사용자에게 부여할 수 있다.

tester4는 WITH GRANT OPTION을 지정하지 않았기에 tester4로 접속해서 객체 권한을 또다른 사용자에게 부여할 수 없다.

tester3 사용자로 로그인하면 CREATE SESSION 권한을 tester2 사용자에게 부여할 수 있습니다. 이것이 가능해진 것은 tester3에게 WITH GRANT OPTION을 사용하여 CREATE SESSION 권한을 부여하여, 그 권한을 다른 사용자에게도 부여할 수 있도록 허용하였기 때문입니다.

tester4 사용자는 단순히 CREATE SESSION 권한만을 부여받았으므로 그 권한을 다른 사용자에게 부여할 수 없습니다. WITH ADMIN OPTION과 함께 권한을 부여하여 그 권한을 다른 사용자에게 부여할 수 있도록 합시다.

직접 해보기 WITH ADMIN OPTION을 지정하여 권한 부여

1 DBA 권한을 가진 sys로 접속합니다.

예제 sys로 접속하기

```
01 conn / as sysdba
02 show user
03 alter session set container=PDBORCL;
```

2 사용자명은 tester3, 암호는 1234로 사용자를 생성해 봅시다. 사용자를 생성하기 위해서는 CREATE USER 명령어를 사용합니다. tester3에게 CREATE SESSION 권한을 WITH ADMIN OPTION을 지정하여 부여합니다.

예제 사용자 생성과 권한 부여하기

```
01 create user tester3 identified by 1234;
02 grant create session to tester3
03 with admin option;
```

☒ tester3 사용자로 접속합니다.

예제 tester3 사용자로 접속하기

```
01 conn tester3@pdborcl/1234;
02 show user;
```

☒ tester3 사용자는 자기가 받은 권한을 다른 사용자에게 부여할 수 있습니다.

예제 권한 부여하기

```
01 grant create session to tester2;
```

WITH ADMIN OPTION을 지정하지 않고 권한 부여

WITH ADMIN OPTION을 지정하지 않으면 부여 받은 권한을 다른 사용자에게 부여할 수 없습니다. 이것을 확인해 봅시다.

1 DBA 권한을 가진 SYSTEM 사용자로 접속합니다.

예제   sys로 접속하기

```
01 conn / as sysdba
02 show user
03 alter session set container=PDBORCL;
```

2 사용자명은 tester4, 암호는 1234로 사용자를 생성해 봅시다. 사용자를 생성하기 위해서는 CRE-ATE USER 명령어를 사용합니다. tester4에게 WITH ADMIN OPTION을 지정하지 않고 CREATE SESSION 권한을 부여합니다.

예제   사용자 생성과 권한 부여

```
01 create user tester4 identified by 1234;
02 grant create session to tester4;
```

3 tester4 사용자로 접속합니다.

예제   tester4 사용자로 접속하기

```
01 onn tester4@pdborcl/1234;
02 show user;
```

④ tester4 사용자는 자기가 받은 권한을 다른 사용자에게 부여할 수 없습니다.

예제 권한 부여하기

```
01 grant create session to tester2;
```

2.4 객체 권한

객체 권한은 특정 객체에 조작을 할 수 있는 권한입니다. 객체의 소유자는 객체에 대한 모든 권한을 가집니다.

다음은 객체와 권한 설정을 할 수 있는 명령어를 매핑시켜 놓은 표입니다.

표 14-3 • 객체와 권한 설정 명령어

권 한	TABLE	VIEW	SEQUENCE	PROCEDURE
ALTER	v		v	
DELETE	v	v		
EXECUTE				v
INDEX	v			
INSERT	v	v		
REFERENCES	v			
SELECT	v	v	v	
UPDATE	v	v		

객체 권한은 테이블이나 뷰나 시퀀스나 함수 등과 같은 객체별로 DML 문(SELECT, INSERT, DELETE)을 사용할 수 있는 권한을 설정하는 것입니다.

다음은 객체에 권한을 부여하기 위한 형식입니다.

```
형식
GRANT privilege_name [(column_name)] | ALL ..... ❶
ON object_name | role_name | PUBLIC .......... ❷
TO user_name; ............................... ❸
```

GRANT 명령어의 형식은 어떤 객체(❷)에 어떠한 권한(❶)을 어느 사용자(❸)에게 부여하는가를 설정합니다. 시스템 권한과 차이점이 있다면 ON 옵션이 추가된다는 점입니다. ON 다음에 테이블 객체나 뷰 객체 등을 기술합니다.

직접 해보기   다른 유저의 객체에 접근하기

1 객체 권한을 부여해야 하는 필요성을 살펴보기 위해서 새롭게 생성한 tester2 객체로 EMP 테이블의 내용을 조회해 봅시다.

예제   tester2 사용자로 접속하기

```
01 conn tester2@pdborcl/1234
02 show user
```

2 테이블을 조회합니다.

예제   테이블 조회하기

```
01 select * from dept;
```

특정 객체에 대한 권한은 그 객체를 만든 사용자에게만 기본적으로 주어집니다. 우리가 지금까지 사용했던 EMP 테이블은 tester1 사용자 소유의 테이블입니다. 그러므로 tester1 사용자로 로그인해서 tester2 사용자가 테이블 객체 EMP를 조회할 수 있도록 권한을 부여해야 합니다.

직접 해보기 테이블 객체에 대한 SELECT 권한 부여하기

1 tester1로 접속합니다.

예제 tester1 사용자로 접속하기

```
01 conn tester1@pdborcl/1234
02 show user
```

```
SQL> conn tester1@pdborcl/1234
연결되었습니다.
SQL> show user
USER은 "TESTER1"입니다
SQL>
```

2 tester1 사용자 소유의 dept 테이블을 조회(SELECT)할 수 있는 권한을 tester2란 사용자에게 부여합니다.

예제 객체 권한 부여하기

```
01 grant select on dept to tester2;
```

```
SQL> grant select on dept to tester2;

권한이 부여되었습니다.

SQL>
```

3 권한 부여가 되었다면 다시 tester2로 로그인하여 EMP 테이블에 접속해 봅시다.

예제 테이블 조회하기

```
01 conn tester2@pdborcl/1234
02 show user
03 select * from dept;
```

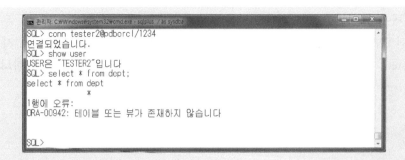

권한 부여가 되었는데도 tester2는 EMP 테이블 객체를 조회할 수 없습니다. 그 이유는 객체의 소유자인 스키마를 지정하지 않았기 때문입니다. 스키마에 대해 개념을 학습한 후에 특정 소유자의 테이블에 접근해보기 위해서 어떻게 해야 하는지 살펴보도록 합시다.

2.5 스키마

스키마(SCHEMA)란 객체를 소유한 사용자명을 의미합니다. 객체명 앞에 소속 사용자명을 기술합니다.

예제 스키마를 명시적으로 지정하여 테이블 조회하기

```
01 select * from tester1.dept;
```

EMP 앞에 tester1은 EMP 테이블 객체를 소유한 사용자명입니다. 지금까지 객체를 기술할 때 다음과 같이 기술했습니다.

예제 스키마를 생략하여 테이블 조회하기

```
01 select * from dept;
```

왜냐하면 현재 사용자가 tester1일 경우 자신이 소유한 객체를 언급할 때 객체명 앞에 스키마를 생략할 수 있기 때문입니다.

예제 테이블 조회하기

```
01 conn tester1@pdborcl/1234
02 show user
03 select * from dept;
```

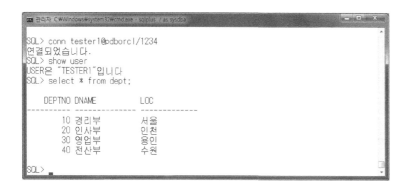

하지만 tester2 계정에서 다음과 같이 기술하면 자기 자신인 tester2 사용자가 소유한 dept 테이블을 조회하려고 하다가, tester2 사용자는 dept 테이블을 소유하지 않았기 때문에 다음과 같은 오류가 발생합니다.

예제 테이블 조회하기

```
01 conn tester2@pdborcl/1234
02 show user
03 select * from dept;
```

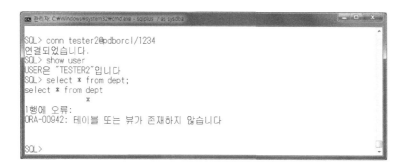

다음과 같이 자신이 소유한 객체가 아닌 경우에는 그 객체를 소유한 사용자명을 반드시 기술해야 합니다.

예제 테이블 조회하기

```
01 select * from tester1.dept;
```

```
관리자: C:\Windows\system32\cmd.exe - sqlplus  / as sysdba

SQL> select * from tester1.dept;

    DEPTNO DNAME          LOC
---------- -------------- --------------
        10 경리부          서울
        20 인사부          인천
        30 영업부          용인
        40 전산부          수원

SQL>
```

2.6 사용자에게 부여된 권한 조회

현재 사용자와 관련된 권한을 조회해 보도록 합시다. 사용자 권한과 관련된 데이터 딕셔너리 중에서 USER_TAB_PRIVS_MADE 데이터 딕셔너리는 현재 사용자가 다른 사용자에게 부여한 권한 정보를 알려줍니다. 만일 자신에게 부여된 사용자 권한을 알고 싶을 때에는 USER_TAB_ PRIVS_RECD 데이터 딕셔너리를 조회하면 됩니다. tester2 사용자에게 부여된 권한과 tester1 사용자가 다른 사용자에게 부여한 권한을 살펴봅시다.

예제 tester2 사용자로 접속하기

```
01 conn tester2@pdborcl/1234
```

예제 현재 사용자인 tester2가 다른 사용자에게 부여한 권한 정보 조회하기

```
01 select * from USER_TAB_PRIVS_MADE;
```

GRANTEE	TABLE_NAME	GRANTOR	PRIVILEGE	GRANTABLE	HIERARCHY	COMMON	TYPE
PUBLIC	TESTER2	TESTER2	INHERIT PRIVILEGES NO	NO	NO		USER

예제 tester2 사용자가 자신에게 부여된 사용자 권한 정보 조회하기

```
01 select * from USER_TAB_PRIVS_RECD;
```

OWNER	TABLE_NAME	GRANTOR	PRIVILEGE	GRANTABLE	HIERARCHY	COMMON	TYPE
TESTER1	DEPT	TESTER1	SELECT	NO	NO	NO	TABLE

tester1이 부여한 dept 테이블을 SELECT할 수 있는 권한이 부여되어 있음을 확인할 수 있습니다.

예제 tester1 사용자로 접속하기

```
01 conn tester1@pdborcl/1234
```

예제 tester1 사용자가 다른 사용자에게 부여한 권한 정보 조회하기

```
01 select * from USER_TAB_PRIVS_MADE;
```

GRANTEE	TABLE_NAME	GRANTOR	PRIVILEGE	GRANTABLE	HIERARCHY	COMMON	TYPE
TESTER2	DEPT	TESTER1	SELECT	NO	NO	NO	TABLE
PUBLIC	TESTER1	TESTER1	INHERIT PRIVILEGES	NO	NO	NO	USER

예제 tester1 사용자가 자신에게 부여된 사용자 권한 정보 조회하기

```
01 select * from USER_TAB_PRIVS_RECD;
```

OWNER	TABLE...	GRAN...	PRIVIL...	GRAN...	HIERA...	COMM...	TYPE

2.7 사용자에게서 권한을 뺏기 위한 REVOKE 명령어

사용자에게 부여한 객체 권한을 데이터베이스 관리자나 객체 소유자로부터 철회하기 위해
서는 REVOKE 명령어를 사용합니다. 다음은 REVOKE 명령어의 형식입니다.

형식
```
REVOKE {privilege_name | all}
ON object_name
FROM {user_name | role_name | public};
```

REVOKE 명령어 다음에는 철회하고자 하는 객체 권한을 기술하고, ON 다음에는 어떤 테이블
에 부여된 권한인지 해당 테이블명을 기술합니다. FROM 다음에는 어떤 사용자에게 부여한
권한인지 사용자명을 기술합니다. SELECT 권한을 철회해 봅시다.

직접 해보기 객체 권한 제거하기

1 tester1 계정으로 로그인합니다.

예제 tester1 사용자로 접속하기

```
01 conn tester1@pdborcl/1234
```

☑ SELECT 권한을 철회하기 전에 tester1 계정에 설정된 권한을 살펴봅시다.

[예제] tester1 사용자가 다른 사용자에게 부여한 권한 정보 조회하기

```
01 select * from USER_TAB_PRIVS_MADE;
```

GRANTEE	TABLE_NAME	GRANTOR	PRIVILEGE	GRANTABLE	HIERARCHY	COMMON	TYPE
TESTER2	DEPT	TESTER1	SELECT	NO	NO	NO	TABLE
PUBLIC	TESTER1	TESTER1	INHERIT PRIVILEGES	NO	NO	NO	USER

☑ revoke select on dept from tester2; 명령문은 tester2 사용자에게 부여된 dept 테이블에 대한 SE-LECT 권한을 철회합니다.

[예제] SELECT 권한을 철회하기

```
01 revoke select on dept from tester2;
```

☑ 권한이 철회되고 나면 데이터 딕셔너리에 객체 권한에 대한 정보도 함께 사라집니다.

[예제] tester1 사용자가 다른 사용자에게 부여한 권한 정보 조회하기

```
01 select * from USER_TAB_PRIVS_MADE;
```

GRANTEE	TABLE_NAME	GRANTOR	PRIVILEGE	GRANTABLE	HIERARCHY	COMMON	TYPE
PUBLIC	TESTER1	TESTER1	INHERIT PRIVILEGES	NO	NO	NO	USER

☑ tester2 사용자에게 부여된 dept 테이블에 대한 SELECT 권한을 철회하였기에, tester2 사용자 계정으로 로그인해서 tester1 사용자의 dept 테이블을 사용할 수 없습니다.

[예제] 테이블 조회하기

```
01 conn tester2@pdborcl/1234
02 select * from tester1.dept;
```

바로 앞에 수행한 쿼리문은 tester2가 EMP 테이블에 SELECT 문을 사용하도록 하는 객체 권한을 철회한 것이므로, tester2 사용자 계정으로 로그인해서 tester1 사용자의 EMP 테이블을 사용할 수 없습니다.

2.8 WITH GRANT OPTION

사용자에게 객체 권한을 WITH GRANT OPTION과 함께 부여하면 그 사용자는 그 객체를 접근할 권한을 부여 받음과 동시에, 그 권한을 다른 사용자에게 부여할 수 있는 권한도 함께 부여받게 됩니다.

tester1 사용자로 로그인해서 사용자 tester3과 tester4에게 EMP 테이블 객체를 SELECT 할 수 있는 권한을 부여하는데, tester3은 WITH GRANT OPTION을 지정하고, tester4는 WITH GRANT OPTION을 지정하지 않습니다. 이 둘의 차이점을 확인해 봅시다.

tester3은 WITH GRANT OPTION을 지정하였기에 tester3으로 로그인해서 객체 권한을 또다른 사용자에게 부여할 수 있습니다. tester4는 WITH GRANT OPTION을 지정하지 않았기에 tester4로 로그인해서 객체 권한을 또다른 사용자에게 부여할 수 없습니다.

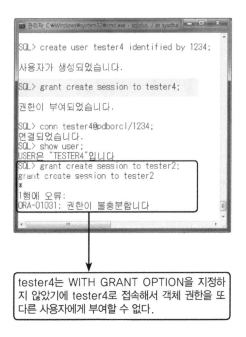

tester3은 WITH GRANT OPTION을 지정하였기에 tester3으로 접속해서 객체 권한을 또다른 사용자에게 부여할 수 있다.

tester4는 WITH GRANT OPTION을 지정하지 않았기에 tester4로 접속해서 객체 권한을 또다른 사용자에게 부여할 수 없다.

WITH GRANT OPTION을 지정하였기에 다른 사용자에게 객체 권한을 부여할 수 있습니다.

직접 해보기 | WITH GRANT OPTION을 지정하여 객체 권한 부여하기

☐ tester1 사용자로 접속합니다.

예제 tester1 사용자로 접속하기

```
01 conn tester1@pdborcl/1234
```

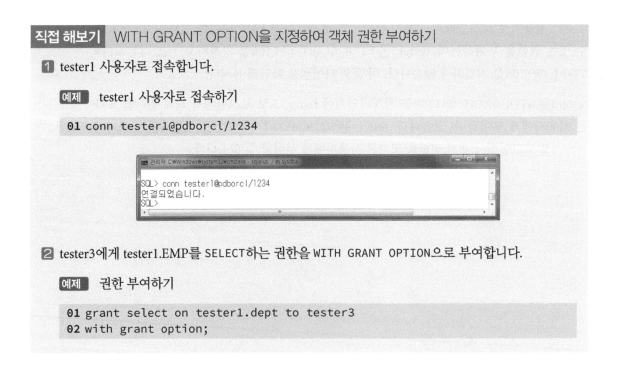

☐ tester3에게 tester1.EMP를 SELECT하는 권한을 WITH GRANT OPTION으로 부여합니다.

예제 권한 부여하기

```
01 grant select on tester1.dept to tester3
02 with grant option;
```

③ tester3 사용자로 접속합니다.

예제 tester3 사용자로 접속하기

```
01 conn tester3@pdborcl/1234;
```

④ tester3 사용자가 자기가 받은 권한을 다른 사용자에게 부여할 수 있습니다.

예제 권한 부여하기

```
01 grant select on tester1.dept to tester2;
```

예제의 마지막 부분을 보면 tester3 사용자로 로그인하여, tester1.dept 테이블을 SELECT할 수 있는 권한을 tester2 사용자에게 부여하고 있습니다. 이것이 가능해진 것은 tester3에게 WITH GRANT OPTION을 사용하여 tester1.dept 테이블 객체를 SELECT할 수 있는 권한뿐만 아니라, 그 권한을 다른 사용자에게도 부여할 수 있도록 허용하였기 때문입니다.

WITH GRANT OPTION을 지정하지 않고 tester4 사용자가 단순히 tester1.dept에 SELECT할 수 있는 권한만을 부여하면, 그 권한을 다른 사용자에게 부여할 수 없습니다. 이를 확인해 봅시다.

1 tester1 사용자로 접속합니다.

예제 tester1 사용자로 접속하기

```
01 conn tester1@pdborcl/1234
```

2 단순히 tester1.dept에 SELECT할 수 있는 권한만을 부여 받습니다.

예제 권한 부여하기

```
01 grant select on tester1.dept to tester4;
```

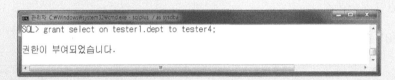

3 tester4 사용자로 접속합니다.

예제 사용자 접속하기

```
01 conn tester4@pdborcl/1234;
```

4 tester4 사용자가 자기가 받은 권한을 다른 사용자에게 부여할 수 없습니다.

예제 권한 부여하기

```
01 grant select on tester1.dept to tester2;
```

사용자를 생성하는 방법과 생성된 사용자에게 권한을 부여하는 방법을 살펴보았습니다. 사용자에게 일일이 권한을 설정하는 것은 여간 번거롭지 않습니다. 오라클에서는 간편하게 권한을 부여할 수 있는 방법으로 롤을 제공하는데 이번 장에서는 롤에 대해서 학습하겠습니다.

롤은 사용자에게 보다 효율적으로 권한을 부여할 수 있도록 여러 개의 권한을 묶어 놓은 것이라고 생각하면 됩니다. 사용자를 생성했으면 그 사용자에게 각종 권한을 부여해야만 생성된 사용자가 데이터베이스를 사용할 수 있습니다. 데이터베이스의 접속 권한(CREATE SESSION), 테이블 생성 권한(CREATE TABLE), 테이블 수정(UPDATE), 삭제(DELETE), 조회(SELECT) 등과 같은 권한은 사용자에게 기본적으로 필요한 권한들인데 사용자를 생성할 때마다 일일이 이러한 권한을 부여하는 것은 번거롭습니다.

이 때문에 다수의 사용자에게 공통적으로 필요한 권한들을 롤에 하나의 그룹으로 묶어 두고 사용자에게는 특정 롤에 대한 권한을 부여함으로써, 간단하게 권한 부여를 할 수 있도록 합니다.

또한 여러 사용자에게 부여된 권한을 수정하고 싶을 때에도 일일이 사용자마다 권한을 수정하지 않고 롤만 수정하면 그 롤에 대해 권한을 부여한 사용자들의 권한이 자동 수정됩니다. 이 밖에 롤을 활성화 또는 비활성화함으로써 일시적으로 권한을 부여했다 철회할 수 있으므로 사용자 관리를 간편하고 효율적으로 할 수 있습니다.

롤은 오라클 데이터베이스를 설치하면 기본적으로 제공되는 사전 정의된 롤과 사용자가 정의한 롤로 구분됩니다. 사용자가 직접 롤을 정의하는 방법은 복잡하므로 사전에 정의된 롤부터 살펴보도록 합시다.

3.1 사전 정의된 롤의 종류

다음은 사전 정의된 시스템에서 제공해 주는 롤입니다.

▌ CONNECT 롤

사용자가 데이터베이스에 접속 가능하도록 하기 위해서 다음과 같이 가장 기본적인 시스템 권한 8가지를 묶어 놓았습니다.

> ALTER SESSION, CREATE CLUSTER, CREATE DATABASE LINK, CREATE SEQUENCE, CREATE SESSION, CREATE SYNONYM, CREATE TABLE, CREATE VIEW

▌ RESOURCE 롤

사용자가 객체(테이블, 뷰, 인덱스)를 생성할 수 있도록 하기 위해서 시스템 권한을 묶어 놓았습니다.

> CREATE CLUSTER, CREATE PROCEDURE, CREATE SEQUENCE, CREATE TABLE, CREATE TRIGGER

▌ DBA 롤

사용자들이 소유한 데이터베이스 객체를 관리하고, 사용자들을 작성하고 변경하고 제거할 수 있도록 하는 모든 권한을 가집니다. 즉, 시스템 자원을 무제한적으로 사용하며, 시스템 관리에 필요한 모든 권한을 부여할 수 있는 강력한 권한을 보유한 롤입니다.

직접 해보기 ┃ 롤 부여하기

일반적으로 데이터베이스 관리자는 새로운 사용자를 생성할 때 CONNECT 롤과 RESOURCE 롤을 부여합니다. tester5 사용자를 생성하여 CONNECT 롤과 RESOURCE 롤을 부여합시다.

1 우선 데이터베이스 관리자로 접속합니다.

예제 sys로 접속하기

```
01 conn / as sysdba
02 show user
03 alter session set container=PDBORCL;
```

2 새롭게 사용자를 생성합니다. 생성된 생성자로 접속을 시도합니다.

예제 사용자 생성하여 접속하기

```
01 create user tester5 identified by 1234;
02 conn tester5@pdborcl/1234
```

새롭게 생성된 사용자에는 데이터베이스의 접속 권한인 CREATE SESSION 권한이 부여되지 않았
으므로 로그인에 실패합니다.

3 새로운 사용자에게 권한을 부여하기 위해서는 다시 데이터베이스 관리자로 접속해야 합니다.

예제 sys로 접속하기

```
01 conn / as sysdba
02 show user
03 alter session set container=PDBORCL;
```

4 데이터베이스 관리자로 접속했으면 이제 CONNECT 롤과 RESOURCE 롤을 부여합니다.

예제 권한 부여하기

```
01 grant connect, resource to tester5;
```

5 권한이 부여되었으면 다시 tester5 사용자로 로그인을 시도해 봅시다.

```
01 conn tester5@pdborcl/1234
```

CONNECT 롤에 데이터베이스의 접속 권한인 CREATE SESSION 권한이 포함되어 있으므로, 로그인에 성공합니다.

3.2 롤 관련 데이터 딕셔너리

다음은 사용자에게 부여된 롤을 확인해 보겠습니다. 롤을 확인하기 위한 데이터 딕셔너리는 무수히 많습니다.

```
01 COLUMN TABLE_NAME FORMAT A30
02 COLUMN COMMENTS FORMAT A65
03 SELECT * FROM DICT WHERE TABLE_NAME LIKE '%ROLE%';
```

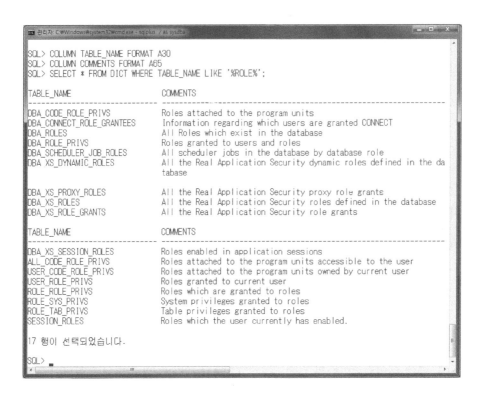

위 조회 결과로 얻어진 데이터 딕셔너리를 통해서, 부여된 권한에 대한 정보를 확인할 수 있습니다. 다음은 롤 관련 데이터 딕셔너리를 정리한 표입니다.

표 14-4 • 롤 관련 데이터 딕셔너리

딕셔너리 명	설명
ROLE_SYS_PRIVS	롤에 부여된 시스템 권한 정보
ROLE_TAB_PRIVS	롤에 부여된 테이블 관련 권한 정보
USER_ROLE_PRIVS	접근 가능한 롤 정보
USER_TAB_PRIVS_MADE	해당 사용자 소유의 오브젝트에 대한 오브젝트 권한 정보
USER_TAB_PRIVS_RECD	사용자에게 부여된 오브젝트 권한 정보
USER_COL_PRIVS_MADE	사용자 소유의 오브젝트 중 컬럼에 부여된 오브젝트 권한 정보
USER_COL_PRIVS_REDC	사용자에게 부여된 특정 컬럼에 대한 오브젝트 권한 정보

롤 관련 데이터 딕셔너리 중에서 현재 사용자에게 부여된 롤을 확인하기 위한 데이터 딕셔너리는 USER_ROLE_PRIVS입니다. tester5로 로그인하였으므로 다음과 같이 입력하면, 사용자 tester5에 부여된 롤에 대한 정보를 확인할 수 있습니다.

```
01 conn tester5@pdborcl/1234
02 COLUMN USERNAME FORMAT A15
03 COLUMN GRANTED_ROLE FORMAT A20
04 SELECT * FROM USER_ROLE_PRIVS;
```

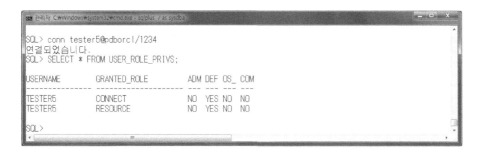

3.3 사용자 롤 정의

CONNECT 롤, RESOURCE 롤과 같이 기본적으로 제공되는 사전 정의된 롤을 사용자에게 부여해 보았습니다. 이번에는 사용자가 정의해서 사용하는 롤에 대해 살펴보겠습니다. 사용자는 CREATE ROLE 명령어로 다음 형식에 따라 롤을 생성해야 합니다.

형식
```
CREATE ROLE role_name;
GRANT privilege_name TO role_name;
```

새로 생성된 tester5로 로그인해서, tester1 사용자의 dept 테이블에 접근해 보도록 합시다.

예제 테이블 조회하기

```
01 conn tester5@pdborcl/1234;
02 select * from  tester1.dept;
```

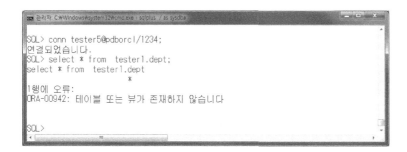

사용자 tester5는 tester1 사용자 소속인 dept 테이블 객체를 조회할 수 없습니다. tester5는 tester1 사용자 소속인 dept 테이블 객체를 조회할 수 있도록 권한을 부여해야만 합니다. 이 번에는 사용자 tester5에 객체 권한을 직접 부여하지 않고, 롤을 이용해 보도록 하겠습니다. 다음과 같은 순서로 작업을 진행할 것입니다.

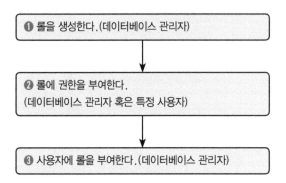

❶ 롤을 생성하기 위한 DBA에서 이루어집니다.

```
CREATE ROLE ROLE_NAME;
```

❷ 롤에 부여할 권한의 종류에 따라서 DBA에서 부여할 수도 있고, 객체를 소유한 사용자로 접속한 후 부여할 수도 있습니다.

다음과 같이 시스템 권한일 경우에는 DBA에서 이루어집니다.

```
GRANT CREATE SESSION, CREATE TABLE, CREATE VIEW TO ROLE_NAME;
```

다음과 같이 객체 권한일 경우에는 특정 객체로 접근해서 부여해야 합니다.

```
GRANT OBJECT_PRIV TO ROLE_NAME;
```

❸ 사용자에게 롤을 부여하는 작업 역시 DBA에서 이루어집니다.

```
GRANT ROLE_NAME TO USER_NAME;
```

대략적인 순서는 위와 같습니다. 롤을 생성하여 시스템 권한을 할당해 봅시다.

1 롤을 생성할 수 있는 사용자는 반드시 DBA 권한이 있는 사용자여야만 하기에 DBA 권한을 가진 사용자로 접속하여 롤을 생성합시다.

예제 sys로 접속하여 롤 생성하기

```
01 conn / as sysdba
02 show user
03 alter session set container=PDBORCL;
04 create role mrole;
```

2 생성된 롤에게 권한을 부여합니다.

예제 롤에 권한 부여하기

```
01 grant create session, create table, create view to mrole;
```

3 사용자를 생성하여 롤을 부여합니다.

예제 사용자를 생성하여 롤 부여하기

```
01 create user tester6 identified by 1234;
02 grant mrole to tester6;
```

4️⃣ 사용자 tester6에게 롤에 대한 권한 부여를 마쳤으면 사용자 tester6으로 로그인하여 롤에 대한 권한이 부여되었는지 확인합니다. 현재 사용자에게 부여된 롤을 확인하기 위한 USER_ROLE_ PRIVS를 살펴봅시다.

예제 tester6 사용자로 접속해서 부여된 롤 확인하기

```
01 conn tester6@pdborcl/1234
02 select * from USER_ROLE_PRIVS;
```

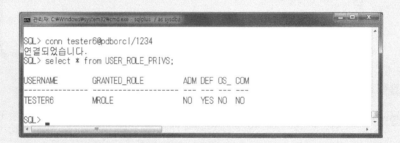

롤을 생성하여 객체 권한을 할당해 봅시다.

직접 해보기 롤을 생성하여 객체 권한 할당하기

1️⃣ 롤을 생성할 수 있는 사용자는 반드시 DBA 권한이 있는 사용자여야만 하기 때문에 롤을 생성하기에 앞서서 반드시 DBA 권한을 가진 사용자로 접속해야만 합니다. CREATE ROLE 명령문을 사용하여 MROLE2를 생성합니다.

예제 sys로 접속하여 롤 생성하기

```
01 conn / as sysdba
02 show user
```

```
03 alter session set container=PDBORCL;
04 create role mrole2;
```

2 생성한 롤에 권한을 부여하기 위해서 dept 테이블 객체를 소유하고 있는 tester1 사용자로 로그인합니다. MRLOE2에게 dept 테이블 객체를 조회할 수 있도록 SELECT 권한을 줍시다.

예제 롤에 객체 권한 부여하기

```
01 conn tester1@pdborcl/1234
02 grant select on dept to mrole2;
```

3 mrole2에 dept 테이블 객체를 조회할 수 있도록 SELECT 권한을 주었습니다. 생성된 롤을 사용자에게 부여하기 위해서 다시 데이터베이스 관리자로 로그인하여, 사용자 tester1에게 롤에 대한 권한을 부여합시다.

tester6에게 롤 부여하기

```
01 conn / as sysdba
02 alter session set container=PDBORCL;
03 grant  mrole2 to tester6;
```

④ 사용자 tester6에게 롤에 대한 권한 부여를 마쳤으면, 사용자 tester6으로 로그인하여 롤에 대한 권한이 부여되었는지 확인해 봅시다.

tester6에게 부여된 롤 확인하기

```
01 conn tester6@pdborcl/1234
02 SELECT * FROM USER_ROLE_PRIVS;
```

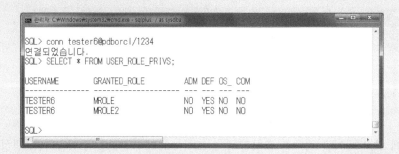

⑤ tester1 사용자 소속의 테이블 객체 dept를 사용자 tester6이 조회할 수 있는지 확인해 봅시다.

테이블 조회하기

```
select * from tester1.dept;
```

mrole2가 tester6에 권한을 부여했기 때문에 성공적으로 부서 테이블을 조회할 수 있었습니다.

6 현재 사용자가 tester6인 것을 확인하기 위해서 show user 명령어를 수행합니다. 그런 후에 접근 가능한 롤 정보를 알려주는 데이터 딕셔너리로 ROLE_TAB_PRIVS를 살펴봅시다.

예제 롤 확인하기

```
01 COLUMN ROLE FORMAT A10
02 COLUMN OWNER FORMAT A10
03 COLUMN COLUMN_NAME FORMAT A15
04 COLUMN PRIVILEGE FORMAT A15
05 SELECT *
06 FROM ROLE_TAB_PRIVS
07 WHERE TABLE_NAME IN ('DEPT');
```

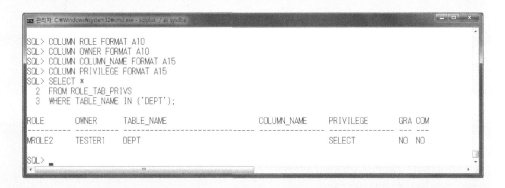

위 내용을 살펴보면 MROLE2에 부여된 객체 권한에 대한 정보를 상세히 알 수 있습니다. MROLE2는 tester1 사용자가 EMP 테이블에 대해서 SELECT 권한을 부여했음을 확인할 수 있습니다.

3.4 롤 회수하기

롤 역시 권한처럼 사용하지 않게 되었을 경우, 이를 회수할 수 있습니다. 다음은 롤을 회수하기 위한 DROP ROLE 명령어의 형식입니다.

> **형식**
> DROP ROLE role_name FROM user_name;

이번에는 REVOKE 문을 사용하여 롤을 회수해 보도록 합시다.

직접 해보기 | 롤 회수하기

① tester6에게 부여된 롤 권한을 확인하기 위해서 다음과 같이 명령문을 수행해 보도록 하겠습니다.

예제 부여된 롤 권한 확인하기

```
01 conn tester6@pdborcl/1234
02 SELECT * FROM USER_ROLE_PRIVS;
```

현재 사용자인 tester6에게 부여된 롤 권한은 MROLE과 MROLE2라는 것을 확인할 수 있습니다.

② 데이터베이스 관리자로 접속한 후에 롤을 회수합시다.

예제 부여된 롤 회수하기

```
01 conn / as sysdba
02 alter session set container=PDBORCL;
03 revoke mrole2 from tester6;
```

③ 다시 tester6으로 접속하여 tester6에 부여된 롤을 확인해 보면, MROLE 롤이 회수된 것을 확인할 수 있습니다.

예제 부여된 롤 권한 확인하기

```
01 conn tester6@pdborcl/1234
02 SELECT * FROM USER_ROLE_PRIVS;
```

MROLE2 롤이 회수되어서 데이터 딕셔너리 USER_ROLE_PRIVS에 존재하지 않음을 확인할 수 있습니다. 사용자 tester6에게 부여되었던 롤에 대한 권한만을 회수할 뿐, 롤 MROLE2는 아직 존재합니다. MROLE2를 제거해 봅시다.

직접 해보기 롤 제거하기

① SYSTEM 계정에서 롤을 생성하였으므로 SYSTEM 계정으로 접속하여 데이터 딕셔너리 USER_ROLE_PRIVS의 내용을 출력하여 MROLE2이 존재함을 확인합시다.

예제 롤 확인하기

```
01 conn / as sysdba
02 alter session set container=PDBORCL;
03 SELECT * FROM USER_ROLE_PRIVS
04 WHERE GRANTED_ROLE LIKE '%MROLE%';
```

☑ MROLE2를 제거해 봅시다. MROLE을 제거한 후 USER_ROLE_PRIVS 데이터 딕셔너리를 살펴보면 MROLE2가 나타나지 않습니다.

예제 롤 제거하기

```
01 drop role MROLE2;
02 SELECT * FROM USER_ROLE_PRIVS
03 WHERE GRANTED_ROLE LIKE '%MROLE%';
```

3.5 롤의 장점

이번에는 롤을 사용하여 권한을 부여함으로써 생기는 장점에 대해서 살펴보겠습니다. 다음과 같이 여러 명의 사용자에게 일일이 권한을 부여하는 명령어를 쓰려면 굉장히 번거롭습니다.

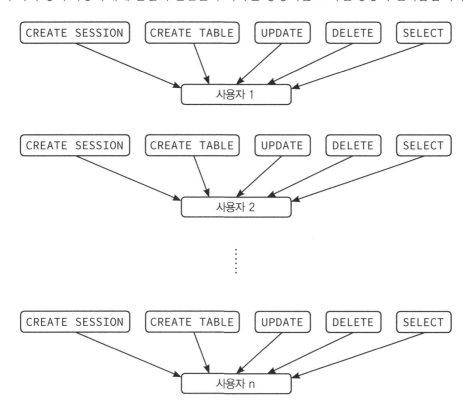

시스템 권한이나 객체 권한을 사용자마다 일일이 부여하게 되면 매우 번거롭습니다. 이러한 단점을 롤로 보완할 수 있습니다. 우선 롤에 시스템 권한과 객체 권한을 부여합니다.

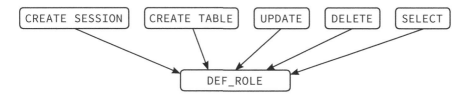

그런 후에 사용자에게 롤을 통해서 간편하게 권한을 부여할 수 있습니다.

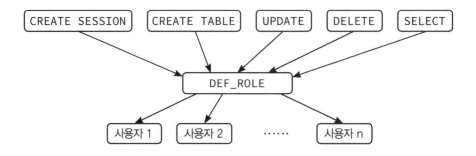

롤에 시스템 권한과 객체 권한을 부여한 후에 롤을 통해 사용자에게 권한을 부여하는 작업을 간소화해 봅시다.

디폴트 롤을 생성하여 여러 사용자에게 권한 부여하기

1 데이터베이스 관리자로 접속하여 롤(DEF_ROLE)을 생성합니다.

예제 롤 생성하기

```
01 conn / as sysdba
01 alter session set container=PDBORCL;
02 CREATE ROLE DEF_ROLE;
```

2 생성된 롤 DEF_ROLE에 시스템 권한인 CREATE SESSION과 CREATE TABLE을 부여합니다.

예제 롤에 권한 부여하기

```
01 GRANT CREATE SESSION TO DEF_ROLE;
02 GRANT CREATE TABLE TO DEF_ROLE;
```

```
SQL> GRANT CREATE SESSION TO DEF_ROLE;

권한이 부여되었습니다.

SQL> GRANT CREATE TABLE TO DEF_ROLE;

권한이 부여되었습니다.

SQL>
```

3 생성된 롤 DEF_ROLE에 tester1 사용자로 접속해서 dept 테이블을 수정, 삭제, 조회할
수 있도록 객체 권한을 부여합니다.

예제 롤에 객체 권한 부여하기

```
01 conn tester1@pdborcl/1234
02 GRANT UPDATE ON dept TO DEF_ROLE;
03 GRANT DELETE ON dept TO DEF_ROLE;
04 GRANT SELECT ON dept TO DEF_ROLE;
```

```
SQL> conn tester1@pdborcl/1234
연결되었습니다.
SQL> GRANT UPDATE ON dept TO DEF_ROLE;

권한이 부여되었습니다.

SQL> GRANT DELETE ON dept TO DEF_ROLE;

권한이 부여되었습니다.

SQL> GRANT SELECT ON dept TO DEF_ROLE;

권한이 부여되었습니다.

SQL>
```

4 데이터베이스 관리자인 SYS로 접속해서 사용자 계정을 3개 만듭니다.

예제 사용자 생성하기

```
01 conn / as sysdba
02 alter session set container=PDBORCL;
03 CREATE USER USERA1 IDENTIFIED BY A1234;
04 CREATE USER USERA2 IDENTIFIED BY A1234;
05 CREATE USER USERA3 IDENTIFIED BY A1234;
```

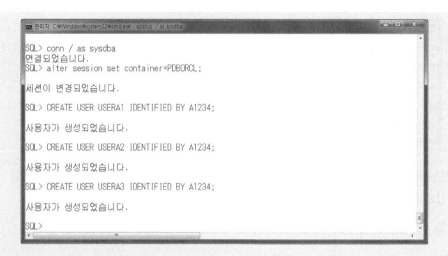

⑤ 생성된 사용자 계정에 각각 DEF_ROLE에 대한 권한 설정을 합니다.

예제 롤 부여하기

```
01 show user
02 GRANT DEF_ROLE TO USERA1;
03 GRANT DEF_ROLE TO USERA2;
04 GRANT DEF_ROLE TO USERA3;
```

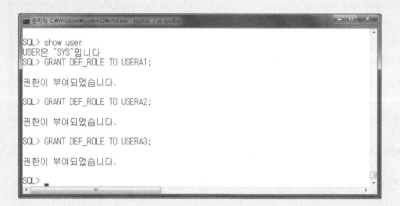

⑥ ROLE_SYS_PRIVS은 시스템 권한에 대한 정보를 저장한 데이터 딕셔너리이고, ROLE_TAB_PRIVS
   은 객체 권한에 대한 정보를 저장한 데이터 딕셔너리입니다. 두 데이터 딕셔너리의 내용을 출력
   함으로써 롤에 권한 설정이 제대로 되어 있는지 확인해 봅시다.

예제 데이터 딕셔너리로 롤 확인하기

```
01 SELECT * FROM ROLE_SYS_PRIVS WHERE ROLE='DEF_ROLE';
02 SELECT * FROM ROLE_TAB_PRIVS WHERE ROLE='DEF_ROLE';
```

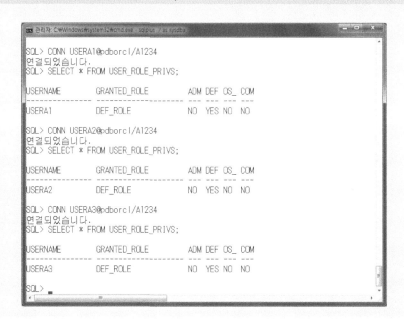

7 각 사용자에 접속해서 사용자에 DEF_ROLE 롤이 설정되어 있는지 확인해 봅시다.

예제 롤 확인하기

```
01 CONN USERA1@pdborcl/A1234
02 SELECT * FROM USER_ROLE_PRIVS;
03 CONN USERA2@pdborcl/A1234
04 SELECT * FROM USER_ROLE_PRIVS;
05 CONN USERA3@pdborcl/A1234
06 SELECT * FROM USER_ROLE_PRIVS;
```

이렇게 자주 사용되는 권한을 롤에 부여해 놓으면, 언제 어느 때 새로운 사용자가 생기더라도 쉽게 권한을 부여할 수 있게 됩니다. 만일 USERA4라는 새로운 사용자가 계정을 새롭게 만들어야 한다고 합시다. 데이터베이스 관리자인 SYS로 접속해서 사용자 계정을 만들고, 생성된 사용자 계정에 DEF_ROLE을 부여하기만 하면 됩니다.

예제 롤 부여하기

```
01 conn / as sysdba
02 alter session set container=PDBORCL;
03 CREATE USER USERA4 IDENTIFIED BY A1234;
04 GRANT DEF_ROLE TO USERA4;
```

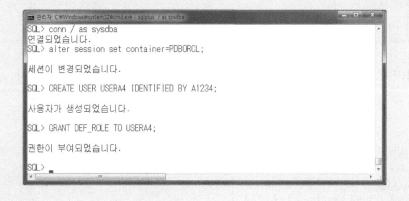

동의어는 다른 데이터베이스 객체에 대한 별명입니다. 데이터베이스에서는 여러 사용자들이 테이블을 서로 공유하는데, 다른 사용자의 테이블을 접근할 때 [사용자명.테이블명]으로 표현하는데, 이를 동의어를 적용하면 간단하게 요약해서 기술할 수 있습니다. 이번 절에서는 동의어의 종류와 생성 방법 등을 학습하겠습니다.

데이터베이스의 객체에 대한 소유권은 해당 객체를 생성한 사용자에게 있습니다. 따라서 다른 사용자가 객체에 접근하기 위해서는 소유자로부터 접근 권한을 부여받아야 합니다. 또한 다른 사용자가 소유한 객체에 접근하기 위해서는 소유자의 이름을 객체 앞에 지정해야 합니다.

```
SELECT * FROM tester1.dept;
```

이렇게 객체를 조회할 때마다 일일이 객체의 소유자를 지정하는 것이 번거로울 경우, 동의어를 정의하면 긴 이름 대신 간단한 이름으로 접근할 수 있게 됩니다.

동의어는 개별 사용자를 대상으로 하는 비공개 동의어와 전체 사용자를 대상으로 한 공개 동의어가 있습니다. 비공개 동의어는 객체에 대한 접근 권한을 부여받은 사용자가 정의한 동의어로, 해당 사용자만 사용할 수 있습니다. 공개 동의어는 권한을 주는 사용자가 정의한 동의어로, 누구나 사용할 수 있습니다. 공개 동의어는 DBA 권한을 가진 사용자만이 생성할 수 있습니다. SYNONYM 앞에 PUBLIC을 붙여서 정의합니다.

DUAL은 원래 SYS가 소유하는 테이블명이므로, 다른 사용자가 DUAL 테이블에 접근하려면 SYS.DUAL로 표현해야 하는 것이 원칙입니다. 그럼에도 불구하고 지금까지 모든 사용자가 SYS.를 생략하고 DUAL이라고 간단하게 사용하였습니다.

```
SELECT * FROM DUAL;
```

이럴 수 있었던 이유는 공개 동의어로 지정되어 있기 때문입니다.

동의어를 정의하기 위한 CREATE SYNONYM 명령어의 기본 형식은 다음과 같습니다.

```
CREATE [PUBLIC] SYNONYM synonym_name
FOR user_name.object_name;
```

synonym_name은 user_name.object_name에 대한 별칭입니다. user_name은 객체를 소유한 오라클 사용자이고, object_name은 동의어를 만들려는 데이터베이스 객체 이름입니다. SYS 사용자 계정으로 접속해서 테이블을 생성한 후, 이를 tester1 사용자가 사용할 수 있도록 권한을 부여합시다.

직접 해보기 테이블 생성 후 객체 권한 부여하기

1 sys로 접속합니다.

예제 sys로 접속하기

```
01 conn / as sysdba
02 show user
03 alter session set container=PDBORCL;
```

2 SYSTBL이란 테이블을 생성합니다.

예제 테이블 생성하기

```
01 CREATE TABLE SYSTBL (
02   ENAME VARCHAR2(20)
03 );
```

3 로우를 2개 추가합니다.

[예제] 테이블 생성하기

```
01 INSERT INTO SYSTBL VALUES('전수빈');
01 INSERT INTO SYSTBL VALUES('전원지');
02 SELECT * FROM SYSTBL;
```

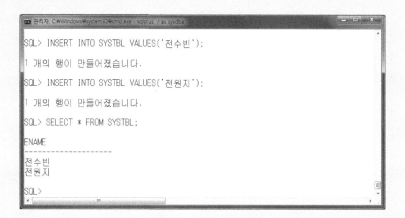

4 tester1 사용자에게 SYSTBL 테이블을 SELECT할 권한을 부여합니다.

[예제] 객체 권한 부여하기

```
01 GRANT SELECT ON SYSTBL TO tester1;
```

5 tester1 사용자에서 SYSTBL 테이블에 접근해 봅시다.

[예제] 테이블 조회하기

```
01 conn tester1@pdborcl/1234
02 SELECT * FROM SYSTBL;
```

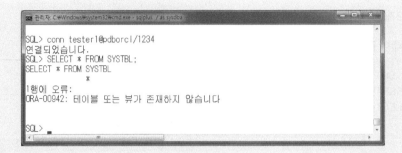

6 tester1 사용자에서 SYSTBL 테이블에 접근하려면 반드시 SYSTBL 테이블의 소유자인 SYSTEM 을 SYSTBL 앞에 기술해야 합니다.

예제 테이블 조회하기

```
01 SELECT * FROM sys.SYSTBL;
```

tester1 사용자에서 SYSTBL 테이블을 [소유자의 이름].SYSTBL로 접근하는 것뿐만 아니라 SYSTBL이란 이름으로 접근할 수 있게끔 비공개 동의어를 생성해 봅시다.

직접 해보기 동의어 생성하기

1 비공개 동의어는 권한을 부여받는 사용자인 tester1이 정의해야 하므로, tester1 계정으로 접속하 여 비공개 동의어를 생성합시다.

예제 동의어 생성하기

```
01 CONN tester1@pdborcl/1234
02 CREATE SYNONYM PRISYSTBL FOR sys.SYSTBL;
03 SELECT * FROM PRISYSTBL;
```

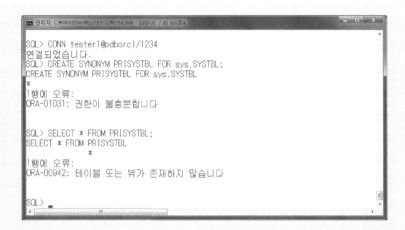

tester1 사용자에 CREATE SYNONYM 권한이 부여되지 않았기에, 비공개 동의어를 생성하지 못한 것입니다.

② CREATE SYNONYM 권한이 불충분할 경우에는 DBA 관리자에서 권한을 부여해야 합니다.

예제 동의어 생성하기

```
01 conn / as sysdba
02 alter session set container=PDBORCL;
03 GRANT CREATE SYNONYM TO tester1;
```

③ CREATE SYNONYM 권한을 부여했으므로, 다시 tester1 계정으로 접속하여 성공적으로 비공개 동의어를 생성할 수 있습니다.

예제 동의어 생성하기

```
01 conn tester1@pdborcl/1234
02 CREATE SYNONYM PRISYSTBL FOR sys.SYSTBL;
03 SELECT * FROM PRISYSTBL;
```

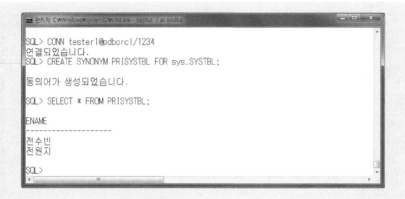

위 결과를 보면 새로 생성된 동의어로 SYSTEM 소유의 SYSTBL 테이블에 성공적으로 접근할 수 있음을 확인할 수 있습니다.

비공개 동의어는 동의어를 생성한 소유자만이 접근할 수 있습니다. 이를 위한 예제를 만들어 봅시다.

1 데이터베이스의 객체에 대한 소유권은 해당 객체를 생성한 사용자가 가지고 있으므로, 다른 사용자가 소유한 객체를 접근하기 위해서는 소유자로부터 접근 권한을 받아야 합니다. 우선 데이터베이스 관리자인 SYS로 접속한 후, 사용자 정의 롤을 생성한 후 사용자 정의 롤에 CONNECT, RESOURCE 롤과 CREATE SYNONYM 권한과 tester1 소유자의 DEPT 테이블에 대한 SELECT 객체 권한을 롤에 부여합니다.

예제 롤을 생성하여 권한 부여하기

```
01 conn / as sysdba
02 alter session set container=PDBORCL;
03 CREATE ROLE TEST_ROLE;
04 GRANT CONNECT, RESOURCE, CREATE SYNONYM TO TEST_ROLE;
05 GRANT SELECT ON tester1.DEPT TO TEST_ROLE;
```

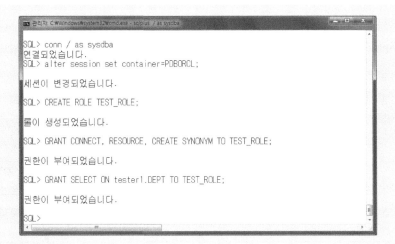

2 사용자를 생성합니다.

예제 사용자 생성하기

```
01 CREATE USER USERB1 IDENTIFIED BY B1234;
02 CREATE USER USERB2 IDENTIFIED BY B1234;
```

3 생성한 사용자에게 롤을 부여합니다.

예제 롤 부여하기

```
01 GRANT TEST_ROLE TO USERB1;
02 GRANT TEST_ROLE TO USERB2;
```

④ 접근 권한을 부여받았지만 다른 사용자 소유의 객체는 무조건 접근하지 못합니다. 앞에 객체를 소유한 사용자명을 명시적으로 기술해야 하여 사용자명.객체명으로 접근해야 합니다.

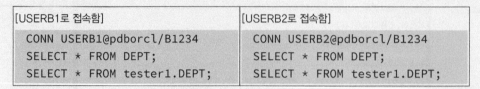

[USERB1로 접속함]	[USERB2로 접속함]

`CONN USERB1@pdborcl/B1234`
`SELECT * FROM DEPT;`
`SELECT * FROM tester1.DEPT;`
	`CONN USERB2@pdborcl/B1234`
	`SELECT * FROM DEPT;`
	`SELECT * FROM tester1.DEPT;`

소유자에 대한 지정이 없으므로 오류

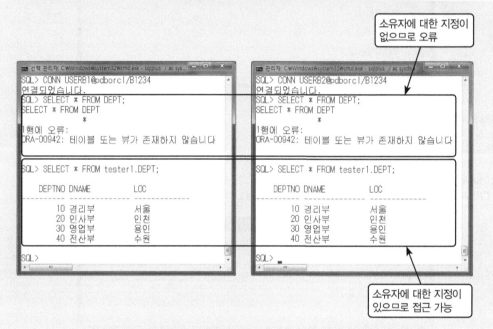

소유자에 대한 지정이 있으므로 접근 가능

⑤ 소유자를 지정하지 않고도 다른 사용자(tester1) 소유의 객체(EMP)에 접근하기 위해서는 동의어를 생성합니다. USERB1과 USERB2 계정으로 접속하여 DEPT로 테이블을 조회합시다.

[동의어 DEPT는 USERB1 비공개 동의어임]	[USERB2에서는 동의어 DEPT로 조회 못함]

`CONN USERB1@pdborcl/B1234`
`CREATE SYNONYM DEPT`
`    FOR tester1.DEPT;`
`SELECT * FROM DEPT;`
	`CONN USERB2@pdborcl/B1234`
	`SELECT * FROM DEPT;`

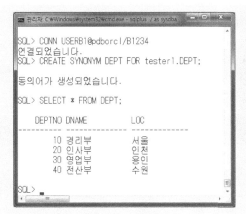 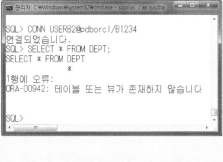

USERB1로 접속해서 동의어 DEPT를 정의하고, DEPT로 테이블에 접근하면 조회에 성공합니다. 하지만 동의어 DEPT는 USERB1의 비공개 동의어이기 때문에, tester3으로 접속하면 DEPT로 테이블을 조회하지 못합니다.

만일 tester2와 tester3에서 모두 사용할 수 있는 동의어를 선언하려면, 공개 동의어로 선언해야 합니다. 이번에는 USERB1 사용자로 접속해서 공개 동의어를 정의해 봅시다.

직접 해보기 공개 동의어 정의하기

1 USERB1은 DBA 롤이 부여되지 않은 사용자이기 때문에 공개 동의어를 생성하지 못합니다. 공개 동의어를 생성하기 위해서는 DBA 롤이 부여된 데이터베이스 관리자인 SYS로 접속합니다.

예제 공개 동의어 생성하기

```
01 conn / as sysdba
02 alter session set container=PDBORCL;
03 CREATE PUBLIC SYNONYM PubDEPT FOR tester1.DEPT;
```

② USERB1과 USERB2 계정으로 접속하여 DEPT로 테이블을 조회합시다.

```
CONN USERB1@pdborcl/B1234
SELECT * FROM PUBDEPT;
```

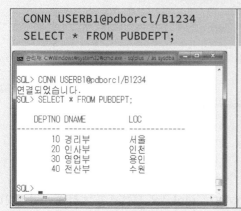

```
CONN USERB2@pdborcl/B1234
SELECT * FROM PUBDEPT;
```

성공적으로 공개 동의어가 생성되었으므로, tester2와 tester3에서 별도로 동의어를 생성하지 않아도, tester2와 tester3에서 공개 동의어인 PUBDEPT에 의해서 tester1 객체의 DEPT 테이블을 조회할 수 있게 된 것입니다.

이번에는 생성한 동의어를 제거해 봅시다. 앞 예제에서 비공개 동의어 DEPT와 공개 동의어 PUBDEPT를 생성하였는데, 이 두 동의어를 모두 제거해 봅시다.

직접 해보기 비공개 동의어 제거하기

① 비공개 동의어인 DEPT는 동의어를 소유한 사용자로 접속한 후에 제거해야 합니다. 이를 증명하기 위해서 비공개 동의어의 소유자가 사용자로 접속해서 제거해 보도록 합시다.

예제 비공개 동의어의 제거 실패

```
01 CONN USERB2@pdborcl/B1234
02 DROP SYNONYM DEPT;
```

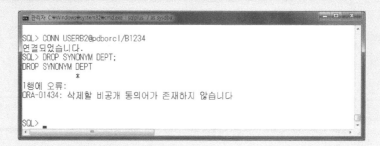

비공개 동의어의 제거 실패

```
01 conn / as sysdba
02 alter session set container=PDBORCL;
03 DROP SYNONYM DEPT;
```

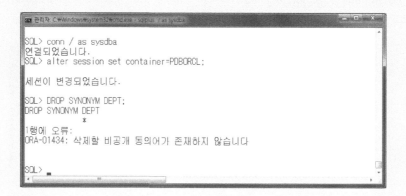

동의어 DEPT는 USERB1에서 생성하였으므로, USERB1이 아닌 사용자로 접속하였더니 예상대로 오류가 발생합니다.

2 동의어를 소유한 사용자로 접속해야만 제거가 가능합니다.

비공개 동의어의 제거

```
01 CONN USERB1@pdborcl/B1234
02 DROP SYNONYM DEPT;
```

동의어 DEPT는 USERB1에서 생성하였으므로, USERB1이 아닌 사용자로 접속하여 동의어 DEPT를 삭제하는 데 성공하였습니다.

이번에는 공개 동의어인 PUBDEPT를 삭제해 봅시다. 공개 동의어는 DBA 롤이 부여된 사용자에서 생성과 제거가 가능하므로, 데이터베이스 관리자인 SYS로 접속한 후에 제거해야 합니다. 또한 제거할 때 반드시 PUBLIC 예약어를 명시해야 합니다.

1 USERB1 사용자에게는 DBA 롤이 없으므로 공개 동의어를 제거할 수 없습니다.

예제 공개 동의어의 제거 실패

```
01 CONN USERB1@pdborcl/B1234
02 DROP SYNONYM PUBDEPT;
```

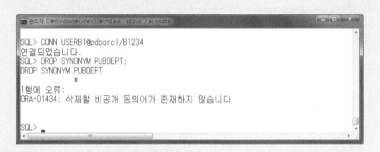

2 SYS 사용자이므로 DBA 롤이 있지만 공개 동의어를 제거하는데, 예약어 PUBLIC을 기술하지 않기 때문에 오류가 발생합니다.

예제 공개 동의어의 제거 실패

```
01 conn / as sysdba
02 alter session set container=PDBORCL;
03 DROP SYNONYM PUBDEPT;
```

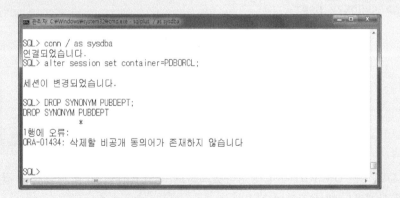

3 SYS 사용자이므로 DBA 롤에 대한 권한도 있고, 예약어 PUBLIC 역시 기술하였기 때문에 공개 동의어를 제거합니다.

예제 공개 동의어의 제거

`01 DROP PUBLIC SYNONYM PUBDEPT;`

첫 번째 미션 해결하기

사용자 계정을 만들자!

01. kbs라는 사용자를 생성(암호는 pass)하여 기본적인 권한을 부여하지 않으면 데이터베이스에 로그인이 불가능하므로, connect와 resource 권한을 kbs 사용자에게 부여하여 오라클에 접속하도록 합시다.

1 DBA 권한을 가진 sys로 접속합니다.

예제 sys로 접속하기

```
01 conn / as sysdba
02 show user
03 alter session set container=PDBORCL;
```

2 사용자를 생성합니다.

예제 사용자 생성하기

```
01 create user kbs identified by pass;
```

3 사용자에게 권한을 부여합니다.

예제 권한 부여하기

```
01 grant connect, resource to kbs;
```

마무리

1. 데이터베이스 보안에는 시스템 권한과 객체 권한이 있습니다.

2. 시스템 권한은 사용자를 생성, 제거 및 각종 객체를 생성할 수 있는 권한입니다.

3. 객체 권한은 객체를 조작할 수 있는 권한입니다.

4. 롤이란 여러 가지 권한을 포함하는 권한의 집합이며, 사용자 또는 다른 롤에 부여됩니다.

도전 Quiz

1. 다음 문장이 하는 일은?

```
CREATE USER john IDENTIFIED BY john98;
```

❶ john이라는 user의 password를 john98로 변경한다.

❷ john이라는 user의 이름을 john98로 변경한다.

❸ john이라는 user를 생성한다.

❹ john이라는 user의 password를 생성한다.

2. smith라는 user가 다음 문장을 실행했을 경우 다음 보기 중 옳은 것은?

```
GRANT UPDATE
ON emp
TO tester1, rich;
```

❶ tester1은 smith의 emp table의 내용을 조회할 수 있다.

❷ smith는 rich의 emp table의 내용을 조회할 수 있다.

❸ tester1은 smith의 emp table의 내용을 수정할 수 있다.

❹ smith는 tester1의 emp table의 내용을 수정할 수 있다.

3. 사용자에게 시스템 권한을 ❶ _____과 함께 부여하면 그 사용자는 데이터베이스 관리자가 아닌데도 불구하고 부여 받은 시스템 권한을 다른 사용자에게 부여할 수 있는 권한도 함께 부여 받게 됩니다.

사용자에게 객체 권한을 ❷ _____과 함께 부여하면 그 사용자는 그 객체를 접근할 권한을 부여 받으면서 그 권한을 다른 사용자에게 부여할 수 있는 권한도 함께 부여 받게 됩니다.

4. user01 사용자에게 connect, resource role을 부여하시오.

5. 다음 소스의 괄호를 채우시오.

```
CREATE USER tiger IDENTIFIED BY tiger123;
GRANT (              ) TO tiger;
CONN tiger@pdborcl/1234
```

6. tester1에 의해 부여된 student 테이블에 대한 SELECT, UPDATE 권한을 철회하는 쿼리문을 작성하시오.

7. tester1.emp에 대해 myemp라고 동의어를 작성하시오.

15

PL/SQL

지금까지는 데이터베이스 내의 데이터를 조작하기 위해서 오라클이 제공해 주는 SQL 문을 사용했습니다. SQL의 장점은 쿼리문 하나로 원하는 데이터를 검색, 조작할 수 있다는 점입니다. 그런데 SQL 자체는 비절차 언어이기에 몇 개의 쿼리문 사이에 어떠한 연결 및 절차성이 있어야 하는 경우는 사용할 수 없었습니다. 이 점을 극복하기 위해 오라클 사에서 SQL 언어에 절차적인 프로그래밍 언어를 가미해 만든 것이 PL/SQL입니다. SQL은 ANSI 표준 언어로 어떤 제품군도 사용 가능하지만, PL/SQL은 오라클이 고유하게 제시하는 것으로 다른 제품군에서 사용할 수 없습니다. 이번 장에서는 PL/SQL에 대해서 학습합니다.

도전 미션 --

첫 번째 미션: PL/SQL 문으로 급여를 인상하라!

학습 내용 --

첫 번째 미션

PL/SQL 문으로 급여를 인상하라!

01. S_EMP 테이블에서 김사랑 사원의 업무가 영업이면 급여를 10% 인상하고, 그렇지 않으면 5% 인상시키면 아래와 같습니다.

급여 인상 전		급여 인상 후	
ENAME	SAL	ENAME	SAL
김사랑	300	김사랑	315

위와 같이 급여 인상을 위한 PL/SQL 문을 작성합시다.

PL/SQL은 Oracle's Procedural Language extension to SQL의 약자입니다. SQL 문장에서 변수 정의, 조건처리(IF), 반복처리(LOOP, WHILE, FOR) 등을 지원하며, 오라클 자체에 내장되어 있는 절차적 언어(Procedure Language)로서, SQL의 단점을 보완해 줍니다. 오라클 사에서는 데이터베이스 내의 데이터를 조작하기 위해서 SQL과 함께 PL/SQL을 제공해 줍니다. C나 자바와 같은 프로그래밍 언어에 익숙한 사람이라면 절차적 언어인 PL/SQL을 쉽게 이해할 수 있을 것입니다.

PL/SQL은 SQL에 없는 다음과 같은 절차적 프로그래밍 기능을 제공합니다.

- 변수, 상수 등을 선언하여 SQL과 절차형 언어에서 사용합니다.
- IF 문을 사용하여 조건에 따라 문장들을 분기합니다.
- LOOP 문을 사용하여 일련의 문장을 반복적으로 실행합니다.
- 커서를 사용하여 여러 행을 검색합니다.

위에서 언급한 기능은 절차적 언어에서 제공되는 것으로, 효율적으로 SQL 문을 사용할 수 있게 해줍니다.

PL/SQL은 PASCAL과 유사한 구조로서 DECLARE~BEGIN~EXCEPTION~END 순서를 갖습니다. PL/SQL은 다음과 같은 블록(BLOCK) 구조의 언어로서, 크게 선언부, 실행부, 예외처리부, 이렇게 세 부분으로 나눌 수 있습니다.

DECLARE SECTION(선언부)

EXECUTABLE SECTION(실행부)

EXCEPTION SECTION(예외 처리부)

Section	설명	필수여부
DECLARE(선언부)	PL/SQL에서 사용하는 모든 변수나 상수를 선언하는 부분으로서 DECLARE로 시작합니다.	옵션
BEGIN(실행부)	절차적 형식으로 SQL 문을 실행할 수 있도록 절차적 언어의 요소인 제어문, 반복문, 함수 정의 등 로직을 기술할 수 있는 부분이며 BEGIN으로 시작합니다.	필수
EXCEPTION(예외처리부)	PL/SQL 문이 실행되는 중에 에러가 발생할 수 있는데 이를 예외 사항이라고 합니다. 이러한 예외사항이 발생했을 때 이를 해결하기 위한 문장을 기술할 수 있는 부분이며 EXCEPTION으로 시작합니다.	옵션

PL/SQL 프로그램의 작성 요령은 다음과 같습니다.

- PL/SQL 블록 내에서는 한 문장이 종료할 때마다 세미콜론(;)을 사용합니다.
- END 뒤에 ;을 사용하여 하나의 블록이 끝났다는 것을 명시합니다.
- PL/SQL 블록의 작성은 편집기를 통해 파일로 작성할 수도 있고, 프롬프트에서 바로 작성할 수도 있습니다.
- SQL*PLUS 환경에서는 DECLARE나 BEGIN이라는 키워드로 PL/SQL 블럭이 시작하는 것을 알 수 있습니다.
- 단일 행 주석은 --이고, 여러 행 주석은 /* */입니다.
- 쿼리문을 수행하기 위해서 /가 반드시 입력되어야 하며, PL/SQL 블록은 행에 /가 있으면 종결된 것으로 간주합니다.

직접 해보기 간단한 메시지 출력하기

'Hello World!'를 출력하는 PL/SQL 문을 작성해 봅시다.

1 오라클의 환경 변수 SERVEROUTPUT은 오라클에서 제공해 주는 프로시저를 사용하여 출력해 주는 내용을 화면에 보여주도록 설정하는 환경 변수인데, 디폴트값이 OFF이기에 ON으로 변경해야만 합니다.

예제 출력해 주는 내용을 화면에 보여주기 위해 환경 변수 설정하기

```
01 SET SERVEROUTPUT ON
```

2 화면 출력을 위해서는 PUT_LINE이란 프로시저를 이용합니다. PUT_LINE은 오라클이 제공해 주는 프로시저로 DBMS_OUTPUT 패키지에 묶여 있습니다. 따라서 DBMS_OUTPUT.PUT_LINE과 같이 사용해야 합니다.

예제 출력해 주는 내용을 화면에 보여주기 위해 환경 변수 설정하기

```
01 BEGIN
02   DBMS_OUTPUT.PUT_LINE('Hello World!');
03 END;
04 /
```

익명 블록이 완료되었습니다.
Hello World!

'Hello World!'가 출력되었음을 확인할 수 있습니다.

PL/SQL의 선언부에서는 실행부에서 사용할 변수를 선언합니다. 변수를 선언할 때 변수명 다음에 자료형을 기술해야 합니다. PL/SQL에서 변수를 선언할 때 사용되는 자료형은 SQL 에서 사용하던 자료형과 거의 유사합니다.

형식

```
identifier [CONSTANT] datatype [NOT NULL]
[:= | DEFAULT  expression];
```

구문	설명
identifier	변수의 이름
CONSTANT	변수의 값을 변경할 수 없도록 제약합니다.
datatype	자료형을 기술합니다.
NOT NULL	값을 반드시 포함하도록 하기 위해 변수를 제약합니다.
Expression	Literal, 다른 변수, 연산자나 함수를 포함하는 표현식

쿼리문을 수행하고 난 후에 얻어진 결과를 컬럼 단위로 변수에 저장할 경우 다음과 같이 선 언합니다.

예제 변수 선언하기

```
01 VEMPNO NUMBER(4);
02 VENAME VARCHAR2(10);
```

PL/SQL에서 변수를 선언할 때 위와 같이 SQL에서 사용하던 자료형과 유사하게 선언하는 것을 스칼라(SCALAR) 변수라고 합니다.

숫자를 저장하기 위해서 VEMPNO 변수는 NUMBER로 선언하고, VENAME 변수가 문자 를 저장하려면 VARCHAR2를 사용해서 선언하였습니다.

일반적으로 변수는 자료형과 크기를 해당 테이블의 해당 컬럼과 동일한 형태로 선언합니다.

2.1 대입문으로 변수에 값 지정하기

PL/SQL에서는 변수의 값을 지정하거나 재지정하기 위해서 :=를 사용합니다. :=의 좌측에 새 값을 받기 위한 변수를 기술하고, 우측에 저장할 값을 기술합니다.

> **형식**
```
identifier := expression;
```

선언부에서 선언한 변수에 값을 할당하기 위해서는 :=를 사용해 봅시다.

예제 변수에 값 할당하기

```
VEMPNO := 1001;
VENAME := '김사랑';
```

예제 변수의 선언 및 할당을 하고 그 변수 값을 출력하기

```
01 DECLARE
02   VEMPNO NUMBER(4);
03   VENAME VARCHAR2(10);
04 BEGIN
05   VEMPNO := 1001;
06   VENAME := '김사랑';
07   DBMS_OUTPUT.PUT_LINE('    사번      이름');
08   DBMS_OUTPUT.PUT_LINE('    ---------------');
09   DBMS_OUTPUT.PUT_LINE('    ' || VEMPNO || '    ' || VENAME);
10 END;
11 /
```

```
사번      이름
---------------
1001    김사랑
```

2.2 스칼라 변수/레퍼런스 변수

PL/SQL에서 변수를 선언하기 위해 사용할 수 있는 자료형은 크게 스칼라(Scalar)와 레퍼런스(Reference)로 나눌 수 있습니다.

스칼라 변수는 SQL에서 사용하던 자료형과 거의 유사합니다. 숫자를 저장하려면 NUMBER를 사용하고, 문자를 저장하려면 VARCHAR2를 사용해서 선언합니다.

예제 스칼라 변수 선언하기

```
01 VEMPNO NUMBER(4);
02 VENAME VARCHAR2(10);
```

레퍼런스 변수는 이전에 선언된 다른 변수 또는 데이터베이스 컬럼에 맞추어 변수를 선언하기 위해 %TYPE 속성을 사용할 수 있습니다.

예제 %TYPE으로 컬럼 단위로 참조하여 레퍼런스 변수 선언하기

```
01 VEMPNO EMP.EMPNO%TYPE;
02 VENAME EMP.ENAME%TYPE;
```

%TYPE 속성을 사용하여 선언한 VEMPNO 변수는 해당 테이블(EMP)의 해당 컬럼(EMP-NO)의 자료형과 크기를 그대로 참조해서 정의합니다. 모든 개발자가 테이블에 정의된 컬럼의 자료형과 크기를 모두 파악하고 있다면 별 문제가 없겠지만, 대부분은 그렇지 못하기 때문에 오라클에서는 레퍼런스 변수를 제공합니다. 컬럼의 자료형이 변경되더라도 컬럼의 자료형과 크기를 그대로 참조하기 때문에, 굳이 레퍼런스 변수 선언을 수정할 필요가 없다는 장점이 있습니다.

%TYPE이 컬럼 단위로 참조한다면 로우(행) 단위로 참조하는 %ROWTYPE이 있습니다. 데이터베이스의 테이블 또는 VIEW의 일련의 컬럼을 RECORD로 선언하기 위하여 %ROW-TYPE을 사용합니다. 데이터베이스 테이블 이름을 %ROWTYPE 앞에 접두어를 붙여 RE-CORD를 선언하고, FIELD는 테이블이나 VIEW의 COLUMN 명과 데이터 타입과 LENGTH를 그대로 가져올 수 있습니다.

예제 %ROWTYPE으로 로우 단위로 참조하여 레퍼런스 변수 선언하기

```
01 VEMP EMP%ROWTYPE;
```

%ROWTYPE을 사용 시 장점은 특정 테이블의 컬럼의 개수와 데이터 형식을 모르더라도 지정할 수 있다는 것입니다. SELECT 문장으로 로우를 검색할 때 유리합니다.

2.3 PL/SQL에서 SELECT 문

데이터베이스에서 정보를 추출할 필요가 있을 때 또는 데이터베이스로 변경된 내용을 적용할 필요가 있을 때 SQL을 사용합니다. PL/SQL에서 SQL에서 사용하는 명령어를 그대로 사용할 수 있으며, 테이블의 행에서 질의된 값을 변수에 할당시키기 위해 SELECT 문을 사용합

니다. SQL 문과 차이점은 PL/SQL의 SELECT 문은 INTO 절이 필요한데, INTO 절에는 데이터를 저장할 변수를 기술합니다.

형식
```
SELECT  select_list
INTO    {variable_name1[,variable_name2,..] | record_name}
FROM    table_name
WHERE   condition;
```

예
```
SELECT EMPNO, ENAME INTO VEMPNO, VENAME
FROM EMP
WHERE ENAME='김사랑';
```

SELECT 절에 있는 컬럼은 INTO 절에 있는 변수와 1대1 대응을 하기에 개수와 데이터의 형, 길이가 일치하여야 합니다. SELECT 문은 INTO 절에 의해 하나의 행만을 저장할 수 있습니다.

구문	설명
select_list	열의 목록이며 행 함수, 그룹 함수, 표현식을 기술할 수 있습니다.
variable_name	읽어들인 값을 저장하기 위한 스칼라 변수
record_name	읽어 들인 값을 저장하기 위한 PL/SQL RECORD 변수
Condition	PL/SQL 변수와 상수를 포함하여 열 명, 표현식, 상수, 비교 연산자로 구성되며 오직 하나의 값을 RETURN할 수 있는 조건이어야 합니다.

예제 PL/SQL의 SELECT 문으로 EMP 테이블에서 사원번호와 이름 조회하기

```
01 DECLARE
02   VEMPNO EMP.EMPNO%TYPE;
03   VENAME EMP.ENAME%TYPE;
04 BEGIN
05   SELECT EMPNO, ENAME INTO VEMPNO, VENAME
06   FROM EMP
07   WHERE ENAME='김사랑';
08   DBMS_OUTPUT.PUT_LINE('   사번    이름');
09   DBMS_OUTPUT.PUT_LINE('   ---------------');
10   DBMS_OUTPUT.PUT_LINE('   ' || VEMPNO || '   ' || VENAME);
11 END;
12 /
```

```
    사번      이름
---------------
    1001     김사랑
```

02~03: %TYPE 속성으로 컬럼 단위 레퍼런스 변수를 선언합니다.

05: SELECT 문을 수행한 결과 값이 INTO 뒤에 기술한 변수에 저장됩니다.

10: 레퍼런스 변수에 저장된 값을 출력합니다.

VEMPNO, VENAME 변수는 컬럼(EMPNO, ENAME)과 동일한 자료형을 갖도록 하기 위해서 %TYPE 속성을 사용합니다. INTO 절의 변수는 SELECT에서 기술한 컬럼의 자료형뿐만 아니라 컬럼의 수와도 일치해야 합니다.

기본적으로 모든 문장들은 나열된 순서대로 순차적으로 수행됩니다. 하지만 경우에 따라서는 문장의 흐름을 변경할 필요가 있습니다. 이때 사용하는 것이 IF 문입니다. IF 문은 조건을 제시해서 만족하느냐 하지 않느냐에 따라 문장을 선택적으로 수행하기 때문에 선택문이라고 합니다. 오라클에서는 3가지 형태의 선택문이 제공됩니다.

3.1 IF ~ THEN ~ END IF

if 라는 단어의 사전적인 의미는 "만약 ~라면"입니다. 이러한 의미처럼 if 문은 조건에 따라 어떤 명령을 선택적으로 처리하기 위해 사용하는 가장 대표적인 구문입니다. "어떤 경우에 어떤 행동을 해라!"와 같은 간단한 처리를 할 때 사용합니다.

> 형식
```
IF condition THEN    .......... 조건문
  statements;        ............ 조건에 만족할 경우 실행되는 문장
END IF
```

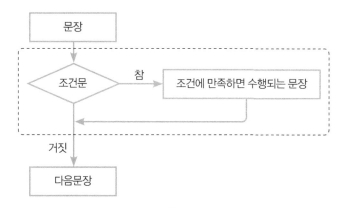

조건이 TRUE이면 THEN 이하의 문장을 실행하고, 조건이 FALSE나 NULL이면 END IF 다음 문장을 수행합니다.

다음은 사원 번호가 1001인 사원의 부서 번호를 얻어 와서, 부서 번호에 따른 부서명을 구하는 예제입니다. IF 문이 끝났을 때에는 반드시 END IF를 기술해야 한다는 점에 주의해야 합니다.

예제 부서번호로 부서명 알아내기

```
01 DECLARE
02   VEMPNO   EMP.EMPNO%TYPE;
03   VENAME   EMP.ENAME%TYPE;
04   VDEPTNO   EMP.DEPTNO%TYPE;
05   VDNAME   VARCHAR2(20) := NULL;
06 BEGIN
07   SELECT EMPNO, ENAME, DEPTNO
08   INTO VEMPNO, VENAME, VDEPTNO
09   FROM  EMP
10   WHERE EMPNO=1001;
11
12   IF (VDEPTNO = 10)  THEN
13     VDNAME := 'ACCOUNTING';
14   END IF;
15   IF (VDEPTNO = 20)  THEN
16     VDNAME := 'RESEARCH';
17   END IF;
18   IF (VDEPTNO = 30)  THEN
19     VDNAME := 'SALES';
20   END IF;
21   IF (VDEPTNO = 40) THEN
22     VDNAME := 'OPERATIONS';
23   END IF;
24
25   DBMS_OUTPUT.PUT_LINE('   사번    이름     부서명');
26   DBMS_OUTPUT.PUT_LINE('  ---------------------------');
27   DBMS_OUTPUT.PUT_LINE('   ' || VEMPNO||'    '
28           ||VENAME||'    '||VDNAME);
29 END;
30 /
```

```
사번    이름      부서명
---------------------------
1001   김사랑   RESEARCH
```

3.2 IF ~ THEN ~ ELSE ~ END IF

if 문 계열 중 가장 일반적으로 많이 사용되는 형식이 IF ~ THEN ~ ELSE ~ END IF 문입니다. 이 문장은 참일 때와 거짓일 때, 각각 다른 문장을 수행하도록 지정할 수 있습니다.

형식
```
[문장1]
IF condition THEN       ....... 조건문
  statements;        ...... 조건에 만족할 경우 실행되는 문장[문장2]
ELSE
  statements;        ...... 조건에 만족하지 않을 경우 실행되는 문장[문장3]
END IF
[문장4]
```

[문장1]을 수행하고 if 문을 만나면 조건문을 검사합니다. 그리고 그 결과가 참이면 [문장2]를 수행하고, 거짓이면 [문장3]을 수행합니다. 그런 후에는 [문장4]를 수행하게 됩니다.

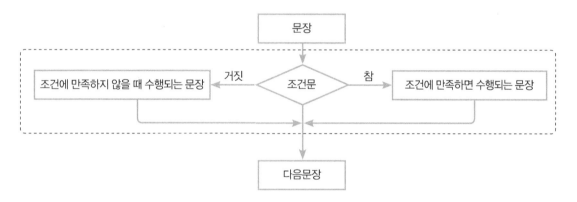

다음은 연봉을 구하는 예제입니다. 커미션을 받는 직원은 급여에 12를 곱한 후 커미션과 합산하여 연봉을 구하고, 커미션을 받지 않는 직원은 급여에 12를 곱한 것으로만 연봉을 구합니다.

예제 연봉을 구하는 예제

```
01 DECLARE
02   VEMP EMP%ROWTYPE;
03   ANNSAL NUMBER(7,2);
04 BEGIN
05   SELECT * INTO VEMP
06   FROM EMP
07   WHERE ENAME='김사랑';
```

```
08
09   IF (VEMP.COMM IS NULL) THEN
10     ANNSAL:=VEMP.SAL*12;
11   ELSE
12     ANNSAL:=VEMP.SAL*12+VEMP.COMM;
13
14   END IF;
15   DBMS_OUTPUT.PUT_LINE('   사번    이름    연봉');
16   DBMS_OUTPUT.PUT_LINE('-------------------------');
17   DBMS_OUTPUT.PUT_LINE('  '||VEMP.EMPNO||'   '
18         ||VEMP.ENAME||'   '||ANNSAL);
19 END;
20 /
```

```
 사번     이름     연봉
-------------------------
 1001    김사랑    3600
```

05~07: 사원의 전체 정보를 행 단위로 VEMP에 저장합니다.

09~10: 커미션이 NULL이면 급여에 12를 곱합니다.

11~12: 커미션이 NULL이 아니면 급여에 12를 곱한 후 커미션과 합산합니다.

3.3 IF ~ THEN ~ ELSIF ~ ELSE ~ END IF

IF ~ THEN ~ ELSE ~ END IF 문은 참 거짓을 선택하는 과정에서 한 번만 사용되었지만, 이럴 경우 둘 중에 하나를 선택할 수 있습니다. 만일 그 경우의 수가 둘이 아닌 셋 이상에서 하나를 선택해야 할 경우에는 IF ~ THEN ~ ELSIF ~ ELSE ~ END IF 문을 사용해야 합니다.

> **형식**
```
IF  condition  THEN
  statements;
ELSIF  condition THEN
  statements;
ELSIF  condition THEN
  statements;
ELSE
  statements;
END IF
```

조건이 여러 개여서 처리도 여러 개일 때 사용하는 다중 IF 문입니다.

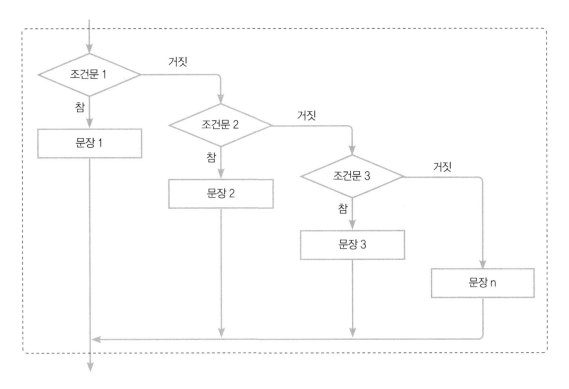

SQL 함수에서 선택을 위한 DECODE 함수를 학습하면서 부서번호에 대해서 부서명을 지정해 보았습니다.

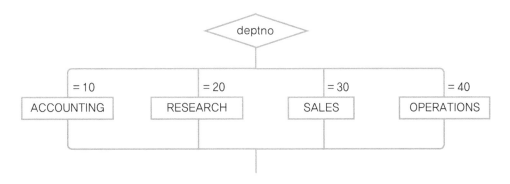

이곳 PL/SQL에서는 DECODE 함수 대신 IF ~ THEN ~ ELSIF ~ ELSE ~ END IF 구문으로 부서번호에 대한 부서명을 구해 봅시다.

예제 부서번호로 부서명 알아내기

```
01 DECLARE
02   VEMP EMP%ROWTYPE;
03   VDNAME VARCHAR2(14);
04 BEGIN
05   SELECT * INTO VEMP
06   FROM EMP
07   WHERE ENAME='김시랑';
08
09   IF (VEMP.DEPTNO = 10)  THEN
10     VDNAME := 'ACCOUNTING';
11   ELSIF (VEMP.DEPTNO = 20)  THEN
12     VDNAME := 'RESEARCH';
13   ELSIF (VEMP.DEPTNO = 30)  THEN
14     VDNAME := 'SALES';
15   ELSIF (VEMP.DEPTNO = 40) THEN
16     VDNAME := 'OPERATIONS';
17   END IF;
18
19   DBMS_OUTPUT.PUT_LINE('  사번    이름    부서명');
20   DBMS_OUTPUT.PUT_LINE('------------------------------');
21
22   DBMS_OUTPUT.PUT_LINE('  '||VEMP.EMPNO
23       ||'   '||VEMP.ENAME||'   '||VDNAME);
24 END;
25 /
```

```
 사번    이름    부서명
----------------------------
 1001   김사랑   RESEARCH
```

반복문은 SQL 문을 반복적으로 여러 번 실행하고자 할 때 사용합니다. PL/SQL에서는 다음
과 같이 다양한 반복문이 사용됩니다.

- 조건 없이 반복 작업을 제공하기 위한 BASIC LOOP 문
- COUNT를 기본으로 작업의 반복 제어를 제공하는 FOR LOOP 문
- 조건을 기본으로 작업의 반복 제어를 제공하기 위한 WHILE LOOP 문
- LOOP를 종료하기 위한 EXIT 문

4.1 BASIC LOOP 문

지금 소개할 구문은 가장 간단한 루프로, 구분 문자로 LOOP와 END LOOP가 사용됩니다.

형식
```
LOOP
  statement1;
  statement2;
  . . . . . .
  EXIT [WHERE condition];
END LOOP
```

실행상의 흐름이 END LOOP에 도달할 때마다 그와 짝을 이루는 LOOP 문으로 제어가 돌아
갑니다. 이러한 루프를 무한 루프라 하며, 여기서 빠져나가려면 EXIT 문을 사용합니다. 기본
LOOP는 LOOP에 들어갈 때 조건이 이미 일치했다 할지라도 적어도 한 번은 문장이 실행됩
니다.

EXIT 문을 이용하여 END LOOP 다음으로 제어를 보내기 때문에 루프를 종료할 수 있습니
다. 조건에 따라 루프를 종료할 수 있도록 WHEN 절을 덧붙일 수 있습니다. WHEN 절 다음
에 기술한 조건이 참이면 LOOP를 끝내고, LOOP 후의 다음 문장으로 제어를 전달합니다.

다음은 BASIC LOOP 문으로 1부터 5까지 출력하는 예제입니다.

예제 BASIC LOOP 문으로 1부터 5까지 출력하기

```
01 DECLARE
02   N  NUMBER := 1;
03 BEGIN
04   LOOP
05     DBMS_OUTPUT.PUT_LINE( N );
06     N := N + 1;
07     IF N > 5 THEN
08       EXIT;
09     END IF;
10   END LOOP;
11 END;
12 /
```

```
1
2
3
4
5
```

4.2 FOR LOOP 문

FOR LOOP는 반복되는 횟수가 정해진 반목문을 처리하기에 용이합니다.

형식
```
FOR  index_counter
IN  [REVERSE] lower_bound..upper_bound  LOOP
  statement1;
  statement2;
  . . . . . .
END  LOOP
```

FOR LOOP 문에서 사용되는 인덱스는 정수로 자동 선언되므로, 따로 선언할 필요가 없습니다. FOR LOOP 문은 LOOP를 반복할 때마다 자동적으로 1씩 증가 또는 감소합니다. RE-VERSE는 1씩 감소함을 의미합니다.

구문	설명
index_counter	upper_bound나 lower_bound에 도달할 때까지 LOOP를 반복함으로써 1씩 자동적으로 증가하거나 감소되는 값을 가진 암시적으로 선언된 정수입니다.
REVERSE	upper_bound에서 lower_bound까지 반복함으로써 인덱스가 1씩 감소되도록 합니다.
lower_bound	index_counter 값의 범위에 대한 하단 바운드 값을 지정합니다.
upper_bound	index_counter 값의 범위에 대한 상단 바운드 값을 지정합니다.

다음은 FOR LOOP 문으로 1부터 5까지 출력하는 예제입니다.

예제 FOR LOOP 문으로 1부터 5까지 출력하기

```
01 DECLARE
02 BEGIN
03   FOR N IN 1..5 LOOP
04     DBMS_OUTPUT.PUT_LINE( N );
05   END LOOP;
06 END;
07 /
```

```
1
2
3
4
5
```

4.3 WHILE LOOP 문

제어 조건이 TRUE인 동안만 일련의 문장을 반복하기 위해 WHILE LOOP 문장을 사용합니다. 조건은 반복이 시작될 때 체크하게 되어 LOOP 내의 문장이 한 번도 수행되지 않을 경우도 있습니다. LOOP를 시작할 때 조건이 FALSE이면 반복 문장을 탈출하게 됩니다.

형식
```
WHILE  condition  LOOP
   statement1;
   statement2;
   . . . . . .
END  LOOP
```

다음은 WHILE LOOP 문으로 1부터 5까지 출력하는 예제입니다.

예제 WHILE LOOP 문으로 1부터 5까지 출력하기

```
01 DECLARE
02   N NUMBER := 1;
03 BEGIN
04   WHILE N <= 5 LOOP
05     DBMS_OUTPUT.PUT_LINE( N );
06     N := N + 1;
07   END LOOP;
08 END;
09 /
```

```
1
2
3
4
5
```

첫 번째 미션 해결하기

PL/SQL 문으로 급여를 인상하라!

01. PL/SQL 문으로 급여 인상하기

1 S_EMP 테이블 생성하기

```
01 CREATE TABLE S_EMP
02 AS
03 SELECT * FROM EMP;
```

2 PL/SQL 문으로 김사랑 사원의 급여를 조건에 맞게 인상합니다.

> **조건** 영업이면 급여를 10% 인상하고, 그렇지 않으면 5% 인상

```
01 DECLARE
02    VEMP      S_EMP%ROWTYPE;
03    VDEPTNO   S_EMP.DEPTNO%TYPE;
04    VPERCENT  NUMBER(2);
05 BEGIN
06    SELECT DEPTNO INTO VDEPTNO
07    FROM DEPT
08    WHERE DNAME LIKE '%영업%';
09
10    SELECT * INTO VEMP
11    FROM S_EMP
12    WHERE ENAME='김사랑';
13
14    IF VEMP.DEPTNO  =  VDEPTNO THEN
15       VPERCENT := 10;
16    ELSE
```

```
17        VPERCENT := 5;
18    END IF;
19
20    UPDATE S_EMP
21    SET SAL = SAL + SAL*VPERCENT/100
22    WHERE ENAME='김사랑';
23    COMMIT;
24    END;
25  /
```

마무리

1. PL/SQL은 선언부, 실행부, 예외 처리부 3개의 블록으로 나뉩니다.

2. PL/SQL에서는 스칼라 변수와 레퍼런스 변수를 사용합니다.

3. 선택문으로는 IF ~ THEN ~ END IF, IF ~ THEN ~ ELSE ~ END IF, IF ~ THEN ~ ELSIF ~ ELSE ~ END IF 3가지가 제공됩니다.

4. 반복 처리를 위해서 FOR ~ LOOP 문이 제공됩니다.

도전 Quiz

1. 다음은 연봉을 구하는 예제입니다. 빈 공란을 채우시오.

   연봉 계산을 위해 "급여*12+커미션"이란 공식을 사용하겠습니다. COMM 컬럼 값이 NULL이면 연산 결과인 연봉 역시 NULL이 구해집니다. 따라서 커미션 컬럼이 NULL 값일 때는 0 값으로 바꿔줘야 올바른 연봉 계산을 할 수 있게 됩니다.

```
01 DECLARE
02  -- %ROWTYPE로 행단위로를 저장하는 레퍼런스 변수 선언
03   VEMP EMP%ROWTYPE;
04   ANNSAL NUMBER(7,2);
05 BEGIN
06  -- 김사랑 사원의 전체 정보를 행 단위로 VEMP에 저장한다.
07   SELECT * INTO VEMP
08   FROM EMP
09   WHERE ENAME='김사랑';
10
11  -- 커미션이 NULL일 경우 0으로 변경해야 올바른 연봉 계산
12  ❶_____
13  ❷_____
14  ❸_____
15  -- 스칼라 변수에 연봉을 계산할 결과를 저장한다.
16   ANNSAL:=VEMP.SAL*12+VEMP.COMM ;
17
18  -- 결과 출력
19   DBMS_OUTPUT.PUT_LINE('사번 / 이름 / 연봉');
20   DBMS_OUTPUT.PUT_LINE('-------------------------');
21   DBMS_OUTPUT.PUT_LINE(VEMP.EMPNO||' /'
22            ||VEMP.ENAME||' /'||ANNSAL);
23 END;
24 /
```

```
사번 / 이름 / 연봉
--------------------
1001 /김사랑 /3600
```

2. 다음은 BASIC LOOP 문으로 구구단의 5단을 출력하는 예제입니다. 공란을 채우시오.

```
01 DECLARE
```

```
02   DAN  NUMBER := 5;
03   I  NUMBER := 1;
04 BEGIN
05   LOOP
06     DBMS_OUTPUT.PUT_LINE(
07         DAN || ' * ' || I ||' = '|| (DAN*I) );
08     ❶ _____
09     IF ❷_____ THEN
10         ❸_____
11     END IF;
12     ❹_____
13 END;
14 /
```

```
5 * 1 = 5
5 * 2 = 10
5 * 3 = 15
5 * 4 = 20
5 * 5 = 25
5 * 6 = 30
5 * 7 = 35
5 * 8 = 40
5 * 9 = 45
```

3. 다음은 FOR 문으로 부서 번호를 계산한 후 이를 SELECT 문의 WHERE 절에 지정하여 부서 정보를 얻어오는 예입니다. 빈 공란을 채우시오.

```
01 DECLARE
02     ❶_____
03 BEGIN
04   DBMS_OUTPUT.PUT_LINE('부서번호 / 부서명 / 지역명');
05   DBMS_OUTPUT.PUT_LINE('-----------------------');
06   -- CNT는 1부터 1씩 증가하다가 4가 되면 반복문을 벗어남
07     ❷_____
08     SELECT * INTO VDEPT
09     FROM DEPT
10     WHERE DEPTNO=10*CNT;
11
12     DBMS_OUTPUT.PUT_LINE(VDEPT.DEPTNO || ' / '
13         || VDEPT.DNAME || ' / ' || VDEPT.LOC);
14   END LOOP;
15 END;
16 /
```

```
부서번호  /  부서명  /  지역명
-----------------------
10      / 경리부 / 서울
20      / 인사부 / 인천
30      / 영업부 / 용인
40      / 전산부 / 수원
```

4. 다음은 WHILE LOOP 문으로 별을 삼각형 구도로 출력하는 예입니다. 빈 공란을 채우시오.

```
01 DECLARE
02   V_CNT  NUMBER := 1;
03   V_STR  VARCHAR2(10) := NULL;
04 BEGIN
05   WHILE ❶_____ LOOP
06     V_STR := V_STR || '*';
07     DBMS_OUTPUT.PUT_LINE(V_STR);
08     ❷_____
09   ❸_____
10 END;
11 /
```

```
*
**
***
****
*****
```

5. 다음은 %TYPE의 예입니다. 어떤 의미인지 설명하시오.

```
vename   emp.ename%TYPE;
```

6. 다음 중 PLSQL 블록의 변수 유형이 아닌 것은?

   ❶ SCLAR 변수   ❷ %TYPE 변수

   ❸ GLOBAL 변수   ❹ %ROWTYPE 변수

16 저장 프로시저, 저장 함수, 트리거

이번 장에서는 자주 사용되는 쿼리문을 모듈화시켜서 필요할 때마다 호출하여 사용하는 저장 프로시저와 함수를 생성하고, 고치고, 지우는 작업들을 학습하겠습니다.

SQL*Plus에서는 SELECT 문을 수행하고 난 후 반환되는 행의 개수에는 신경을 쓰지 않았습니다. 그런데 15장에서 실습한 예제에서 PL/SQL에서는 한 개의 행만을 반환하는 SELECT 문을 사용했습니다. 한 개 이상의 행을 조회하면 오류가 발생하므로 이를 위해서는 반드시 커서(Cursor)를 사용해야 합니다. 그러므로 커서에 대한 개념과 커서를 사용하기 위한 방법도 살펴보도록 하겠습니다.

어떤 이벤트가 발생하면 자동적으로 방아쇠가 당겨져 총알이 발사되듯이 특정 테이블이 변경되면 이를 이벤트로 다른 테이블이 변경되도록 하기 위해서 사용하는 트리거가 제공됩니다. 오라클에서 트리거를 정의하고 사용하는 방법에 대해서도 학습하겠습니다.

도전 미션

첫 번째 미션: 점수가 주어졌을 때 학점을 구하라!

두 번째 미션: 상품을 주문하였을 때 이에 연동하여 재고 처리를 하는 트리거를 작성하라!

학습 내용

Section **01.** 저장 프로시저

Section **02.** 저장 함수

Section **03.** 커서

Section **04.** 트리거

ACTUAL MISSION ORACLE

첫 번째 미션

점수가 주어졌을 때 학점을 구하라!

01. 오라클에서 성적 처리 테이블을 생성하시오. 다음은 생성된 성적 테이블의 구조입니다.

[예제] 성적 테이블의 구조 살피기

```
01 DESC SUNG
```

이름	널	유형
HAKBUN	NOT NULL	NUMBER(4)
HAKNAME		CHAR(20)
KOR		NUMBER(4)
ENG		NUMBER(4)
MAT		NUMBER(4)
TOT		NUMBER(4)
AVG		NUMBER(4)
RANK		NUMBER(4)

02. 오라클에서 성적 처리 테이블에 성적을 추가하시오.

[예제] 성적 정보 조회하기

```
01 select * from sung;
```

HAKBUN	HAKNAME	KOR	ENG	MAT	TOT	AVG	RANK
1	일길동	90	70	80	-	-	-
2	이길동	100	70	80	-	-	-
3	삼길동	100	70	85	-	-	-
4	이길동	100	70	90	-	-	-
5	삼길동	100	70	85	-	-	-
6	일길동	90	70	80	-	-	-

03. 테이블에 학번, 이름, 국어, 영어, 수학 점수를 입력하면 총점과 평균이 자동으로 계산되고 등수를 구하는 저장 프로시저를 작성합니다. 이를 호출하여 등수가 제대로 구해지는지 확인합시다. 다음은 저장 프로시저 SP_RANK가 성공적으로 작성되었다는 가정 하에 실습한 결과입니다. 동점 처리까지 완벽하게 처리되는 저장 프로시저를 만드시오.

예제 저장 프로시저를 실행하기

```
01 EXECUTE SP_RANK
```

예제 성적 정보 조회하기

```
01 select * from sung;
```

HAKBUN	HAKNAME	KOR	ENG	MAT	TOT	AVG	RANK
1	일길동	90	70	80	240	80	5
2	이길동	100	70	80	250	83	4
3	삼길동	100	70	85	255	85	2
4	이길동	100	70	90	260	87	1
5	삼길동	100	70	85	255	85	2
6	일길동	90	70	80	240	80	5

두 번째 미션

상품을 주문하였을 때 이에 연동하여 재고 처리를 하는 트리거를 작성하라!

상품을 주문하게 되면 주문량에 연동하여 재고량을 처리하기 위해 트리거를 작성해 봅시다.
상품이 주문되면 상품 테이블의 재고 수량이 변경되어야 합니다. 이러한 작업을 주문이 일어
날 때마다 매번 사용자가 처리한다면 번거롭습니다. 이러한 수고스러움을 덜 수 있도록 하기
위해서 주문된 상품에 대한 재고량 파악을 트리거를 통해서 일어나도록 작성해 봅시다.

01. 주문 처리를 위한 테이블을 생성하시오. 다음은 생성된 테이블의 구조입니다.

> **예제** 주문 테이블의 구조 살피기

```
01 DESC orderTbl
```

```
이름            널        유형
------------ -------- ------------
ORDER_NO     NOT NULL NUMBER(4)
USER_ID               VARCHAR2(30)
PRODUCT_NAME          VARCHAR2(30)
ORDER_AMOUNT          NUMBER(4)
```

> **예제** 상품 테이블의 구조 살피기

```
01 DESC productTbl
```

```
이름            널 유형
------------ - ------------
PRODUCT_NAME   VARCHAR2(30)
AMOUNT         NUMBER(4)
```

02. 상품 테이블에 상품 정보를 추가하시오.

> **예제** 상품 정보 조회하기

```
01 select * from productTbl ;
```

PRODUCT_NAME	AMOUNT
컴퓨터	50
핸드폰	300
pmp	120
mp3 player	200
디지털 카메라	150
노트북	45
스쿠터	30

03. 고객이 물건을 주문을 하게 되면 주문 테이블에 주문 내역이 insert되면서 주문한 물건의 개수만큼을 상품 테이블에서 빼는 업데이트 작업을 수행하는 트리거를 생성합시다.

예제 상품 주문하기

```
01 insert into orderTbl values (1, 'user1', '컴퓨터', 10);
```

트리거가 생성된 후에 고객이 상품을 주문하게 되면 자동으로 상품 테이블의 재고량이 감소합니다.

예제 주문 정보 조회하기

```
01 select * from orderTbl ;
```

ORDER_NO	USER_ID	PRODUCT_NAME	ORDER_AMOUNT
1	user1	컴퓨터	10

예제 상품 정보 조회하기

```
01 select * from productTbl ;
```

PRODUCT_NAME	AMOUNT
컴퓨터	40
핸드폰	300
pmp	120
mp3 player	200
디지털 카메라	150
노트북	45
스쿠터	30

지금까지 실습한 예제는 한 번 실행하면 결과 값을 돌려주고 끝나는 예제였습니다. 경우에 따라서는 우리가 만든 PL/SQL을 저장해 놓을 수 있다면, 필요한 경우 여러 번 호출하여 사용할 수 있을 것입니다. 오라클은 사용자가 만든 PL/SQL 문을 데이터베이스에 저장할 수 있도록 저장 프로시저라는 것을 제공합니다.

이렇게 저장 프로시저를 사용하면 복잡한 DML 문을 필요할 때마다 다시 입력할 필요 없이 간단하게 호출만 해서 복잡한 DML 문의 실행 결과를 얻을 수 있습니다. 저장 프로시저를 사용하면 성능도 향상되고, 호환성 문제도 해결됩니다. 자, 이제 저장 프로시저를 생성하는 방법을 학습해 봅시다.

저장 프로시저를 생성하기 위한 CREATE PROCEDURE의 형식은 다음과 같습니다.

형식

```
CREATE [OR REPLACE ] PROCEDURE   prcedure_name
    ( argument1 [mode] data_taye,
      argument2 [mode] data_taye . . .
    )
IS
    local_variable declaration
BEGIN
    statement1;
    statement2;
    . . .
END;
/
```

저장 프로시저를 생성하려면 CREATE PROCEDURE 다음에 새롭게 생성하고자 하는 프로시저 이름을 기술합니다. 이렇게 해서 생성한 저장 프로시저는 여러 번 반복해서 호출해서 사용할 수 있다는 장점이 있습니다. 생성된 저장 프로시저를 제거하기 위해서는 DROP PROCEDURE 다음에 제거하고자 하는 프로시저 이름을 기술합니다.

OR REPLACE 옵션은 이미 학습한 대로 이미 같은 이름으로 저장 프로시저를 생성할 경우, 기존 프로시저는 삭제하고 지금 새롭게 기술한 내용으로 재생성하도록 하는 옵션입니다.

프로시저는 어떤 값을 전달받아서 그 값에 의해서 서로 다른 결과물을 구하게 됩니다. 값을 프로시저에 전달하기 위해서 프로시저 이름 다음에 괄호로 둘러 싼 부분에 전달 받을 값을 저장할 변수를 기술합니다. 이를 ARGUMENT 우리나라 말로 매개 변수라고 합니다. 프로시저는 매개 변수의 값에 따라 서로 다른 동작을 수행하게 됩니다.

[MODE]는 IN과 OUT, INOUT 세 가지를 기술할 수 있는데, IN은 데이터를 전달 받을 때 쓰고, OUT은 수행된 결과를 받아갈 때 사용합니다. INOUT은 두 가지 목적에 모두 사용됩니다. 사원 테이블에 저장된 모든 사원을 삭제하는 프로시저를 작성해 보도록 하겠습니다.

직접 해보기 저장 프로시저 생성하기

☐ 모든 사원을 삭제하는 프로시저를 실행시키기 위해서 미리 사원 테이블을 복사해서 새로운 사원 테이블을 만들어 놓읍시다.

예제 사원 테이블 삭제하기

```
01 drop table emp01;
```

예제 사원 테이블 생성하기

```
01 create table emp01
02 as
03 select *  from emp;
```

예제 사원 정보 조회하기

```
01 select * from emp01;
```

EMPNO	ENAME	JOB	MGR	HIREDATE	SAL	COMM	DEPTNO
1001	김사랑	사원	1013	07/03/01	300	-	20
1002	한예슬	대리	1005	07/04/02	250	80	30
1003	오지호	과장	1005	05/02/10	500	100	30
1004	이병헌	부장	1008	03/09/02	600	-	20
1005	신동협	과장	1005	05/04/07	450	200	30
1006	장동건	부장	1008	03/10/09	480	-	30
1007	이문세	부장	1008	04/01/08	520	-	10
1008	감우성	차장	1003	04/03/08	500	0	30
1009	안성기	사장	-	96/10/04	1000	-	20
1010	이병헌	과장	1003	05/04/07	500	-	10
1011	조항기	사원	1007	07/03/01	280	-	30
1012	강혜정	사원	1006	07/08/09	300	-	20
1013	박중훈	부장	1003	02/10/09	560	-	20
1014	조인성	사원	1006	07/11/09	250	-	10

② 다음과 같이 저장 프로시저를 만듭니다.

예제 　저장 프로시저 만들기

```
01 create or replace procedure del_all
02 is
03 begin
04    delete from emp01;
05    commit;
06 end;
07 /
```

PROCEDURE DEL_ALL이(가) 컴파일되었습니다.

③ 생성된 저장 프로시저는 EXECUTE 명령어로 실행시킵니다.

예제 　저장 프로시저 실행하기

```
01 execute del_all
```

익명 블록이 완료되었습니다.

④ DEL_ALL 저장 프로시저가 제대로 실행되었다면 EMP01 테이블의 모든 내용이 삭제되어 있을 것입니다.

```
01 select * from emp01;
```

데이터를 찾을 수 없습니다.

1.1 저장 프로시저 조회하기

저장 프로시저를 작성한 후, 사용자가 저장 프로시저가 생성되었는지 확인하려면 USER_SOURCE 살펴보면 됩니다. 다음은 USER_SOURCE의 구조입니다.

예제 데이터 딕셔너리 USER_SOURCE 구조 살피기

```
01 DESC USER_SOURCE
```

이름	널	유형
NAME		VARCHAR2(30)
TYPE		VARCHAR2(12)
LINE		NUMBER
TEXT		VARCHAR2(4000)

NAME 컬럼은 저장 프로시저 이름을 저장하고 있는 컬럼이고, TEXT 컬럼은 프로시저 소스를 저장하고 있습니다.

예제 USER_SOURCE로 저장 프로시저 살피기

```
01 select name, text from user_source;
```

NAME	TEXT
DEL_ALL	procedure del_all
DEL_ALL	is
DEL_ALL	begin
DEL_ALL	delete from emp01;
DEL_ALL	commit;
DEL_ALL	end;

USER_SOURCE의 내용을 조회하면 어떤 저장 프로시저가 생성되어 있는지와 해당 프로시저의 내용이 무엇인지 확인할 수 있습니다.

1.2 저장 프로시저의 매개 변수

DEL_ALL 저장 프로시저는 사원 테이블의 모든 내용을 삭제합니다. 만일 특정 사원만을 삭제하려면 어떻게 해야 할까요? 저장 프로시저를 생성할 때 삭제하고자 하는 사원의 이름이나 사원 번호를 프로시저에 전달해 주어, 이와 일치하는 사원을 삭제하면 됩니다. 저장 프로시저에 값을 전달해 주기 위해서 매개 변수를 사용됩니다. 매개 변수가 있는 저장 프로시저는 다음과 같이 정의합니다.

예제 매개 변수가 있는 저장 프로시저 만들기

```
01 create or replace procedure
02        del_ename(vename emp01.ename%type)
03 is
04 begin
05   delete from emp01 where ename like vename;
06   commit;
07 end;
08 /
```

저장 프로시저 이름인 DEL_ENAME 다음에 ( )를 추가하여, 그 안에 선언한 변수가 매개 변수입니다. 이 매개 변수에 값은 프로시저를 호출할 때 전달해 줍니다.

예제 매개 변수가 있는 저장 프로시저 실행하기

```
01 execute del_ename('이%');
```

프로시저를 호출할 때 '이%'를 전달해 주면 이 값이 VENAME에 저장됩니다. 그러면 저장 프로시저 DEL_ENAME은 VNAME과 일치되는 사원을 찾아서 삭제하게 됩니다.

이번에는 사원 테이블에 저장된 모든 사원을 삭제하는 것이 아니고, 사원 이름을 검색하여 해당 사원
이 존재하면 해당 테이블을 삭제해 봅시다.

1 우선 사원 테이블을 복사해서 EMP01 테이블을 생성합시다.

예제 사원 테이블 삭제하기

```
01 drop table emp01;
```

예제 사원 테이블 생성하기

```
01 create table emp01
02 as
03 select *  from emp;
```

예제 사원 정보 조회하기

```
01 select * from emp01;
```

EMPNO	ENAME	JOB	MGR	HIREDATE	SAL	COMM	DEPTNO
1001	김사랑	사원	1013	07/03/01	300	-	20
1002	한예슬	대리	1005	07/04/02	250	80	30
1003	오지호	과장	1005	05/02/10	500	100	30
1004	이병헌	부장	1008	03/09/02	600	-	20
1005	신동협	과장	1005	05/04/07	450	200	30
1006	장동건	부장	1008	03/10/09	480	-	30
1007	이문세	부장	1008	04/01/08	520	-	10
1008	감우성	차장	1003	04/03/08	500	0	30
1009	안성기	사장	-	96/10/04	1000	-	20
1010	이병헌	과장	1003	05/04/07	500	-	10
1011	조항기	사원	1007	07/03/01	280	-	30
1012	강혜정	사원	1006	07/08/09	300	-	20
1013	박중훈	부장	1003	02/10/09	560	-	20
1014	조인성	사원	1006	07/11/09	250	-	10

2 저장 프로시저를 생성합니다.

예제 매개 변수가 있는 저장 프로시저 만들기

```
01 create or replace procedure
02        del_ename(vename emp01.ename%type)
03 is
04 begin
05    delete from emp01 where ename like vename;
06    commit;
07 end;
08 /
```

PROCEDURE DEL_ENAME이(가) 컴파일되었습니다.

❸ 생성된 저장 프로시저는 EXECUTE 명령어로 실행시킵니다. DEL_ENAME은 매개 변수를 가지므로 프로시저를 호출할 때 '이%'를 전달해 줍니다.

예제 매개 변수가 있는 저장 프로시저 실행하기

```
01 execute del_ename('이%');
```

DEL_ENAME 저장 프로시저가 제대로 실행되었기에 EMP01 테이블에 '이씨' 성을 가진 사원의 정보가 삭제된 것을 확인할 수 있습니다.

예제 사원 정보 조회하기

```
01 select * from emp01;
```

EMPNO	ENAME	JOB	MGR	HIREDATE	SAL	COMM	DEPTNO
1001	김사랑	사원	1013	07/03/01	300	-	20
1002	한예슬	대리	1005	07/04/02	250	80	30
1003	오지호	과장	1005	05/02/10	500	100	30
1005	신동협	과장	1005	05/04/07	450	200	30
1006	장동건	부장	1008	03/10/09	480	-	30
1008	감우성	차장	1003	04/03/08	500	0	30
1009	안성기	사장	-	96/10/04	1000	-	20
1011	조항기	사원	1007	07/03/01	280	-	30
1012	강혜정	사원	1006	07/08/09	300	-	20
1013	박중훈	부장	1003	02/10/09	560	-	20
1014	조인성	사원	1006	07/11/09	250	-	10

1.3 IN, OUT, INOUT 매개 변수

CREATE PROCEDURE로 프로시저를 생성할 때 MODE를 지정하여 매개 변수를 선언할 수 있는데, MODE에 IN, OUT, INOUT 세 가지를 기술할 수 있습니다. IN은 데이터를 전달 받을 때 쓰고, OUT은 수행된 결과를 받아갈 때 사용합니다. INOUT은 두 가지 목적에 모두 사용됩니다. 이번에는 MODE를 지정하면 어떠한 기능이 부여되는지 자세히 살펴보기로 합시다.

1) IN 매개 변수

앞선 예제 중에서 매개 변수로 사원의 이름을 전달받아서 해당 사원을 삭제하는 프로시저인 DEL_ENAME을 작성해 보았습니다. DEL_ENAME 프로시저에서 사용된 매개 변수는 프로시저를 호출할 때 기술한 값을 프로시저 내부에서 받아서 사용하고 있습니다.

```
EXECUTE DEL_ENAME('이%');



CREATE PROCEDURE DEL_ENAME(VENAME EMP01.ENAME%TYPE)
```

이렇게 프로시저 호출 시 넘겨준 값을 받아오기 위한 매개 변수는 MODE를 IN으로 지정해서 선언합니다.

```
CREATE PROCEDURE DEL_ENAME(VENAME IN EMP01.ENAME%TYPE)
```

2) OUT 매개 변수

프로시저에 구한 결과 값을 얻어 내기 위해서는 MODE를 OUT으로 지정합니다. 다음은 저장 프로시저를 생성할 때 IN, OUT 매개 변수를 사용한 예입니다.

예제　매개 변수가 있는 저장 프로시저 만들기

```
01 create or replace procedure sel_empno
02 ( vempno in emp.empno%type,
03   vename out emp.ename%type,
04   vsal out emp.sal%type,
05   vjob out emp.job%type
06 )
```

```
07 is
08 begin
09    select ename, sal, job into vename, vsal, vjob
10    from emp
11    where empno=vempno;
12 end;
13 /
```

사원 번호로 특정 고객을 조회할 것이기 때문에 사원 번호를 IN으로 지정합니다. 조회해서 얻은 고객의 정보 중에서, 고객의 이름과 급여와 담당 업무를 얻어오기 위해서, 이름과 급여와 담당 업무 컬럼을 OUT으로 지정하였습니다.

저장 프로시저 SEL_EMPNO를 호출할 때에도 이전과 마찬가지로 EXECUTE 명령어로 실행시킵니다. OUT 매개 변수에는 값을 받아오기 위해서는 프로시저 호출 시 변수 앞에 콜론(:)을 덧붙입니다. 지금까지 프로시저를 호출할 때 모드를 IN으로 지정했고 이 매개 변수에는 값을 지정했습니다. 모드가 OUT으로 지정한 매개 변수는 프로시저에서 실행한 결과를 되돌려 받아야 하므로 반드시 매개 변수에 변수를 지정해야 합니다. 콜론(:)을 덧붙여주는 변수는 미리 다음과 같이 선언되어 있어야 합니다. 이렇게 프로시저 수행 후 구해진 결과를 SQL*PLUS에서 받아오기 위해서 사용하는 변수를 바인드 변수라고 합니다. 바인드 변수는 다음과 같이 선언합니다.

예제 바인드 변수 선언하기

```
01 variable var_ename varchar2(15);
02 variable var_sal number;
03 variable var_job varchar2(9);
```

이번에는 프로시저를 호출해 보도록 합시다. 생성된 저장 프로시저는 EXECUTE 명령어로 실행시킵니다. 선언된 변수에 값을 받아오기 위해서는 프로시저 호출 시 변수 앞에 콜론(:)을 덧붙입니다.

예제 저장 프로시저 실행하기

```
01 execute sel_empno(1001, :var_ename, :var_sal, :var_job)
```

프로시저의 매개 변수와 바인드 변수의 이름이 동일할 필요는 없지만, 자료형은 반드시 동일해야 한다는 점에 주의하기 바랍니다.

이렇게 해서 얻어온 프로시저의 결과 값을 PRINT 명령을 이용해서 출력합니다.

예제 바인드 변수 출력하기

```
01 print var_ename
02 print var_sal
03 print var_job
```

```
VAR_ENAME
---
김사랑


VAR_SAL
---
300


VAR_JOB
--
사원
```

1.4 저장 프로시저의 특징

대부분의 경우 저장 프로시저는 일반적인 SQL 문을 사용하는 것보다 시스템의 성능을 많이 향상시킵니다. 그 이유는 일반 SQL 문과 저장 프로시저의 내부 처리 방식을 확인해 보면 알 수 있습니다.

1) 일반 SQL 문의 처리 방식

다음은 가장 일반적인 경우로서 클라이언트 응용 프로그램이 SQL 문을 직접 내장하고 있거나, 때론 쿼리 분석기 같이 사용자가 직접 쿼리를 입력하는 경우를 의미합니다.

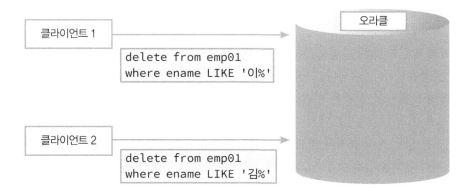

이때는 클라이언트 응용 프로그램에서 실행하고자 하는 모든 SQL 문을 네트워크를 통해서 서버 컴퓨터에 전달합니다. 여러 클라이언트 컴퓨터에서 대량의 복잡한 쿼리를 반복적으로 실행할 때는 그만큼 네트워크 트래픽(traffic)이 늘어나며, 서버에서도 그만큼 처리해야 할 일이 늘어나게 됩니다.

2) 저장 프로시저의 처리 방식

오라클에서 지원하는 저장 프로시저는 기본적으로 C나 다른 언어에서 사용하는 함수의 개념과 동일합니다. 다만 저장 프로시저는 클라이언트 응용 프로그램에서 반복적으로 같은 처리를 할 때 매번 같은 SQL 문들을 서버에 보내는 대신에, 미리 그 정의를 서버에 저장해 두고, 클라이언트에서는 단순히 이 프로시저를 적당한 매개 변수와 함께 호출만 해주면, 서버에서 해당 프로시저의 정의를 읽어서 곧바로 실행하게 되는 것입니다.

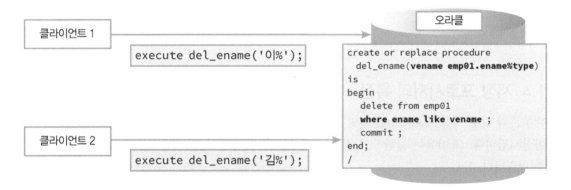

그러므로 저장 프로시저를 사용하면 클라이언트/서버 간 네트워크 트래픽이 줄어들며, 서버에서는 미리 복잡한 쿼리를 모아서 좀 더 실행하기 좋은 형식으로 관리할 수 있어, 그만큼 처리 속도가 빨라집니다.

3) 저장 프로시저의 장점

저장 프로시저의 장점에 대해 살펴보겠습니다. 저장 프로시저를 사용하면 여러 클라이언트가 업무 규칙을 공유할 수 있습니다. 저장 프로시저는 다수의 다양한 클라이언트 응용 프로그램에서 서버에 보낼 SQL 문들을 미리 모아서, 서버에서 관리하는 데이터로 저장해 둔 것입니다. 그러므로 여러 클라이언트에서 서버에 저장해 둔 SQL 문을 함께 사용할 수 있습니다. 그리고 이것은 업무 처리 규칙이 바뀌었을 때도, 모든 클라이언트 응용 프로그램이 서버에 바뀐 업무 처리 규칙을 공유할 수 있으므로, 클라이언트마다 따로 조치를 처리해 줄 필요가 없습니다. 속도 문제에 있어서는 두 가지 면에서 장점이 있습니다. 하나는 SQL이 이미 서버에서 SQL 구문 검사를 끝난 상태에서 대기하고 있다가, 호출만 되면 바로 실행을 한다는 것입니다. 저장 프로시저로 처리하지 않으면, 일일이 SQL 문을 보내서 그 구문이 실행될 때마다 SQL 구문 검사가 매번 실행되어 속도가 느려집니다. 또 하나는 네트워크에서 오고 가는 긴 SQL 문의 네트워크 트래픽도 줄일 수 있다는 것입니다. 복잡한 SQL 문 코딩은 그 라인이 몇 백 라인도 됩니다. 그 많은 SQL들이 네트워크에서 오고 간다면, 네트워크 트래픽을 무시하지 못합니다. 저장 프로시저 방식의 경우 그 저장 프로시저의 이름만 호출하기 위해 네트워크 상에서 왔다 갔다 하므로, 비교적 훨씬 적은 데이터가 네트워크 상에서 움직입니다.

저장 함수는 저장 프로시저와 거의 유사한 용도로 사용합니다. 차이점이라곤 저장 함수는 실행 결과를 되돌려 받을 수 있다는 점입니다. 다음은 저장 함수를 만드는 기본 형식입니다.

형식
```
CREATE [OR REPLACE ] FUNCTION  function_name
    ( argument1 [mode] data_taye,
      argument2 [mode] data_taye . . .
    )
IS
    RETURN   data_type;
BEGIN
    statement1;
    statement2;
    RETURN   variable_name;
END;
```

프로시저를 만들 때에는 PROCEDURE라고 기술하지만, 함수를 만들 때에는 FUNCTION 이라고 기술합니다. 함수는 결과를 되돌려 받기 위해서 함수가 되돌려 받게 되는 자료형과 되돌려 받을 값을 기술해야 합니다.

저장 함수는 호출 결과를 얻어오기 위해서 호출 방식에 있어서도 저장 프로시저와 차이점이 있습니다.

형식
```
 EXECUTE :varable_name := function_name(argument_list);
```

다음은 특별 보너스를 지급하기 위한 저장 함수를 작성해 봅시다. 보너스는 급여의 200%를 지급한다고 합시다.

1 저장 함수를 생성합니다.

예제 저장 함수 만들기

```
01 create or replace function cal_bonus(
02       vempno in emp.empno%type )
03   return number
04 is
05   vsal number(7, 2);
06 begin
07   select sal into vsal
08   from emp
09   where empno = vempno;
10
11   return (vsal * 200);
12 end;
13 /
```

```
FUNCTION CAL_BONUS이(가)  컴파일되었습니다.
```

03: 함수 cal_bonus에 의해서 되돌려지는 값은 수치 데이터입니다.

05: 함수 cal_bonus 내부에서만 사용할 지역 변수 vsal을 선언합니다.

07: 매개 변수 vempno로 사원을 조회하여 급여 컬럼 값을 얻어내서 vsal에 저장합니다.

11: 조회 결과로 얻어진 급여로 보너스를 구해서 함수의 결과 값으로 되돌립니다.

2 이번에는 프로시저를 호출해 보도록 합시다. 우선 함수의 결과 값을 저장할 변수를 선언한 후에 아래와 같이 함수를 호출합니다.

예제 바인드 변수 선언하기

```
01 variable  var_res  number;
```

예제 저장 프로시저 실행하기

```
01 execute :var_res := cal_bonus(1001);
```

결과 값은 := 연산자 왼쪽 변수인 VAR_RES에 저장됩니다.

❸ 이 변수의 값을 출력하여 구해진 보너스를 확인합니다.

> **예제** 바인드 변수 출력하기

```
01 print  var_res;
```

```
VAR_RES
-----
60000
```

❹ 저장 함수를 호출하는 문장을 SQL 문에 포함할 수 있습니다.

> **예제** SQL 문에서 저장 함수를 호출하는 문장을 포함하기

```
01 select sal, cal_bonus(1001)
02 from emp
03 where empno=1001;
```

SAL	CAL_BONUS(1001)
300	60000

앞선 PL/SQL 예제에서는 처리 결과가 1개의 행인 SELECT 문만을 다루었습니다. 하지만 대부분의 SELECT 문은 수행 후 반환되는 행의 개수가 한 개 이상입니다.

처리 결과가 여러 개의 행으로 구해지는 SELECT 문을 처리하려면 지금부터 학습할 커서를 이용해야 합니다.

형식

```
DECLARE
-- 커서 선언
CURSOR cursor_name IS statement;
BEGIN
-- 커서 열기
OPEN cursor_name;
--커서로부터 데이터를 읽어와 변수에 저장
FECTCH cur_name INTO variable_name;
--커서 닫기
CLOSE cursor_name;
END;
```

다음은 CURSOR의 흐름도입니다.

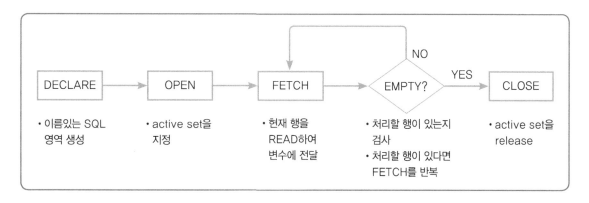

DECLARE CURSOR

명시적으로 CURSOR를 선언하기 위해 CURSOR 문장을 사용합니다.

```
CURSOR   cursor_name
IS
select_statement;
```

구문	의미
cursor_name	PL/SQL 식별자
select_statement	INTO 절이 없는 SELECT 문장

부서 테이블의 모든 내용을 조회하는 SELECT 문의 결과를 얻으려면 어떻게 해야 할까요? 오라클에서 제공해 주는 DEPT 테이블에는 4개의 로우가 저장되어 있습니다. 그러므로 "SE-LECT * FROM DEPT"의 결과도 4개의 로우로 반환되므로, 이를 저장하기 위해서는 커서로 선언해야 합니다.

예제 커서 선언하기

```
01 cursor c1
02 is
03 select *  from  dept;
```

OPEN CURSOR

질의를 수행하고 검색 조건을 충족하는 모든 행으로 구성된 결과 셋을 생성하기 위해 CURSOR를 OPEN합니다. CURSOR는 결과 셋에서 첫 번째 행을 가리킵니다.

```
OPEN cursor_name;
```

부서 테이블의 모든 내용을 조회하는 SELECT 문과 연결된 커서 C1을 오픈합니다.

예제 커서 열기

```
01 open c1;
```

C1을 오픈하면 검색 조건에 만족하는 모든 행으로 구성된 결과 셋이 구해지고, 부서 테이블의 첫 번째 행을 가리키게 됩니다.

FETCH CURSOR

FETCH 문은 결과 셋에서 로우 단위로 데이터를 읽어 들입니다. 인출(FETCH)한 후에 CURSOR는 결과 셋에서 다음 행으로 이동합니다.

> **형식**
> **FETCH** cursor_name **INTO** {variable1[,variable2, ...]};

FETCH 문장은 현재 행에 대한 정보를 얻어 와서 INTO 뒤에 기술한 변수에 저장한 후 다음 행으로 이동합니다. 얻어진 여러 개의 로우에 대한 결과 값을 모두 처리하려면 반복문에 FETCH 문을 기술해야 합니다.

> **예제** 커서 실행하기

```
01 loop
02    fetch c1 into vdept.deptno, vdept.dname, vdept.loc;
03    exit when c1%notfound;
04 end loop;
```

커서가 끝에 위치하게 되면 반복문을 탈출해야 합니다. 단순 LOOP는 내부에 EXIT WHEN 문장을 포함하고 있다가 EXIT WHEN 다음에 기술한 조건에 만족하면 단순 LOOP를 탈출하게 됩니다.

반복문을 탈출할 조건으로 "C1%NOTFOUND"를 기술하였습니다. NOTFOUND는 커서의 상태를 알려주는 속성 중에 하나인데, 커서 영역의 자료가 모두 FETCH됐다면 TRUE를 되돌립니다.

커서 C1 영역의 자료가 모두 FETCH되면 반복문을 탈출하게 됩니다.

커서의 상태

FETCH 문을 설명하면서 커서의 속성 중에 NOTFOUND를 언급하였습니다. 오라클에서는 이외에도 다양한 커서의 속성을 통해 커서의 상태를 알려주는데, 이 속성을 이용해서 커서를 제어해야 합니다.

속성	의미
%NOTFOUND	커서 영역의 자료가 모두 FETCH됐었다면 TRUE
%FOUND	커서 영역에 FETCH되지 않은 자료가 있다면 TRUE
%ISOPEN	커서가 OPEN된 상태이면 TRUE
%ROWCOUNT	커서가 얻어 온 레코드의 개수

CLOSE CURSOR

CLOSE 문장은 CURSOR를 사용할 수 없게 하고, 결과 셋의 정의를 해제합니다. SELECT 문장이 다 처리되고 완성된 후에는 CURSOR를 닫습니다. 필요하다면 CURSOR를 다시 열 수도 있습니다.

형식

```
CLOSE  cursor_name;
```

직접 해보기 부서 테이블의 모든 내용을 조회하기

1 커서를 사용하여 부서 테이블의 모든 내용을 출력하는 저장 프로시저를 만듭시다.

예제 커서를 사용한 저장 프로시저 만들기

```
01 create or replace procedure cursor_sample01
02 is
03    vdept dept%rowtype;
04    cursor c1
05    is
06    select * from  dept;
07 begin
08    dbms_output.put_line('부서번호  부서명    지역명');
09    dbms_output.put_line('-------------------------------------');
10
11    open c1;
12
13    loop
14       fetch c1 into vdept.deptno, vdept.dname, vdept.loc;
15
16       exit when c1%notfound;
17
18       dbms_output.put_line(vdept.deptno||
19            '       '||vdept.dname||'     '||vdept.loc);
20    end loop;
21
22    close c1;
23 end;
24 /
```

PROCEDURE CURSOR_SAMPLE01이 (가) 컴파일되었습니다.

03: 커서를 실행한 결과를 저장할 지역 변수를 레퍼런스 변수로 선언합니다.

04~06: 커서 C1을 선언합니다. 커서를 선언할 때에는 실행할 SELECT 문을 IS 다음에 서브 쿼리 형태로 기술합니다. C1은 커서의 이름이고, 이 커서는 부서 테이블의 전체 내용을 조회합니다. 부서 테이블은 4개의 로우로 구성되어 있습니다. 부서 테이블의 모든 내용을 출력하려면 SELECT 문을 수행한 후 반환되는 4개의 로우를 처리하기 위해서 커서를 사용해야 합니다. 부서 테이블의 모든 내용을 조회하는 SELECT 문을 커서로 선언합니다.

14: FETCH 명령어를 수행하면 오픈한 C1 커서가 SELECT 문에 의해 검색된 한 개의 행의 정보를 읽어 옵니다. 읽어 온 정보는 INTO 뒤에 기술한 변수에 저장합니다.

13, 20: SELECT 문의 결과로 얻어지는 행이 여러 개일 경우에는 LOOP ~ END LOOP와 같은 반복문을 이용합니다.

15: 커서는 여러 행을 처리하기에 반복적으로 인출(FETCH)을 수행하도록 루프로 구성하였고, 더 이상 처리할 내용이 없으면 반복문을 벗어나야 하기 때문에 EXIT WHEN C1%NOTFOUND 를 기술하였습니다. %NOTFOUND 속성은 활성 셋의 모든 행은 처리되고, 인출(FETCH)이 실패하면 TRUE로 설정됩니다. %NOTFOUND 속성이 TRUE일 때 루프에서 벗어나도록 하기 위해서 루프 내부에 EXIT WHEN 문을 포함하되, EXIT WHEN 문 다음에 %NOTFOUND 속성을 기술했습니다.

18~19: 검색된 결과를 화면에 출력합니다.

2️⃣ 프로시저를 호출해 봅시다. 오라클의 환경 변수 SERVEROUTPUT은 오라클에서 제공해 주는 프로시저를 사용하여 출력해 주는 내용을 화면에 보여주도록 설정하는 환경 변수인데, 디폴트 값이 OFF이기에 ON으로 변경해야만 합니다. 부서 테이블의 모든 정보가 출력됩니다.

[예제] 저장 프로시저 호출하기

```
01 SET SERVEROUTPUT ON
02 EXECUTE CURSOR_SAMPLE01;
```

```
        부서번호 / 부서명 / 지역명
        ------------------------
        10   경리부   서울
        20   인사부   인천
        30   영업부   용인
        40   전산부   수원
```

CURSOR FOR LOOP는 명시적으로 CURSOR에서 행을 처리합니다. LOOP에서 각 반복마다

CURSOR를 열고 행을 인출(FETCH)하고 모든 행이 처리되면, 자동으로 CURSOR가 CLOSE되므로 사용하기가 편리합니다.

형식

```
FOR record_name IN cursor_name LOOP
  statement1;
  statement2;
  . . . . . .
END LOOP
```

OPEN ~ FETCH ~ CLOSE가 없이 FOR ~ LOOP ~ END LOOP 문을 사용하여 보다 간단하게 커서를 처리해 봅시다.

직접 해보기 부서 테이블의 모든 내용 출력하기

1 커서를 사용하여 부서 테이블의 모든 내용을 출력하는 저장 프로시저를 만들어 봅시다.

예제 커서를 사용한 저장 프로시저 만들기

```
01 create or replace procedure cursor_sample02
02 is
03    vdept dept%rowtype;
04    cursor c1
05    is
06    select * from  dept;
07 begin
08    dbms_output.put_line('부서번호  부서명    지역명');
09    dbms_output.put_line('------------------------------');
10    for vdept in c1 loop
11       exit when c1%notfound;
12       dbms_output.put_line(vdept.deptno||
13            ' '||vdept.dname||' '||vdept.loc);
14    end loop;
15
16    close c1;
17 end;
18 /
```

PROCEDURE CURSOR_SAMPLE02이 (가) 컴파일되었습니다.

2 프로시저를 호출해 봅시다. 부서 테이블의 모든 정보가 출력됩니다.

예제 저장 프로시저 호출하기

```
01 EXECUTE CURSOR_SAMPLE02;
```

```
                    부서번호 / 부서명 / 지역명
                    ------------------------
                    10   경리부   서울
                    20   인사부   인천
                    30   영업부   용인
                    40   전산부   수원
```

다음은 트리거(trigger)의 사전적인 의미입니다.

> - (총의) 방아쇠; =HAIR TRIGGER.
> - 제동기, 제륜(制輪) 장치.
> - (연쇄 반응, 생리 현상, 일련의 사건 등을 유발하는) 계기, 유인, 자극.

오라클에서의 트리거 역시 해당 단어의 의미처럼, 어떤 이벤트가 발생하면 자동적으로 방아쇠가 당겨져 총알이 발사되듯이, 특정 테이블이 변경되면 이를 이벤트로 다른 테이블이 자동으로 변경되도록 하기 위해서 사용합니다.

즉, 트리거는 데이터베이스가 미리 정해 놓은 조건을 만족하거나 어떤 동작이 수행되면, 자동적으로 수행되는 동작을 말합니다. 앞서 배운 저장 프로시저는 필요할 때마다 사용자가 직접 EXECUTE 명령어로 호출해야 합니다. 그러나 트리거는 이와 달리 테이블의 데이터가 변경되어질 때 자동으로 수행되므로, 이 기능을 이용하며 여러 가지 작업을 할 수 있습니다. 이런 이유로 트리거를 사용자가 직접 실행시킬 수는 없습니다.

트리거는 특정 동작을 이벤트로 하여 그 동작으로 인해서만 실행되는 프로시저의 일종입니다.

트리거는 테이블이나 뷰가 INSERT, UPDATE, DELETE 등의 DML 문에 의해 데이터가 입력, 수정, 삭제될 경우 자동으로 실행되어집니다. 그렇기 때문에 연관된 작업을 처리하는데 있어서 여러 번 프로시저를 호출해서 실행하거나, 여러 번 SQL명령을 실행할 필요가 없기 때문에 사용하는 입장에서 복잡성을 줄일 수 있다는 장점이 있습니다. 또한 프로젝트 수행 시 개발자나 프로그래머들이 복잡한 업무를 숙지하지 않아도 되기 때문에, 프로젝트를 안정적으로 수행할 수 있다는 장점도 있습니다.

트리거를 만들기 위한 CREATE TRIGGER 문의 형식은 다음과 같습니다.

```
CREATE TRIGGER trigger_name
timing[BEFORE|AFTER] event[INSERT|UPDATE|DELETE]
ON table_name
[FOR EACH ROW]
[WHEN conditions]
BEGIN
   statement
END
```

트리거를 만들 때는 다음의 내용을 포함하게 됩니다.

트리거의 타이밍

트리거의 타이밍은 2가지가 있습니다. [BEFORE] 타이밍은 어떤 테이블에 INSERT, UP-DATE, DELETE 문이 실행될 때 해당 문장이 실행되기 전에 트리거가 가지고 있는 BEGIN ~ END 사이의 문장을 실행합니다. [AFTER] 타이밍은 INSERT, UPDATE, DELETE 문이 실행되고 난 후에 트리거가 가지고 있는 BEGIN ~ END 사이의 문장을 실행합니다.

트리거의 이벤트

트리거의 이벤트는 사용자가 어떤 DML(INSERT, UPDATE, DELETE) 문을 실행했을 때 트리거를 발생시킬 것인지를 결정합니다.

트리거의 몸체

트리거의 몸체는 해당 타이밍에 해당 이벤트가 발생하게 되면, 실행될 기본 로직이 포함되는 부분으로 BEGIN ~ END 사이에 기술합니다.

트리거의 유형

트리거의 유형은 FOR EACH ROW에 의해 문장 레벨 트리거와 행 레벨 트리거로 나눕니다. FOR EACH ROW가 생략되면 문장 레벨 트리거이고, 행 레벨 트리거를 정의하고자 할 때에는 반드시 FOR EACH ROW를 기술해야만 합니다.

문장 레벨 트리거는 어떤 사용자가 트리거가 설정되어 있는 테이블에 대해 DML(INSERT, UPDATE, DELETE) 문을 실행할 때, 단 한 번만 트리거를 발생시킬 때 사용합니다.

행 레벨 트리거는 DML(INSERT, UPDATE, DELETE) 문에 의해서 여러 개의 행이 변경된다면 각 행이 변경될 때마다 트리거를 발생시키는 방법입니다. 만약 5개의 행이 변경되면 5번 트리거가 발생됩니다.

▌트리거의 조건

트리거 조건은 행 레벨 트리거에서만 설정할 수 있으며, 트리거 이벤트에 정의된 테이블에 이벤트가 발생할 때보다 구체적인 데이터 검색 조건을 부여할 때 사용됩니다.

사원 테이블에 새로운 데이터가 들어오면 '신입사원이 입사했습니다.'란 메시지를 출력하도록 문장 레벨 트리거로 작성해 봅시다.

직접 해보기 단순 메시지를 출력하는 트리거 작성하기

1 신입 사원의 정보를 추가할 사원 테이블을 새롭게 만들어 놓읍시다.

예제 사원 테이블 삭제하기

```
01 drop table emp02;
```

예제 사원 테이블 생성하기

```
01 create table emp02(
02   empno number(4) primary key,
03   ename varchar2(20),
04   job   varchar2(20)
05 );
```

2 트리거를 작성합니다.

예제 트리거 생성하기

```
01 create or replace trigger trg_01
02 after insert
03 on emp02
04 begin
05   dbms_output.put_line('신입사원이 입사했습니다.');
06 end;
07 /
```

3 사원 테이블에 로우가 추가되면 자동으로 수행할 트리거가 생성됩니다.

```
01 insert into emp02 values(1, '한예슬', '대리');
```

신입사원이 입사했습니다.

'한예슬' 사원이 추가되자 '신입사원이 입사했습니다.'란 메시지가 출력되는 것을 보면 TRG_01 트리거가 수행되었음을 확인할 수 있습니다.

사원 테이블에 새로운 데이터가 들어오면(즉, 신입 사원이 들어오면) 급여 테이블에 새로운 데이터(즉 신입 사원의 급여 정보)를 자동으로 생성하도록 하기 위해서, 사원 테이블에 트리거를 작성해 봅시다. (신입사원의 급여는 일괄적으로 100으로 합니다.)

직접 해보기 급여 정보를 자동으로 추가하는 트리거 작성하기

1 급여를 저장할 테이블을 생성합시다.

예제 급여 테이블 생성하기

```
01 create table sal01(
02    salno number(4) primary key,
03    sal number(7,2),
04    empno number(4) references emp02(empno)
05 );
```

2 사원 테이블에 로우가 추가되면 급여 테이블의 급여번호가 자동으로 부여되어야 하는데, 급여번호는 PRIMARY KEY이기에 중복된 데이터를 저장할 수 없습니다. 그래서 급여번호를 자동 생성하는 시퀀스를 정의하고, 이 시퀀스로부터 일련번호를 얻어 급여번호에 부여합시다.

예제 급여 번호를 자동 생성하는 시퀀스 생성하기

```
01 create sequence sal01_salno_seq;
```

3 트리거를 작성합니다.

예제 트리거 생성하기

```
01 create or replace trigger trg_02
02 after insert
```

```
03 on emp02
04 for each row
05 begin
06   insert into sal01 values(
07     sal01_salno_seq.nextval, 100, :new.empno);
08 end;
09 /
```

4️⃣ 사원 테이블에 로우가 추가되면 자동으로 수행할 트리거가 생성되었습니다.

예제 사원 정보 추가하기

```
01 insert into emp02 values(2, '오지호', '과장');
```

5️⃣ 사원 테이블에 로우를 추가하면 급여 테이블에도 새로운 로우가 추가되는 것을 확인할 수 있습니다.

예제 사원 정보 조회하기

```
01 select * from emp02;
```

EMPNO	ENAME	JOB
1	한예슬	대리
2	오지호	과장

예제 급여 정보 조회하기

```
01 select * from sal01;
```

SALNO	SAL	EMPNO
1	100	2

4.1 트리거

사원이 삭제되면 그 사원의 급여 정보도 자동 삭제되는 트리거를 작성해 보도록 합시다.

1 이번에는 사원 테이블의 로우를 삭제해 봅시다.

예제 사원 정보 삭제하기

```
01 delete from emp02 where empno=2;
```

ORA-02292: 무결성 제약조건(TESTER1.SYS_C004433)이 위배되었습니다- 자식 레코드가 발견되었습니다

2 사원번호 2를 급여 테이블에서 참조하고 있기 때문에 삭제가 불가능합니다. 사원이 삭제되려면 그 사원의 급여 정보도 급여 테이블에서 삭제되어야 합니다. 사원의 정보가 제거될 때 그 사원의 급여 정보도 함께 삭제하는 내용을 트리거로 작성하도록 합시다.

예제 트리거 생성하기

```
01 create or replace trigger trg_03
02 after delete on emp02
03 for each row
04 begin
05   delete from sal01 where empno=:old.empno;
06 end;
07 /
```

3 사원 테이블에 로우를 삭제해 봅시다.

예제 사원 정보 삭제하기

```
01 delete from emp02 where empno=2;
```

4 2번 사원의 급여 정보도 함께 삭제되었음을 확인할 수 있습니다.

예제 사원 정보 조회하기

```
01 select * from emp02;
```

EMPNO	ENAME	JOB
1	한예슬	대리
2	오지호	과장

예제 급여 정보 조회하기

```
01 select * from sal01;
```

데이터를 찾을 수 없습니다.

DROP TIGGER 다음에 삭제할 트리거 명을 기술합니다.

직접 해보기 급여 정보를 자동 추가하는 트리거 제거하기

1 급여 정보를 자동 추가하는 트리거인 TRG_02를 제거합시다.

예제 트리거 제거하기

```
01 drop trigger trg_02;
```

> trigger TRG_02이(가) 삭제되었습니다.

2 TRG_02 트리거를 삭제하고 난 후에 사원 테이블에 행을 추가하였더니, 급여가 자동적으로 입력되지 않음을 확인할 수 있습니다.

예제 사원 정보 추가하기

```
01 insert into emp02 values(3, '이병헌', '부장');
```

예제 사원 정보 조회하기

```
01 select * from emp02;
```

EMPNO	ENAME	JOB
1	한예슬	대리
3	이병헌	부장

예제 급여 정보 조회하기

```
01 select * from sal01;
```

데이터를 찾을 수 없습니다.

이것으로 트리거가 삭제되었다는 것을 확인할 수 있습니다.

4.2 예제를 통한 트리거의 적용

상품에 대한 입고 처리를 위한 트리거를 작성해 봅시다.

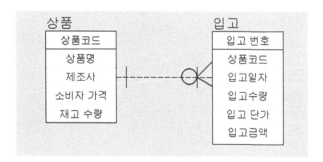

상품이 입고되면 상품 테이블의 재고 수량에 추가되어야 합니다. 이러한 작업을 입고가 일어날 때마다 매번 사용자가 처리한다면 번거롭습니다. 입고된 상품에 대한 재고량 파악을 트리거를 통해서 일어나도록 한다면 이러한 수고스러움을 덜 수 있습니다.

입고 테이블에 상품이 입력되면, 입고 수량을 상품 테이블의 재고 수량에 추가하는 트리거를 작성해 봅시다. 상품 테이블의 재고 수량 컬럼을 통해서 실질적인 트리거의 적용 예를 살펴보기 전에 상품 테이블, 입고 테이블을 생성하고 샘플 데이터를 입력해 봅시다.

직접 해보기 INSERT 트리거 작성하기

1 INSERT 트리거를 작성하기 전에 트리거에 사용할 테이블을 생성합시다.

예제 상품 테이블을 생성하기

```
01 CREATE TABLE 상품(
02    상품코드 CHAR(6) PRIMARY KEY,
03    상품명 VARCHAR2(12) NOT NULL,
04    제조사 VARCHAR(12),
05    소비자가격 NUMBER(8),
06    재고수량  NUMBER DEFAULT 0
07 );
```

예제 입고 테이블 생성하기

```
01 CREATE TABLE 입고(
02    입고번호 NUMBER(6) PRIMARY KEY,
```

```
03    상품코드 CHAR(6) REFERENCES 상품(상품코드),
04    입고일자 DATE DEFAULT SYSDATE,
05    입고수량 NUMBER(6),
06    입고단가 NUMBER(8),
07    입고금액 NUMBER(8)
08 );
```

예제 상품 정보 추가하기

```
01 INSERT INTO 상품(상품코드, 상품명, 제조사, 소비자가격)
02 VALUES('A00001','세탁기', 'LG', 500);
03 INSERT INTO 상품(상품코드, 상품명, 제조사, 소비자가격)
04 VALUES('A00002','컴퓨터', 'LG', 700);
05 INSERT INTO 상품(상품코드, 상품명, 제조사, 소비자가격)
06 VALUES('A00003','냉장고', '삼성', 600);
07 commit;
```

예제 상품 정보 조회하기

```
01 select * from  상품;
```

상품코드	상품명	제조사	소비자가격	재고수량
A00001	세탁기	LG	500	0
A00002	컴퓨터	LG	700	0
A00003	냉장고	삼성	600	0

② 입고 테이블에 상품이 입력되면, 입고 수량을 상품 테이블의 재고 수량에 추가하는 트리거를 작성합니다.

예제 입고 트리거 생성하기

```
01 create or replace trigger trg_04
02    after insert on 입고
03    for each row
04 begin
05    update 상품
06    set 재고수량 = 재고수량 + :new.입고수량
07    where 상품코드 = :new.상품코드;
08 end;
09 /
```

③ 트리거를 실행시킨 후 입고 테이블에 행을 추가합니다. 입고 테이블에는 물론 상품 테이블의 재고 수량이 변경됨을 확인할 수 있습니다.

예제 상품 입고하기

```
01 insert into 입고(입고번호, 상품코드, 입고수량, 입고단가, 입고금액)
02 values(1, 'A00001', 5, 320, 1600);
```

예제 입고 테이블 조회하기

```
01 select * from 입고;
```

입고번호	상품코드	입고일자	입고수량	입고단가	입고금액
1	A00001	13/12/25	5	320	1600

예제 상품 정보 조회하기

```
01 select * from  상품;
```

상품코드	상품명	제조사	소비자가격	재고수량
A00001	세탁기	LG	500	5
A00002	컴퓨터	LG	700	0
A00003	냉장고	삼성	600	0

④ 입고 테이블에 상품이 입력되면 자동으로 상품 테이블의 재고 수량이 증가하게 됩니다. 입고 테이블에 또다른 상품을 입력합니다.

예제 상품 입고하기

```
01 insert into 입고(입고번호, 상품코드, 입고수량, 입고단가, 입고금액)
02 values(2, 'A00002', 10, 680, 6800);
```

예제 입고 테이블 조회하기

```
01 select * from 입고;
```

입고번호	상품코드	입고일자	입고수량	입고단가	입고금액
1	A00001	13/12/25	5	320	1600
2	A00002	13/12/25	10	680	6800

예제 상품 정보 조회하기

```
01 select * from 상품;
```

상품코드	상품명	제조사	소비자가격	재고수량
A00001	세탁기	LG	500	5
A00002	컴퓨터	LG	700	10
A00003	냉장고	삼성	600	0

역시 입고된 입고 수량으로 상품 테이블의 재고 수량이 변경되는 것을 확인할 수 있습니다.

⑤ 입고 테이블에 상품 2개를 더 입고시킵니다.

예제 상품 입고하기

```
01 insert into 입고(입고번호, 상품코드, 입고수량, 입고단가, 입고금액)
02 values(3, 'A00003', 3, 220, 660);
03 insert into 입고(입고번호, 상품코드, 입고수량, 입고단가, 입고금액)
04 values(4, 'A00003', 5, 220, 1100);
```

예제 입고 테이블 조회하기

```
01 select * from 입고;
```

입고번호	상품코드	입고일자	입고수량	입고단가	입고금액
1	A00001	13/12/25	5	320	1600
2	A00002	13/12/25	10	680	6800
3	A00003	13/12/25	3	220	660
4	A00003	13/12/25	5	220	1100

예제 상품 정보 조회하기

```
01 select * from 상품;
```

상품코드	상품명	제조사	소비자가격	재고수량
A00001	세탁기	LG	500	5
A00002	컴퓨터	LG	700	10
A00003	냉장고	삼성	600	8

1 이미 입고된 상품에 대해서 입고 수량이 변경되면, 상품 테이블의 재고 수량 역시 변경되어야 합니다. 이를 위한 갱신 트리거를 작성해 봅시다.

예제 갱신 트리거 작성하기

```
01 create or replace trigger trg_05
02     after update on 입고
03     for each row
04 begin
05         update 상품
06         set 재고수량 = 재고수량 + (-:old.입고수량+:new.입고수량)
07         where 상품코드 = :new.상품코드;
08 end;
09 /
```

2 입고 번호 3번은 냉장고가 입고된 정보를 기록한 것으로서, 입고 번호 3번의 입고 수량을 10으로 변경합니다.

예제 입고 정보 변경하기

```
01 update 입고 set 입고수량=10
02 where 입고번호=3;
```

예제 입고 테이블 조회하기

```
01 select * from 입고;
```

입고번호	상품코드	입고일자	입고수량	입고단가	입고금액
1	A00001	13/12/25	5	320	1600
2	A00002	13/12/25	10	680	6800
3	A00003	13/12/25	10	220	2200
4	A00003	13/12/25	5	220	1100

예제 상품 정보 조회하기

```
01 select * from  상품;
```

상품코드	상품명	제조사	소비자가격	재고수량
A00001	세탁기	LG	500	5
A00002	컴퓨터	LG	700	10
A00003	냉장고	삼성	600	15

입고 번호 3번은 A00003 상품으로 입고 수량을 10으로 변경였더니, 냉장고의 재고 수량 역시 15로 변경되었습니다.

직접 해보기 삭제 트리거 작성하기

1 입고 테이블에서 입고되었던 상황이 삭제되면, 상품 테이블에 재고 수량에서 삭제된 입고 수량만큼을 빼는 삭제 트리거를 작성해 봅시다.

예제 삭제 트리거 생성하기

```
01 create or replace trigger trg_06
02     after delete on 입고
03     for each row
04 begin
05         update 상품
06         set 재고수량 = 재고수량 - :old.입고수량
07         where 상품코드 = :old.상품코드;
08 end;
09 /
```

2 입고 번호 3번은 냉장고가 입고된 정보를 기록한 것으로서, 입고 번호가 3번인 정보를을 삭제합니다. 즉, 입고했던 사실을 취소하는 것입니다.

예제 입고 정보 삭제하기

```
01 delete 입고 where 입고번호=3;
```

예제 입고 테이블 조회하기

```
01 select * from 입고;
```

입고번호	상품코드	입고일자	입고수량	입고단가	입고금액
1	A00001	13/12/25	5	320	1600
2	A00002	13/12/25	10	680	6800
4	A00003	13/12/25	5	220	1100

예제 상품 정보 조회하기

```
01 select * from  상품;
```

상품코드	상품명	제조사	소비자가격	재고수량
A00001	세탁기	LG	500	5
A00002	컴퓨터	LG	700	10
A00003	냉장고	삼성	600	5

입고 번호가 3번인 정보를 삭제하였더니, 냉장고의 재고 수량 역시 5로 변경되었습니다.

첫 번째 미션 해결하기

점수가 주어졌을 때 학점을 구하라!

01. 오라클에서 성적 처리 테이블을 생성하기

```
01 create table sung(
02   hakbun number(4) primary key,
03   hakname char(20),
04   kor number(4),
05   eng number(4),
06   mat number(4),
07   tot number(4),
08   avg number(4),
09   rank number(4)
10 );
```

02. 성적 정보 추가하기

```
01 insert into sung(hakbun, hakname, kor, eng, mat)
02   values(1, '일길동', 90, 70, 80);
03 insert into sung(hakbun, hakname, kor, eng, mat)
04   values(2, '이길동', 100, 70, 80);
05 insert into sung(hakbun, hakname, kor, eng, mat)
06   values(3, '삼길동', 100, 70, 85);
07 insert into sung(hakbun, hakname, kor, eng, mat)
08   values(4, '이길동', 100, 70, 90);
09 insert into sung(hakbun, hakname, kor, eng, mat)
10   values(5, '삼길동', 100, 70, 85);
11 insert into sung(hakbun, hakname, kor, eng, mat)
12   values(6, '일길동', 90, 70, 80);
```

03. 성적 처리를 위한 저장 프로시저 작성하기

```
01 create or replace procedure sp_rank
02 is
03   vsung     sung%rowtype;
04   oldsung     sung%rowtype;
05   temprank sung.rank%type;
06   cursor c1
07   is
08   select * from sung order by tot desc, kor desc, eng desc, mat desc;
09 begin
10   update sung set tot=kor+eng+mat;
11   update sung set avg=(kor+eng+mat)/3;
12   temprank:=1;
13   for vsung in c1 loop
14     exit when c1%notfound;
15     if(oldsung.tot=vsung.tot and oldsung.kor=vsung.kor and
16       oldsung.eng=vsung.eng and oldsung.mat=vsung.mat) then
17       vsung.rank:=oldsung.rank;
18     else
19       vsung.rank:=temprank;
20     end if;
21
22     update sung set rank=vsung.rank where hakbun=vsung.hakbun;
23     vsung.rank:=temprank;
24     temprank:=temprank+1;
25     oldsung:=vsung;
26   end loop;
27 end;
28 /
```

두 번째 미션 해결하기

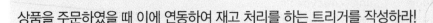

상품을 주문하였을 때 이에 연동하여 재고 처리를 하는 트리거를 작성하라!

01. 주문 처리를 위한 테이블을 생성하기

> **예제** 상품 테이블을 생성하기

```
01 create table productTbl  (
02    product_name varchar(30),  ............ 상품명
03    amount number(4)  ..................... 남은 수량
04 );
```

> **예제** 주문 테이블을 생성하기

```
01 create table orderTbl  (
02    order_no number(4)   primary key, ...... 주문 번호
03    user_id varchar(30),   ................ 주문자 아이디
04    product_name varchar(30),  ............ 상품명
05    order_amount number(4)  .............. 상품 수량
06 );
```

02. 상품 정보 추가하기

```
01 insert into productTbl values ('컴퓨터', 50);
02 insert into productTbl values ('핸드폰', 300);
03 insert into productTbl values ('pmp', 120);
04 insert into productTbl values ('mp3 player', 200);
05 insert into productTbl values ('디지털 카메라', 150);
06 insert into productTbl values ('노트북', 45);
07 insert into productTbl values ('스쿠터', 30);
08 commit;
```

03. insert 트리거 생성하기

```
01 CREATE TRIGGER Order_trg
02    after insert on orderTbl
03    for each row
04 begin
```

```
05     UPDATE productTbl
06     SET amount=amount-:new.order_amount
07     WHERE product_name=:new.product_name;
08 end;
09 /
```

마무리

1. 저장 프로시저는 자주 사용되는 쿼리문을 모듈화시켜서, 필요할 때마다 호출하여 사용하도록 합니다. 지정된 매개 변수는 저장 프로시저 내부에서 설정한 값이 그대로 저장 프로시저를 호출한 루틴에 전달됩니다.

2. PL/SQL에서 SQL 문의 결과로 얻어지는 행이 여러 개일 경우, 이를 처리하기 위해 커서를 사용합니다.

3. 트리거는 사용자가 하나의 테이블에 INSERT, UPDATE, DELETE 문을 실행했을 때 자동으로 수행되는 저장 프로시저입니다.

도전 Quiz

1. PL/SQL 저장 프로시저와 저장 함수의 차이에 대해 설명하시오.

2. 오라클에서는 데이터베이스가 미리 정해 놓은 조건을 만족하거나 어떤 동작이 수행되면 자동적으로 수행되는 동작을 하는 (　　　　)가 제공됩니다.

3. 트랜잭션의 일부로 처리되며 BEFORE 트리거와 AFTER 트리거 두 가지 종류가 있습니다. ❶ _____는 실제 삽입이 일어나기 전에 트리거가 동작하는 것으로서, 기본 키 제약 조건에 위반된 데이터를 추가할 경우, 이를 방지하기 위해 사용하는 트리거입니다. 반면 ❷ _____는 실제 삽입이 일어난 후에 트리거가 작동하도록 하기 위해서 사용합니다.

4. 오라클에서는 데이터베이스가 미리 정해 놓은 조건을 만족하거나, 어떤 동작이 수행되면 자동적으로 수행되는 동작을 하는 객체를 제공하는데, 이를 무엇이라고 하는가?

　❶ 트리거　　　　　❷ 저장 프로시저　❸ 함수　　　　　❹ 뷰

5. 트리거를 만들기 위한 명령어를 고르시오.

　❶ ALTER TRIGGER　　　　　❷ DROP TRIGGER

　❸ CREATE TRIGGER　　　　　❹ INSERT TRIGGER

6. 다음 구문이 올바른지 판단하세요.

　저장 프로시저에서 IN 매개 변수는 저장 프로시저를 호출하는 루틴에서 특정 값을 저장 프로시저 외부로 전달하기 위해서 사용합니다.

　❶ O　　　　　　　　　　　❷ X

7. 저장 프로시저의 장점이 아닌 것은?

　❶ 빠른 네트워크 속도　　　　❷ 빠른 SQL 처리 능력

　❸ 구문의 단순함　　　　　　❹ 클라이언트 간의 업무 처리 공유

8. 저장 프로시저 제거 시 ( ) 안에 들어갈 것은?

(   ) PROCEDURE

❶ DELETE   ❷ ALTER   ❸ MODIFY   ❹ DROP

9. 다음 중 프로시저를 실행시키는 명령어는?

❶ EXECUTE   ❷ RUN   ❸ CREATE   ❹ DROP

10. 특정 테이블의 데이터에 변경이 가해졌을 때 트리거를 위해 자동으로 만들어지는 논리적인 (실제로 존재하지 않는 가상의) 테이블로서, 테이블에 새로운 데이터가 INSERT될 때 변경된 새로운 내용이 포함되어 있는 테이블은 무엇인가?

11. CURSOR를 사용할 때, 각 행을 FETCH한 후에 할 일은?

❶ CURSOR를 OPEN한다.   ❷ CURSOR를 CLOSE한다.

❸ CURSOR를 선언한다.   ❹ LOOP의 종료 조건을 초기화한다.

찾아보기

ACTUAL MISSION ORACLE

한번에 이해되는
Oracle
SQL & PL/SQL

인 쇄	2014년 7월 09일 초판 1쇄
발 행	2014년 7월 16일 초판 1쇄
저 자	김수환
발 행 인	채희만
출판기획	안성일
영 업	김우연
편집진행	우지연
관 리	최은정
북디자인	가인커뮤니케이션
발 행 처	**INFINITY**BOOKS
주 소	경기도 고양시 일산동구 하늘마을로 158 대방트리플라온 C동 209호
대표전화	02)302-8441
팩 스	02)6085-0777

도서 문의 및 A/S 지원
홈페이지	www.infinitybooks.co.kr
이 메 일	helloworld@infinitybooks.co.kr
I S B N	979-11-85578-08-8
등록번호	제25100-2013-152호
판매정가	**28,000원**

「이 도서의 국립중앙도서관 출판시도서목록(CIP)은 서지정보유통지원시스템 홈페이지(http://seoji.nl.go.kr)와 국가자료공동목록시스템(http://www.nl.go.kr/kolisnet)에서 이용하실 수 있습니다. (No. 2014019434)